ETEN IN ITALIË

Eten in Italië

Antonio en Priscilla Carluccio

Met foto's van André Martin
en illustraties van Fabrice Moireau

Schuyt & Co | Lannoo

Opdracht

We dragen dit boek op aan al onze Italiaanse leveranciers, die zich blijven inspannen om verrukkelijk en eerlijk voedsel op de markt te brengen, tegen de stroom van de massaproductie van levensmiddelen in.
A. en P. C.

Auteurs en uitgevers menen dat de informatie die in dit boek over paddestoelen wordt gegeven, juist is. Het bereiden en eten van verkeerd gedetermineerde paddestoelen kan fataal zijn. Bij twijfel moet u ze niet gebruiken. De auteurs en uitgevers wijzen elke aansprakelijkheid af voor enigerlei gevolg van het foutief determineren van de beschreven soorten.

FOTO'S
SCHUTBLADEN: PAN DI SAN GIUSEPPE (BLZ. 294)
FRANSE TITEL: EEN GROENTESTALLETJE OP DE MARKT IN TURIJN
TITELPAGINA: DE WIJNGAARDEN VAN ALTESINO, IN MONTALCINO, IN DE LATE HERFST
HIERNAAST: DRUIVEN LIGGEN IN MONTALCINO TE DROGEN VOOR DE PRODUCTIE VAN VIN SANTO

Oorspronkelijke titel: *Carluccio's Complete Italian Food*
Uitgegeven door: Quadrille Publishing Limited, Londen, 1997

Voor België: Uitgeverij Lannoo, Tielt

Achtste druk, 2000

Vertaling: Jacques Meerman; met dank aan Hans Adema
Vormgeving: Paul Welti
Opmaak: Ger Meesters

ISBN 90 803795 1 4
NUGI 421/672

Inhoud

VOORWOORD

De twintig Italiaanse provincies hebben ongeëvenaarde gastronomische verrukkingen te bieden. Die provincies verschillen onderling hemelsbreed van elkaar, maar de basisprincipes van de Italiaanse keuken zijn overal dezelfde: culinaire eenvoud en het gebruik van de beste en meest verse ingrediënten die er zijn. Italië is in veel opzichten de ideale voedselproducent. Uit de Alpen in het noorden komen melk en vlees; uit het zuiden kersverse vis en in de zon gerijpt fruit en groenten.

Nog afgezien van de geografie verschillen de twintig Italiaanse streken ook cultureel heel sterk; elke streek draagt nog de sporen van vroegere kolonisten en veroveraars: barbaren, Arabieren, Carthagers, Etrusken, Feniciërs, Turken, Noormannen, Bourbons, Spanjaarden en Habsburgers. Elke beschaving probeerde zijn eigen keuken in stand te houden – zoals iedereen doet die in een ander land woont. Culinaire veroveraars waren bijvoorbeeld de islamitische Saracenen, die op Sicilië exotische zoetigheden als marsepein en noga introduceerden en daarmee op het eiland een beroemde traditie op dat gebied in gang zetten.

In de dagen van het oude Rome werden veel verfijnde gerechten en goede wijnen ontwikkeld om de keizers en hun hofhouding te plezieren; eten werd in die tijd een modieus tijdverdrijf. Tot aan de Middeleeuwen bleef de kunst van het koken bewaard, vooral in kloosters. De specerijen, die ooit door reizigers waren meegebracht, verdwenen en verschenen pas weer met de opkomst van de grote maritieme republieken in de elfde tot dertiende eeuw. De *Quattro Repubbliche Marinare* – Venetië, Genua, Pisa en Amalfi – werden de culinaire centra van Italië, waar elegant serviesgoed en verfijnde tafelmanieren geïntroduceerd werden.

Uiteraard komen sommige van de belangrijkste Italiaanse levensmiddelen uit het buitenland. Olijfolie kwam via de oude Grieken in Puglia (Apulië) en Sicilië terecht. Uit de Nieuwe Wereld bereikte de polenta (maïs) Venetië en werd daar al snel het hoofdvoedsel van de noorderlingen. Eveneens uit de Nieuwe Wereld kwam de nu alomtegenwoordige tomaat. De rijstteelt begon in de vijftiende eeuw in Lombardije, waar de overvloed aan Powater ideale omstandigheden voor dit gewas schiep. Duitse en Noord-Europese invloeden zijn groot in de zwaardere gerechten uit Alto Adige.

De culinaire tradities uit Puglia, Campanië en

Calabrië verhuisden tijdens deze eeuw samen met de vele, naar het noorden van Italië migrerende Zuid-Italianen. In Milaan en Turijn wordt nu *pasta al pomodoro* gegeten in plaats van de traditionelere rijst of polenta.

Het grootste deel van Italië is altijd arm geweest, maar niet wat betreft voedingsmiddelen en wijn; die zijn altijd niet alleen als een kostbaar bezit beschouwd, maar ook als een fundamenteel onderdeel van de Italiaanse cultuur. Italianen laten zich door de cultuur van hun eten en drinken inspireren en motiveren, en doen verbazingwekkend veel moeite om de beste ingrediënten te verkrijgen om daarmee volmaakte gerechten klaar te maken. De vindingrijkheid die uit dat streven gegroeid is, heeft geleid tot de producten die tegenwoordig overal ter wereld zo bewonderd worden.

Eten in Italië is een speurtocht naar de producten van de traditionele landbouw-, veeteelt- en visserijmethoden. Bij Italiaans eten gaat het om de smaak, en juist die is de laatste tijd op zo'n droevige manier uit veel massaproducten verdwenen. Het gaat om rijp fruit, rechtstreeks van de boom, dat u opeet als het nog warm is van de zon; het gaat om vis rechtstreeks uit het water; om vlees van bekwaam gefokte en geslachte dieren; om in oude vaten gerijpte wijn van echte plaatselijke druiven; om organisch verbouwde groenten rechtstreeks van de goed bemeste velden met nog wat aarde aan de wortels. Dit is geen romantisch visioen, maar een beschrijving van hoe voedsel zou moeten zijn!

De totstandkoming van dit boek is een fascinerende ervaring geweest. Mijn vrouw en ik hebben het zeldzame voorrecht gehad om met de voedselproducenten over hun overgeërfde kennis van voedselteelt en -verwerking te mogen praten – de meeste producenten in Italië zijn immers ook telers. Zij hebben ons veel geleerd over de plaatselijke ingrediënten, de teeltmethoden en de zorg waarmee het product 'verwerkt' wordt. Nu steeds meer voedsel uit laboratoria en fabrieken op de markt komt, dreigen de kennis en kunde van deze mensen uit te sterven. *Eten in Italië* brengt de goede tradities uit het verleden weer in de herinnering en combineert ze met de culinaire behoeften van een andere tijd; een tijd waarin mensen veel minder lichamelijke arbeid verrichten en daarom andere eisen aan hun voedsel stellen.

Bovenal geeft dit boek echter een persoonlijke kijk op het Italiaanse eten – op waar het vandaan komt en waarom het smaakt zoals het smaakt. De eenvoud van de recepen staat of valt met maar één ding: echte en uitmuntende ingrediënten. *Buon appetito!*

Foto's voorgaande en deze blz.: kijkjes in de fantastische keuken van een Napolitaanse vriend

TRENTINO-
ALTO ADIGE
VALLE
D'AOSTA
Milano
LOMBARDIA
FRIULI-
VENEZIA
GIULIA
PIEMONTE
VENETO
Po
Venezia
Torino
Po
Adige
Genova
LIGURIA
EMILIA-ROMAGNA
Parma
Bologna
Arno
Firenze
TOSCANA
MARCHE
Tiber
Mar Mediterraneo
Mar Adriatico
UMBRIA
LAZIO
ABRUZZI
Roma
MOLISE
Bari
CAMPANIA
Napoli
SARDEGNA
PUGLIA
BASILICATA
Cagliari
CALABRIA
Palermo
SICILIA

Vis, schaal- en schelpdieren

PESCI E FRUTTI DI MARE

Overal ter wereld wordt vis steeds populairder; veel mensen eten tegenwoordig liever vis dan vlees. Een van de redenen voor die populariteit is dat vis gezonder is dan vlees. De meeste vissen zijn veel minder vet, en het vet of de olie die ze wél bevatten, zijn echt goed voor de gezondheid gebleken.

De groeiende vraag naar vis brengt echter ook een steeds grotere druk op waardevolle reserves met zich mee, en dat betekent op zijn beurt dat de beste visgronden steeds moeilijker te vinden zijn. De bezorgdheid over de vervuiling van zeeën en rivieren neemt toe en dat legt een nog zwaardere druk op de voorraden. Het gevaar van een echte overbevissing is inmiddels zo dreigend dat we ons deze prachtige natuurlijke rijkdom in de heel nabije toekomst waarschijnlijk moeten ontzeggen. Nu buurlanden visoorlogen voeren en iedereen zijn vistoewijzingen maximaal benut, zijn de visserij en de consumptie van waterdieren een politieke zaak geworden. We zullen binnenkort moeten beslissen of we inderdaad op deze schaal kunnen blijven vissen en eten, want daarvoor is een plan nodig om ook in de toekomst over waardevolle reserves te kunnen beschikken.

Italië mag zich gelukkig prijzen met een bijzonder goede visvoorziening, en alle kuststreken – Ligurië, Toscane, Lazio, Campania, Basilicata, Calabrië, Puglia (Apulië), Abruzzi e Molise, de Marche, Emilia-Romagna, Veneto, Friuli-Venezia Giulia, Sicilië en Sardinië – hebben een eigen stuk van de Middellandse Zee. Dat betekent echter niet dat er in Piemonte, Lombardije, Trentino-Alto Adige en Umbrië geen vis zou zijn, want die streken hebben schitterende meren, waar een grote en gevarieerde hoeveelheid zoetwatervis vandaan komt. Dankzij het moderne transport is in deze streken ook verse zeevis te koop, die al enkele uren na de vangst zijn bestemming bereikt.

Grappig genoeg is uitgerekend Sardinië de streek waar de visconsumptie de kortste traditie heeft. Vroeger waren vooral de binnenlanden van het eiland bewoond en aten de Sardijnen liever wild dan vis. Dankzij de ontwikkeling van het toerisme in de laatste eeuw is echter tegenwoordig aan de kust veel vis te koop, en die wordt graag gegeten.

Hoewel het hele land dus over een gezonde voorraad zoet- en zoutwatervis beschikt, eten de Italianen – net als de Spanjaarden en Portugezen – ook veel en graag *baccalà* en stokvis: twee verschillende soorten geconserveerde kabeljauw.

Links: op Isola dei Pescatori in het Lago Maggiore hangt vis te drogen voor het gerecht missoltit.

Baccalà wordt op zee gezouten en aan de wal in grote stukken gedroogd. Stokvis wordt in zijn geheel aan de wind gedroogd. In alle streken van Italië wordt zeker een van beide soorten gegeten, deels om economische en deels om godsdienstige redenen. Vroeger was het de vis van de armen, op vrijdag gegeten door vastende katholieken die geen verse vis konden krijgen. Tegenwoordig eten veel meer mensen kabeljauw; ze houden van de bijzondere smaak en veelzijdige bruikbaarheid.

Vissen als ansjovis en sardines worden gezouten en zijn de basis van veel gerechten geworden. Vooral zoute ansjovis staat hoog in aanzien en wordt in talloze gerechten verwerkt: van de klassiek-Romeinse *garum*saus tot de pizza's van tegenwoordig. Vis wordt ook ingelegd in azijn; dat geeft zoetwatervissen als karper, houting, paling en forel een bijna oosterse, zoetzure smaak.

Een andere traditionele vorm van conserveren is roken. In Italië werd vroeger alleen vlees gerookt, bijvoorbeeld ham, maar in toprestaurants krijgt u tegenwoordig heel dunne plakjes gerookte zwaardvis, tonijn en steur voorgezet, evenals luchtgedroogde en gezouten kabeljauw- of mulkuit (*bottarga*), een peperdure specialiteit uit Sardinië en Sicilië. Gezouten en luchtgedroogde tonijnfilets (*mosciame*) horen tot de meest exquise levensmiddelen die er zijn, en de gerookte zwaardvis, tonijn en steur zijn goed genoeg voor export naar de viskenners in Noord-Europa, waar ze zich een plaats veroveren naast de aldaar gerookte zalm, makreel, paling en haring.

Diepvriezen is tegenwoordig echter de populairste conserveringsmethode. Dat geldt voor veel levensmiddelen, ook voor vis, en in de supermarkten is een ruime sortering handig voorverpakte, diepgevroren vis te koop. Het hele jaar door is dus overal in Italië verse, direct na de vangst ingevroren en verpakte vis te krijgen. Dat bewijst de visliefhebber naar mijn mening geen dienst, want de smaak en textuur van elk gerecht gaan bij gebruik van diepgevroren vis achteruit. Gelukkig moet elk restaurant in Italië dat diepgevroren vis verkoopt, dat met zoveel woorden op de menukaart vermelden, zodat de gast een goede beslissing kan nemen over wat hij of zij wil eten.

Er gaat niets boven goede, verse vis, en daarom is belangrijk om te weten waarop u in de winkel of op de markt moet letten. U moet zeker iets weten over het vlees van de vissoort die u kopen wilt; dan weet u ook welke kenmerken u zoekt. Daarnaast moet u natuurlijk weten hoe u de vis het lekkerst klaarmaakt, zodat zowel het gerecht als de vis zelf het beste tot zijn recht komt.

Bij aankoop hoort de vis werkelijk vers te zijn, en uw eerste prioriteit is dus het vinden van een betrouwbare leverancier. Bij hele vissen kunt u de versheid goed zien aan de heldere, glanzende ogen en frisrode kieuwen. Voorts is belangrijk dat de vis naar zee ruikt en niet naar vis. Dat laatste wijst namelijk op ouderdom, en oude vis smaakt nooit vers. Het visvlees moet ten slotte veerkrachtig aanvoelen en naar zijn oude vorm terugspringen als u erop gedrukt hebt. Vissen als tonijn en zwaardvis laat men echter 'adellijk' worden om de smaak en malsheid van het visvlees te bevorderen.

Kijk bij de aankoop van schelpdieren vooral of de schelpen van bijvoorbeeld mosselen, venusschelpen en sint-jakobsschelpen goed dicht zijn. Staan ze ook maar op een kiertje en gaan ze niet dicht als u ze tegen een hard oppervlak tikt, dan zijn ze dood. Uiteraard kunt u ze dan niet gebruiken.

Schaaldieren als krabben en kreeften moeten zwaar aanvoelen en fris ruiken. Als ze een vislucht hebben, zijn ze niet vers meer; laat ze dan liggen.

Maar ga bij de aankoop van vis vooral op uw intuïtie af en wees niet bang om iets te laten liggen dat niet goed voelt, ruikt of lijkt.

Verse, goed klaargemaakte vis is een wonderbaarlijke ervaring. Geen wonder dat vis al zo lang een fundamentele rol speelt in het mediterrane eetpatroon, en het is geruststellend te weten dat vis overal ter wereld weer populairder wordt.

Rechts: op het Lago Maggiore, op de boot van de familie Battista, prepareert Paolo Brasem voor het te drogen wordt gehangen.

Onder: Madonna en kind werpen een beschermende blik over de zee en de vissers.

A – Z van vis, schaal- en schelpdieren

Acciuga, Alice / Ansjovis

Ansjovis is een van de populairste en veelzijdigste Italiaanse vissen. Het is een klein zeevisje uit het diepe water, dat alleen in de paartijd in de lente de kust opzoekt. De visserij erop wordt streng gecontroleerd om schade aan de visstand te voorkomen. Vanwege zijn mooie blauwgroene kleur geldt ansjovis in Italië als *pesce azzurro* (blauwe vis), net als sardines en makreel.

Net uit het ei gekomen ansjovisjes (*neonati*, *latterini* of *bianchetti* genaamd) worden met heel fijnmazige netten gevangen, met een beetje citroensap in hun geheel gegeten of voor heel verfijnde salades en gefrituurde gerechten gebruikt. Volwassen dieren kunnen tot 20 centimeter lang zijn en worden hetzij vers in tal van streekgerechten gebruikt, hetzij in zout en olijfolie geconserveerd. De beste geconserveerde ansjovis heeft nog alle smaak en geur van de vers gevangen, gefileerde vis.

Links: neonati

In de Zuid-Italiaanse keuken speelt ansjovis een hoofdrol en is dan ook duur. De beste verse *acciughe* (of *alici*, zoals ze in het zuiden soms heten) komen uit de Golf van Napels; Salerno staat bekend om zijn goede kwaliteit geconserveerde ansjovis en op Sicilië is Cefalu het centrum van de ansjovisindustrie.

Verwerk verse ansjovis altijd snel, want zijn fijne, geurige visvlees gaat snel achteruit. U kunt de filets rauw eten met alleen een paar druppels citroensap erop. Maar u kunt ze ook marineren in een mengsel van citroensap, peterselie en olijfolie.

Dien ze dan op met een groene saus van peterselie, olijfolie, chilipeper en knoflook, en geef er veel knapperig brood bij. Voor gare ansjovis bestaan tal van streekrecepten. Zelf eet ik graag ontgrate ansjovis met een vulling van broodkruim, kruiden, eieren en Parmezaanse kaas, die ik dan met olijfolie bedropen in de oven zet.

In olie geconserveerde ansjovis wordt eerst gezouten (*acciughe sotto sale*, oftewel gezouten ansjovis). Daarvoor worden de visjes tussen lagen rotszout gelegd, waar ze drie maanden rijpen (zie hieronder). Ze

Ansjovis verpakken

Verse ansjovisjes worden laag om laag in grof zeezout gelegd en blijven drie maanden onder iets zwaars rijpen. In die tijd staan ze een olie af die regelmatig wordt weggeschept, waarna het zout wordt aangevuld. De ansjovisjes worden 'rijp' verklaard als ze bijzonder prettig ruiken en het visvlees mooi roze is.

Daarna komt het spoelen: de eerste keer in pekel bij 80°C, de tweede keer in pekel bij 40°C en de laatste keer met koud water. In dit stadium moet het grootste overschot aan zout en olie weg zijn.

Daarna worden de visjes handmatig gefileerd en in poreuze doeken gewikkeld, en gaan ze 2-3 minuten in een centrifuge om het overtollige water kwijt te raken. Ten slotte worden ze met de hand in potten gedaan en met olijf- of andere olie overgoten.

ACCIUGHE

worden uit het zout gehaald, het overtollige zout wordt weggeborsteld en de ruggengraat en kop worden met een mesje verwijderd. De gezouten vis mag onder geen beding gewassen worden. In Alba worden heel dikke plakken witte truffel tussen de ansjovisjes gelegd, waarna ze met olie worden overgoten. Ansjovisfilets (*filetti di acciughe*) zijn ook in blik te koop; de beste zijn flink groot en op olijfolie ingeblikt.

Geconserveerde ansjovis wordt in de Italiaanse keuken op tal van manieren verwerkt. Een van de bekendste is de Piemontese Bagna Caôda (blz. 33). Deze beroemde saus voor rauwe groenten bestaat alleen uit ansjovis, knoflook en olie. Ansjovis wordt voorts verwerkt in de beroemde *salsa verde* (groene saus) voor *bollito misto*, maar ook in tal van andere sauzen. En natuurlijk liggen ze vaak op pizza's.

Een andere klassieke toepassing van deze vis is de *burro di acciughe* (ansjovisboter), die uit geprakte en met boter gemengde ansjovis bestaat. Het is een verrukkelijk ingrediënt in sauzen maar ook lekker op *crostini* of brood. *Pasta d'acciuga* (ansjovispasta) is in potten, blik of tubes te koop.

Acciugata is een Ligurische saus van in olijfolie opgeloste ansjovisfilets. Deze saus geeft een pittige, opvallende toets aan flauw voedsel zoals gekookte of gestoomde vis of gekookte eieren. Met tomaten, oregano en knoflook wordt het een saus voor pasta of vlees.

ALBORELLA
ALVER

De zilverwitte alver is een veel voorkomende zoetwatervis, met name in het Comomeer. Hij wordt tot 20 cm lang, is makkelijk te ontschubben en te stropen en smaakt zoetig. Hele of gefileerde alver wordt vaak met bloem bestoven en gefrituurd, maar soms ook in wijn en azijn met laurier gemarineerd en dan met ui in olie gebakken. Ook wordt luchtgedroogde alver gebruikt in de specialiteit van het Lago Maggiore Missoltit (zie blz. 21).

ALIOTIDE, PATELLA REALE
TEPELHOEDJE

Tepelhoedjes zijn weekdieren met één schelp. Ze lijken op kleine piramides en ze zitten op de rotsen vast. U hebt scherpe ogen nodig om ze te zien en een puntig mesje om ze los te maken. Uit niet-vervuild water kunt u deze schelpdieren rauw eten met alleen een paar druppels citroensap. Ze smaken heel nootachtig en zijn heerlijk in vissoep. Ik bewaar de allerbeste herinneringen aan de *linguine* met mosselen en tepelhoedjes in het Positaanse restaurant Cambusa.

ANGUILLA, BISATO / PALING

Dit opmerkelijke dier is een zout- en een zoetwatervis tegelijk. Nóg merkwaardiger is dat elke paling in de Sargassozee voor de Amerikaanse kust zijn leven begint. Al twee uur nadat ze uit het ei zijn gekomen, neemt de Golfstroom ze mee naar Europa, duizenden kilometers verderop, waar ze gevangen en snel opgegeten worden. In Italië heten deze piepjonge glasaaltjes *cieche* (blind), niet omdat ze niets kunnen zien, maar omdat ze zo makkelijk te vangen zijn dat ze blijkbaar blind zijn voor de netten (aldus de vissers).

Glasaaltjes die de netten overleven, zwemmen naar zoetwatermeren en rivieren, blijven daar zes of zeven jaar en zwemmen dan naar hun geboorteplaats terug om te paaien en te sterven. Vooral uit het Comacchiodal aan de monding van de Po komen goede palingen. Als de glasaaltjes het Po-estuarium ten zuiden van Venetië bereiken, worden ze in kunstmatige meren opgevangen en dan tot volwassen dieren opgekweekt.

Paling wordt traditioneel gebakken, gegrilleerd, gestoofd of in de oven gezet. Op Sardinië worden ze klaargemaakt met tomaten. Een van de gedenkwaardigste palinggerechten die ik ooit gegeten heb, was alleen paling met laurier uit de oven, zonder enige andere smaakgever (zie Anguilla alla Luciana op blz. 35).

Het vermelden waard is ten slotte de *capitone*. Dat is een grote, vrouwelijke paling die zijn maximale gewicht heeft bereikt. *Capitone* is een traditioneel kerstgerecht en geldt in Rome en heel Zuid-Italië als delicatesse. De stukken vis worden in olijfolie, knoflook, munt en azijn gemarineerd en op houtskool geroosterd.

RECHTS: ANGUILLA

ARAGOSTA, ASTICE
LANGOEST, KREEFT

Van de vele kreeftsoorten komt de soort zonder scharen, de langoest of *aragosta nostrana*, het meest voor. De echte kreeft met scharen (*astice*) is groter en donkerder blauw of groen van kleur.

De beste bereidingswijze van kreeft is koken in water tot het pantser lichtrood is. Er wordt nogal gepraat over de humaanste manier om een levende kreeft te doden. In het algemeen is men het erover eens dat snelle onderdompeling in echt kokend water de voorkeur verdient. Een gare, nog warme kreeft kunt u doormidden snijden en met wat goede olijfolie (liefst de beste Ligurische) en wat druppels citroensap leeglepelen. Vergeet uw gasten niet de middelen te geven om het sappige kreeftvlees uit de scharen te halen.

Ik vind de iets zoete smaak van kreeft vooral lekker met tomaten als saus voor Linguine (zie blz. 155).

LINKS: VOORGEWEEKTE BACCALÀ OP DE MARKT

ARINGA / HARING

Deze Noord-Atlantische vis komt in de Middellandse Zee niet voor, maar wordt in gezouten en gerookte vorm wel veel in Italië gegeten, meestal als *antipasto*. Een van de opmerkelijkste haringgerechten die ik ooit gegeten heb, komt uit Sicilië: een salade met grapefruit en sinaasappel (blz. 29).

ARSELLA, ZIE VONGOLA

ARZILLA, ZIE RAZZA

ASTICE, ZIE ARAGOSTA

BACCALÀ, STOCCAFISSO

GEZOUTEN KABELJAUW, STOKVIS

Baccalà en *stoccafisso* zijn respectievelijk gezouten en luchtgedroogde kabeljauw. Net als haring is het een geconserveerde, noordelijke vis die zijn weg naar de Italiaanse keuken gevonden heeft. Geconserveerde kabeljauw is door zijn lange houdbaarheid heel lang het hoofdvoedsel van zeelieden geweest. *Baccalà* en *stoccafisso* komen van de Lofoten-eilanden bij Noorwegen, waar rond het vissen, zouten en drogen van kabeljauw een hele industrie en levensstijl zijn ontstaan.

Twee Italiaanse streken zijn beroemd om hun *baccalà*-recepten: Ligurië en Veneto. Vandaaruit heeft de *baccalà* zich over heel Italië verbreid. Vroeger was het een vis voor de armen en vooral handig op vastendagen en in van de zee afgesloten dalen van de Italiaanse Alpen, waar verse vis niet makkelijk te krijgen was. Net als veel andere, traditionele plattelandsingrediënten is deze vis in de Italiaanse keuken weer in de mode geraakt.

Baccalà moet minstens 24 uur in regelmatig ververst water weken om het visvlees zacht te maken en het zout eraan te onttrekken. Gezouten kabeljauw wordt meestal in de vorm van halve of soms kwart vissen verkocht, maar is soms ook voorgeweekt en gebruiksklaar te koop.

Stokvis daarentegen is luchtgedroogd en heel gelaten. De vis is niet gezouten, maar moet wel door heel lang weken zacht worden en u moet er flink met een hamer op slaan om het visvlees mals te maken en de vezels te breken. Vreemd genoeg heet deze soort in Vicenza en Venetië *baccalà*, maar in de rest van Italië *stoccafisso*. Vicenza is beroemd om zijn *baccalà alla vicentina*, dat meestal met witte polenta wordt gegeten.

Andere regionale stokvis- en *baccalà*gerechten zijn *frittelle di baccalà* (gefrituurde koekjes), *insalata di baccalà* (een salade met peterselie, citroensap en chilipeper) en Stocco alla Genovese (een stoofgerecht; blz. 40).

BARBO / BARBEEL

Deze zoetwatervis is in de modderbeddingen van veel rivieren en meren in heel Italië te vinden. Het is een heel fijne vis met weinig graten en is gebakken of gepocheerd het lekkerst. Eet hem echter nooit rauw, want dan is hij giftig.

BIANCHETTI, ZIE ACCIUGA

BISATO, ZIE ANGUILLA

BOTTARGA, BUTTARIGA

HARDER- EN TONIJNKUIT

Zowel de kuit van harder (*bottarga di muggine*) als die van tonijn (*bottarga di tonno*) heet *bottarga*. Harderkuit is veel kleiner dan tonijnkuit en wordt geperst, gepekeld en daarna gedroogd. Sicilianen en Sardijnen zijn de belangrijkste pro-

STOCCAFISSO

ducenten en consumenten ervan. Ze geven harderkuit graag in dunne plakjes met citroensap en olijfolie als hapje, of anders op roerei.

De veel grotere tonijnkuit kan wel 2 kg wegen en wordt na het zouten traditioneel in een langwerpige vorm geperst. Deze kuit wordt meestal over pasta en eieren geraspt, want de sterke smaak van gezouten vis komt dan heel goed tot zijn recht. Tonijnkuit is erg duur en alleen in de beste delicatessenwinkels te koop.

Mosciame (links – zie tonno, blz. 26); bottarga (rechts)

Rechts: de verzamelde ingrediënten voor cacciucco

Branzino, Spigola
Zeebaars

Als Italianen het woord *branzino* of *spigola* horen, gaat hun culinaire hart sneller kloppen, want zeebaars is in Italië een bijzonder geliefde vis. Het dier is op ruime schaal te koop en overal te vangen waar de zee een beetje ruw is.

Een zeebaars kan tot 1 meter lang en 10 kg zwaar worden en dankt zijn populariteit aan het fijne maar stevige visvlees, dat heel veelzijdig en makkelijk klaar te maken is. Zeebaars maakt zijn beloften altijd waar, of hij nu gekookt of gegrilleerd wordt, dan wel uit de oven komt.

Aan de grote vraag is alleen te voldoen door de vis te kweken en hem met een culinair handige lengte en het juiste gewicht op de markt te brengen. Wilde zeebaars is prachtig zilver van kleur; gekweekte vis is donkerder en minder lekker.

De vis gaat vaak in zijn geheel in een zoutkorst of met peterselie, knoflook, citroen en venkel in aluminiumfolie in de oven. De Sicilianen koken hem in zeewater (zie Branzino all 'Acqua di Mare, blz. 35).

Buridda, zie Cacciucco

Cacciucco / Vissoep

Deze klassieke Ligurische vissoep, ook wel *buridda* genoemd, kan uit allerlei soorten vis bestaan, maar meestal gaat het om murene en rascasse plus wijn, knoflook, peterselie, olijfolie en tomaten (zie blz. 29).

Calamaro / Pijlinktvis

Er is nogal wat verwarring over deze populaire koppoters, die verwant zijn aan de octopus. Er zijn veel verschillende soorten, die allemaal op elkaar lijken en ongeveer op dezelfde manier worden klaargemaakt. De onderlinge verschillen betreffen eerder de omvang en vorm dan de smaak of structuur. De *totano seppia*, of vliegende inktvis, heeft de gewoonte om boven het water uit te springen en een stukje te zweven. Deze soort komt vooral aan de Ligurische kust voor en wordt behandeld als andere pijlinktvissen, maar heeft wat grover visvlees.

Pijlinktvissen hebben buisvormige lichamen met twee vinnen eraan. Aan de kop zitten tien tentakels. Twee van die tentakels zijn veel langer dan de andere en hebben zuignappen. De huid van de *calamaro* (gewone pijlinktvis) of *calamaretto* (kleine pijlinktvis) is in het algemeen rozig met witte strepen.

In het lichaam van de pijlinktvis zit een zakje met inkt, die het dier uitstoot om achtervolgende vijanden in verwarring te brengen. Italianen maar vooral Venetianen maken verrukkelijke gerechten met die zwarte inkt. *Risotto nero* is daarvan een van de bekendste.

Bij het schoonmaken van pijlinktvis verwijdert u eerst de huid. Daarna trekt u de doorschijnende 'ruggengraat' uit de lichaamsholte. Als u het zwarte inktzakje voor het kleuren van een gerecht wilt gebruiken, moet u het voorzichtig tussen de ingewanden uit halen.

Schoongemaakte pijlinktvis kunt u op allerlei manieren klaarmaken. Ze worden vaak heel kort in zeewater gepocheerd en met een saus van olijfolie en citroen in een salade verwerkt. Apuliërs koken ze in een bodempje water en drinken dat na het klaarmaken als versterkend middel op. Hele *calamaretti* of in ringen gesneden *calamari* worden ook vaak met bloem bestoven en knapperig gefrituurd. U kunt ze voorts grilleren of vullen – meestal met de fijngehakte tentakels, broodkruim of rijst, knoflook met peterselie, of *pecorino* met pijnboompitten – in de oven klaarmaken of met andere zeedieren in vissoep verwerken.

Canestrello, zie Capasanta

CANNOCCHIA, PANNOCCHIA

MANTISGARNAAL

Dit is het meest mediterrane van alle schaaldieren. De mantisgarnaal lijkt een beetje op een langoustine en is vooral in Italië erg geliefd. Hij komt veel voor in de Adriatische Zee, waar hij in het zand en de modder van de zeebodem leeft. Het dier kan 20 cm lang worden en heeft een soort versterkt pantser op zijn rug. Op de staart zitten twee zwarte vlekken, die op ogen lijken. Afhankelijk van de herkomst heeft dit schaaldier veel namen en gebruiksmogelijkheden. In Venetië heet het *canoci*, in Puglia (Apulië) *caratiedde*, in Napels *spanocchio* en in Toscane *cicala*.

U kunt het pantser het beste links en rechts langs de rug met een schaar inknippen; dan kunt u het sappige vlees er in één keer uithalen. Mantisgarnalen worden vooral in vissoep verwerkt, maar u kunt ze ook koken en met een sausje van olijfolie en citroensap opdienen.

CANNOLICCHIO, CAPPALUNGA

SCHEERMES

Dit heel bijzondere weekdier, met twee schelpen in de vorm van een ouderwets scheermes, leeft in zandige zeebodems en is moeilijk te vangen, omdat het rechtop staat en met zijn scherpe schelpen in handen en netten snijdt. *Cannolicchi* zijn bij eb het makkelijkst te pakken te krijgen; dan kunt u ze voorzichtig uit het zand trekken.

Scheermessen kunnen wel 30 cm lang worden, maar kleinere exemplaren zijn malser. U kunt ze grilleren, in vissoep doen of in schaal- en schelpdiersalades verwerken. Ze worden meestal in bosjes verkocht; koop vooral exemplaren die voor hun grootte zwaar aanvoelen. U krijgt het visvlees te pakken zonder u te snijden door de *cannolicchi* eerst met een beetje olijfolie en water open te stomen.

CAPASANTA, CONCHIGLIA DI SAN GIACOMO, PETTINE

SINT-JAKOBSSCHELP

In de diverse Italiaanse streken bestaan heel verschillende namen voor dit geliefde en opvallende schelpdier. In Italië wordt het meestal klaargemaakt met de oranjeroze kuit of 'koraal' er nog aan.

Een van de beste soorten is de *canestrello*, die vooral in de buurt van Venetië veel voorkomt. Het dier leeft daar op de zandige zeebodem en wordt het hele jaar door duikers opgevist. Geen wonder dus dat juist uit Venetië een paar van de beste recepten komen, zoals *risotto ai canestrelli*, een Italiaanse versie van de Spaanse *paella*. Maar de allerbeste sint-jakobsschelpen gaan in een simpele maar exquise schelpdierensalade. De fijne smaak ervan leent zich goed voor de allersimpelste bereidingswijzen, bijvoorbeeld met wat witte wijn, knoflook en peterselie.

LINKS: CAPASANTA

CAPITONE, ZIE ANGUILLA

CAPONE, CAPPONE / POON

Dit is een vreemd uitziende vis, rood als een mul, met een grote kop tussen bottige schubben en twee heel lange vinnen vlak onder de kop. Er zijn allerlei soorten, van klein tot behoorlijk groot, en de grootste exemplaren kunnen wel 75 cm lang worden. Het is een heel goede vis met mals, niet te stevig vlees. U kunt hem in moten grilleren, maar in vissoep komt hij het beste tot zijn recht.

CARPA / KARPER

Deze zoetwatervis is verzot op rustig water, waar hij graag op de modderbodem van een rivier of meer ligt. Er zijn vele soorten, met als belangrijkste verschil het aantal schubben op het lichaam. Karpers kunnen 1 meter lang en behoorlijk zwaar worden.

Italianen houden niet erg van het naar modder smakende visvlees en hebben er niet veel recepten voor. Mijn beste suggestie is karper in broodkruim. Dat recept komt uit Venetië, waar de vis populair is. Karper wordt ook wel gekookt of gestoofd, vaak met bleekselderij, ui en tomaat.

CARPIONE, ZIE BLZ. 36

CAVIALE, ZIE STORIONE

CEFALO, MUGGINE

HARDER

Harder is vanwege zijn fijne smaak in Italië heel populair en wordt voor elke kust gevist. Het dier houdt van estuaria, waar het veel voedsel vindt, zodat het vlees naar modder kan smaken. De beste exemplaren komen uit helder water. Er zijn veel soorten, maar de meest gezochte is de *volpino*, die in het seizoen een heerlijke kuit heeft waarvan Bottarga (blz. 16) wordt gemaakt. Als u de vis zorgvuldig schoonmaakt, verdwijnt een deel van de moddersmaak. Harder wordt vooral gegrilleerd, maar een uitmuntend exemplaar kunt u ook met alleen wat olijfolie, citroen en peterselie in de oven klaarmaken.

CERNIA / GROUPER

Deze solitaire vis leeft in warme zeeën en kan wel tot 1½ m lang worden. Zijn smakelijke, stevige, witte visvlees is in Italië een delicatesse. Vanwege zijn omvang wordt hij meestal met een harpoen gevist, in moten gesneden en gegrilleerd of gestoofd. Andere delen van de grouper gaan in een saus voor *linguine*. De interessantste bereidingswijze

De prachtige vismarkt in Venetië

komt echter uit Sardinië, waar de lever wordt verwerkt in een uitmuntende saus voor bij gegrilleerde andere vis.

Cicala, zie Cannocchia

Cieche, zie Anguilla

Coda di Rospo, Rana Pescatrice, Rospo / Zeeduivel

Deze lelijke vis raakt bij chef-koks over de hele wereld steeds meer in trek. Het stevige, smakelijke staartvlees is bijna graatloos en lijkt genoeg op kreeft om regelmatig verwarring te scheppen.

Dankzij zijn grote bek kan de zeeduivel behoorlijk grote prooidieren aan en het dier besteedt een groot deel van zijn leven aan het afstropen van de zeebedding op zoek naar voedsel. De vissers gebruiken dan ook een buigzame hengel, die met een gewicht is verzwaard om de bedding te bereiken. Zeeduivels kunnen flink groot worden, maar in het algemeen wordt alleen het staartvlees gebruikt. De grote, lelijke kop wordt in Italië meestal weggegooid, maar in andere delen van de wereld wordt er visbouillon en gelatine van gemaakt, en daarvoor is dat lichaamsdeel uitstekend geschikt. U kunt de staart op alle manieren klaarmaken: grilleren, frituren of stoven, maar ook heel simpel met citroen, knoflook, peterselie en olijfolie in de oven zetten.

Colla di Pesce

Visgelatine

Smaakloos bindmiddel, gemaakt van visdelen die meestal worden weggegooid. Het is minder plakkerig dan gewone gelatine.

Conchiglie

Conchiglie is het Italiaanse woord voor schelpen, maar slaat vaak alleen op sint-jakobsschelpen, die ook *conchiglie San Giacomo* heten. Zie Capasanta.

Coregone, Lavarello

Houting

Deze vis, die in bijna elk Italiaans meer voorkomt, wordt meestal zo'n 30 cm lang en heeft een heel fijn visvlees. Vooral in Noord-Italië is hij een populair alternatief voor zeevis van de kust.

U kunt deze veelzijdige vis op veel manieren klaarmaken. Gemarineerd en gebakken (in carpione, zie blz. 36) is hij een lekker hapje. U kunt hem ook fileren en met klontjes boter en blaadjes salie in de oven zetten. Maar of u hem nu bakt, pocheert of in de oven klaarmaakt – lekker is hij altijd.

Cozza, Muscolo, Mitilo, Musciolo / Mossel

De mossel is een van de meest voorkomende schelpdieren ter wereld en speelt in de Italiaanse keuken een hoofdrol, vooral in het zuiden en de Venetiaanse lagune, waar een enorme hoeveelheid mosselen (*peoci* in het plaatselijke dialect) vandaan komt. In het heldere water bij Chioggia in de Venetiaanse lagune vindt u de ene mosselkwekerij na de andere. Daar groeien de mosselen aan lange touwen die aan houten geraamtes hangen. De kwekerijen staan onder streng toezicht en werken bijzonder hygiënisch, omdat mosselen erg kwetsbaar zijn voor vervuiling.

Let er bij aankoop op dat de mosselen goed dicht zijn en zwaar aanvoelen. Dat wijst erop dat ze nog leven en dus volmaakt vers zijn. Spoel ze eerst grondig onder de koude kraan en schraap er met een mes de eendenmossels en baarden af. Mosselen die in het water komen bovendrijven, moet u weggooien, en dat geldt ook voor mosselen die na het koken niet zijn opengegaan.

Er is een tijd geweest dat mosselen net als oesters rauw werden gegeten, maar vanwege de zeevervuiling moet u ze tegenwoordig eerst koken (zie Cozze Ripiene, blz. 30). Meestal gebeurt dat in een beetje wijn met peper, peterselie, knoflook en soms chilipeper. U kunt ze ook met knoflook en broodkruim bestrooien en in de oven zetten.

Crostacei / Schaaldieren

Dit woord slaat op alle schaaldieren met armen en pantsers, zoals kreeften, krabben, garnalen en dergelijke.

Dattero di Mare

Zeedadel

Dit aan de mossel verwante zeedier heet zo, omdat het op een dadel lijkt. Het is ovaal van vorm, meestal 5-10 cm lang en donkerbruin. De zeedadel leeft in rotsen, waar het met lichaamszuren een gat boort, dat tijdens zijn groei steeds groter wordt.

Rechts: datteri di mare, vongole en tartufi di mare

Datteri di mare zijn bijzonder in trek en een echte delicatesse. De beste komen uit Puglia en de Golf van Spezia, waar speciale wetten bestaan om de visserij erop te reguleren. Om ze te kunnen vangen moet u letterlijk de rots openbreken waarin ze vastzitten, en de vissersboten hebben dan ook hijsapparatuur aan boord om de rotsblokken aan boord te krijgen. Waarschijnlijk wordt dat binnenkort verboden, want sommige delen van de kust zijn er al door vernield.

Als u weet waar ze vandaan komen, kunt u zeedadels rauw eten, als oesters. Vanwege hun unieke leefwijze bevatten ze, in tegenstelling tot mosselen, geen zand.

DENTICE / TANDBRASEM

Deze hoogst populaire mediterrane vis kan tot 1 meter lang worden. Het visvlees is bijzonder fijn en kan op elke manier worden klaargemaakt: als gegrilleerde moten, als hele vis uit de oven, gebakken, gestoomd. Neem er veel olijfolie, peterselie, tomaten en venkel voor.

Commercieel gezien is deze vis even belangrijk als de grouper (zie Cernia) of andere brasems (zie Orata en Sarago), die in de Italiaanse keuken allemaal een hoofdrol spelen.

LINKS: DONZELLE

DONZELLA

De *donzella*, verwant aan de poon en pieterman, is een van die kleurrijke mediterrane vissen die vaak in soepen en stoofschotels wordt gebruikt.

FRUTTI DI MARE

SCHAAL- EN SCHELPDIEREN

Dit woord slaat op alles wat uit zee komt, maar vooral op alle schaal- en schelpdieren: van oesters en mosselen, zeedadels en zee-egels tot krabben, garnalen, gamba's en kreeften.

Frutti di mare zijn rauw eetbaar als ze kakelvers zijn, en liefst nog leven, en voorts uit niet-vervuild water komen, wat een uitstekende visman kan garanderen.

LINKS: DENTICI

GAMBERO, GAMBERETTO, GAMBERONE, MAZZANCOLLA / GARNALEN

De vele soorten grote en kleine garnalen horen allemaal tot de familie van de kreeft. De *gambero di acqua dolce* (rivierkreeft) is zelfs een nauwkeurige miniatuurkopie van de kreeft en culinair gezien bijna even populair. Andere soorten hebben geen scharen, hoewel hun gepantserde kop en lichaam sterk op die van hun grotere neven lijken. Garnalen kunnen alle mogelijke kleuren hebben – van lichtoranje en dieprood tot donker grijsblauw – maar net als de kreeft worden ze allemaal rood als ze gaar zijn. Ze worden over de hele wereld gevist en zijn overal geliefd, maar die uit de Middellandse Zee hebben een onvergelijkelijk milde smaak en zilte geur.

Voor de meeste mensen is het tegenwoordig heel moeilijk om aan verse garnalen te komen, hoewel enige aquacultuur het lokale aanbod aanvult. Door de enorme mondiale vraag worden de meeste garnalen massaal gevangen en aan boord van enorme, Noord-Atlantische trawlers ingevroren. Het verschil tussen verse en ingevroren garnalen is groot, maar de wereld heeft het minderwaardige product blijkbaar geaccepteerd.

De kleinste *gamberetti* (grijze garnalen) worden meestal door de bloem gehaald en knapperig gefrituurd. Ze zijn zo mals dat u ze in hun geheel kunt eten, zelfs zonder ze te pellen. De grotere *gamberoni* kunt u ongepeld koken of grilleren, of met alleen de staart gepeld in de pan bakken, zodat het heerlijke vocht uit de kop naar buiten komt.

In streken met veel garnalen vindt u ook de beste recepten. U kunt ze bijvoorbeeld vers koken en met een sausje of als onderdeel van een salade geven. Maar u kunt ze ook bakken, grilleren of met olijfolie en citroen in de oven zetten.

GAMBERI

Granchio, Granciporro, Granseola, Grancevola, Granceola / Krab
De krabbenfamilie omvat een groot aantal bijzonder smakelijke schaaldieren. Kleine soorten zoals de *granchio* (strandkrab) worden in soep gegeten, een grotere soort zoals de *granciporro* (Noordzeekrab) is zwaar en kan heel wat krabvlees opleveren. Deze grote krabben kunt u het beste net als kreeften levend koken. De gaartijd bedraagt minstens 20 minuten en daarna moeten ze nog 15 minuten in het kookwater blijven. Spinkrabben (*granseola, granceola* of *grancevola*) worden op dezelfde manier klaargemaakt. De beste krabben komen uit Venetië, zo ook de beste recepten.

Na het koken maakt u de krab open door tussen de ogen te drukken tot het rugpantser zich als het deksel van een doos opent. De 'dodemansvingers' (kieuwen) gooit u weg. Daarna haalt u het witte vlees uit het lichaam en de poten, maar ook de bruine lever. Meng ze en giet er een sausje van zout, citroensap, peterselie en olijfolie overheen. Grotere spinkrabben kunt u in hun geheel koken of grilleren; verwerk het vlees in een goede tomatensaus voor pasta.

In Venetië kunnen strandkrabben net zo worden gegeten als de Amerikaanse soft-shell crab. In de lente en herfst worden mannetjes gevangen die net hun oude pantser hebben afgelegd en nog geen nieuw, hard pantser hebben gevormd. Ze heten in dat stadium *moleche*. Deze zachte krabben kunt u, met bloem bestoven en gefrituurd, in hun geheel eten.

Grongo / Kongeraal
Een kongeraal lijkt nogal op een paling maar is er geen familie van. Hij lijkt ook op een murene (zie verderop), doch zijn beet is niet giftig of gevaarlijk. Maak hem echter heel goed schoon, want het rauwe bloed is wel degelijk erg giftig, en dat verdwijnt pas na het gaar worden. Om die reden moeten wondjes goed beschermd zijn als u kongeraal schoonmaakt.

Voor meer informatie over het klaarmaken, zie Anguilla. Net als de murene kunt u kongeraal in moten snijden en grilleren. Maar zorg – nogmaals – dat het visvlees goed gaar is.

Langosta, zie Aragosta

Rechts: granciporro

Latte di Pesce, zie Uova di Pesce

Latterini, zie Acciuga

Lavarello, zie Coregone

Luccio / Snoek
Deze zoetwatervis kan tot 1½ meter lang worden en 4-5 kg wegen. Vooral in Piemonte, Lombardije en de Veneto is hij erg in trek om zijn stevige, witte visvlees. Hij wordt traditioneel klaargemaakt *in umido*, d.w.z. met tomaten gestoofd, maar hij wordt ook vaak gemalen en in vispatés en -koekjes verwerkt.

Marmora, zie Orata

Mazzancolle, zie Gambero

Merluzzo / Kabeljauw
Deze mild smakende vis wordt in Italië vrijwel alleen geconserveerd gegeten. Zie Baccalà.

Missoltit
Soort gedroogde vis
Dit is een gerecht uit de streek van de Noord-Italiaanse meren. Vissen uit die meren, bijvoorbeeld *alborella* en *agoni*, worden in de zon te drogen gehangen (zie de foto op blz. 12). De gedroogde vis wordt meestal gegrilleerd totdat het vel opzwelt. Het vel wordt verwijderd en de vis wordt met wat citroensap op azijn opgediend.

Mitilo, zie Cozza

Moleca, zie Granchio

Mollusco
Weekdier
Dit is de algemene term voor zachte, ongewervelde zeedieren, zoals een- of tweeschelpige schelpdieren (tepelhoedjes, venusschelpen, mosselen, oesters e.d.) en inktvissen.

Mormora, zie Orata

Moscardino, zie Polpo

Mosciame, zie Tonno

Murena / Murene
De murene is de schrik van elke duiker, omdat het dier in de aanval kan gaan en dan niet alleen pijnlijk, maar ook giftig bijt. Deze solitaire vis leeft in rotsgaten en kan tot 1½ meter lang worden. Bij de Romeinen was de vis in trek vanwege zijn geurige vlees. Hij wordt vaak in gemengde vissoepen zoals *cacciucco* verwerkt, maar u kunt hem ook heel goed in moten grilleren.

Muscoli, Muscioli, zie Cozza

Nasello / Heek
Na het klaarmaken wordt deze vis vaak voor kabeljauw aangezien, maar een levende heek ziet er heel anders uit, hoewel hij wel aan de kabeljauw verwant is. Hij kan 1 meter lang worden en grote exemplaren worden in moten gesneden

voordat ze op een van de vele manieren worden klaargemaakt. Het bijzonder kwetsbare en fijne visvlees wordt overal in Italië op tal van regionale manieren gegeten. U kunt het met olijfolie bestrijken en grilleren, maar ook bakken in olie met tomaten en knoflook.

Nasello al brodetto (gepocheerde heek met brood) is een klassiek gerecht waarvoor de vis kort gepocheerd wordt in een court bouillon van knoflook, peterselie, zout, peper en wat ontvelde, fijngehakte tomaten. De court bouillon pruttelt 15 minuten, zodat alles net gaar is als de vis er bijgaat. De vis mag niet helemaal onderstaan, pruttelt een paar minuutjes mee, rust 10 minuten en wordt dan opgediend op *crostini*.

NEONATO, ZIE ACCIUGA

NERO DI SEPPIA, NERO DI CALAMARO

(PIJL)INKTVISINKT

Inktvisinkt komt uit een zakje in de lichaamsholte van inktvissen en wordt vooral voor sauzen en risotto's gebruikt. Men voegt het ook aan pastadeeg toe, dat daardoor zwart wordt en een duidelijke vissmaak krijgt. U kunt natuurlijk zelf de inktzakjes uit verse, hele inktvis halen, maar de inkt is ook los en voorverpakt te koop.

ORATA, MORMORA, MARMORA

BRASEM

Alle brasems uit de Middellandse Zee zijn verwant, maar vertonen grote verschillen in kleur, structuur, smaak en verschijning. Zowel de *mormora* of *marmora* (gestreepte zeebrasem) als de *pagello* (Spaanse zeebrasem) en *pagro* (gewone zeebrasem) zijn in Italië geliefd, maar de beste smaak heeft de *orata* (goudbrasem), die bij de Fransen *daurade* heet en het liefst in de oven wordt klaargemaakt. Brasems worden ook vaak met *salmoriglio* (een mengsel van citroensap, olijfolie, fijngehakte peterselie en kappertjes) bestreken en gegrilleerd.

OSTRICA / OESTER

Merkwaardig genoeg geldt deze *frutto di mare*, die bij de Romeinen zo geliefd was dat ze de eerste oesterkwekerijen stichtten, tegenwoordig als de Franse *fruit de mer* bij uitstek. Het is zelfs zo dat de Fransen, die hun eigen visgronden hadden uitgeput, de kwekerij uit Italië importeerden en daarvan zo'n belangrijke industrie maakten, dat zij nu de hygiënische voorschriften en andere kwekerijbepalingen dicteren.

De *belon* of ronde oester is nog steeds het geliefdst en wordt rond Puglia aan de Adriatische Zee gekweekt, vooral in Taranto. Van de paar soorten die er zijn, eten de Italianen het liefst de *ostrica piatta* (platte oester) en de ronde *belon* – graag rauw en met een paar druppeltjes citroensap.

De oester is makkelijk verteerbaar en een dozijn oesters als voorafje is heel normaal. Ik weet nog de keer dat ik 126 kleintjes at, maar de drie andere gangen en de pudding niet meer aankon; het spreekwoordelijke effect dat men na oesterconsumptie zegt te krijgen, was duidelijk merkbaar. Eet oesters alleen rauw als de schelpen goed dicht zijn; dat betekent dat de oester nog leeft. Er zijn niet veel Italiaanse recepten voor gare oesters, maar er is wel het importrecept *alla Rockefellera*, d.w.z. in Amerikaanse stijl gegrilleerd.

PAGELLO EN PAGRO, ZIE MORMORA

PALOMBO / GLADDE HAAI

Deze haai uit de Adriatische Zee wordt vanwege zijn slechte visvlees in de Italiaanse keuken niet veel meer gebruikt. Vroeger werd hij, zoals tonijn en zwaardvis, in moten gegrilleerd, of gestoofd in een tomatensaus als tonijn. Op de markt van Venetië is het nog wel eens te koop als *vitello di mare* oftewel zeekalf.

PEOCI, ZIE COZZA

PESCE AZZURRO / BLAUWE VIS

Ansjovis, sardines, makreel, haring, bonito, tonijn en zwaardvis worden in Italië vanwege de kleur van hun vel blauwe vissen genoemd, hoewel ze veelal geen familie van elkaar zijn. Het zijn allemaal zoutwatervissen met olierijk visvlees; ze zijn ook betrekkelijk makkelijk schoon en klaar te maken.

PESCE PERSICO / BAARS

De baars is een van de meest gezochte zoetwatervissen en kan tot 45 cm lang worden. Hij voelt zich in de meren en rivieren van het noorden het beste thuis en wordt vaak gefileerd verkocht, omdat hij vanwege zijn vele vinnen en graten moeilijk schoon te maken is. De twee populairste manieren van klaarmaken zijn: door de bloem halen en in boter bakken, of door losgeklopt ei en paneermeel halen en frituren. Ingelegde baars (zie *carpione*, blz. 36) kunt u als *antipasto* of hapje eten.

PESCE SAN PIETRO

ZONNEVIS

Volgens de legende haalde Sint Petrus deze vis met zijn handen uit het water, waarbij de afdruk van zijn vingers op de huid bleef staan. Hij maakte zich zorgen over de betaling van een belasting, maar vond in de bek van de vis precies het juiste bedrag om zijn schuld te voldoen. Zo is de vis aan zijn Italiaanse naam gekomen en worden de twee zwarte vlekken aan beide zijden van het lichaam verklaard.

Het visvlees is bijzonder fijn, maar het is duur omdat de filets maar 30-35% van het totale gewicht vormen. Voor vier personen hebt u dus een vis van minstens 2 kg nodig. Het visvlees wordt geroemd om zijn

LINKS: PESCE SAN PIETRO

PESCE SCIABOLA

stevigheid en goede smaak en is overal ter wereld bij chef-koks in trek. De filets worden meestal gegrilleerd, maar kunnen ook gepaneerd en gebakken worden.

PESCE SCIABOLA / DEGENVIS

Degenvissen zijn een opvallende verschijning als de vissers hun vangst aan boord halen. Ze zien eruit als een platte aal, hebben een zilverkleurig vel en lijken in weinig op andere vissen. Ze komen vrij veel voor, maar vanwege hun vele graatjes is er niet veel vraag naar. Degenvissen worden – in stukjes gesneden – vooral voor stoofgerechten en vissoep gebruikt. In delen van het zuiden worden ze net als *baccalà* met tomaten, olijfolie en knoflook gestoofd. Of haal ze door bloem, bak ze in olie en marineer ze dan in azijn, rode wijn, knoflook en munt.

PESCE SPADA / ZWAARDVIS

Een zwaardvis kan tot 4 meter lang en 200 kg zwaar worden. De vis is makkelijk te herkennen aan de lange punt aan zijn snuit. Veel exemplaren worden buiten de Calabrische en Siciliaanse kusten met harpoenen gevangen. Het is een van de vissen die men meestal minstens een dag laat besterven. Qua smaak, structuur en kleur lijkt het visvlees sterk op dat van haai, en daarom wordt het op dezelfde manier gesneden en klaargemaakt. Het wordt meestal gegrilleerd, maar de laatste tijd ook gerookt en als *carpaccio* gegeven. Een van de interessantste manieren om zwaardvis klaar te maken is in de vorm van Involtini di Pesce Spada (blz. 32), een Siciliaanse specialiteit. Sicilië is een van de grootste consumenten van zwaardvis.

POLPO, MOSCARDINO

OCTOPUS

Midden op de Vucceria-markt in de Siciliaanse stad Palermo staat een beroemd stalletje, waar u uit een oude aluminium pan vers klaargemaakte, vlakbij gevangen octopus kunt krijgen. De verse, roomkleurige octopus gaat het kokende water in en komt er na een paar minuten botermals en aantrekkelijk rozerood weer uit. De vis wordt ter plekke gesneden, zodat u hem direct kunt opeten. Er hoeven geen sauzen of specerijen bij; de natuur heeft alle essentiële ingrediënten al geleverd.

Het wemelt van oude vissersverhalen over dit dier, en de meeste gaan over de kracht van zijn acht tentakels, die allemaal twee rijen zuignappen hebben om hun prooi te kunnen grijpen. Een octopus kan in lengte variëren tussen 50 cm en 3 meter. Kleine exemplaren wegen maximaal 200 g en zijn heel mals. Grotere – ze kunnen tot 25 kg wegen – moeten mals worden gemaakt door er met een stok op te meppen of door het dier herhaaldelijk tegen de rots te slaan, zodat de vezels van het visvlees worden gebroken.

De octopus is aan alle Italiaanse kusten gemakkelijk te vinden en staat hoog in aanzien. Het dier heeft een harde bek in het midden van zijn ovale lichaamszak die, net als de ogen, bij het schoonmaken verwijderd moet worden. Eet octopus bijvoorbeeld in salades, of vers gepocheerd (*affogato*) zoals in Napels, of laat hem met wat olie, knoflook, tomaten, olijven, chilipeper en peterselie ca. 30 minuten met het deksel op de pan zachtjes pruttelen.

De kleinere *moscardino* lijkt op de *polpo*, maar heeft slechts één rij zuignappen op de tentakels. Het dier staat in de keuken minder hoog aangeschreven, maar is nog steeds heel lekker. Voor beide soorten gelden dezelfde bereidingswijzen, alleen is de kleinere *moscardino* eerder gaar.

RANA PESCATRICE, ZIE CODA DI ROSPO

RAZZA, ARZILLA / ROG

De rog heeft met de zeeduivel en de zonnevis gemeen dat maar een deel van het visvlees gegeten wordt. In dit geval zijn dat de 'vleugels' of buitenste vinnen. De vis is volmaakt plat en leeft op de zeebodem, waar hij onder het zand heel goed gecamoufleerd is. Rogvleugels worden gestroopt verkocht, en alleen het lange kraakbeen zit er nog in. U kunt ze op tal van manieren klaarmaken: gestoofd of in soep, gepocheerd met boter of hollandaisesaus,

RECHTS: POLPO

LINKS: GEKOOKTE VERSE POLPO OP DE MARKT IN PALERMO

gegrilleerd of in gepaneerde vorm gefrituurd. Maar hoe dan ook, rog is heerlijk en sterk aanbevolen, mits het kraakbeen u niet kan schelen.

RICCIO DI MARE / ZEE-EGEL

Vakantiegangers aan de Middellandse Zee hebben soms de pech op een zee-egel te trappen. De dunne stekels breken precies op het punt waar ze de huid binnendringen en scheiden een pijnlijk gif af.

Zee-egels komen langs de hele Italiaanse kust voor, maar de meeste komen uit Puglia, Calabrië, Sardinië en Sicilië – vier gebieden waar het zeewater bijzonder schoon is. De plaatselijke bevolking smikkelt ervan, maar zee-egels worden ook naar alle Italiaanse steden vervoerd.

Er zijn veel soorten zee-egels en van de meeste is de kuit eetbaar. Het gaat hier om het eierzakje, dat in de lente en vroege herfst tot rijping komt. Vooral twee soorten zee-egels zijn lekker: die met stekels tussen violet en donkergroen, en die met violette stekels en een witte vlek aan de punt.

Deze verfijnde *frutto di mare* maakt u als volgt schoon: knip met een schaar of speciaal daarvoor bestemd werktuig de onderste helft, waar zich de bek bevindt, af. Maak het binnenste schoon en verwijder de zwarte ongerechtigheden. Laat de stervormige hoopjes kuit in hun geheel zitten en lepel ze gewoon leeg (of lik ze met uw tongpunt uit, zoals ik graag doe). De milde, zoutige smaak van de eitjes is zo heerlijk dat u er niets bij hoeft te eten. Een fantastisch pastagerecht met zee-egels komt uit Puglia (zie Linguine con Ricci di Mare, blz. 156).

ROMBO

TARBOT EN GRIET

Deze platvissen, die verwant zijn aan de tong, leven voor een deel op de zeebodem. Vanwege hun buitengewoon witte, stevige visvlees en hun bijzonder fijne smaak, staan ze hoog in aanzien. De *rombo chiodato* (tarbot) kan 1 meter lang worden en is herkenbaar aan zijn donkergrijze vel met benige bobbeltjes. De *rombo liscio* (griet) heeft een lichter, gladder vel en een minder langgerekt lichaam. Beide vissen worden meestal gefileerd en hetzij gepocheerd en met wat olijfolie en citroensap opgediend, hetzij in een tomatensaus gestoofd.

ROSPO, ZIE CODA DI ROSPO

SALMONE / ZALM

De Italianen hebben de laatste paar jaar de zalm ontdekt, waarschijnlijk

LINKS: RICCI DI MARE

omdat de gekweekte soort pas sinds kort betaalbaar is. Vroeger waren maar weinig Italianen ermee vertrouwd, en dan nog alleen in gerookte vorm. De zalm is in Italië niet inheems, maar elke beroeps- en thuiskok maakt van deze heerlijke vis iets lekkers. Hij wordt meestal gegrilleerd of gepocheerd en is in kleine stukjes vaak ingrediënt van roomsauzen voor pasta.

SARAGO, SARGO

WITTE ZEEBRASEM

De Italianen vissen graag het hele jaar op deze geliefde Middellandse-Zeevis. Het woord 'sarago' slaat in feite op diverse soorten zeebrasems, maar de witte (*Diplodus sargus*) is de beste. Deze soort kan 40 cm lang en 2 kg zwaar worden en leeft het liefst op rotsige zeebodems met veel begroeiing.

SARDA, SARDINA, SARDELLA

SARDINE

Een sardine is eigenlijk een jonge pelser en de naam komt waarschijnlijk van het eiland waar deze vis in de Romeinse tijd het meest gevangen werd: Sardinië. In de meeste landen rond de Middellandse Zee wordt hij veel gegeten en hij is in alle Italiaanse kuststreken zo ongeveer een basisingrediënt, niet alleen vers maar ook gezouten en in olie, zoals ansjovis (blz. 14). Het visvlees is betrekkelijk vet en u kunt sardines het beste klaarmaken door ze met een sausje van citroensap, olijfolie, peterselie, knoflook, zout en peper te bestrijken en dan te grilleren. U kunt ze ook ontgraten en vullen, of door bloem, ei en paneermeel halen en frituren.

De Sicilianen bewijzen de sardine op twee manieren bijzondere eer: op de eerste plaats als saus voor Pasta con le Sarde (blz.166) en op de tweede plaats als Sardine alla Beccafico: opgerolde sardinefilets gevuld met broodkruim, pijnboompitten, rozijnen en olijfolie, in de oven gezet en met een scheutje sinaasappelsap opgediend (zie blz. 33).

SCAMPO / LANGOUSTINE

De *scampo* lijkt op een kleine kreeft en wordt vooral aan de Italiaanse oostkust gevist. Veel *scampi*-recepten komen dan ook uit de buurt van Venetië. Het is een verrukkelijk

Sardines in blik uit Sicilië

Rechts: scorfani

schaaldier met heel mild, mals visvlees, dat naar mijn mening lekkerder is dan kreeft.

Scampi zijn het lekkerst als ze heel vers zijn: kook ze en geef er alleen citroensap en goede olijfolie bij. Diepgevroren *scampi* verliezen al hun smaak. *Scampi* worden ook wel gebruikt in vissoep dan wel gegrilleerd of gaar in salades verwerkt. Zie ook Gambero.

Scorfano

Rascasse, Schorpioenvis

Scorfani hebben giftige rugstekels die gemene wonden kunnen veroorzaken. Ze leven op rotsige zeebodems en de diverse soorten hebben allerlei kleuren, van roodbruin tot zwart. Ze zien er nogal angstaanjagend uit en zijn niet vriendelijk als u ze verkeerd behandelt. Maar deze lelijke vis smaakt voortreffelijk en is heel geliefd in de uitstekende vissoep Cacciucco (blz. 29). Kleine exemplaren kunt u het beste voor dat soort soepen gebruiken. Grotere (ze kunnen meer dan 1 kg wegen) kunt u heel goed stomen of pocheren, en dan opdienen met een zelfgemaakte mayonaise.

Seppia, Seppietta / Sepia

Sepia's hebben een korter, ronder lichaam dan pijlinktvissen (zie Calamaro, blz. 17), maar evenveel tentakels. Ze zijn ook minder taai; er is veel discussie over de vraag welke van de twee het lekkerst is.

De sepia heeft in zijn lichaam een zakje met inkt, die hij uitstoot om achtervolgende vijanden in verwarring te brengen (zie Nero di Seppia). Het beroemde sepia of zwart van die inkt was bij kunstenaars uit de tijd van Leonardo da Vinci erg in trek. *Seppietta in nero con polenta* is een van de beroemdste gerechten ermee.

Bij het schoonmaken verwijdert u eerst het gestreepte vel en daarna de bek en ingewanden (ook de 'ruggengraat'). Verwijder het zwarte inktzakje in de lichaamsholte voorzichtig en houd het apart (de inkt is ook los en voorverpakt te koop).

Net als de pijlinktvis wordt ook de sepia vaak gevuld en in de oven klaargemaakt, dan wel gegrilleerd of in een saus van wijn en/of tomaten gestoofd.

Sgombro / Makreel

De makreel is een van de meest voorkomende vissen ter wereld. Hij is nauw verwant aan de tonijn en is een van de *pesce azzurri* (blauwe vissen) vanwege zijn onmiskenbaar blauwe vel met zwarte strepen. Het vetrijke visvlees is heel stevig en fijn, maar gaat snel achteruit. Versheid is dus een eerste vereiste. De oliën in het visvlees zijn echter heel gezond, en omdat makreel goedkoop en overal te krijgen is, is het in Italië een van de meest gegeten vissen. Er zijn veel makreelrecepten, maar de beste bereidingswijze is ook de simpelste: rechtstreeks uit zee op de barbecue grilleren. Makreel wordt ook wel gestoofd in een verse tomatensaus.

Sardines op de markt in Palermo

Sogliola / Tong

Italianen die in mijn Londense restaurant komen eten, verbazen zich altijd weer over hoe lekker de tong is. Ze denken dan ook dat Italiaanse tong de allerbeste is. Ik moet toegeven dat een *fritto misto* (gemengde gefrituurde vis) met een paar net gevangen garnalen en *sogliolette* (kleine tongen) een van de grootste genoegens van iemands culinaire leven is.

Tong is aan de Italiaanse kusten het hele jaar te koop. De gewone tong leeft op zandige zeebodems en is zo goed gecamoufleerd dat hij

LINKS: SEPPIE

bijna onzichtbaar is. De beroepsvisserij doet echter zo'n zware aanslag op de tongstand, dat men voor ernstige uitputting vreest.

Maar gegrilleerd, *à la meunière* gebakken of gefileerd, of in een court bouillon gepocheerd: tong is altijd verrukkelijk.

SPANOCCHIA, ZIE CANNOCCHIA

SPIGOLA, ZIE BRANZINO

STOCCAFISSO, ZIE BACCALÀ

STORIONE / STEUR

Deze grote vis, die in de Zwarte en Kaspische Zee veel voorkomt, placht ook in de Po te zwemmen, maar is daar nu door de vervuiling uitgestorven. De steur wordt zowel om zijn kuit (kaviaar) als om zijn vetrijke maar heel fijne vlees gewaardeerd. Op Sicilië wordt steur gekweekt en heerlijk gerookt. De grootste steuren heten in Rusland beluga. Ze kunnen tot 8 meter lang en 1000 kg zwaar worden. Stelt u zich voor hoeveel kuit er uit zo'n vis komt! Het visvlees van kleinere steuren (ca. 3 kg) wordt gegrilleerd, gestoofd, in de oven gezet of gestoomd en met allerlei sauzen opgediend.

TARTUFO DI MARE

WRATTIGE VENUSSCHELP

Fijnproevers vinden dit weekdier de volmaakte *frutto di mare*. Het wordt gevist met een kam die alle schelpen uit het zand van de zeebodem trekt. De schelp lijkt sterk op die van *vongole*, maar het weekdier zelf is heel vlezig en mals tegelijk. Het wordt meestal rauw met wat citroensap gegeten, hoewel sommige kenners het citroensap weglaten. Het wordt ook in een saus voor *linguine* verwerkt, of snel gebakken met andere *vongole* (zie Sauté Misto di Vongole e Datteri, blz. 42).

TINCA / ZEELT

Deze kleine zoetwatervis, die verwant is aan de karper, leeft in meren en rivieren. Net als veel andere, soortgelijke vissen kan hij duidelijk naar modder smaken als hij niet uit helder water komt. De vis is tegenwoordig dan ook niet meer echt populair. Hij wordt meestal in de oven gezet, gebakken of *in carpione* (blz. 36) gemarineerd.

TONNO / TONIJN

Tonnare is het systeem van netten waarmee de Siciliaanse en Calabrische vissers tonijnen vangen. Deze netten worden op zo'n manier in zee gehangen, dat de scholen tonijn naar een bepaalde plek worden geleid, waar de vissen geharpoeneerd worden. Het is een nogal bloederige manier van vissen, maar één tocht kan duizenden kilo's tonijn opleveren. Het inblikken van tonijn is waarschijnlijk ontstaan als manier om zo'n plotselinge overvloed te verwerken.

Ingeblikte tonijn wordt heel anders gegeten dan verse en is bruikbaar voor sauzen en *antipasti*. Verse tonijn daarentegen wordt net zo gegeten als zwaardvis: meestal als biefstuk in moten gegrilleerd, of in tomatensaus gekookt. In de vorm van *carpaccio* kunt u tonijn ook rauw eten, mits de vis heel vers is, en gefileerde tonijn wordt ook luchtgedroogd (*mosciame*). *Ventresca* (zie verderop) is gezouten tonijnbuik en geldt uit vat of blik als bijzondere lekkernij. Gezouten en luchtgedroogde tonijnkuit heet *bottarga di tonno* (blz. 16).

TOTANO SEPPIA, ZIE CALAMARO

TRIGLIA / MUL

De *Mullus barbatus* is een van mijn lievelingsvissen, vooral als ze niet langer zijn dan 15 cm en met bloem bestoven gefrituurd zijn. Versheid is bij elke vis van groot belang, maar bij mul essentieel. Het visvlees is heel fijn, gaat snel achteruit en is op zijn lekkerst als het binnen een dag na de vangst wordt klaargemaakt. Het is onmogelijk in te vriezen of op andere manieren te conserveren.

Er zijn nog twee andere soorten mul. De eerste heeft een geprononceerdere kop en een rozerood vel, de tweede een slanke kop en een geelmet-rood vel. De eerste smaakt sterker naar modder.

Mul kan heel goed worden gebakken, gegrilleerd, in de oven klaargemaakt of in vissoep verwerkt. Voeg hem in soep pas op het laatst toe, zodat hij niet overgaar wordt. Grotere mullen worden vaak gefileerd om de talrijke graatjes eruit te halen. U kunt ze in een pastasaus verwerken; de lekkerste die ík ooit gegeten heb, was de *pasta con le triglie* bereid door Pinuccia van restaurant S. Giovanni in het Ligurische Casarza.

TROTA / FOREL

De forel is in Italië waarschijnlijk de bekendste en meest voorkomende zoetwatervis. De vele rivieren en meren bieden deze vis immers een uitmuntende leefomgeving. Maar de vraag overtreft nog steeds het aanbod en er zijn zoveel kwekerijen dat wilde forel bijna niet te krijgen is.

TONIJNTJES

Kop van een tonijn op de markt in Palermo

De twee meest gekweekte soorten zijn de *fario* en de regenboogforel. Beide hebben mooi, stevig visvlees dankzij de hoge kwaliteit van de leefomgeving, die in de kwekerijen geïmiteerd wordt.

Forel is in Italiaanse restaurants even populair als bij gewone Italianen. Vooral de mensen in het noorden hebben een sterke foreltraditie. Kleinere forellen (*trotelle*) worden gewoon in boter gebakken, maar alle soorten forel worden gegrilleerd, *al cartoccio* (in een papieren zak) in de oven klaargemaakt, *in carpione* (blz. 36) gemarineerd, of, zoals men dat in Umbrië buitengewoon goed doet, geserveerd met truffels: *trota al tartufo*.

Uova di Pesce, Latte di Pesce / Kuit, Hom

De kuit en hom van allerlei vissen zijn een delicatesse. U vindt ze in vrouwelijke, respectievelijk mannelijke vissen die de seksuele volwassenheid naderen, en u koopt ze alleen bij de allerbeste vishandelaren.

Bijzonder gezocht is gezouten haringkuit, die meestal in salades wordt verwerkt. Verse haringkuit heeft de consistentie van hersenen; hij moet geweekt en goed schoongemaakt worden en daarna in paneermeel worden gebakken.

Karper- en makreelkuit zijn heel smakelijk, maar de allerlekkerste is die van de zeebaars. Gezouten en luchtgedroogde harder- en tonijnkuit heet *bottarga*.

In Venetië wordt opvallend genoeg de hom van sepia's (*latte di seppia*) gegeten – gewoon gekookt en met zout en citroensap geconsumeerd. De beste plaats daarvoor is ongetwijfeld het restaurant La Madonna in de buurt van de Venetiaanse Rialto.

Ventresca di Tonno

Tonijnbuik

De buik is het meest malse deel van een tonijn en wordt meestal ingeblikt. De nogal vettige en gelatine-rijke *ventresca* is meestal duurder dan andere delen van de tonijn vanwege zijn populariteit als ingeblikte delicatesse. Verse *ventresca* kunt u voor allerlei gerechten klaarmaken zoals gewone tonijn.

Vongola / Venusschelp

Vongole (in Ligurië en Toscane *arselle*) zijn kleine weekdieren, vooral populair in sauzen voor spaghetti en *linguine*. Ze zijn in heel Italië geliefd, maar vooral in Napels, aan de kust van Amalfi en aan de Adriatische kust, waar de zandige zeebodem met speciale machines wordt uitgekamd om ze op te halen.

Er zijn twee hoofdsoorten: de *gialla* en de grotere *vongola verace* (tapijtschelp). Die laatste soort is bijzonder gezocht vanwege zijn betere smaak en wordt soms, als oesters, rauw gegeten. De *telline* of zaagschelpen zouden het lekkerste zijn in soep.

Venusschelpen zijn ook op zichzelf heel lekker. Doe wat water, goede olijfolie, knoflook, peterselie en chilipeper in een pan, zet het vuur hoog en voeg de venusschelpen toe. Stoom ze afgedekt 5-6 minuten, of tot alle schelpen open zijn. Ik eet ze graag rechtstreeks uit de schelp met wat goed, knapperig brood om het heerlijke vocht op te deppen.

Verschillende soorten venusschelpen

Cacciucco

Gestoofde vis uit Ligurië

Voor 6 personen

- 500 g scorfano (blz. 25)
- 500 g zeeduivel
- 250 g octopus
- 250 g pijlinktvis
- 250 g venusschelpen
- 6 tomaten, fijngehakt
- zout en peper
- olijfolie

Voor de bouillon:

- 1 grote ui, fijngehakt
- 1-2 wortelen, fijngehakt
- 2 stengels bleekselderij, fijngehakt
- stuk wilde venkel, fijngehakt
- 2-3 blaadjes laurier
- 12 zwarte peperkorrels

Elke stad aan de Italiaanse kust heeft zijn eigen vissoep of stoofgerecht van vis. In Ligurië is dat de cacciucco. Het gerecht wordt gemaakt van de plaatselijke vis, die heel vers en rechtstreeks uit zee op de markt komt.

Maak eerst de vissen en schelpdieren schoon. Houd de mooie stukken apart. Doe de afsnijdsels zoals koppen en staarten met de ingrediënten voor de bouillon in een grote pan. Voeg zoveel water toe dat alles onderstaat en laat het 20 minuten heel zachtjes pruttelen.

Verhit intussen een laag olie in een grote pan en bak de stukken witte vis en inktvis ca. 1 minuut aan elke kant. Voeg de tomaten toe. Zeef de bouillon en giet de vloeistof over de vis in de pan. Laat alles ca. 3 minuten pruttelen, voeg de venusschelpen toe en laat ze opengaan. Breng de soep met zout en peper op smaak en dien hem direct op.

Insalata di aringhe, arance e pompelmi

Salade van bokking, sinaasappel en grapefruit

Voor 4 personen

- 2 roze grapefruits
- 4 sinaasappelen
- 1 rode ui, in dunne plakjes
- 4 bokkingfilets, in dunne plakjes
- 4 eetlepels olijfolie (extra vergine)
- 2 eetlepels witte-wijnazijn
- zwarte peper, versgemalen
- garneren met venkelgroen

Dit frisse, typisch Siciliaanse gerecht is waarschijnlijk ontstaan als manier om de overvloedige oogst aan citrusfruit te verwerken, plus de gerookte haringen die met buitenlandse schepen naar het eiland kwamen.

Schil grapefruits en sinaasappelen, verwijder ook alle witte onderschil en snijd de partjes tussen de vliezen uit. Doe dit boven een schaal om het sap op te vangen en pers ook al het sap uit de vliezen. Schik de partjes op een schaal, bestrooi ze met ui en schik er de plakjes bokking op.

Doe olie, azijn en wat peper bij het sap en maak een vinaigrette. Roer de saus goed door, giet hem over de salade en garneer met venkelgroen. Geef er goed brood bij.

ANTIPASTI DI MARE

Deze serie verse antipasti *komt van Pinuccia, eigenaresse van het restaurant San Giovanni in Casarza (Ligurië). Ze zijn allemaal erg leuk.*

ACCIUGHE MARINATE

GEMARINEERDE ANSJOVIS

ALLE VOLGENDE GERECHTEN ZIJN VOOR 4 PERSONEN

- 1 TEEN KNOFLOOK, DOORMIDDEN
- SAP VAN 2 CITROENEN
- 500 G ZEER VERSE ANSJOVISJES
- 6 EETLEPELS OLIJFOLIE
- 1 EETLEPEL BLADPETERSELIE, FIJNGEHAKT
- ZOUT EN PEPER

Behandel ze op dezelfde manier als gemarineerde zoetwatervis (blz. 37).

Leg de knoflook ca. 1 uur in citroensap en gooi hem weg als het sap de geur heeft overgenomen. Snijd intussen de koppen van de ansjovisjes, snijd de buik open, verwijder de ingewanden en spreid de visjes uit. Leg ze met het vel omlaag op een zuurbestendige schaal.

Meng citroensap, olie, peterselie en zout en peper naar smaak. Giet de saus over de visjes en laat ze voor het opdienen minstens een paar uur marineren.

INSALATA DI MOSCARDINI

SALADE VAN BABY-INKTVISJES

- 500 G MOSCARDINI (ZIE POLPO, BLZ. 23)
- 4 EETLEPELS OLIJFOLIE
- 1½ THEELEPEL CITROENSAP
- 1 TEEN KNOFLOOK, HEEL FIJN GEHAKT
- 1 EETLEPEL BLADPETERSELIE, FIJNGEHAKT
- ZOUT EN PEPER

Kook de *moscardini* ca. 12 minuten (hoe groter, des te langer) in water met wat zout. Giet ze af en maak ze aan met olie, knoflook, peterselie, zout en peper.

COZZE RIPIENE

GEVULDE MOSSELEN

- 1 KG GROTE, ZWARTE MOSSELEN
- 1 EETLEPEL OLIJFOLIE
- 2 TENEN KNOFLOOK, FIJNGEHAKT
- 1 HOEVEELHEID VULLING VAN SARDINE RIPIENE (BLZ. HIERNAAST)
- 1 EI, LOSGEKLOPT
- ZWARTE PEPER
- PANEERMEEL
- OLIJFOLIE

Maak de mosselen schoon (blz. 19) en doe ze met olie en knoflook in een grote pan. Kook ze afgedekt een paar minuten, schud af en toe aan de pan en laat ze allemaal opengaan. Bestrooi ze met zwarte peper en laat ze afkoelen.

Haal de mosselen uit de schelpen en leg om elke mossel wat sardinevulling. Doe ze weer in de schelpen, druk de schelpen dicht, maar op zo'n manier dat nog een beetje vulling te zien is. Haal de mosselen eerst door het ei en daarna door paneermeel en frituur ze in de olie goudbruin.

PESCE SPADA CARPACCIO

ZWAARDVISCARPACCIO

- 8 HEEL DUNNE PLAKJES VERSE ZWAARDVIS
- 3 EETLEPELS OLIJFOLIE
- SAP VAN 1 CITROEN
- 2 EETLEPELS BLADPETERSELIE, HEEL FIJN GEHAKT
- ZOUT EN PEPER

Zwaardvis is tegenwoordig populair. In Italië wordt traditioneel geen rauwe vis gegeten, maar het is de laatste tijd in de mode. U ziet de zwaardvis in dit gerecht gemakkelijk voor gerookte zalm aan.

Leg de plakken vis op een zuurbestendige schaal. Meng de overige ingrediënten en neem royaal peper. Giet de saus over de plakjes en marineer ze 20 minuten. Geef ze als *antipasto*.

TOTANO RIPIENO

GEVULDE VLIEGENDE INKTVIS

- 2 grote vliegende inktvissen, in totaal ca. 500 g
- 25 g boter
- kruim van 2 broodjes
- beetje melk
- 1 teen knoflook, heel fijn gehakt
- 25 g pijnboompitten
- 1 eetlepel bladpeterselie, fijngehakt
- 2 eieren
- zout en peper

Een vliegende inktvis heeft een langgerekt lichaam en is daarom ideaal om te vullen. Een gewone – gehalveerde – inktvis is ook geschikt.

Maak de inktvis schoon (zie Calamaro, blz. 17) en snijd de tentakels eraf. Hak de tentakels fijn, bak ze 6-8 minuten in boter en houd ze apart.

Week broodkruim in melk en knijp het overtollige vocht eruit. Roer er knoflook, pijnboompitten, peterselie, zout en peper door. Bind het mengsel met de eieren en roer er de tentakels door. Vul de lichaamsholten van de inktvissen met het mengsel en zet ze met een tandenstoker vast of naai ze dicht.

U kunt de inktvissen het beste 30 minuten stomen, of stoof ze anders 20 minuten in een pan met wat reuzel en een beetje boter. Laat ze gaar worden en afkoelen en snijd ze in plakken.

SARDINE RIPIENE

GEVULDE SARDINES

- 12 heel grote, verse sardines
- 1 ei, losgeklopt
- paneermeel
- olijfolie

Voor de vulling:

- kruim van 2 broodjes
- beetje melk
- 60 g heel verse mortadella, in blokjes
- 2 eieren
- 55 g Parmezaanse kaas, versgeraspt
- 1 teen knoflook, heel fijn gehakt
- 1 eetlepel bladpeterselie, fijngehakt
- zout en peper

Snijd de koppen van de sardines en ontgraat ze, maar laat de rug heel.

Maak de vulling. Week het broodkruim in melk en knijp er het overtollige vocht uit. Roer er de overige ingrediënten voor de vulling dooreen. Vul er de sardines mee en klap ze als een dubbele boterham dicht. Haal ze eerst door het ei en daarna door paneermeel. Frituur ze in olie goudbruin en dien ze op.

MIDDEN: SARDINE RIPIENE; VAN BOVENAF MET DE KLOK MEE: TOTANO RIPIENO, COZZE RIPIENE, PESCE SPADA CARPACCIO, ACCIUGHE MARINATE, INSALATA DI MOSCARDINI

INVOLTINI DI PESCE SPADA

GEVULDE ZWAARDVISROLLETJES

- 8 PLAKKEN ZWAARDVIS VAN CA. 1 CM DIK EN MET ONGEVEER DEZELFDE VORM
- 3 EETLEPELS VERS BROODKRUIM
- 8 ZWARTE OLIJVEN, ONTPIT EN FIJNGEHAKT
- MESPUNT VERSE OF GEDROOGDE OREGANO
- 3 EETLEPELS BLADPETERSELIE, GROF GEHAKT
- 4 EETLEPELS OLIJFOLIE
- 600 G TOMATENPULP (BLZ. 117)
- ZOUT EN PEPER

Dit recept is typisch voor Sicilië, waar zwaardvis een specialiteit is. Bijna elk gezin heeft zijn eigen vulling, maar het resultaat is altijd bijzonder smakelijk.

Leg de plakken zwaardvis op elkaar en snijd ze op zo'n manier bij dat ze allemaal dezelfde vorm hebben. Hak de afsnijdsels fijn.

Maak de vulling. Meng broodkruim, olijven, oregano, peterselie, afsnijdsels, zout en peper. Leg in het midden van elke plak wat vulling, rol ze op en zet ze met een tandenstoker vast. Verhit de olijfolie in een pan en bak de rolletjes op laag vuur ca. 5 minuten; het visvlees moet aan alle kanten gaar zijn. Haal ze uit de pan en houd ze apart.

Laat de tomaten in dezelfde pan 5 minuten pruttelen. Voeg zout naar smaak toe, leg de rolletjes weer in de pan en laat ze warm worden. Verwijder de tandenstokers en dien ze op.

ACCIUGHE FARCITE AL FORNO

GEVULDE ANSJOVIS UIT DE OVEN

- 24 HEEL VERSE ANSJOVISJES, ONTGRAAT EN OPENGELEGD
- 6 EETLEPELS OLIJFOLIE
- 2 TENEN KNOFLOOK, HEEL FIJN GEHAKT
- 4 EETLEPELS VERSE PETERSELIE, FIJNGEHAKT
- 1 EETLEPEL VERSE BASILICUM, FIJNGEHAKT
- 5 BLAADJES SALIE, FIJNGEHAKT
- 1 KLEIN CHILIPEPERTJE, HEEL FIJN GEHAKT
- 25 G PIJNBOOMPITTEN
- 30 G ROZIJNEN
- SAP VAN 1 CITROEN
- 30 G PANEERMEEL
- ZOUT EN PEPER

Niets gaat boven echt verse ansjovisjes. U kunt ze met een paar druppeltjes citroensap zelfs rauw eten. Dit typisch Siciliaanse recept verraadt met zijn rozijnen en pijnboompitten een Arabische herkomst.

Verwarm de oven voor tot 220 °C (stand 7) en vet een bakplaat in met een beetje olie.

Meng knoflook, kruiden, chilipeper, pijnboompitten en rozijnen in een kom en voeg peper en zout naar smaak toe. Doe er 1 eetlepel olie en een paar druppels citroensap bij en meng alles goed.

Leg 12 ansjovisjes met het vel omlaag naast elkaar op de bakplaat. Verdeel er het mengsel over, bedruppel het met een beetje citroensap en leg de rest van de ansjovis erop met het vel naar boven. Strooi er het paneermeel over en besprenkel het met de rest van de olie. Zet ze 10-12 minuten in de oven, of tot het gerecht bruin begint te worden. Dien het warm, besprenkeld met de rest van het citroensap, of koud op, verdeeld over citroenschijfjes.

SARDINE ALLA BECCAFICO

OPGEROLDE SARDINES UIT DE OVEN

2 EETLEPELS OLIJFOLIE (EXTRA VERGINE)
125 G PANEERMEEL
2 EETLEPELS ZACHTE ROZIJNEN, ZO NODIG TEVOREN GEWEEKT
2 EETLEPELS PIJNBOOMPITTEN
SAP VAN 2 GROTE SINAASAPPELS
ZOUT EN PEPER
16 HEEL VERSE SARDINES, ZONDER KOP, OPENGESNEDEN EN DE RUGGENGRAAT VERWIJDERD
18 VERSE BLAADJES LAURIER

Dit beroemde Siciliaanse gerecht heet beccafico *omdat de opgerolde sardines op de kleine, vijgen-etende vogeltjes lijken waarop de Italianen zo dol zijn – of waren.*

Verhit de olie in een koekenpan en bak het paneermeel op laag vuur al roerend bruin. Laat het afkoelen.

Verwarm de oven voor tot 200 °C (stand 6). Doe rozijnen, pijnboompitten, sap van 1 sinaasappel, zout en royaal peper bij het paneermeel. Meng goed.

Was de sardines en dep ze met keukenpapier droog. Leg ze met de velkant omlaag open. Leg op elke sardine een lepeltje vulling en rol ze op. Schik ze dicht naast elkaar in een braadslee, steek de laurier ertussen en zet ze 20 minuten in de oven. Haal ze eruit en besprenkel ze direct met de rest van het sap.

BAGNA CAÔDA

VOOR 6 PERSONEN

125 G BOTER
6 TENEN KNOFLOOK, GEPLET
300 G ANSJOVISFILETS (LIEFST VAN GEZOUTEN ANSJOVIS)
2 DL OLIJFOLIE (EXTRA VERGINE)
OPDIENEN MET GEMENGDE RAUWE GROENTEN (ZIE CURSIEVE TEKST)

Er bestaan veel varianten van deze warme Piemontese saus, die met rauwe groenten wordt opgediend. Vanwege de hoeveelheid knoflook is het gerecht waarschijnlijk vooral iets voor in het weekend, zodat u geen moeilijkheden met uw omgeving krijgt. Meestal eet een groep vrienden het uit een gemeenschappelijke aardewerk pot, die op een kaars wordt warmgehouden. Er zijn ook potjes voor individuele porties te koop.

De groenten moeten bijzonder vers en mals zijn en in dunne reepjes zijn gesneden. Maak bijvoorbeeld een keuze uit kardoens (zie Cardo, *blz. 105), aardperen (schoongemaakt en in dunne plakjes), rode en gele paprika, rauwe bloemkoolroosjes, bleekselderij, artisjokbodems, lente-uitjes en wat er verder maar te koop is. En veel brood! En veel wijn!*

Doe boter en knoflook in een aardewerk pot op heel laag vuur tot de knoflook is opgelost in de hete, maar niet kokende boter; roer af en toe.

Voeg de ansjovis toe en laat het geheel op heel laag vuur staan tot ook de vis gesmolten is. Dan is de *bagna caôda* klaar om er de groenten in te dopen.

LINKS (VAN BOVENAF MET DE KLOK MEE): ACCIUGHE IN SALSA VERDE (BLZ. 224), SARDINE ALLA BECCAFICO, ACCIUGHE FARCITE AL FORNO

INSALATA DI NEONATO

SALADE VAN BABY-ANSJOVISJES

VOOR 4 PERSONEN

600 G NEONATI (ZIE ACCIUGA, BLZ. 14)
3 EETLEPELS OLIJFOLIE (EXTRA VERGINE)
SAP VAN 1 CITROEN
ZOUT EN PEPER

Dit simpele gerecht is een specialiteit uit zowel Ligurië als Sicilië. De ingrediënten zijn heel snel klaar, dankzij hun combinatie van smaak en kwaliteit. Neem desnoods jonge paling in plaats van ansjovis.

Was de visjes en snijd ongerechtigheden weg. Breng een grote pan water aan de kook en kook de visjes 1½-2 minuten. Laat ze uitlekken en maak ze aan met olie, citroensap, desgewenst zout en veel versgemalen zwarte peper. Ze zijn heerlijk als *antipasto*.

ANGUILLA ALLA LUCIANA

GEBAKKEN PALING MET LAURIER

VOOR 6 TOT 8 PERSONEN

1 GROTE PALING À 1¼ KG OF 2 À 800 G
GROTE, VERS GEPLUKTE BLAADJES LAURIER
GROF ZOUT

Luciana Florio, een opmerkelijke 'gentile donna' uit Napels, heeft ons dit fantastische recept gegeven. Het briljante eindresultaat is in tegenspraak met de eenvoudige bereidingswijze. Uiteraard moet de paling bij aankoop nog leven. Laat hem door de visman doodmaken als u dat niet zelf wilt doen.

Verwarm de oven voor tot 200 °C (stand 6). Dood en stroop de paling als de visman dat al niet gedaan heeft. Verwijder de ingewanden en haal er een doek over om iets van de glans weg te nemen. Snijd de vis in stukken van 7½ cm en leg ze laag om laag in een aardewerk pot. Bedek elke laag met wat laurier en zout. Zet de vis 30-40 minuten (afhankelijk van de dikte) zonder deksel in de oven; controleer met een prikker of de vis gaar is.

BRANZINO ALL'ACQUA DI MARE

ZEEBAARS IN ZEEWATER

VOOR 4 PERSONEN

2 ZEEBAARZEN À 500 G PER STUK, SCHOONGEMAAKT
GELIJKE HOEVEELHEDEN ZEEWATER, DROGE WITTE WIJN EN EXTRA VERGINE OLIJFOLIE (GENOEG OM DE BUIK VAN DE VIS IN DE PAN TE BEDEKKEN)
SAP VAN 1 CITROEN
1 EETLEPEL PETERSELIEBLAD
1 EETLEPEL OREGANOBLAD
ZWARTE PEPER

In dit opmerkelijke Siciliaanse recept dient zeewater als ingrediënt. Natuurlijk mag het niet vervuild zijn. Als u geen schoon zeewater kunt vinden, neem dan gewoon water met zout.

Leg de vissen met alle overige ingrediënten in een grote pan. Breng het geheel afgedekt aan de kook. Haal het deksel eraf, zet het vuur lager en laat de vissen 10 minuten pruttelen. Keer de vissen en laat ze nog 12 minuten pruttelen of tot ze helemaal gaar zijn. Geef er gekookte aardappelen en een lepel kookvocht bij.

Sardine in Carpione

Gemarineerde, zoetzure sardines

Voor 4 personen

12 verse, grote sardines, schoongemaakt
bloem
olijfolie

Voor de marinade:

6 eetlepels olijfolie
1 grote, rode ui, in dunne plakken gesneden
1 wortel, in heel kleine blokjes
2 blaadjes laurier
2 eetlepels rozijnen
1 eetlepel pijnboompitten
1 klein chilipepertje
1 eetlepel witte-wijnazijn
1 klein glas droge witte wijn
1 theelepel suiker

Een verrukkelijk zomers gerecht dat heel goed als antipasto *kan dienen. Baars, forel en zoetwatervis zijn geschikte alternatieven voor het marineren* in carpione. *Het belangrijkste is dat de vis heel vers moet zijn.*

Bestuif de sardines met bloem en bak ze in olie aan beide kanten knapperig. Schik ze naast elkaar in een ondiepe schaal.

Maak de marinade. Verhit de olie in een andere pan en fruit ui, wortel, laurier, rozijnen, pijnboompitten en chilipeper tot de groenten gaar zijn. Voeg azijn, wijn en suiker toe, roer goed en giet de marinade over de warme vissen. Marineer ze een paar uur en dien ze op.

Capasante al Burro e Limone

Sint-jakobsschelpen met boter en citroen

Voor 4 personen

12 grote sint-jakobsschelpen met hun oranje kuit
55 g boter
sap van ½ citroen
ca. 2 eetlepels visbouillon
1 eetlepel bladpeterselie, fijngehakt
zout en peper
bloem

Sint-jakobsschelpen horen tot de lekkerste schelpdieren die er zijn. Bak of pocheer ze altijd snel gaar.

Bestuif de sint-jakobsschelpen met bloem. Verhit de boter in een pan en bak ze 2 minuten aan elke kant. Haal ze uit de pan en houd ze apart.

Giet citroensap en visbouillon in de pan en schraap al roerend de aanbaksels van de bodem; voeg zo nodig wat meer bouillon toe. Roer er de peterselie en wat zout en peper door. Doe de schelpdieren weer in de pan, laat ze warm worden en dien ze op.

LAVARELLO E TROTA MARINATE

GEMARINEERDE ZOETWATERVIS

VOOR 4 PERSONEN

4 EETLEPELS OLIJFOLIE (EXTRA VERGINE)
SAP VAN 2 CITROENEN
SCHIL VAN ½ CITROEN, FIJNGERASPT
2 THEELEPELS SUIKER
1 THEELEPEL MIERIKSWORTEL, GERASPT
600 G FILET VAN EEN HEEL GROTE BRASEM OF FOREL, IN HEEL DUNNE PLAKJES
2 EETLEPELS BLADPETERSELIE, FIJNGEHAKT
ZOUT EN PEPER

Voor dit rauwe gerecht is alleen kersverse vis geschikt. De filets worden 'gaar' door het zure citroensap in de marinade. Deze moderne manier om vis op te dienen heet in Italië meestal carpaccio. *Ook tonijn en zwaardvis kunt u op deze manier klaarmaken, en als u de mierikswortel weglaat, zelfs verse, ontgrate ansjovisjes.*

Roer olie, citroensap, rasp, suiker, mierikswortel en zout en peper naar smaak dooreen. Leg de plakjes vis op een zuurbestendige schaal. Spreid er de marinade over uit, laat ze zo een paar uur liggen, keer ze om en bestrijk ze met nog niet opgenomen marinade. Bestrooi ze met peterselie en geef ze als *antipasto* met brood of *grissini*.

TIRRENIA

Insalata di Mare

SALADE VAN SCHAAL- EN SCHELPDIEREN

Voor 4 personen

2 TENEN KNOFLOOK, DOORMIDDEN
SAP VAN 2 CITROENEN
600 G GEMENGDE SCHAAL- EN SCHELPDIEREN, B.V. GAMBA'S, MOSSELEN, KLEINE OCTOPUS, KLEINE PIJLINKTVISSEN (OF GROTE IN RINGEN), VENUSSCHELPEN OF WAT U OOK MAAR BIJ DE VISMAN AANTREFT, SCHOONGEMAAKT
6 EETLEPELS OLIJFOLIE
2 EETLEPELS BLADPETERSELIE, FIJNGEHAKT
ZOUT EN PEPER

Zoals bij de meeste Italiaanse gerechten wordt ook de smaak van deze salade bepaald door de versheid – in dit geval van de zeedieren – en niet door de kruiden en specerijen.

Leg de knoflook ca. 1 uur in citroensap en gooi de knoflook weg als het sap de geur ervan heeft overgenomen. Kook de schelpdieren intussen afgedekt in een beetje water tot de schelpen open zijn. Haal ze eruit en gooi de schelpen weg. Laat de inktvissen in een grote pan net gaar pruttelen en giet ze af.

Meng olie, peterselie en zout en peper naar smaak, roer de saus door de schaal- en schelpdieren en laat ze afkoelen.

Roer opnieuw en geef ze als *antipasto* met brood of *grissini*.

Spiedino di Grandi Pesci

VISSPIESEN

Voor 4 personen

1 KG GEMENGDE VISFILETS, IN GROTE BLOKJES

VOOR DE MARINADE:
SAP VAN 1 CITROEN
1 KLEIN GLAS WITTE WIJN
1 EETLEPEL BALSAMICO-AZIJN
3 EETLEPELS OLIJFOLIE (EXTRA VERGINE)
1 EETLEPEL PETERSELIE, FIJNGEHAKT
1 EETLEPEL SALIE, FIJNGEHAKT
1 EETLEPEL MUNT, FIJNGEHAKT
ZOUT EN PEPER

Vis grilleren aan spiesen gaat heel goed als u er stukken van grote vissen voor neemt, b.v. tonijn, zwaardvis, grote forel, zalm, tarbot, heilbot of zeeduivel. Een mengeling van verschillende soorten is zelfs nog beter.

Meng alle ingrediënten voor de marinade. Doe de blokjes vis in een kom en giet er de marinade over. Laat ze een paar uur staan.

Rijg de stukken vis aan spiesen (wissel de soorten af) en grilleer ze 3-5 minuten, afhankelijk van de grootte, aan elke kant op de barbecue, in een geribbelde gietijzeren pan of onder een huishoudgrill. Bestrijk ze tijdens het grilleren met marinade.

Geef er een raketkruidsalade (*rucola*) bij.

INSALATA DI MARE

Seppie al Nero

Sepia's in eigen inkt

Voor 4 personen

700-800 g verse sepia's
6 eetlepels olijfolie
1 uitje, heel fijn gehakt
1 teen knoflook, heel fijn gehakt
1 klein glas droge witte wijn
zout en peper

Alleen sepia's hebben genoeg eigen inkt voor dit gerecht. Ook pijlinktvissen en octopussen hebben inkt, maar niet zoveel. Geef er gekookte rijst bij of polenta met brood.

Maak de sepia's grondig schoon (zie Seppia, blz. 25). Maak de kleine, zilverkleurige inktzakken los en houd ze apart. Snijd de tentakels eraf en houd ze apart.

Verhit de olie in een grote pan en bak de knoflook een paar minuten. Giet er de wijn bij en laat de alcohol in een paar minuten al borrelend verdampen. Voeg de sepia's en de tentakels toe en laat ze afgedekt 20 minuten pruttelen. Doe er dan de zwarte inkt bij en voeg wat water toe om die te verdunnen. Breng het gerecht met zout en peper op smaak en laat het nog 10 minuten pruttelen of tot de sepia's gaar zijn.

Stocco alla Genovese

Gestoofde stokvis

Voor 4 personen

1 kg stokvis (zie Baccalà, blz. 16)
6 eetlepels olijfolie (extra vergine)
1 grote ui, fijngehakt
ca. 15 zwarte taggiasca-olijven, het liefst Ligurische
2 tenen knoflook, grof gehakt
4 ansjovisfilets
2 eetlepels bladpeterselie, grof gehakt
zwarte peper

Van de vele stokvisgerechten uit heel Italië is dit het simpelste, maar ook het lekkerste voorbeeld. In Ligurië maken ze het met de lichte, plaatselijke olijfolie en de heerlijke taggiasca-olijven, die van dit gerecht iets verrukkelijks maken.

Week de stokvis een nacht in koud water, giet hem af, voeg zoveel water toe dat hij onderstaat en breng hem aan de kook. Zet het vuur laag en laat hem in 2-2½ uur gaar pruttelen. Giet hem af en haal het visvlees van de graten.

Verhit de olie in een pan en fruit de ui gaar. Fruit olijven, knoflook en ansjovis 5 minuten mee. Roer er de vis door en bak nog 5 minuten en breng het gerecht met zout en peper op smaak. Dien het op met polenta (blz. 173).

Triglie alle Olive

MUL MET OLIJVEN

VOOR 4 PERSONEN

- 8 HELE, VERSE MULLEN À 125 G OF 4 STUKS À 250 G, SCHOONGEMAAKT EN ONTSCHUBD
- 3 EETLEPELS OLIJFOLIE (EXTRA VERGINE)
- 1 TEEN KNOFLOOK, FIJNGEHAKT
- 3 EETLEPELS PETERSELIE, FIJNGEHAKT
- 75 G KLEINE, ZWARTE OLIJVEN, LIEFST DE LIGURISCHE TAGGIASCA
- 4 ANSJOVISFILETS, FIJNGEHAKT
- 4 EETLEPELS PASSATA
- 200 G TOMATEN, ONTVELD, ONTPIT EN IN BLOKJES
- ZOUT EN PEPER

Wie het in Ligurië goed met zijn visman kan vinden, kan nog steeds aan heerlijk verse mul komen. In combinatie met de plaatselijke olijfolie, olijven en wat kruiden levert die vis een onverslaanbaar gerecht op. Wie niet van de kleine graatjes in kleine vissen houdt, kan ook filets van grotere exemplaren nemen.

Verhit de olie in een pan en bak kleine vissen 4 minuten aan elke kant; grote vissen 6-8 minuten. Haal ze er met een schuimspaan uit en houd ze apart.

Doe knoflook, peterselie en olijven in de pan en bak nog 2-3 minuten. Voeg dan de ansjovis toe en roer tot die tot een puree is opgelost. Doe er de passata en vervolgens tomaten bij. Breng alles zachtjes aan de kook en leg de vissen weer in de pan. Stoof ze 5 minuten aan elke kant, bestrooi ze met zout en peper naar smaak en dien ze warm op.

BOVEN: STOCCO ALLA GENOVESE; ONDER: TRIGLIE ALLE OLIVE

Sauté Misto di Vongole e Datteri

GEMENGDE SCHOTEL VAN VENUSSCHELPEN EN ZEEDADELS

Voor 4 personen

- 1 kg venusschelpen
- 1 kg telline (zaagschelpen)
- 500 g zeedadels of zeetruffels (zie Dattero, blz. 19, en Tartufo di mare, blz. 26)
- 4 eetlepels olijfolie (extra vergine)
- 1 teen knoflook, fijngehakt
- 2 eetlepels bladpeterselie, fijngehakt
- zwarte peper

Iedereen in het zuiden eet graag dit bijzondere gerecht van allerlei kokkelsoorten en zeedadels. Alleen met heel veel geluk vindt u tegenwoordig nog zeedadels – volgens mij een van de lekkerste schelpdieren – want er mag nog maar beperkt op gevist worden. U kunt natuurlijk ook een ander schelpdier nemen, maar de smaak is dan minder interessant.

Maak de schelpdieren onder de koude kraan goed schoon en gooi exemplaren weg die open zijn of er ongezond uitzien.

Verhit de olie in een grote pan en fruit de knoflook even, maar laat hem geen kleur krijgen. Doe alle schelpdieren in de pan en kook ze afgedekt. Na een paar minuten zijn alle schelpen open. Schud de pan met het deksel erop, zodat alle schelpdieren gelijkmatig gaar worden. Kijk of alle schelpen open zijn en roer er peterselie en royaal zwarte peper door.

Doe ze in een schaal met hun eigen vocht en geef er goed brood bij om het op te deppen. Het is gebruik om dit gerecht met de vingers te eten en de diertjes uit de schelpen te zuigen. Zet er vingerkommetjes bij!

Calamaretti in Umido

Gestoofde pijlinktvisjes

Voor 4 personen

KRUIM VAN 1 BROODJE
BEETJE MELK
600 G KLEINE PIJLINKTVISJES, SCHOONGEMAAKT (ZIE CALAMARO, BLZ. 17)
1 TEEN KNOFLOOK, HEEL FIJN GEHAKT
3 EETLEPELS BLADPETERSELIE, HEEL FIJN GEHAKT
4 EETLEPELS OLIJFOLIE (EXTRA VERGINE)
4 GROTE, RIJPE TOMATEN, GESCHILD, ONTPIT EN FIJNGEHAKT
ZOUT EN PEPER

Toen ik in Pozzuoli de vis voor dit recept kocht, kreeg ik er een handje zeewier bij. Ik heb het in een vederlicht beslag gedoopt, heel kort gebakken en bij de inktvisjes opgediend.

Week het broodkruim in melk en knijp het overtollige vocht eruit. Snijd de tentakels van de inktvisjes. Hak de tentakels fijn en meng ze met broodkruim, knoflook, peterselie en wat zout en peper. Vul daarmee de lichaamsholtes van de inktvisjes voor driekwart.

Verhit de olie in een grote pan en bak de inktvisjes even totdat ze lichtroze worden. Voeg de tomaten toe en kook het geheel ca. 15 minuten, of tot een mooie saus is ontstaan.

Eieren, wild en gevogelte

POLLAME E SELVAGGINA

De laatste vijftig jaar heeft de kippenfokkerij een soort industriële revolutie beleefd. Ontelbare vogels zitten tegenwoordig onder vaak erbarmelijke omstandigheden in enorme schuren. Dat betekent dat scharrelkippen weer in trek zijn, hoewel zowel de dieren zelf als hun eieren duurder zijn.

Verspreid in Piemonte, Lombardije, de Veneto en Emilia-Romagna – en hier en daar in het zuiden – zijn echter nog steeds boerderijen te vinden waar de lekkerste maïskippen vandaan komen.

De slechte kwaliteit van het massagevogelte betekent ook dat elke Italiaan die het zich kan veroorloven, zijn eigen dieren houdt. Toen ik in Borgofranco d 'Ivrea opgroeide, was dat doodnormaal. Ons gezin had een paar kippen, wat eenden, wat konijnen en een geit, zodat we elke dag melk en eieren hadden en af en toe wat vlees.

Veel Italianen houden van eend en gans, hoewel dat per streek verschilt. In Emilia-Romagna worden ganzen gefokt voor hun vlees en voor de productie van *fegato grasso*, het equivalent van de Franse delicatesse *foie gras*. Hiervoor worden de dieren onder dwang gevoederd, om hun levers te vergroten. Een methode waartegen nogal wat weerstand is. In de Lomellina, in de buurt van Vercelli, wordt traditioneel een *salame d 'oca* (ganzensalami) gemaakt. Omdat alles echter ter plaatse wordt genuttigd, blijft er voor de export niets over.

Ook het konijn is in Italië geliefd, vaak als alternatief voor haas of, vanwege zijn witte vlees, voor kip. Konijn wordt meestal in een saus als een *ragù* gestoofd, want het vlees van vooral tamme konijnen heeft een weinig uitgesproken smaak. Een van de lekkerste manieren van klaarmaken is *coniglio alla cacciatora* (konijn op de wijze van de jagersvrouw) met paddestoelen en polenta.

De Italianen zijn berucht om hun voorliefde voor wilde zangvogeltjes. Ikzelf heb ooit *passeri* (mussen) gegeten in Bergamo. Ik ben er echter geen groot liefhebber van. Ik eet liever kwartels, duiven en patrijzen.

Toscane, Piemonte, Ligurië, Lombardije, Trentino, de Veneto en Calabrië zijn de belangrijke wildstreken; daar wordt het wild op zoveel verschillende manieren klaargemaakt, dat de recepten van dorp tot dorp, en zelfs van gezin tot gezin kunnen verschillen.

In het verleden was de jacht een vanzelfsprekende manier om vlees op tafel te krijgen. De gemiddelde Italiaan van

LINKS: WILDZWIJNSPECIALITEITEN VAN EEN TROTSE SLAGER

RECHTS: JACHTGEBIED IN UMBRIË

tegenwoordig eet nog steeds twee- of driemaal per jaar wild, en dat past in een lange culinaire traditie. Het hele gamma wordt gegeten: van de kleinste wilde vogeltjes tot het grootste haarwild, zoals hert. Nu de bescherming van het milieu de laatste jaren zo'n hoge prioriteit heeft gekregen, wordt de jacht zorgvuldig gecontroleerd, zodat de mensen onder bepaalde voorwaarden kunnen jagen zonder dat het evenwicht in de natuur verstoord wordt. Een goed voorbeeld daarvan is het jaarlijkse Sagra del Tordo (zanglijsterfestival) van Montalcino; de zanglijsters zijn vervangen door gefokte kwartels.

Sardinië heeft een ongelooflijke jacht- en wildtraditie en de Sardijnen grilleren hun meeste wild aan het spit. Het vlees wordt dan gemarineerd in, en bedropen met natuurlijke ingrediënten die alleen daar voorkomen. Kleine *cinghiali* (wilde zwijnen) worden klaargemaakt in ovens, die in de grond worden uitgegraven. Het schoongemaakte dier wordt gebraden met *mirto*, een plaatselijke wilde struik (net als rozemarijn), en andere kruiden, die allemaal een verrukkelijke smaak aan het vlees geven.

Groter wild, zoals herten, gemzen en wilde geiten, bewoont het Aosta-dal en andere dalen in de Alpen. De bewoners van die streken maken er unieke gerechten van, zoals *mucetta*, een soort luchtgedroogde hertenlende, die een bijzondere delicatesse is.

Ook Toscane heeft een lange geschiedenis van jagen en wild eten. Van de vele producten en recepten die daar vandaan komen, vallen vooral de lekkere wild-zwijnworsten op. De Toscaners hebben ook een heerlijke manier om wild gevogelte op spiesen te roosteren: ze steken tussen elke twee vogels een stukje brood om het uittredende vocht op te vangen.

Eieren worden in Italië niet minder hoog gewaardeerd dan wild of gevogelte. Tijdens de oorlog liet mijn grootmoeder me de inhoud van een vers gelegd rauw ei door de schaal heen opslurpen, en dat was de eerste uitdaging voor mijn culinaire smaakpapillen. Ik vond het niet erg lekker, maar slikte het terwille van mijn gezondheid door. Eieren hebben altijd overgelopen van symboliek. Ze vertegenwoordigen de eeuwige voortgang van het leven en behoren bovendien tot de populairste en volledigste voedingsmiddelen. Alleen al de dooier bevat de meeste noodzakelijke vitamines, eiwitten en sporenelementen.

Van een ei kunt u een hele maaltijd maken, vooral als u er wat truffel op legt, maar u kunt er ook sauzen mee binden, gebak of mayonaise mee maken of het met suiker opkloppen tot een hemels, schuimig nagerecht met marsala of sterke koffie. De eiwitten kunt u stijfslaan om sauzen en mousses wat lichter te maken of om er met suiker meringue van te bakken. Met bloem gemengd worden ze eierpasta, die niet alleen een grote voedingswaarde heeft, maar ook erg lekker is.

Eieren spelen een grote rol tijdens Pasen, want dan symboliseren ze het nieuwe leven. In Italië wordt voor dat feest een speciaal gebak gemaakt, dat *casatello* of *casatiello* heet. Rauwe eieren worden met schaal en al vastgemaakt op het deegoppervlak en in de oven meegebakken. Samen met ander paasgebak wordt de *casatello*, die vrede en voorspoed symboliseert, aan vrienden of familie gegeven. Het aantal eieren dat bij de bereiding gebruikt is, bepaalt de hoeveelheid daarvan (hoe meer eieren, hoe meer voorspoed).

A–Z VAN EIEREN, WILD EN GEVOGELTE

In dit boek beschrijft Antonio Carluccio de authentieke Italiaanse eetcultuur; een cultuur die sterk afwijkt van de Nederlandse en Belgische.

In het nu volgende gedeelte behandelt Carluccio onder andere de (zang)vogels die in de Italiaanse keuken werden en worden bereid. Een gebruik dat in Nederland en België veel weerstand oproept. Hier gelden met betrekking tot de jacht op, en het eten van (zang)vogels andere normen; bepaalde vogels die hieronder worden beschreven, zijn zelfs beschermd. Om die reden wordt in de betreffende beschrijvingen niet ingegaan op de wijze waarop de vogels in Italië werden, en nog steeds worden bereid.

Allodola

Veldleeuwerik

Deze kleine vogeltjes zijn alleen te vinden in Midden- en Zuid-Italië, waar ze in oktober-november en maart-april tijdens hun trek in overvloed voorkomen. Men ziet ze gemakkelijk voor mussen aan, maar anders dan mussen nestelen ze op de grond. Ze eten vooral graan. De jacht op deze vogel is ook in Italië sterk aan banden gelegd en wordt binnenkort zelfs geheel verboden.

Leeuweriken werden vanwege hun omvang vaak samen met grotere vogels klaargemaakt, maar ook gebruikt als smaakgever in *ragùs*.

Anatra, Anitra

Eend

Deze aanduiding slaat op alle soorten tamme en wilde eenden. Italianen zijn op beide types even verzot en maken vaak eend klaar, vooral in de winter. Eendenvlees is tamelijk donker, wildachtig en behoorlijk vet. Koop altijd verse eend, want diepgevroren eend is kwalitatief veel slechter.

De populairste soort tamme eend is de *anatra muta*: een echte scharreleend. De dieren worden gekortwiekt, zodat ze niet kunnen wegvliegen, maar scharrelen in vijvers en dergelijke hun kostje op. Tamme eenden komen vooral uit Piemonte, Lombardije, Emilia-Romagna en de Veneto. In Piemonte en Emilia-Romagna worden ze onder dwang gevoed om de lever te vergroten en *fegato grasso* (foie gras) te maken – overigens vooral voor de export naar landen waar deze delicatesse veel populairder is.

Daarnaast is er een ongelooflijk aantal soorten *anitra selvatica* (wilde eend). Wilde eenden worden vooral in de herfst gejaagd en zijn heel anders dan tamme eenden; niet alleen wat betreft smaak en uiterlijk, maar ook qua malsheid. Italianen laten wilde vogels niet erg lang besterven en sommige, zoals de fazant, leggen ze het liefst direct in de oven of op de grill. Het lijkt misschien vreemd dat zo'n vette vogel vaak met reepjes Parmaham gelardeerd wordt, maar daarmee krijgt het dier een superieure smaak.

Beccaccia

Houtsnip

De houtsnip is in Italië niet inheems, maar komt in de lente en herfst wel overvliegen. Hij heeft een lange, platte snavel en een bruinig verenkleed, zodat hij in zijn natuurlijke omgeving (het bos) niet opvalt. De houtsnip is in Italië een van de geliefdste wilde vogels. Hij kan echter niet gefokt worden. Daardoor overtreft de vraag het aanbod en is het dier zodanig met netten en geweren overbejaagd, dat de jacht in sommige delen van Italië verboden is.

LINKS: BECCACCIA

Beccaccino

Watersnip

De watersnip geniet in Italië hetzelfde culinaire aanzien als de *beccaccia* (houtsnip), maar ook deze vogel kan niet gefokt worden. Misschien is hij juist daarom wel zo populair. Watersnippen zijn te vinden in estuaria en meren, waar ze tijdens hun trek in de lente en herfst uitrusten. Ze zijn ongeveer zo groot als houtsnippen.

Beccafico

Vijgeneter, Zwartkop

Het woord *beccafico* kan op verschillende soorten vogels slaan, die allemaal vijgen, druiven en andere sappige vruchten eten. Vooral vijgen vinden ze bijzonder lekker. Ze zijn echter zeldzaam en daarom is ook in Italië de jacht erop meestal verboden. De meeste *beccafico's* die in gespecialiseerde winkels verkocht worden, komen uit het buitenland, zodat het geweten van de Italiaanse smulpaap niet bezwaard wordt. De naam van de vogel is in Sicilië aan een sardinerecept (Sardine alla Beccafico; blz. 33) gegeven, omdat de vis net zo moet worden klaargemaakt als de vogel.

Camoscio

Gems, Wilde geit

Deze wilde en bijzonder dartele geit bewoont de noordelijke Alpen en Abruzzen. Het donkere, sterk naar wild smakende vlees is in Italië een echte delicatesse en vooral populair in het Aosta-dal en de Dolomieten, waar de gems boven de boomgrens, op 1500-3000 meter hoogte, in de bergen voorkomt.

In Italië is de jacht op de gems vanwege zijn schaarste aan banden gelegd, maar diepgevroren gems uit andere landen is wel degelijk te koop. Gems uit de diepvries is vaak malser, maar heeft niet de verrukkelijke smaak van vers vlees. Chamoisleer is overigens een bijproduct van dit dier.

Mucetta is aan de lucht gedroogd gemzenvlees, dat in vliesdunne plakjes als *antipasto* dient. Deze traditionele manier van vleesconservering was voor de plaatselijke bewoners vroeger een noodzaak om de winter door te komen, maar tegenwoordig is het een peperdure delicatesse.

U kunt gemzenvlees ook stoven met wijn, wortel, ui en bleekselderij of in een kruidig mengsel met kaneel en nootmuskaat, opgediend met polenta.

RECHTS: CERVO

CAPPONE

KAPOEN

De productie van kapoen (gesneden haan) is vrijwel beperkt tot de kersttijd, want dan speelt de kapoen een hoofdrol. De dieren komen vooral uit de Veneto, Emilia-Romagna, Lombardije en Piemonte.

Na de castratie groeit het jonge haantje in maar zes of zeven maanden tot een dier van 3-5 kg met bijzonder mals en sappig vlees. Het wordt op dezelfde manier schoon- en klaargemaakt als gewone kip. Vooral koken is een heel goede bereidingswijze, en dat doet men in diverse delen van Piemonte en Emilia-Romagna. Daarbij ontstaat een verrukkelijke bouillon, waarin u *tortellini* kunt koken. De vogel zelf levert een royale hoeveelheid vlees, die bijvoorbeeld gebruikt kan worden als onderdeel van Bollito Misto (blz. 92), een gerecht dat met Cugna (zie Cotogna, blz. 265) of Mostarda di Cremona (blz. 269) in heel Noord-Italië populair is.

CAPRIOLO

REE

Het mannetje van deze hertensoort is gemakkelijk te herkennen aan zijn gewei. Het is een middelgroot hert met een roodbruine vacht, die 's winters grijsbruin wordt. Reeën wonen in beboste heuvelgebieden en komen dus op Sardinië en Sicilië niet voor, maar in de rest van Italië wel, vooral in de Alpen en Apennijnen.

Ik heb ooit *carpaccio* van reehaas (*capriolo carpaccio*) gegeten en dat was hemels – mede dankzij de paar plakjes truffel als garnering. Van het vlees kunt u met rozemarijn, jeneverbessen, nootmuskaat, kaneel, ansjovis en wijn ook een verrukkelijke *ragù di capriolo* maken. Het gerecht smaakt wonderwel met polenta en pasta (*pappardelle al sugo di capriolo*). Medaillons van het vlees kunt u bakken met cantharellen. Dit zijn echter slechts een paar suggesties voor dit veelgeroemde vlees.

CERVO

EDELHERT

Dit majesteitelijkste van alle herten is in Italië in het wild bijna uitgestorven. In nationale parken zoals Gran Paradiso in Piemonte herinneren nog een paar kuddes aan de Italiaanse fauna van vroeger. Maar niet alleen het vlees is gewild. Ook het zware gewei is bruikbaar: er kunnen allerlei dingen uit gesneden worden; van messenheften tot knopen.

Bijna al het hertenvlees dat tegenwoordig in Italië gegeten wordt, komt uit Oost-Europa of Scandinavië, waar het dier gefokt wordt. Het hert kan tot 350 kg wegen. Zijn vlees is vet- en cholesterolarm en behoort dus tot de beste en gezondste soorten. Het wordt echter gauw droog en gaat dan ook meestal eerst in een marinade van wijn en olijfolie. Gestoofd, in een *ragù* of in de pan gebraden, meestal met onder andere wijn, knoflook en citroen, is het verrukkelijk. Vooral het zadel is daarvoor geschikt. Maar u kunt het ook in de oven zetten.

CHIOCCIOLA, ZIE LUMACA

CIBREO

GESTOOFDE INGEWANDEN VAN GEVOGELTE

In de Italiaanse keuken worden de *rigaglie* (ingewanden van een kip of andere vogel) op heel veel verschillende manieren klaargemaakt. Twee bijzonder populaire recepten zijn de *finanziera* uit Piemonte en de *cibreo* uit Toscane (zie Cibreo di Rigaglie, blz. 58).

Het is niet zeker wie de *cibreo* heeft uitgevonden, maar het moet een smulpaap of fijnproever uit de Renaissance zijn geweest die niets wilde weggooien. Tot de ingrediënten horen hanenkammen, hanennieren (d.w.z. testikels), de ongelegde eieren van de hen, de lever, het hart en zelfs de in plakjes gesneden longen – allemaal in een simpele botersaus met eierdooiers en citroensap.

Welke vogel ook gebruikt wordt, de *cibreo is* altijd een verbijsterend lekker gerecht. Meestal wordt er rijst of polenta bij gegeven. Eet het echter alleen als u zeker weet dat alle ingrediënten vers zijn.

Cinghiale

Wild zwijn

Gezien de Italiaanse voorkeur voor alle soorten varkensvlees, is het geen wonder dat ook het wilde varken zo in trek is. Wilde zwijnen, die soms als schadelijk worden beschouwd, bewonen de beboste heuvels van Toscane, Umbrië, de Abruzzen en andere streken met dicht, ontoegankelijk kreupelhout, waar ze zich kunnen verschuilen en zich tegoed doen aan sappige, malse scheuten en bessen.

De jacht op wilde zwijnen kan gevaarlijk zijn, want als het dier in het nauw wordt gebracht, valt het mensen aan. Toch is deze jacht in delen van Sicilië, Sardinië en Calabrië een geliefde sport, en als de jagers succes hebben, vieren ze enthousiast feest.

In Toscane wordt wild zwijn op veel verschillende manieren verwerkt, onder andere tot hammen, salami's en *salamini*. Het verse vlees is heerlijk in stoofgerechten en *ragùs*, zoals Ciriole al Ragù di Cinghiale (blz. 61) en bijna elk Toscaans en Umbrisch gezin heeft wild zwijn in de diepvries voor een *ragù* bij de beroemde *pinci*: met de hand gemaakte reuzenspaghetti. Omdat er zoveel vraag naar is, worden veel half-wilde zwijnen in omheinde bossen gehouden waar ze een half-wild leven leiden: hun vlees heeft dus ook een mindere wildsmaak.

Civé, zie Salmi

Colombaccio, zie Palombaccio

Colombo, Piccione

Duif

Dit is de tamme variant van de *colombaccio* (houtduif). Hij wordt vanwege de stijgende vraag bijna overal gefokt. De gewone duif is alomtegenwoordig: op het San Marco-plein in Venetië, maar ook op het Piazza del Duomo in Milaan en in elke andere Europese stad. De vogel heeft zich aan elke situatie aangepast. De vervuilde stadsduiven zijn natuurlijk niet echt voor menselijke consumptie geschikt, en dat is jammer. Ze worden door al die miljoenen toeristen, die graag in het voetspoor van Franciscus van Assisi treden, voortreffelijk met graan gevoed en zouden dus prima moeten smaken.

Tamme duiven zijn niet alleen veilig om te eten, maar ook lekker, zij het niet zo lekker als wilde. Sommigen vinden het echter een voordeel dat ze geen wildsmaak hoeven te maskeren; bovendien zijn ze sneller gaar dan houtduiven.

Duiven worden panklaar verkocht en gaan dan in beroemde gerechten als *piccione alle olive* (duif met olijven) of stoofgerechten. U kunt de leeftijd van een duif aan de snavel voelen: hoe veerkrachtiger de snavel, des te jonger de duif.

Coniglio

Konijn

Na varkensvlees en kip is konijn in Italië het populairste vlees. Wild konijn (*coniglio selvatico*) is zeldzaam, want op het platteland bijna uitgestorven. De *lepre* (zie aldaar) is echter nog steeds een geliefde Italiaanse jachttrofee.

Coniglio

Iedereen die er in Italië de ruimte en faciliteiten voor heeft, houdt wel een paar konijnen, maar de meeste dieren worden gefokt. *Coniglio alla cacciatora* (met paddestoelen) is het bekendste recept, maar een *ragù* met tomaten en opgediend met polenta is eveneens klassiek. Ook in Ligurië is veel vraag naar konijn (zie Coniglio Affogato alla Ligure, blz. 62).

Creste di Gallo, zie Pollo

Daino

Damhert

Een volwassen damhert kan 100 kg zwaar worden, heeft een vacht die varieert van roodbruin in de zomer tot lichtbruin in de winter, en het mannetje herkent u aan het platte gewei op zijn kop. Damherten komen voor op Sardinië en in een paar wildparken in Noord-Italië.

Het vlees van damherten lijkt op dat van andere herten en wordt net zo klaargemaakt, maar moet enige tijd in rode wijn marineren om mals te worden. Ik doe ook wat grapefruitsap in de marinade om iets van de sterke wildsmaak weg te nemen. De beste en meest malse delen zijn het zadel en de bout. Zie ook Cervo.

Dindo, zie Tacchino

Fagiano

Fazant

Deze edele vogel is in de Middeleeuwen vanuit Azië in Europa geïntroduceerd. Het dier was bijzonder populair in Toscane, waar de veren werden gebruikt om de tafels en schalen te versieren als deze vogel op het menu stond. Het mannetje is

Links: een wild zwijn uit Umbrië, buitgemaakt door Carlo Montani.

beroemd om zijn mooie, rijke verenkleed; het vrouwtje is nogal kleurloos. Het mannetje is ook groter, en dat is van belang als u een koppel koopt waarvan de ene vogel een mannetje is en de ander een vrouwtje.

Italianen laten een fazant liever niet lang besterven; de gefokte soort besterft vanwege zijn malsheid zelfs helemaal niet. Fazant is populair in Noord- en Midden-Italië, vooral in Toscane en Umbrië, die op dit punt een lange culinaire traditie hebben. Fazant smaakt en ruikt heerlijk naar wild, en het nogal donkere vlees is vetarm. Het is een heel veelzijdige vogel die voor het smaakevenwicht vaak wordt gestoofd met wilde bessen, maar u kunt hem ook inwrijven met olijfolie, zout en peper en klaarmaken in de oven. Soms wordt hij zelfs met truffels gevuld.

Faraona, Gallina Faraona
Parelhoen

Men zegt dat deze vogel, die al bij de Grieken en Romeinen bekend was, rond de 15de eeuw door Portugese ontdekkingsreizigers vanuit de Golf van Guinea naar Europa is gebracht.

Een parelhoen houdt qua smaak ongeveer het midden tussen een kip en een fazant. In het land van herkomst leeft het dier in het wild, maar in Italië en het grootste deel van de rest van Europa wordt het gefokt. Met zijn donkergrijs-met-witte verenkleed is het een van de mooiste en elegantste vogels. U kunt een parelhoen braden, stoven of smoren. Het malse en verfijnde vlees is een prettig, smakelijk en voortreffelijk alternatief voor kip.

Fegatino di Pollo
Kippenlever

De lever is een van de meest onderschatte delen van een kip, maar het hart van orgaanvleesliefhebbers gaat er sneller van kloppen. Het is een heel veelzijdig ingrediënt waarmee u tal van heerlijke gerechten kunt maken. Kippenlevers zijn uitmuntend geschikt voor patés, maar ook als basis voor allerlei pastasauzen en risotto's. Voorts zijn ze een ingrediënt van de beroemde gerechten Cibreo (blz. 58) en *finanziera*. Zie ook Pollo en Rigaglie.

Fegato Grasso, zie Anatra en Oca

Folaga
Meerkoet

De meerkoet is een vogel die op en rond estuaria leeft. Hij smaakt nogal naar vis en placht daarom in Italië op vrijdag als visvervanger te worden gegeten. Maar de vogel is tegenwoordig niet erg meer in trek.

Frollare
Besterven

Wild en vlees blijven vaak een tijdje liggen om het vlees, dat anders te taai zou zijn, mals te maken. *Frollare sotto pelle* betekent dat het dier wordt geslacht en ontweid en in zijn vacht of verenkleed tot maximaal zeven dagen besterft.

Galletto, Gallina, zie Pollo

Gallo, zie Pollo

Rechts: fagiano

Gallo Cedrone
Korhoen

Korhoenders zijn in Italië zeldzaam en beschermd. In Groot- Brittannië kan ik echter soms nog Schotse korhoenders krijgen, hoewel ze ook daar steeds zeldzamer worden. In Schotland nestelt het dier op de open heide, maar in Italië zoekt het liever een dennenbos op. Het eet veel bessen en insecten.

Lepre
Haas

Haas is de meest begeerde Italiaanse jachtbuit. Het dier hoort tot dezelfde familie als het konijn (*coniglio*) maar kan wel tot 7 kg wegen. Het wordt vaak met wild konijn verward, maar heeft langere achter- dan voorpoten en het vlees is donkerrood. De schranderheid en snelheid van de haas zijn legendarisch, en het lukt jagers maar zelden om zonder hond zo'n dier te verschalken.

Het bloed van de haas is een sleutelingrediënt bij het marineren en klaarmaken van het dier. Let er bij de aankoop dus op dat de haas heel vers en goed geslacht is. Gefokte en diepgevroren hazen missen dit vitale ingrediënt en zijn dus lang niet zo lekker als hun net geslachte, wilde neven. Vooral zwaardere, oudere dieren besterven in een marinade van bloed, wijn en specerijen (zie Lepre in Salmi, blz. 63) en dat kan minstens twee dagen duren.

Haas wordt meestal gestoofd en geeft dan een verrukkelijke *ragù*, die wordt opgediend met polenta of pasta (het beroemde gerecht *pappardelle al sugo di lepre*). Het dier wordt vaak klaargemaakt met specerijen, zoals nootmuskaat en kruidnagels, en zelfs met cacao. Maar op welke manier dan ook, elk serieus Italiaans restaurant heeft het op het menu staan.

LINKS: LUMACHE DI TERRA

LUMACA DI TERRA, BOVOLO, MARRUZELLE

SLAK

Slakken zijn niet makkelijk in te delen. Ze zijn wild, maar lijken op geen enkele andere soort wild. Verse slakken moet u schoonmaken of ontslijmen (*spurgare*) door ze een paar dagen op een dieet van beschuit, verse brandnetels en zout te zetten. Daarna kunt u ze wassen en in water met zout koken. Als ze gaar zijn, trekt u de slak uit zijn huisje. Gooi de zwarte staart weg en maak het huisje schoon. Verwerk de slakken dan al naar gelang het gekozen recept. Ik begrijp niet waarom iemand geld verspilt aan ingeblikte slakken, die gaar weer in hun huisjes zijn gestopt; diepgevroren slakken zijn echter redelijk.

U kunt slakken thuis zelf koken: een van de beste recepten is Lumachine al Sugo (blz. 63). Grote slakken kunt u ook even blancheren, met veel boter, knoflook en peterselie vullen en in de hete oven zetten. Ik kan me nog vaag herinneren dat ik op straathoeken in Napels *marruzelle*, zoals ze lokaal genoemd worden, heb gegeten, maar kortgeleden heb ik ze in Milaan weer kant-en-klaar zien verkopen. In Napels werd *marruzelle al sugo* gemaakt met slakken die op planten dicht bij de zee zaten. Ze waren gekookt in een tomatensaus en hoefden alleen maar uit hun huisjes te worden gezogen. Heerlijk!

Vers gekookte slakken zijn een waar genoegen, maar de huidige mode om slakkeneitjes of slakkenkaviaar te eten, is commerciële onzin. De eitjes lijken een beetje op die van een vis, maar een slak heeft veel minder eitjes dan een steur en ze zijn heel moeilijk te pakken te krijgen.

MUCETTA, ZIE CAMOSCIO

OCA

GANS

In Italië worden twee soorten tamme ganzen gefokt. De eerste en kleinste heeft grijze veren, wordt alleen voor zijn vlees gefokt en komt vooral uit Piemonte, Emilia-Romagna en Padua. De tweede soort is de Toulouse, die tot 10 kg kan wegen en speciaal wordt gefokt voor de productie van ganzenlever (*fegato grasso*). In Italië placht de gans culinair even hoog in aanzien te staan als het varken, omdat ook van de gans alles gebruikt werd: het vlees en het vet of de gezwollen lever, en de veren.

Ganzen voor *foie gras* worden alleen gefokt in de Lomellina, een klein gebied tussen Lombardije en Piemonte. In dat deel van Italië wordt de gans ook verwerkt tot driehoekige salami's (*salame d'oca*). Het vlees en het vet worden gemalen en in de huid van de lange nek gestopt, die vervolgens wordt dichtgenaaid. Omdat deze salami geen varkensvlees bevat, is hij ook geschikt voor mensen die om godsdienstige redenen geen varkensvlees eten.

Ook de *fegato grasso*, de lever van onder dwang gevoede ganzen, is een belangrijk product. De Fransen zijn beroemd om hun voorliefde voor ganzenlever, maar de oude Romeinen hielden er ook al van en in de moderne Italiaanse keuken komt het product, ondanks de wrede productiemethode weer naar voren.

Gans lijkt in uiterlijk en smaak veel op eend. Het enige echte culinaire verschil is dat u eend een tikje roze kunt laten en ook koud kunt eten. Ganzenvlees is door zijn hoge vetgehalte alleen genietbaar als het volledig gaar is en warm wordt gegeten. Net als eend is een gans gebaat bij een iets zure saus als tegenwicht tegen het vet. U kunt er allerlei vruchten voor nemen, zoals kersen, bosbessen, frambozen en sinaasappelen, maar ook balsamico-azijn geeft het juiste, zurige evenwicht. Tegenwoordig is een hele serie vruchtenazijnen (*aspretti*, zie Aceto di Frutta, blz. 208) te koop waarmee u erg lekkere sauzen maakt.

LINKS: LUMACHINE; KLEINE ROMEINSE SLAKKEN

In Italië is gans vooral een kerstgerecht, net als kalkoen en kapoen. Het dier wordt gebraden of in delen gestoofd. Als u een gans braadt, zorg dan dat u naderhand het vet uit de braadslee haalt, want het koude, gestolde ganzenvet is heerlijk op toost of als smaakgever aan andere gerechten, zoals aardappelen uit de oven.

PALOMBACCIO, COLOMBACCIO

HOUTDUIF

De houtduif staat in Italië veel hoger in aanzien dan de tamme duif. Fijnproevers zijn verzot op het heel donkere, wildachtige vlees van houtduiven, of het nu uit de oven komt dan wel in een pastasaus wordt verwerkt.

OCA

Colombacci mengen zich tijdens hun trek wel eens met hun stadse neven, maar in het algemeen geven ze de voorkeur aan bos en platteland. In sommige delen van Italië hangen boeren aardewerk potten aan hun muren, waarin de vogels kunnen nestelen. Dat maakt ze voor de eigenaren natuurlijk alleen maar een makkelijker prooi. Een houtduif eet vooral graan, en dat geeft zijn vlees een bijzonder fijne wildsmaak.

(Omdat houtduiven in Nederland onder de jachtwet vallen en hier en daar bejaagd worden om schade aan landbouwgewassen te voorkomen, belanden ze soms in de vitrine van de poelier, red.)

Houtduiven moeten een paar dagen besterven om hun vlees mals te maken. Daarna worden ze zonder plukken, compleet met ingewanden verkocht. Ze moeten met zorg geplukt en schoongemaakt worden. Vooral de lever is erg lekker; gooi hem dus niet weg als u het dier leeghaalt. Een houtduif is in het algemeen groter dan zijn tamme soortgenoot, en één duif per persoon is genoeg. Ze worden klaargemaakt als gewone duiven; maak het vlees echter net niet gaar, dan is het sappiger. Een merkwaardige bereidingswijze is het Toscaanse gebruik om het gekookte vlees tot een pasta te pureren die op *crostini* wordt gesmeerd (zie Palombacci sui Crostini, blz. 60).

PERNICE

PATRIJS

In Italië zijn drie soorten patrijzen. De meest gezochte is die met rode poten (*pernice rossa*). Die soort heeft het fijnste vlees en is als enige nog helemaal wild en dus alleen bij poeliers te koop. De patrijs met grijze poten (*pernice grigia* of *starna*) is minder smakelijk en wordt vooral industrieel gefokt. De derde soort heeft gele poten en komt alleen op Sardinië voor.

PICCIONE, ZIE COLOMBO

POLLO, POLLASTRELLO, POLLASTRINA

KIP

De kip is de grootste vleesleverancier ter wereld. Dat komt omdat een kip zo makkelijk en goedkoop te fokken en te voeden is en omdat hij zo snel groeit. De hen levert bovendien eieren. Het woord *pollo* slaat op zowel de hen als de haan, maar een volwassen haan heet een *gallo*. Beschouw de Italianen niet als barbaren, omdat ze diens trots (zijn kam) eten. Echte lekkerbekken zijn verzot op deze *creste di gallo*.

Een jong haantje heet een *pollastrello*. Een *cappone* (kapoen) is een gecastreerd haantje dat in 6-8 maanden volwassen is; het is heel geliefd om zijn fijne vlees (blz. 49). Een *galletto* (piepkuiken) is een heel jong haantje dat het minimale slachtgewicht van 500 g heeft bereikt. Vanwege zijn jonge leeftijd is het vlees heel fijn; meestal wordt het opengelegd en onder iets zwaars geplet. Die methode heet in Italië *al mattone* (met een baksteen). Persoonlijk vind ik een *galletto* niet de moeite waard, want er zit weinig smaak aan. Oudere hanen kunt u echter het beste koken, want die zijn erg taai.

De *gallina* is de hen die op de boerderij de eieren legt. Na een paar jaar eieren leggen, verdwijnt het dier in de pan als basis voor een goede bouillon. In Italië bestaat een spreekwoord dat zegt: 'Een oude hen maakt goede bouillon' (*gallina vecchia fa buon brodo*). Kippenbouillon van een 2-3 jaar oude, legse hen wordt in de Italiaanse keuken veel gebruikt, maar als u hetzelfde dier in zijn geheel kookt, krijgt u een heerlijke *brodo di gallina*, een soep die u met *tagliolini* of *tortellini* kunt eten. Mijn sterkste herinnering aan kip is die in zijn vloeibare vorm: de hete *brodo* die mijn moeder op het fornuis had staan als ik na een lange tocht thuiskwam. Die soep was zo kalmerend en versterkend, dat elke vermoeidheid direct was uitgebannen.

Om *brodo* te maken legt u gewoon een mooie hen in een grote pan. Doe er zoveel water bij dat het dier onderstaat, voeg wat ui, bleekselderij en wortel toe en laat het geheel 2 uur zachtjes pruttelen. Schuim het vocht intussen goed af. Laat de soep afkoelen en bewaar hem in de koelkast of diepvries. Het vlees is een beetje taai, maar u kunt het apart opdienen, want het heeft veel smaak, zeker van een kip die echt vrij heeft kunnen scharrelen.

Het beste zijn kippen die kunnen scharrelen en maïs of andere graansoorten eten; hun vlees heeft een volle, mooie smaak en geen bleekwitte maar een roze-achtige kleur, met een geel vel. Italiaanse poeliers zijn zeer inventief; in hun gekoelde vitrines kan men ovenklare gevulde kippenborst vinden: heerlijke rollade gevuld met ham, knoflook, rozemarijn en peterselie. Ook andere kippenonderdelen worden vaardig geprepareerd: *spezzatino di pollo* (stukjes kippenvlees, om met tomaten en paprika's te koken), *scaloppine* of *cotolette di pollo* (reeds met broodkruimels gepaneerd om te bakken; een favoriet in Lombardije), *galantina di pollo* (een ontbeende kip gevuld met ei, broodkruimels en kruiden), of *pollo alla cacciatora*, kip die – in Toscane – met wijn en paddestoelen gekookt wordt. Maar het meest wordt toch de *pollo arrosto* gegeten; geroosterde kip gevuld met citroen en rozemarijn, zoals ze die bijvoorbeeld aan de kust bij Amalfi maken (zie Petti di Pollo alla Pizzaiola, blz. 57).

Quaglia

Kwartel

Deze kleine, goed gecamoufleerde, bruin-beige vogel leeft in velden en bossen. Het is in Italië een van de meest gegeten wilde vogels. Kwartels zijn echter makkelijk te fokken en dat gebeurt dan ook op grote schaal. De kwartel heeft een bijzondere plaats in de Italiaanse keuken en wordt hoog gewaardeerd om zijn fijne vlees en zijn eieren (zie Uove), waarmee verrukkelijke gerechten worden gemaakt.

Gefokte kwartels worden schoon, zonder besterven en panklaar verkocht. Reken op minstens twee kwartels per persoon, en als ze niet uitgebeend en gevuld zijn, kunt u ze met uw handen eten. U kunt kwartels braden, stoven, grilleren en zelfs koken.

Links: quaglia

Rana

Kikker

De inwoners van Piemonte, Lombardije, de Veneto en Emilia-Romagna zijn heel vertrouwd met dit dier, dat moeilijk is in te delen als wild, vlees of vis. Elk waterrijk gebied heeft kikkers, en in de rijstvelden van de Povlakte vinden ze een volmaakte omgeving. Alleen de gespierde achterpoten worden gegeten; deze *coscette di rane* zijn schoongemaakt en panklaar te koop.

Kikkerbilletjes zijn bijzonder fijn van smaak en dus niet geschikt voor veel kruiden en specerijen. Gewoon door losgeklopt ei en paneermeel gehaald en gefrituurd vind ik ze verrukkelijk, maar ze kunnen ook 'in umido', met wat olijfolie, knoflook, peterselie en tomaten, gestoofd worden. In het rijstgebied maakt men er ook risotto's mee.

Rigaglie, Frattaglie

Organen van gevogelte

Rigaglie di pollo bevatten de *fegatino* (lever), *cuore* (hart), *rognoni* (nieren), *stomaco* (maag), alsook de *uove* (ongelegde eieren), de *granelli* of *testicoli* (testikels) en de kam van de haan. Vooral de inwoners van Toscane en Piemonte zijn dol op deze onderdelen; ze gebruiken ze voor Cibreo di Rigaglie (blz. 58) en *finanziera*. Kippenlevers worden gekookt met wijn en kruiden, dan gehakt en op *crostini* gesmeerd.

Salmi, Civé

Bepaalde bereidingswijze

In feite beschrijven zowel *salmi* als *civé* – Franse begrippen – de bereidingswijze van wild (vooral haas, konijn en hertenvlees); ofwel het in eigen bloed marineren, ofwel het toevoegen van bloed aan het eind van de kooktijd om de saus dikker te maken. De termen worden van regio tot regio verwarrend verschillend gebruikt. Het principe is echter hetzelfde. Voor het gerecht Lepre in Salmi (blz. 63) wordt de haas twee dagen in zijn eigen bloed – vermengd met goede rode wijn, knoflook, tijm, rozemarijn, geplette jeneverbessen, gemalen peperkorrels, kaneel en verse salie- en laurierblaadjes – gemarineerd, voordat hij gesmoord wordt. De saus wordt vervolgens gezeefd, ingekookt en opgediend met het zachte vlees, meestal vergezeld van polenta.

Starna, zie Pernice

Tacchino, Dindo, Pito

Kalkoen

Kalkoenen worden speciaal gefokt voor Kerstmis. De vogel kwam aan het begin van de 16de eeuw vanuit West-Indië in Europa terecht; vandaar de Italiaanse naam *dindo*, wat 'uit Indië' betekent. Kalkoenen zijn erg groot en hebben een heerlijke borst, die u hetzij van de gare vogel kunt snijden, hetzij afzonderlijk, als een kalfsbraadstuk kunt klaarmaken.

De meeste kalkoenen worden industrieel gefokt en zijn het hele jaar door te koop; de lekkerder, maar ook duurdere scharrelvariant is alleen in de kersttijd te koop. Een scharrelkalkoen groeit in ongeveer 2 maanden naar zijn ideale gewicht van 4-4½ kg (vrouwtje) of 6-7 kg (mannetje). Dan is het vlees heel lekker en mals.

De Italianen eten kalkoenborst meestal in plakken, net zoals kalfsvlees: als *scaloppine*, als *involtini* of simpel *alla Milanese*, d.w.z. gefrituurd en gebakken. Alleen in Lombardije wordt de hele vogel uitgebeend en gevuld met fruit, varkensgehakt, fijngehakte organen en kastanjes om vervolgens geroosterd te worden.

Tordo

Zanglijster

Er is in het buitenland veel ophef over het feit dat Italianen deze prachtige trekvogel eten. Maar gezien de huidige bezorgdheid over het behoud van de natuur, is Italië nu ook overstag gegaan. In Montalcino, waar al jaren een lijsterfestival plaatsheeft, worden de zanglijsters nu vervangen door kwartels, alhoewel het festival nog steeds Sagra del Tordo heet.

Uove

Eieren

Eieren zijn in de keuken heel veelzijdig bruikbaar. U kunt ze koken, in de oven zetten, (roer)bakken, pocheren of er omeletten van maken (Frittata di Carciofi, blz. 128); bovendien gaan ze in gebak, pasta, pudding, roomijs en mayonaise, en worden ze geroerd door soep of gebruikt om sauzen dikker te maken. Een van de opmerkelijkste eiergerechten is het verleidelijke nagerecht Zabaglione (blz. 65), waarvoor eierdooiers au bain-marie met suiker worden losgeklopt en met marsala, sherry of moscato gemengd.

Italianen gebruiken veel eieren,

Rechts: scharrelende kalkoenen, kippen en parelhoenders

maar – vreemd genoeg – zelden bij het ontbijt. In de paastijd fungeren eieren prominent als symbolen voor nieuw leven.

Uove di anatra (eendeneieren) zijn door hun duidelijk lichtblauwe kleur makkelijk van andere te onderscheiden. Ze hebben een heel volle, lichtgele dooier met een intense smaak.

Uove di gabbiano (meeuweneieren) zijn in Italië nog steeds, zij het alleen in het seizoen te koop. Ze stonden bij de Romeinen hoog in aanzien vanwege hun zuiverende eigenschappen en omdat ze – anders dan de eieren van andere zeevogels – niet naar vis smaken. Meeuweneieren worden net zo gebruikt als kwarteleieren en hebben dezelfde gespikkelde schaal, maar zijn groter.

Uove d'oca (ganzeneieren) zijn bij fijnproevers bijzonder in trek vanwege hun omvang en hun intense, bijna olieachtige smaak. Ze hebben een vuilwitte schaal en zijn bijna driemaal zo groot als een gemiddeld kippenei. Vanwege hun geconcentreerde smaak worden ze in de keuken niet veel gebruikt; bovendien moeten ze heel vers zijn.

Uove di quaglia (kwarteleieren) zijn, naast kippeneieren, de enige andere eiersoort die industrieel geproduceerd wordt. Deze kleine eitjes zijn zowel om hun smaak, als om hun decoratieve mogelijkheden in trek. Ze zijn in 2½ minuut hardgekookt en ik gebruik ze graag in truffelgerechten (zie Uove al Tartufo, blz. 65).

Uove di tacchino (kalkoeneneieren) lijken op eendeneieren, maar hebben een witte schaal met bruine stippeltjes. Ze worden meestal gebruikt als kippeneieren, maar zijn moeilijk te vinden, tenzij u een heel vriendelijke boer weet die ze u kan leveren.

De lekkerste eieren zijn vers en komen van vrij scharrelende maïs- of graankippen. U kunt de versheid van een ei nagaan door het in ½ liter water te leggen waarin 60 g zout is opgelost. Als het ei naar de bodem van de kom zakt, is het heel vers, waarschijnlijk 1-2 dagen oud. Zakt het een beetje onder water, dan is het 5-6 dagen oud. Als het weer boven komt drijven, kan het meer dan 10 dagen oud zijn, en als het helemaal niet zinkt, is het werkelijk heel oud en zou ik het niet gebruiken.

Eierschalen zijn poreus, en een ei kan dus sterke geuren en smaken overnemen, ook die van een truffel. Als u die twee samen bewaart, krijgt het ei de fijne truffelsmaak en dat is een bijzondere delicatesse.

Van links naar rechts: uova di tacchino, uova di quaglia, uova di anatra

Quaglie allo Spiedo

Kwartels aan een spies

Voor 4 personen

8 vlezige kwartels
10 stukken pane di campagna (wit boerenbrood), ca. 4 cm lang en breed en 1 cm dik
10 dunne plakjes pancetta met dezelfde vorm als het brood

Voor het bedruipen:
4 eetlepels olijfolie
sap van 1 citroen
1 eetlepel bladpeterselie, fijngehakt
2 eetlepels droge marsala
1 theelepel honing
1 teen knoflook, uiterst fijn gehakt
zout en peper

Dit Toscaanse gerecht werd vroeger met tal van vogelsoorten gemaakt. Tegenwoordig is de jacht op veel soorten aan banden gelegd, maar goede, gefokte kwartels zijn een prima alternatief.

Verwarm de oven voor tot 250 °C (stand 9). Maak de kwartels schoon en verwijder zo nodig de levers. Braad de vogels 10 minuten. Haal ze uit de oven en rijg ze aan twee lange spiesen, afgewisseld met brood en pancetta.

Meng de overige ingrediënten; neem veel zout en peper. Grilleer de spiesen 10-15 minuten op de barbecue; bedruip de borsten regelmatig en keer de spiesen vaak, om verbranden te voorkomen. Laat de kwartels goudbruin worden en dien ze op met de vierkantjes brood, die een deel van het vocht uit de vogels hebben opgenomen. Geef er polenta (blz. 173) bij.

Anatra Arrosto al Prosciutto

Gebraden eend met Parmaham

Voor 4 personen

1 vlezige scharreleend van ca. 2 kg
4 plakjes Parmaham met veel vet
1 teen knoflook, fijngehakt
takje rozemarijn
mespunt nootmuskaat, versgeraspt
zout en peper
beetje olijfolie

Dit is een specialiteit van Emilia-Romagna, een streek die zowel eenden als Parmaham produceert.

Verwarm de oven voor tot 200 °C (stand 6). Schroei de eend zo nodig boven een open vlam om het dons te verwijderen. Wrijf de ham, rozemarijn en knoflook tot een pasta en roer er de nootmuskaat en veel zwarte peper door. Wrijf de eend met een beetje olie in en bestrooi hem met zout. Bestrijk de borst met de pasta en leg de eend in een braadslee. Dek hem met aluminiumfolie af, zet hem 1 uur in de oven, verwijder de folie en zet hem nog 30 minuten terug om een goudbruine kleur te krijgen.

Zorg bij het aansnijden dat op elk bord ook wat van het knapperige vel terechtkomt.

Petti di Pollo alla Pizzaiola

Kipfilet met pizzaiolasaus

Voor 4 personen

4 kipfilets zonder vel en bot
4 eetlepels olijfolie (extra vergine)
2 tenen knoflook, fijngehakt
1 eetlepel gezouten kappertjes, 10 minuten in water geweekt en uitgelekt
1 theelepel bladpeterselie, fijngehakt
2 ansjovisfilets, fijngehakt
500 g tomatenpulp (blz. 117)
1 eetlepel oregano
zout en peper

Pizzaiolasaus komt oorspronkelijk uit Napels en bevat ongeveer dezelfde ingrediënten als een pizzavulling; vandaar de naam.

Bak de kipfilets in olie in 8-10 minuten aan elke kant bruin en gaar. Bak knoflook, kappertjes, peterselie en ansjovis even mee en roer er dan tomaten, oregano, zout en peper door. Laat alles 5 minuten pruttelen en dien het op.

Cibreo di Rigaglie

Gestoofde kippeningewanden

Voor 4 personen

- 4 grote hanenkammen (zie Rigaglie, blz. 54)
- orgaanvlees van 6 kippen: levers – hartjes – maagjes en indien verkrijgbaar granelli (testikels)
- 60 g boter
- ca. 2½ dl kippenbouillon
- 2 eierdooiers
- 1 eetlepel bloem
- sap van 1 citroen
- zout en peper

Dit is een verfijnd gerecht van kippenorganen plus iets dat tegenwoordig moeilijk te krijgen is: hanenkammen. Met enig geluk vindt u ze in Chinese winkels, want Chinese koks gebruiken normaal gesproken alles van een kip. Een soortgelijk gerecht wordt in Piemonte gemaakt, waar het 'finanziera di pollo' heet.

Maak de hanenkammen schoon en doe ze in een pan met koud water. Breng ze aan de kook, giet ze af en pel ze; gooi het taaie vel weg. Snijd ze in stukjes. Haal alle ongerechtigheden van het orgaanvlees alvorens dat te snijden.

Verhit de boter in een pan en bak de kammen en hartjes gaar; voeg af en toe wat bouillon toe om aanbranden te voorkomen. Controleer met de punt van een mesje of het vlees gaar is, voeg dan de overige organen toe en bak ze 10 minuten mee.

Meng dooiers, bloem, citroensap, zout en peper. Roer er een beetje bouillon uit de pan door en giet het mengsel over de *rigaglie*. Roer het gerecht goed en dien het direct op.

Fegato Grasso al Balsamico

Foie gras met balsamicosaus

Voor 4 personen

- 5 dl zware rode wijn
- 1 eetlepel suiker
- 1 eetlepel balsamico-azijn (niet te oud)
- 8 plakken verse foie gras zonder vlies à 50 g per stuk
- 25 g boter
- zout en peper
- bloem

Dit gerecht van plaatselijke foie gras komt uit de Lomellina tussen Lombardije en Piemonte. Foie gras staat bij de Fransen hoog in aanzien, maar speelt in de Italiaanse gastronomie een bescheiden rol. Lekkerbekken zijn echter dol op dit gerecht, dat ik een beetje heb veranderd en aangepast toen ik zag hoeveel enthousiasme het in mijn restaurant wekte.

Kook wijn en suiker tot eenderde in; de vloeistof moet dikker zijn geworden. Roer er grondig azijn, zout en peper door. Het moet een dikke en donkere saus worden.

Bestuif de plakken foie gras met bloem en bak ze in de boter snel aan beide kanten bruin. Leg ze op borden en giet de saus ernaast.

Fagiano al Tartufo di Norcia

FAZANT MET TRUFFEL OP DE WIJZE VAN NORCIA

Voor 4 personen

2 FAZANTEN
4 EETLEPELS BOTER
1 GLAASJE DROGE WITTE WIJN
CA. 85 G ZWARTE ZOMERTRUFFEL
ZOUT EN PEPER

Een nobele bereidingswijze van een nobele vogel. Met een opmerkelijk simpele combinatie van ingrediënten ontstaat een gerecht dat zijn weerga nauwelijks kent.

Verwarm de oven voor tot 180 °C (stand 4). Braad de fazanten 30 minuten, maar laat ze niet helemaal gaar worden. Snijd de filets en de bouten eraf en houd ze apart. (Maak van de rest van de fazant desgewenst bouillon.)

Smelt de boter in een grote pan en voeg wijn, zout en peper toe. Leg de filets en de bouten erin, verhit ze 1-2 minuten en laat ze helemaal gaar worden. Rasp de truffels over het vlees en dien het gerecht direct op.

Palombacci sui Crostini

HOUTDUIVEN OP CROSTINI

De inmiddels wereldberoemde crostini *zijn een soort canapé van geroosterd brood met van alles erop. Heel populair zijn* crostini *met lever, maar hier volgt een Toscaanse versie met houtduif.*

Voor 12 crostini

3 SCHOONGEMAAKTE HOUTDUIVEN MET DE LEVERS
12 SNEDEN PANE DI CAMPAGNA (WIT BOERENBROOD)
GARNEREN MET 12 KAPPERTJES

Voor de marinade:
2 GLAZEN RODE WIJN
4 EETLEPELS OLIJFOLIE
PAAR BLAADJES SALIE
1 EETLEPEL GEZOUTEN KAPPERTJES, 10 MINUTEN IN WATER GEWEEKT EN UITGELEKT
1 TEEN KNOFLOOK
3 ANSJOVISFILETS
ZOUT EN PEPER

Meng alle ingrediënten voor de marinade in een blender en doe ze in een kom. Marineer de duiven een paar uur. Verwarm de oven voor tot 220 °C (stand 7).

Haal de duiven uit de marinade en braad ze 30 minuten. Laat ze afkoelen. Haal al het vlees en de levers van de vogels en gooi de botjes weg. Doe de marinade in een pan en kook het vlees en de levers 10 minuten; roer af en toe. Draai er in een blender een pasta van en laat die afkoelen.

Rooster het brood, besmeer het met de pasta en garneer elke snede met een kappertje.

Ciriole al Ragù di Cinghiale

CIRIOLE-PASTA MET WILD-ZWIJNSAUS

Voor 4 personen

3 EETLEPELS OLIJFOLIE (VERGINE)
1 UI, FIJNGEHAKT
1 TEEN KNOFLOOK, GEPLET
10 JENEVERBESSEN
MESPUNT NOOTMUSKAAT, VERSGERASPT
MESPUNT KANEEL
4 BLAADJES LAURIER
2 EETLEPELS TOMATENPUREE
650 G WILD-ZWIJNGEHAKT
2½ DL RODE WIJN
1½ DL KIPPENBOUILLON
500 G CIRIOLE (ZIE BIGOLI, BLZ. 144)
ZOUT EN PEPER
DESGEWENST OPDIENEN MET VERSGERASPTE PECORINO,

Een heerlijk gerecht uit Umbrië, waar wilde zwijnen zwerven totdat de jagers ze te pakken krijgen. Het is een verrukkelijke combinatie van pittige ragù *met een robuuste pasta. Wild zwijn klinkt misschien exotisch, maar is bij de poelier te koop.*

Verhit de olie in een grote pan en bak ui, knoflook, specerijen en laurier zachtjes tot de ui gaar is. Voeg tomatenpuree, vlees, wijn en bouillon toe en laat het geheel ca. 1½ uur pruttelen. Doe er zout en peper naar smaak bij. Kook de *ciriole* in kokend water met zout *al dente* en giet ze af. Roer ze goed door de saus, strooi er desgewenst *pecorino* over en dien het gerecht op.

Coniglio Affogato alla Ligure

Konijnstoofpot op Ligurische wijze

Voor 4 personen

- 1 konijn van ca. 1½ kg, in stukken
- 1½ dl Ligurische olijfolie (extra vergine)
- 1 grote ui, in dunne plakken
- 1 teen knoflook, grof gehakt
- takjes rozemarijn
- paar blaadjes salie
- klein takje tijm
- 100 g smakelijke zwarte olijven, het liefst Taggiasca-olijven
- 2 glazen droge witte wijn
- 8 eetlepels tomatenpulp (blz. 117)
- zout en peper
- bloem
- zo nodig: beetje bouillon

Konijn is in heel Italië bijzonder geliefd en elke streek heeft zijn eigen recepten. In deze Ligurische versie gaan plaatselijke kruiden en natuurlijk veel olijfolie.

Was de stukken konijn, dep ze droog en bestuif ze met bloem. Verhit de olie in een grote stoofpan en bak ze aan alle kanten bruin. Voeg ui, knoflook, kruiden en olijven toe, zet het vuur lager en laat de ui gaar worden. Roer er de wijn door en laat een deel van de alcohol al borrelend verdampen. Doe er dan tomaten en wat peper en zout bij en laat het konijn op middelhoog vuur in ca. 1½ uur gaar worden. Voeg een beetje bouillon toe als de saus te droog wordt. Breng het gerecht zo nodig met zout en peper op smaak en dien het op. Polenta is er heerlijk bij.

LEPRE IN SALMI

GEMARINEERDE HAAS

VOOR 6 PERSONEN

1 GROTE HAAS VAN CA. 3 KG, OOK HET BLOED
55 G BLOEM
100 G BOTER
1 UI, HEEL FIJN GEHAKT
100 G PANCETTA, IN KLEINE STUKJES
200 G KALFSLEVER, IN REEPJES
3 EETLEPELS COGNAC
50 G PURE CHOCOLADE, IN STUKJES
ZOUT EN PEPER

VOOR DE MARINADE:
1 FLES ZWARE RODE WIJN, B.V. BAROLO
1 WORTEL, IN KLEINE STUKJES
1 UI, FIJNGEHAKT
4 STENGELS BLEEKSELDERIJ, IN KLEINE STUKJES
1 TEEN KNOFLOOK, GEPLET
PAAR TAKJES TIJM
PAAR TAKJES MAJORAAN
PAAR BLAADJES SALIE
PAAR BLAADJES LAURIER
10 JENEVERBESSEN
1 THEELEPEL ZWARTE PEPERKORRELS, GEKNEUSD

Dit klassieke gerecht uit de Noord-Italiaanse keuken wordt meestal opgediend met polenta, terwijl de saus bij pappardelle *wordt gegeven.*

Meng alle ingrediënten voor de marinade. Snijd de haas in grote stukken, leg ze in de marinade en laat ze afgedekt 24 uur in de koelkast staan.

Haal de stukken haas uit de marinade, dep ze droog en bestuif ze met bloem. Verhit de boter in een grote, gietijzeren pan en bak de stukken met een paar tegelijk aan alle kanten bruin. Haal ze uit de pan en houd ze apart. Zet het vuur lager, doe pancetta en ui in de pan en bak tot de ui kleur begint te krijgen. Doe het vlees weer in de pan en voeg bloed, lever en marinade toe. Laat het vlees afgedekt 2 uur zachtjes pruttelen en gaar worden.

Haal de stukken haas en lever uit de pan. Werk de saus door een fijne zeef en gooi de achterblijvende bestanddelen weg. Maak van de cognac en een beetje van de resterende bloem een papje. Doe de saus weer in de pan en breng hem aan de kook. Roer het cognacpapje beetje bij beetje door de saus, zodat deze bindt. Laat de saus nog een minuutje of twee pruttelen. Voeg de stukjes chocolade toe, laat ze oplossen en breng het gerecht met zout en peper op smaak.

Geef de haas met polenta en de saus bij *pappardelle* (zie Tagliatelle, blz. 152). Op deze manier klaargemaakt is de haas verscheidene dagen houdbaar.

LUMACHINE AL SUGO

SLAKKEN IN TOMATENSAUS

VOOR 4 PERSONEN

1 KG KLEINE SLAKJES, LIEFST NOG 'SLAPEND' EN DICHT
4 EETLEPELS OLIJFOLIE
1 TEEN KNOFLOOK, FIJNGEHAKT
1 CHILIPEPER, FIJNGEHAKT
1 EETLEPEL BLADPETERSELIE, GROF GEHAKT
400 G TOMATENPULP (ZIE POMODORO, BLZ. 117)
2 BLAADJES BASILICUM
ZOUT EN PEPER

Voor dit gerecht kunt u het beste de kleine slakjes nemen die de Zuid-Italianen in de herfst verzamelen. Ze zijn een echte gastronomische traktatie. Als u kleine slakjes te pakken kunt krijgen, hoeft u ze niet te laten vasten en schoon te maken.

Was de slakken grondig. Verhit de olie in een pan en bak knoflook, chilipeper en peterselie een paar minuten. Voeg tomaten, basilicum en slakken toe en laat het geheel 40 minuten pruttelen. Breng het met zout en peper op smaak en geef er spelden bij om de slakken uit hun huisjes te halen.

Filetto di Capriolo al Barolo

Reebiefstuk in Barolo

Voor 6 personen

800 g reebiefstuk van een groot dier
55 g boter
desgewenst opdienen met paar plakjes witte truffel
bloem

Voor de marinade:
1 fles goede Barolo
4 eetlepels olijfolie (extra vergine)
paar jeneverbessen
paar blaadjes laurier
takje rozemarijn
1 ui, in dunne plakjes
3-4 kruidnagels
mespunt nootmuskaat, versgeraspt
zout en peper

Een typisch recept uit Noord-Italië, waar reevlees in gespecialiseerde winkels te koop is.

Meng alle ingrediënten voor de marinade. Haal de vliezen en het kraakbeen van het vlees, leg het in de marinade en marineer het 12 uur.

Haal het vlees uit de pan, dep het droog en snijd er 2 cm dikke medaillons van. Breng de marinade in een pan aan de kook, zet het vuur lager en kook de vloeistof tot eenderde in. Werk hem door een fijne zeef en houd hem warm.

Bestuif de medaillons met bloem en bak ze 3 minuten aan elke kant in de boter; ze moeten van binnen roze en mals zijn. Dien ze heel heet op met de saus en polenta en desgewenst een paar plakjes truffel.

Rane alla Ghiottona

Kikkerbilletjes in dragon-roomsaus

Voor 4 personen

1 kg kikkerbilletjes, schoongemaakt
100 g boter
sap van 1 citroen
6 eetlepels droge witte wijn
1 theelepel tomatenpuree
4 eetlepels slagroom
1 eetlepel dragon, heel fijn gehakt
zout en peper
bloem

Kikkers worden gegeten met risotto, met pasta en in soep; vooral in Noord-Italië, waar veel kikkers voorkomen en waar ook de rijstvelden zijn, staan ze op het menu. In Vercelli, Novara, Pavia, Milaan, Padua en de andere steden op de Povlakte kunt u ze aantreffen.

Bestuif de kikkerbilletjes met bloem. Verhit de boter in een grote pan en bak ze in 10 minuten aan elke kant bruin. Voeg citroensap, witte wijn, tomatenpuree, zout en peper toe en breng alles aan de kook; roer om de aanbaksels van de pan los te maken. Voeg slagroom en dragon toe, laat ze nog 4 minuten pruttelen en dien ze op met rijst.

UOVA AL TARTUFO

EIEREN MET TRUFFELS

VOOR 4 PERSONEN

- 8 EIEREN
- 8 EETLEPELS SLAGROOM
- CA. 45 G WITTE TRUFFEL (OF MEER, ALS BRUIN HET KAN TREKKEN)
- ZOUT
- BOTER

Dit is een van de elegantste en meest verfijnde gerechten uit Piemonte dat als voorgerecht bij een exquise diner geserveerd kan worden. Door zijn eenvoud is het gerecht echter even geschikt voor een minder formele gelegenheid.

Verwarm de oven voor tot 180 °C (stand 4). Beboter 4 grote ramequins. Breek in elke ramequin 2 eieren en giet er slagroom op. Breng ze met zout op smaak en zet ze in de oven. Begin na 5 minuten te kijken of de eiwitten al zijn opgestijfd. Snijd de truffel in vliesdunne plakjes en strooi ze over de eieren. Dien ze direct op met brood.

ZABAGLIONE GELATO

ZABAGLIONE-IJS

VOOR 6-8 PERSONEN

- 10-12 DOOIERS VAN SCHARRELEIEREN
- 300 G KRISTALSUIKER
- 2 DL MOSCATO PASSITO DI PANTELLERIA OF MARSALA (ZIE BLZ. 312-313)
- 5 DL SLAGROOM

Eieren zijn een heel compleet voedingsmiddel. Dit recept doet er alle eer aan en is altijd een groot succes.

Doe de dooiers en suiker in een grote kom en klop er met een handmixer of garde een schuimige massa van die in omvang is verdubbeld. Zet de kom op een pan met zacht pruttelend water, maar zorg dat de kom niet in het water hangt. Blijf kloppen tot een heel dikke, romige, homogene en niet-kruimelige massa is ontstaan. Laat de kom niet te heet worden, anders krijgt u roerei.

Laat de massa afkoelen en spatel er moscato passito di Pantelleria of marsala door. Klop de slagroom tot zachte pieken en spatel ook die erdoor. Doe de massa in een ijsmachine laat het bevriezen. Hebt u geen ijsmachine, doe het mengsel dan in een ondiepe schaal en zet die ca. 1 uur in de diepvries, of tot de randen beginnen op te stijven. Roer goed met een vork en zet de schaal weer in de diepvries. Herhaal dat proces driemaal en laat de massa dan bevriezen.

VLEES EN VLEESWAREN

CARNI E SALUMI

Italianen eten 70 kg vlees per persoon per jaar, meer dan eenderde daarvan in de vorm van varkensvlees. Dat wordt met veel verse groente en fruit in evenwicht gehouden. De Italiaanse keuken is het hart van het 'mediterrane dieet' en een normale Italiaanse maaltijd, die 3-5 gangen kan tellen, omvat maar zelden grote stukken vlees. Een belangrijke uitzondering is de beroemde *bistecca alla Fiorentina*, een enorme T-bone steak van minstens 500 g per persoon. Het vlees voor dit gerecht komt van speciale runderen die in een dal bij Florence, de Val di Chiana, worden gefokt. Het vlees is zo mals dat het na het roosteren meestal nog halfrauw is – een uitzondering, want de Italianen hebben hun vlees graag wat gaarder.

In Piemonte wordt vee gefokt voor andere streekgerechten, zoals *bollito misto* (gemengd gekookt vlees), *brasato al barolo* (gestoofd rundvlees in rode wijn), *insalata di carne cruda* (salade van rauw rundvlees) en *carne all'albese* (salade van rauw vlees met witte truffel). De runderen die het vlees voor deze gerechten leveren, heten *sanato* of *vitellone*: het zijn al geen kalveren meer, maar ze zijn nog steeds jong en hebben mals vlees.

De manier waarop sommige dieren (vooral kalveren) gefokt worden, roept veel controverses op. Ik ben het eens met de stelling dat een mens nu eenmaal moet eten, maar vind ook dat we gewetensvoller moeten omgaan met het fokken van dieren. Kalfsvlees is bij chef-koks altijd geliefd geweest; door de korte bereidingstijd en milde smaak is het een goede achtergrond voor andere ingrediënten. Persoonlijk eet ik liever steviger vlees met een wat uitgesprokener smaak.

Er bestaan geen aanwijzingen dat kistkalveren in Italië voorkomen. Kalfjes blijven, zolang ze met melk worden gevoed, meestal bij hun moeder. De 'industrialisatie' van de vleesproductie wordt, zo mogelijk, tegengehouden omdat Italianen van goed vlees houden – ook als dat wat duurder is. Het beste rundvlees komt van dieren die hooi, of een mengsel van granen en droog maïsvoer in de winter, en vers gras in de zomer eten.

Met de varkens is het helaas anders gesteld; die worden in schuren vetgemest. Ze krijgen echter een mengsel van wei (een bijproduct van Parmezaanse kaas) en een mengsel van granen te eten. In Emilia-Romagna worden de beste varkens met eikels gevoed om de bijzonder smakelijke Parmaham te verkrijgen.

Veel Italianen houden zo mogelijk nog steeds wat dieren. Vooral varkens zijn

geliefd, zowel vanwege hun smaak als om hun veelzijdige bruikbaarheid: als vers vlees, in worst, in salami en als spek. Tijdens de oorlog kregen we een keer twee biggen. We zetten ze in een speciaal gebouwde hut aan het einde van een niet meer gebruikte spoorlijn, en toen ze groot en dik waren geworden, haalde mijn vader er de plaatselijke *norcino* (varkensslachter) bij. Een van de varkens was voor het dorp bestemd – een regel die de dorpelingen bij het begin van de oorlog hadden ingesteld. Van het andere varken maakte mijn moeder salami, reuzel en ham.

Van Bolzano, waar naar Oostenrijkse traditie

speck wordt gemaakt, tot aan Sicilië, waar een nagerecht van varkensbloed bestaat, heeft elke streek zijn eigen gebruiken en recepten voor varkensvlees. Varkens worden meestal in de winter geslacht, en dat gaat met veel feestelijkheden gepaard.

Emilia-Romagna is de streek die door zijn varkensvlees beroemd is geworden; daar komen de Parmahammen en veel andere vleeswaren vandaan, o.a. salami, mortadella en *culatello di zibello*. Vooral *mortadella di Bologna*, *pancetta* en *zampone* (gevulde varkenspootjes) worden in heel Italië graag gegeten. Ook Calabrië heeft een paar speciali-

LINKSBOVEN: HET HOOI IN PRATOROTONDO WORDT GEOOGST.

LINKSONDER: VEEBOER NOE BOVO UIT HET AOSTADAL

EEN KUDDE GRAZENDE PEZZATANERA-KOEIEN IN HET AOSTA-DAL

teiten, zoals *salsiccie piccanti* (pikante worst). Piemonte heeft zijn *salam d'la duja* (salami in een aardewerk pot bedekt met vet). Een andere specialiteit is *porchetta* (gevuld speenvarken), waar de oude Romeinen al dol op waren.

Naast varkens-, rund- en kalfsvlees eten de Italianen ook lams- en geitenvlees en soms zelfs paarden- en ezelvlees. Lams- en geitenvlees zijn het populairst in Zuid-Italië, waar de dieren makkelijk te houden zijn. Volgens sommigen is paardenvlees het gezondst en komt de beste *mortadella* van een ezel. De weinige gespecialiseerde slagers die paardenvlees verkopen, worden streng gecontroleerd.

Goed vers vlees kopen is een kunst. Ik weet nog hoe ik als kind door mijn moeder naar de slager werd gestuurd. Trots kwam ik met een stuk vlees thuis, maar werd prompt weer teruggestuurd omdat het niet van het juiste lichaamsdeel kwam. Ik leerde toen een belangrijke les, namelijk te zorgen dat ik kreeg wat ik wilde. Bovendien leerde ik welke onderdelen de beste zijn. Het is de moeite waard om u daarbij door een goede slager te laten helpen; dat maakt al het verschil van de wereld. Betaal iets meer en eet iets minder, is mijn raad.

A – Z VAN VLEES EN VLEESWAREN

Abbacchio, zie Agnello

Affettato
GESNEDEN VLEESWAAR

Deze term slaat op alle vleeswaren, maar vooral op varkensvleesproducten als *prosciutto* en salami. Ook vleeswaren als *bresaola*, *mucetta* en wild zwijn kunnen onderdeel zijn van de *antipasto* of *affettato misto* waar de Italianen zo van houden.

LINKS: EEN PIEMONTESE ANTIPASTO BESTAANDE UIT COPPA, PROSCIUTTO EN MORTADELLA, MET ZOETZURE UIEN, INGEMAAKTE WILDE PADDESTOELEN EN ARTISJOKHARTEN

Agnello, Agnellone, Abbacchio / Lam, Schaap

Lamsvlees is een traditioneel-Italiaanse vleessoort die al sinds mensenheugenis wordt gegeten. In het midden en zuiden van het land is de schapenhouderij in stand gebleven, want daar krijgen de dieren dankzij hun voeding bijzonder lekker vlees. Het is echter hard werk, en de schapenhouderij is in de laatste generatie dan ook teruggelopen.

Een *agnello di latte* (door de Romeinen *abbacchio* genoemd) is een zuiglam dat na 3-4 weken geslacht wordt. Dan is zijn vlees nog heel zacht en mals. Een *agnello* is een iets ouder lam van 9-12 weken met een gewicht van tot 15 kg. Zo'n dier heeft ook gegraasd en heeft mals, smakelijk vlees. Een lam van deze omvang wordt vaak in zijn geheel aan het spit klaargemaakt. Een *agnellone* wordt op de leeftijd van ca. 6 maanden geslacht en heeft heel smakelijk vlees dat vooral voor stoofgerechten en ragùs wordt gebruikt.

Castrato of *montone* is het vlees van een gecastreerde ram. Het is vooral bij Zuid-Italianen populair, want zij houden van pittig lamsvlees. Het vlees is dieprood, niet erg mager en ideaal voor stoofgerechten, maar als het dier niet te oud is, kunt u het ook braden en zelfs met rozemarijn grilleren; bedruip het dan met olijfolie en citroensap. *Pecora* is vlees van een volwassen ooi en wordt op dezelfde manier klaargemaakt, hoewel het wat taaier is. Schapenvlees is lekker, maar wordt alleen in het zuiden gegeten, waar veel recepten voor stoofgerechten zijn ontwikkeld.

Abbacchio is ook de naam van een traditioneel-Romeins paasgerecht. Het lam wordt in stukken gesneden en opgediend in een saus van ei en citroen, waarschijnlijk gebaseerd op de Griekse *avgolemono*-saus. Een van mijn lievelingsgerechten met lamsvlees is Agnello Ripieno (gevulde lamsborst, blz. 93); het komt uit Campanië. Lamsvlees wordt in Italië het liefst klaargemaakt met knoflook (natuurlijk), tijm, rozemarijn en/of munt.

Lamskoteletjes, *bistecchine* of *costolette*, worden als ze gegrilleerd zijn *scottadito* (verbrande vinger) genoemd, omdat ze gewoonlijk met de handen worden gegeten.

Animelle / Zwezerik

Zwezeriken zijn thymusklieren en alleen die van heel jonge kalveren en lammeren worden gegeten. Ze worden in heel Italië gebakken, gepaneerd, gefrituurd of (zoals in Bologna) in *ragùs* verwerkt. Ze zijn ook geliefd als vulling voor b.v. *ravioli* of als onderdeel van een *fritto misto*. De milde smaak van zwezeriken wordt vaak aangevuld met citroensap en soms salie.

Zwezeriken moeten eerst een paar uur in koud water weken om het bloed en andere ongerechtigheden kwijt te raken; ververs het water regelmatig. Blancheer ze daarna een paar minuten in kokend water, zodat u de zenuwen en aderen gemakkelijk kunt verwijderen.

Arista / Varkenscarré

Dit Toscaanse gerecht bestaat uit een gebraden rugstuk van een varken, gelardeerd met rozemarijn, venkelzaad en knoflook. Het is in heel Italië populair geworden. In goede delicatessenzaken is dit gerecht soms verkrijgbaar zonder bot, om in plakjes te snijden met de machine.

Asino, zie Cavallo

Battuto
BASIS VOOR VLEESSAUS

Het woord *battuto* betekent 'geroerd'. *Battuto* is een fijne, romige pasta van vet, *pancetta* of ham met smaakgevers zoals rozemarijn, knoflook, ui en chilipeper. Het wordt als basis voor soep, saus of stoofgerechten gebruikt of op braadstukken gestreken om extra smaak te geven.

Bistecca, Bistecchine
STEAKS EN KOTELETTEN

Een *bistecca* is een lap mals vlees – al dan niet met bot; dat hangt van de streek af – die u kunt bakken of grilleren. De beroemdste en heerlijkste Italiaanse steak is de *bistecca alla Fiorentina* (steak op de wijze van Florence): een T-bone van het Chiana-rund, dat in het Val di Chiana bij Florence gefokt wordt. Deze steak is veel groter dan de lende en de haas, weegt minstens 500 g en is ca. 4-5 cm dik. Het vlees wordt met olijfolie ingewreven, met zout bestrooid en een paar minuten aan elke kant op de barbecue geroosterd. Dan komen

Rechts: een Toscaanse Chiana-stier in Umbrië

de smaak en malsheid het beste tot hun recht. *Bistecchine* zijn koteletten van kalveren en andere kleine dieren, zoals lammeren, geiten en varkens.

Bocconcino / Stukjes vlees

Het woord *bocconcino* komt van *boccone* (letterlijk: een mond vol) en kan op heel veel dingen slaan. *Bocconcini di vitello* zijn b.v. kleine kalfsoesters met allerlei vullingen, zoals kaas, ham, eieren en kruiden; ze worden in een saus gestoofd (zie Involtini). *Bocconcini* zijn ook kleine *mozzarella*-kaasjes (blz. 238).

Bollito Misto

Gemengd gekookt vlees

Dit is een van de meest grandioze gerechten van de Noord-Italiaanse keuken, afkomstig uit streken die van oudsher runderen, kippen en varkens fokken. Piemonte, Lombardije, Emila-Romagna en de Veneto zijn allemaal beroemd om dit gerecht, dat soms gewoon *bollito* of *lesso* heet (van *lessare*, dat 'koken' betekent). Er moeten minstens vier verschillende soorten vlees in zitten: b.v. runderborst, kalfswang, kalfsborst, kapoen of kip, buikspek, al dan niet gevulde varkenspootjes, en bovendien worst, die afzonderlijk gekookt wordt (zie recept op blz. 92). Als alles gaar is, wordt het vlees in plakken gesneden en opgediend met wat van de meegekookte groente en een paar sauzen. In Piemonte is dat *salsa verde* (groene saus; blz. 224); in Lombardije en Emilia-Romagna gaan er *salsa rossa* (rode saus, gebaseerd op uien, tomaten en paprika's) en *mostarda di Cremona* (blz. 269) bij.

De stad Carrú in Piemonte is beroemd om zijn *Bue Grasso*-feest, dat elk jaar in december plaatsvindt. Daarbij worden de beste vleesrunderen aangewezen. De prijs is een grote pan *bollito*, die naar men zegt de lekkerste van de streek is.

Bovino / Rund

Pezzata Nera ('zwartgevlekte'), Italiaanse Frisona en Bruna Alpina zijn de belangrijkste Italiaanse runderrassen voor vlees, maar dienen ook voor hun melk. Rassen als Piemontese, Chiana, Marchigiana en Romagnola worden echter uitsluitend voor hun vlees gefokt.

Een *vitello* is een jong kalf dat nog alleen melk drinkt en dus heel lichtgekleurd vlees heeft. Een *vitellone* is een jong rund van 1-2 jaar dat nog niet gekalfd heeft. Een *manzo* is een 3-jarige os of koe die nog niet gekalfd heeft. Na 4 jaar wordt een *manzo* een *bue*. *Toro* en *vacca* zijn de termen voor een volwassen stier en koe.

Al deze soorten vlees worden in de keuken op een andere manier gebruikt. Ook regionaal zijn er grote verschillen, niet alleen in de soorten vlees, maar ook in de manier waarop het gesneden wordt. Daarvoor bestaan wel nationale richtlijnen, maar niemand houdt zich eraan, omdat iedereen heel tevreden is met hoe de diverse stukken in het eigen dialect heten. Hetzelfde stuk vlees heet dus in allerlei delen van het land heel anders.

Braciole, Bracioline, Braciolette

Wat deze term precies betekent, hangt af van waar u bent. In het noorden is een *braciole* een soort kotelet die geroosterd of gestoofd kan worden. In het zuiden slaat het woord op een lapje rund- of varkensvlees dat rond een vulling wordt gerold en meestal in een tomatensaus gestoofd wordt. Zie Involtini en Bocconcino.

Brasato, Braciato

Gestoofd rundvlees

Deze woorden slaan op langzaam in wijn gaargestoofd rundvlees met wortel, ui, bleekselderij en specerijen. *Brasato* is typisch voor Noord-Italië (vooral Piemonte en Lombardije), wordt meestal gemaakt van *manzo* (zie Bovino) en is in ca. 2 uur gaar. Meestal wordt het in plakken gesneden en met groenten opgediend.

Bresaola

Luchtgedroogd rundvlees

Het Valtellina-dal in Lombardije heeft een lange traditie in het conserveren en drogen van rundvlees, dat in dunne plakjes als *antipasto* dient en vlak voor het opdienen met citroensap en olijfolie wordt besprenkeld. *Bresaola* is rond en licht gezouten en lijkt wel iets op het Zwitserse *Bündnerfleisch*. Het is misschien uitgevonden als eiwitbron voor tijden dat vers vlees schaars was.

Brodo di Carne

Consommé van rundvlees

Om *brodo* te maken kookt u rundvlees totdat de vloeistof sterk is ingekookt. *Brodo* is een bijzonder geliefde Italiaanse soep; het wordt ook als bouillon in tal van andere gerechten verwerkt. Neem wat rundvlees en maal het, zodat het zijn smaak en vocht makkelijker afstaat. Doe het gehakt in koud water met een blaadje laurier, wat selderijblad, fijngehakte wortel, ui en peperkorrels. Breng het geheel aan de kook en laat het 2-3 uur pruttelen, totdat de *brodo* is ingekookt. Zeef de bouillon en klaar hem desgewenst. Daarvoor giet u hem eerst door een fijne zeef. Breng hem vervolgens weer aan de kook en doe er wat opgeklopt eiwit bij. Het opstijvende eiwit neemt alle ongerechtigheden in zich op, zodat een glasheldere vloeistof overblijft. Breng de *brodo* ten slotte op smaak.

Budello / Darm

Darmen worden vooral gebruikt om

er worstvlees in te stoppen. De slagers gebruiken vooral die van koeien, lammeren en varkens, maar ook die van zuiglammeren zijn populair. Die hebben immers alleen melk gedronken en hun darmen zijn heel schoon.

Op Sicilië wordt van de darmen van zuiglammeren *stigghiole* gemaakt. Ze worden met specerijen op smaak gebracht, aan houten pennen geregen en op houtskool geroosterd. Ik heb het een keer langs de weg op Sicilië gekocht, en mijn vrouw Priscilla, die niet dol is op dit soort gerechten, moest toegeven dat het heerlijk was. Zulke streekgerechten vindt u ook in Puglia, Calabrië en op Sardinië.

BUE, ZIE BOVINO

BÜSECCA, ZIE TRIPPA

CACCIATORI, CACCIATORINI

SOORT SALAMI

Elke Italiaan houdt van vers gesneden salami, en *cacciatori* (ca. 200 g) en de kleinere *cacciatorini* (ca. 85 g) zijn ideale salami's voor een picknick. Oorspronkelijk komen ze uit Lombardije en Piemonte. Ze worden van grof gemalen varkensvlees gemaakt en minstens drie maanden te drogen gehangen. Hun naam betekent 'jager', want de salami was vroeger een handig ontbijt voor mensen in de buitenlucht.

CAPICOLLO, CAPOCOLLO, OSSOCOLLO

GECONSERVEERDE VARKENSNEK

Capicollo is ca. 1 jaar gedroogde varkensnek, die in dunne plakjes als *antipasto* dient of bij brood wordt gegeven. Het is een specialiteit van het zuiden, waar elke streek zijn eigen kruiden en droogprocédé heeft; in sommige gebieden wordt het zelfs gerookt. Vooral *capicollo* van scharrelvarkens is verrukkelijk. De *coppa* (zie foto blz. hiernaast) uit het noorden is een vergelijkbaar stuk gedroogd vlees, maar niet zo opwindend als de zuidelijke variant.

CAPPELLO DEL PRETE

SOORT SALAMI

Uit de streek rond Busseto, waar Giuseppe Verdi woonde, komen twee heerlijke vleeswaren: de eerste is de *culatello* van ham en de tweede is de *cappello del prete*, een salami gemaakt van wat er bij het maken van *culatello* overblijft. De naam betekent 'priesterhoed' en slaat op zijn driehoekige vorm. Het vlees wordt gemalen en in de huid van het bovenste deel van de varkensbout gestopt. Als die wordt dichtgenaaid, ontstaat de kenmerkende vorm. *Cappello del prete* wordt minstens 2 uur gekookt en traditioneel met linzen, kool en aardappelen gegeten.

CAPRA, CAPRETTO

GEIT, BOK

Toen ik een jaar of 13 was, heb ik zelf voor een geit moeten zorgen. Vlak na de oorlog besloot mijn vader een geit te kopen en die in een schuur van de spoorwegen bij het station te zetten. Ik kreeg de taak om het dier eten te geven. Het gaf elke dag een paar liter melk (genoeg voor het hele gezin). Ik heb Sisina (zo heette het dier) nooit willen opeten, en toen we haar uiteindelijk niet meer konden houden, hebben we haar verkocht. In het noorden is het weliswaar geen gewoonte om geiten te houden, maar mijn ouders kwamen oorspronkelijk uit het zuiden, en daar is dat tamelijk gewoon.

Sommige geiten zijn alleen goed voor de melk, maar een *capretto* (bokje) kunt u eten. Het vlees heeft een wildere smaak dan lamsvlees. Meestal aten we een bokje met Pasen en ik moest helpen bij de voorbereiding van het vlees – wat ik, ondanks mijn toen al bestaande voorliefde voor lekker eten, nooit graag meemaakte. De slager hakte de kop in tweeën en ik moest helpen met het zouten en oliën, voordat de kop de oven in ging.

EEN 'TRULLO' MET ZWERFGEITEN IN PUGLIA

CARBONATA

GESTOOFD RUNDVLEES

Dit gerecht vindt u vooral in het Aosta-dal, maar daar heet het *carbonnade*, omdat het plaatselijke dialect eerder Frans dan Italiaans is. Het is rundvlees dat minstens 2-3 uur gestoofd wordt in een saus van boter, ui en rode wijn. Het wordt meestal opgediend met gekookte aardappelen of polenta.

CARPACCIO

PLAKJES RAUW RUNDVLEES

Dit gerecht van vliesdunne plakjes rauw rundvlees met een saus op basis van mosterd, ketchup en andere smaakgevers komt uit de legendarische Harry's Bar in Venetië. Tegenwoordig wordt het woord *carpaccio* overal in de culinaire wereld gebruikt voor vliesdun gesneden voedsel – vlees, vis of zelfs groente – in een marinade of saus, meestal gebaseerd op citroensap of azijn, olie en specerijen. Zie ook Fesa en Carne all'Albese (blz. 86).

CASTRATO, ZIE AGNELLO

CAVALLO / PAARD

Vlees van paarden en ezels (*asini*) werd in de oorlog gegeten, want toen was het vlees schaars en duur. Sommige Italianen houden er nog steeds van, voor een deel omdat ze geloven dat de dieprode kleur erop wijst dat het heel gezond is. Maar slechts weinig slagers verkopen het nog. De grote Italiaanse steden hebben nog maar één of twee slagerijen die voldoen aan de vraag naar dit soort nostalgische lekkernijen.

In Puglia is paardenvlees echter 's zomers bijzonder in trek, vooral omdat de mensen denken dat het vlees beter houdbaar is dan dat van varkens of schapen. Er zijn dan ook veel winkels, 'equina' genaamd, waar u duidelijk alleen paardenvlees kunt krijgen. In Alberobello, eveneens in Puglia, ontdekte ik een gerecht van opgerolde ezeloesters, die verscheidene uren in een mals makende saus gestoofd werden – een staaltje van culinaire bravoure dat me weinig aansprak.

In Turijn wordt de beroemde *insalata di carne cruda* (salade van rauw vlees) soms nog steeds van paardenbiefstuk gemaakt. Het heel magere vlees wordt gemalen en marineert een paar uur in olijfolie, citroensap, knoflook en peterselie. Het heeft een heel volle smaak. Voorts bestaan er nog steeds salami en worst van paardenvlees.

CERVELLE / HERSENEN

Hersenen worden bijzonder voedzaam geacht en daarom aan mensen gegeven die bijvoeding nodig hebben. In feite bevatten hersenen veel cholesterol en minder eiwit dan de rest van het dier. In de keuken worden meestal alleen lams- en kalfshersenen gebruikt.

Het makkelijkste is om uw slager te vragen de hersenen schoon te maken, maar als dat niet kan, wast u ze eerst in heel koud water en verwijdert u met een mesje alle bloedvaten op het oppervlak. Week de hersenen daarna een paar uur in koud water met wat citroensap en ververs het water regelmatig. Verwijder de resterende vliezen en bloedvaten en blancheer ze een paar minuten in kokend water. Laat ze afkoelen en maak ze op de gekozen manier klaar.

Hersenen zijn onontbeerlijk in Fritto Misto alla Piemontese (blz. 89), maar worden ook door bloem, ei en paneermeel gehaald, in boter goudbruin gebakken en opgediend met citroensap. Een ander geliefd, tegen de Franse keuken aanleunend gerecht is hersenen met zwarte boter: de hersenen worden in plakken gesneden en met fijngehakte kappertjes gebakken. De boter wordt verhit totdat hij nootbruin wordt en dan over de hersenen gegoten, waarna ze met hele kappertjes en fijngehakte peterselie bestrooid worden.

CICCIOLI, CICOLI, SFRIZOLI
KAANTJES

Na het uitbakken van varkens- of ganzenvet om reuzel te maken, bevatten de blokjes nog steeds wat vlees. Als u ze uitperst om al het vet eruit te krijgen, kunt u de overblijvende kaantjes met zout bestrooien en bij brood eten. Dat is een interessante en bijzonder smakelijke *amuse-gueule*, die nogal afwijkt van kaantjes uit andere landen.

Mijn moeder placht reuzel te maken en dan aten wij de nog warme en sappige *ciccioli* met brood. Ze perste ze nooit helemaal uit en daarom verschilden ze als dag en nacht van slagerskaantjes. In sommige delen van Italië kneedt men *ciccioli* door brooddeeg, waarvan een erg lekker brood wordt gebakken dat *pane coi cicoli* heet.

CODA ALLA VACCINARA
GESTOOFDE OSSENSTAART

Dit is waarschijnlijk een van de bekendste gerechten uit de Romeinse keuken. Door de lange bereidingstijd (4-5 uur) is het moeilijk klaar te maken, maar het is heerlijk! Week de ossenstaart en een stuk runderwang eerst 4 uur in water. Snijd daarna alles in stukken en bruin ze in reuzel met ui, wortel, bleekselderij en peterselie. Stoof het vlees op laag vuur totdat alle groenten gaar zijn. Doe er witte wijn bij en laat die langzaam verkoken. Voeg dan veel fijngehakte tomaten toe en laat het vlees in 3-4 uur zachtjes gaar pruttelen; vul de vloeistof zo nodig regelmatig met wat bouillon aan. Doe er ten slotte sultana's, pijnboompitten en ongezoete cacao bij en kook tot de saus gebonden is.

COPPA / VARKENSNEK

Verse varkensnek is heel sappig als het gestoofd of langzaam gebraden wordt. Het vlees wordt echter ook vaak gepekeld, in darm gestopt, dichtgebonden en minstens 6 maanden gedroogd. Dat heet *coppa*. Omdat er zulke grote stukken vet en mager vlees in zitten, lijkt *coppa* sterk op een heel vette worst, maar in feite zit er maar 40% vet in – minder dan in andere vleesconserven. Eet het in dunne plakjes als *antipasto*. Zie ook Capicollo.

CORATA, CORATELLA
LAMSINGEWANDEN

Als iedereen ook maar één keer de *coratella* uit Lazio en Umbrië zou proeven, zou de vraag naar en de prijs van lams- en geiteningewanden omhoogschieten. In de meeste delen van Italië worden de organen van jonge lammeren, ook de lever, de longen en het hart, aan dieren gegeven. Maar in Umbrië en Lazio herleeft dit soort traditionele gerechten. Meestal is het iets soepachtigs met

RECHTS: DROGENDE COPPA EN PANCETTA IN EMILIA-ROMAGNA

salie, rozemarijn, knoflook, chilipeper en tijm. Het is zo lekker dat ik mijn versie op het menu van mijn Londense restaurant heb gezet, en ik heb er al veel liefhebbers van. Het vergelijkbare gerecht *soffritto di maiale* wordt in Campanië gemaakt van varkensingewanden en is even lekker.

Costa, Costata, Costola

Kotelet, Steak, Karbonade

In Italië heerst nogal wat verwarring, omdat dezelfde stukken vlees zoveel verschillende namen hebben. Die verwarring dringt tot het hoogste niveau door, zodat zelfs chef-koks uit verschillende streken onderling grote moeite hebben om zich verstaanbaar te maken. Koteletten en karbonades komen meestal van de hals en de rib. De *costola* (rib) is heel lekker en geliefd, omdat het vlees, mits met been, veel smaak heeft en ideaal is voor karbonades. Het woord 'costa' slaat alleen op rundvlees. Het is een rib waaraan zowel de haas als de filet vastzit; vanwege zijn vorm heet zo'n stuk een T-bone steak. De beroemdste van alle T-bone steaks is de *costata alla Fiorentina* (zie ook Bistecca).

Links: cotechini

Costoletta

Kalfskotelet

Deze term slaat meestal op een platgeslagen kalfskotelet die *alla Milanese* (door ei en paneermeel gehaald) gebakken wordt.

Cotechino

Soort varkensworst

Deze worst bestaat uit *cotica* (zwoerd) en mager varkensvlees, vet, kruiderijen en andere delen van het varken, b.v. de oren, die de worst extra mals maken als ze langdurig gekookt zijn. Het zwoerd staat zijn gelatine af en dat is essentieel voor de smaak. *Cotechino* wordt meestal opgediend met linzen, kool en zuurkool, maar is ook onontbeerlijk in Bollito Misto (blz. 92). Voorts kunt u hem net zo eten als *zampone* (gevuld varkenspootje). In Puglia wordt een soort *cotechino* gemaakt die gekookt wordt en koud in plaats van warm wordt gegeten. Het verschil zit in de ongelooflijke hoeveelheid *peperoncino* (chilipeper) die wordt toegevoegd om te zorgen dat de worst met veel wijn wordt weggespoeld!

Cotica, zie Cotenna

Cotoletta alla Milanese

Kalfskotelet

De naam van dit gerecht komt van 'costoletta'. In Milaan wordt de kotelet met of zonder bot op dezelfde manier klaargemaakt, en het gerecht is in heel Italië populair (zie ook Costoletta).

Cotenna, Cotica / Zwoerd

De vetrijke varkenshuid is heel sterk en gelatinerijk en wordt meestal gebruikt als omhulsel voor bepaalde soorten worst. Het zwoerd wordt ook gemalen en in *zampone* en *cotechino* verwerkt. In sommige delen van Italië, b.v. Piemonte, wordt het meeste vet van het zwoerd gehaald. Het zwoerd wordt dan – rijkelijk voorzien van peper, zout, nootmuskaat en peterselie – opgerold, dichtgebonden en in een paar uur gaar gekookt. De meeste mensen eten de rolletjes met gestoofde bonen en wat mosterd. De gelatine is heerlijk. In Piemonte wordt zwoerd gebruikt voor de beroemde specialiteit Tofeja (blz. 95). Slagers verkopen het zwoerd tegenwoordig kant-en-klaar. Ook het hamvel wordt gebruikt, en wel als smaakmaker in bonen- en groentesoep. Het is echter na gebruik meestal zo hard dat u het moet weggooien.

Crespone / Soort salami

Deze tamelijk grote salami bestaat alleen uit varkensvlees en is vooral in Noord-Italië te koop. De naam is afgeleid van de gebruikte varkensdarm. De worst wordt meestal als *antipasto* gegeten. Zie Salami.

Culatello / Ham

Zibello, een stad in de buurt van Mantua, is het productiecentrum van deze beroemde ham uit Emilia-Romagna. *Culatello* is het hart van de ham, het meest malse deel, dat rond wordt uitgesneden, gepekeld en in een vel wordt gedaan om daarna lang aan de lucht te drogen. De ham smaakt heel mild en smelt in de mond (mits goed gemaakt). Om de smaak van deze delicatesse te bevorderen, kunt u de ham ontvellen en in rode wijn marineren. Al dan niet gemarineerde *culatello* wordt meestal in dunne plakjes gesneden en met of zonder andere *antipasti* opgediend.

Cuore / Hart

Hartliefhebbers vindt u in heel Italië, maar vooral in het zuiden, waar orgaanvlees in het algemeen populairder is. Het grootste hart dat in Italië gegeten wordt, is dat van een os. Meestal wordt dat gestoofd, omdat het nogal taai is. Een kleiner, malser kalfshart wordt graag in plakken gebakken of gegrilleerd. Varkenshart wordt in de Italiaanse keuken echter het meest gebruikt, vooral in het zuiden, waar het met ander orgaanvlees of in *ragùs* wordt klaargemaakt. Lamshart van vooral jonge dieren is een ingrediënt van *coratella* (zie vorige blz.), maar u

Culatello di Zibello

kunt het ook bakken of met wijn, rozemarijn, knoflook en salie stoven.

EQUINO, ZIE CAVALLO

FARSUMAGRU / SOORT RUND- OF KALFSVLEESGERECHT
Dit is waarschijnlijk het beroemdste Siciliaanse vleesgerecht. Het heet *farsumagru* (letterlijk: 'vals mager'), omdat het uit een enorme lap kalfs- of rundvlees van 3½ cm dik bestaat, die met allerlei lekkers wordt gevuld. Het vlees wordt dan opgerold, dichtgebonden en al dan niet in de oven in een tomatensaus gestoofd. De vulling bestaat meestal uit *prosciutto*, *caciocavallo*-kaas, worstvlees, eieren, *mortadella*, knoflook, ui, varkensgehakt en zelfs verse doperwten. Dat alles wordt in rechte reepjes gesneden en in de lengte op het midden van het vlees gelegd. Als het gaar is en wordt aangesneden, ontstaat een mooi, kleurrijk geheel.

FEGATO / LEVER
Lever is in Italië het bekendste en meest gegeten orgaanvlees. Het bevat de belangrijke vitamine A, sommige B-vitaminen, en een behoorlijke dosis ijzer. De lever van alle tamme dieren is lekker – en soms heel duur. Natuurlijk moet lever, net als het meeste andere orgaanvlees, heel vers zijn. Verwijder voor het klaarmaken altijd het vet en het vlies, want die maken de lever bitter en oneetbaar.

Runderlever is groot, donker en taai. Kalfslever wordt in Italië het meest gebruikt en is geliefd om zijn malsheid en fijne smaak. De lever is kleiner dan die van een rund, maar weegt toch nog altijd 2-3 kg. U kunt kalfslever gewoon bakken of grilleren, of als basis voor andere gerechten gebruiken, b.v. voor *fegato alla veneziana* (gestoofd met uien) of patés. Ook varkenslever is populair. Net als runderlever is deze soort donker van kleur, maar veel kleiner en met een voortreffelijke smaak. U kunt varkenslever op allerlei manieren klaarmaken, b.v. als onderdeel van een Fritto Misto (blz. 89) of als *fegatelli*. Dat zijn kleine pakketjes fijngehakte lever in darmnet. Ze worden in reuzel gebakken of in de oven klaargemaakt. Mijn moeder placht het darmnet rond de lever vast te zetten met lauriertakjes om er extra smaak aan te geven.

Er zijn veel streekgerechten met lever, b.v. in Puglia, Calabrië en Sicilië. Geliefde smaakgevers zijn wijn, salie, peterselie, knoflook en balsamico-azijn. De *coratella* (zie blz. 73) uit Puglia bevat zowel lamsals geitenlever; in andere streken wordt lever dichtgebonden met stukken long en ander vlees, en daarna gegrilleerd (zie Involtini op blz. 92).

FESA / KALFSFRICANDEAU
Dit deel van de achterpoot is bijzonder mals en wordt graag gegrilleerd of gebakken. Vliesdun gesneden met wat olijfolie, citroensap en misschien truffelschaafsel wordt het Carne all'Albese (blz. 86). Het is ook het beste vlees voor *carpaccio*.

RECHTS: FINOCCHIONA

FETTINA
KALFSSCHNITZEL
Fettine zijn bijzonder makkelijk klaar te maken en drukke koks grijpen er graag naar. Bak ze al dan niet gepaneerd in boter met marsala, citroensap of azijn om de nogal slappe smaak op te halen. *Fettine* worden ook gebruikt voor de bekende Piccata Milanese (blz. 87).

FILONE, ZIE MIDOLLO

FINOCCHIONA / VENKELWORST
Deze worst vindt u vooral op een Toscaanse *antipasti*-schotel. De naam komt van *finocchio* (wilde venkel). Met de zaadjes daarvan wordt het fijngemalen varkensvet traditioneel op smaak gebracht. Deze pittige salami kan wel 25 cm dik zijn. Het kruidige vlees rijpt een jaar lang in varkensdarm en is heerlijk op gezouten Toscaans brood. Venkel wordt ook in allerlei andere salami's en worsten verwerkt, vooral uit Campanië, Calabrië, Puglia en Sicilië.

GALANTINA DI CARNE
VLEESGALANTINE
De bekendste galantines zijn die van kip, maar er bestaat ook een versie van gemengd vlees, zoals grote stukken varkensvlees, kalfsvlees en kip. Het vlees wordt gekookt, met pistachenoten, truffels en groenten gemengd, in een vorm gedaan en met aspic overgoten. In plakken gesneden en met een beetje olie en citroensap opgediend is het heerlijk als *antipasto* of hapje tussendoor.

GIAMBONE, ZIE PROSCIUTTO COTTO

GIRELLO / BOVENBIL
Girello is een typisch Italiaans stuk rundvlees. Het heeft een nogal grove vezel en is daarom niet geschikt om te bakken of grilleren, hoewel het op het oog net zo goed is als lende. De vezels worden meestal gebroken door er gehakt van te maken voor salades van rauw rundvlees of steak tartare. U kunt het ook koken, in dunne plakjes snijden en opdienen met tonijnsaus (zie Vitello Tonnato, blz. 87).

GRANELLI / TESTIKELS
Ik moest voor een Londense krant een keer ongewone buitenlandse gerechten proeven, en een daarvan was ramstestikels, een IJslandse specialiteit. Ik kreeg de verzekering dat niet alleen Italianen deze edele delen eten. Ze zijn zeker geen alledaags voedsel, maar kalfs-, rams- en stierentestikels worden overal in Italië gegeten, zij het vooral in het noorden. In het zuiden eet men wel

testikels als ingrediënt van een *involtino*. Anders worden ze meestal in dunne plakjes gesneden en gegrilleerd of gebakken. Het schoonmaken kunt u het beste aan de slager overlaten.

GRASSO / VET

Het meervoud *grassi* slaat op alle vetten in de keuken, dierlijk of plantaardig. Welke vetten in de diverse Italiaanse streken gebruikt worden, hangt af van wat plaatselijk voorhanden is. In het noorden kookt men vooral met boter en reuzel, niet alleen uit zuinigheid maar ook vanwege de smaak. Sommige gerechten zijn niet geschikt voor olie en hebben voor een juiste structuur en smaak boter of reuzel nodig (zie Lardo). Toch wordt tegenwoordig ook in het noorden met het oog op de gezondheid veel zuidelijke olijfolie gebruikt.

GRIGLATA MISTA

MIXED GRILL

Dit gerecht is in heel Italië populair. Allerlei delen van allerlei dieren worden met olijfolie en citroensap bestreken, met zout bestrooid en op houtskool geroosterd. Veel restaurants hebben het op hun menu, maar niets haalt het bij een *griglata* met vrienden in de buitenlucht. Een fatsoenlijke mixed grill moet plakjes lever, hart, testikels, worst, mals lamsvlees, kalfskoteletten en stukken kip of kalkoen bevatten. Italianen geven geen sauzen bij geroosterd vlees, alleen citroensap.

GUANCIALE / KINNEBAKSPEK

Deze specialiteit uit Lazio bestaat uit gepekeld kinnebakspek dat een paar maanden aan de lucht wordt gedroogd. Het is het hoofdingrediënt van de echte *carbonara*- en *amatriciana*saus. Pancetta is een goed maar minder lekker alternatief.

INSACCATO, ZIE SALAME

INTESTINO, ZIE BUDELLO

INTINGOLO

VLEESSAUS

Het woord beschrijft eigenlijk het schoonschrapen en deglaceren van een pan, nadat er vlees in is gebakken of gebraden. De saus kan bij brood worden gegeven, als jus dienen of zelfs als pastasaus worden gebruikt. Tegenwoordig is een *intingolo* synoniem met een dikke vlees*ragù*.

INVOLTINO / BLINDE VINK

Involtini zijn dunne lapjes vlees rond allerlei vullingen, b.v. ham, Parmezaanse kaas, *mortadella*, olijven, peterselie, knoflook, sultana's enzovoorts. Ze stoven in een tomatensaus of in de oven gaar. Meestal wordt rundvlees gebruikt, omdat dat zo sterk is dat het langzaam kan stoven zonder kapot te gaan of vulling te verliezen. Heel kleine vinken heten ook wel *bocconcini* (zie aldaar).

Involtini in streken als Puglia en Calabrië zijn meestal lamsingewanden (hart, lever, long, zelfs testikels) bijeengebonden met een stuk darm, bestrooid met zout, peper, chilipeper en peterselie en op houtskool geroosterd of in de oven gezet. In Puglia heten die pakketjes *gnemeridde*, in Calabrië *ghunerieddi* of *ghunerielli*, en op Sicilië *stigghiole*. In Napels zijn *involtini di carne* een onontbeerlijk feestgerecht, vooral op zondag. Ze pruttelen langdurig in een tomatensaus en worden met pasta opgediend, meestal *penne* of *rigatoni* (zie het recept op blz. 92).

LARDELLARE OF LARDARE

LARDEREN

Larderen is reepjes vetspek of andere vette ingrediënten door mager vlees, b.v. kalfsvlees, rijgen. Dat gebeurt met een speciale naald en geeft het bradende vlees smaak en sappigheid.

SPIESEN MET STIGGHIOLE VOOR DE GRILL IN PALERMO

LARDO / VETSPEK

Vers vetspek wordt van de rug van het varken gesneden. Het wordt gepekeld, een paar maanden opgehangen en dan in de keuken gebruikt. In de loop van het jaar worden er al naar behoefte stukken van gesneden en als basis voor sauzen gebruikt (zie Battuto, blz. 70).

Lardo di Arnad is beroemd om zijn houdbaarheid en komt uit een stadje in het Aosta-dal. Het is spek van heel vette varkens en kan wel 10 cm dik zijn. Het wordt met peper en rozemarijn gezouten en gedroogd. In Piemonte en de Langhe (Alba en Bra Cuneo) wordt het in dunne plakjes gesneden en met versgemalen zwarte peper bestrooid. Het heeft veel smaak en smelt heerlijk op de tong.

Om zoveel mogelijk van het varken voor het volgende jaar te bewaren wordt het vet in blokjes gesneden en met laurier uitgebakken, net zo lang tot de blokjes en de laurier 'zwemmen'. Daarmee ontstaan twee heerlijke dingen: *sugna* (reuzel) om in te bakken en *ciccioli* (zie aldaar). In Piemonte wordt de nog warme *sugna* over verse var-

LINKS: VARKENSKOPPEN

kensworsten in aardewerk potten gegoten. Het gestolde vet conserveert de worsten zo volmaakt, dat ze een jaar later nog vers en mals zijn. Zo'n worst heet *salam d'la duja*.

LESSO, ZIE BOLLITO MISTO

LINGUA / TONG
Tong is in heel Italië geliefd. Kalfstong is bijzonder mals en wordt meestal gekookt en in plakken opgediend met een zure saus, tonijnsaus of *salsa verde* (blz. 224). Tong is een belangrijk ingrediënt van klassieke Bollito Misto (blz. 92). Om de voor dit vlees kenmerkende lichtrode kleur te krijgen, gaat het een paar uur in een pekelbad om vervolgens te worden gaargekookt. Als u tong koopt, vergewis u er dan van dat hij al gepekeld is.

LOMBO, LOMBATA, LOMBATINA, LONZA / LENDE
Deze term slaat op de runderlende, het malse en sappige vlees rond het achterste deel van de ribbenkast. De dikke lende van een varken heet *lombo di maiale*. In Midden-Italië slaat het woord *lombatine* op de *costoletta* (zie aldaar). De beste manieren van klaarmaken zijn grilleren of opbinden en als rundvlees kort braden (reken op 30 minuten per kg). In bepaalde delen van Zuid-Italië wordt de *lonza* 'capocollo' of 'coppa' genoemd.

LUGANEGA, LUGANIGA, LUGANECA, LUGANICA
SOORT VERSE VARKENSWORST
Deze lange, verse varkensworst was waarschijnlijk de voorloper van de hot dog. Hij bestaat uit tamelijk grof gehakt varkensvlees en heeft een vetgehalte van 40%. Het gehakt wordt in één lange darm gestopt, in lange segmenten verdeeld en per meter verkocht. Zulke worsten komen vooral in Noord- en Midden-Italië veel voor. Ze worden daar vooral 's winters gegeten, in een tomatensaus gekookt en opgediend met polenta. U kunt ze ook grilleren, bakken of stoven. Of haal het worstvlees uit de darm, verkruimel het en gebruik het als basis voor een pastasaus of risotto. Ik vind ze vooral gebakken met paprika's lekker, of in Polenta Concia con Salsiccia (blz. 96).

LARDO

MACELLERIA / SLAGERIJ
Vroeger placht de slager de dieren in eigen bedrijf te slachten. De slagerij van tegenwoordig is gewoon een winkel die vlees verkoopt, maar soms ook vleeswaren als salami's e.d.

MAIALE, MAIALINO, PORCO, PORCELLO, PORCELLINO, PORCEDDU, SUINO / VARKEN, VARKENSVLEES, SPEENVARKEN
Italianen hebben altijd van varkensvlees gehouden, niet alleen omdat het varken zo makkelijk te fokken is, maar ook omdat elk deel ervan bruikbaar is. In mijn jeugd hield iedereen zo mogelijk een varken, en het dier werd met restjes en schillen gemest. Het voer van tegenwoordig is rationeler samengesteld en is een mengsel van maïsmeel en andere energierijke granen. In de industriële varkenshouderij krijgen de dieren echter minder waardevolle granen te eten. Ze leveren daardoor meer, maar minder smakelijk vlees. Een betere kwaliteit is soms verkrijgbaar van varkens die ook wei van de kaasmakerij te eten krijgen of vrij rond hebben kunnen lopen en b.v. eikels gegeten hebben. Daar komt het smakelijke vlees voor de betere hammen vandaan.

Varkens waren niet alleen voor hun vlees nodig, maar ook voor hun vet. Een gemiddeld varken woog meer dan 200 kg en minstens een kwart ervan was vet. Daarvan werd vaste en vloeibare reuzel gemaakt. Tegenwoordig weten we echter meer over de gevaren van verzadigde vetzuren en worden varkens vooral om hun vlees gefokt. Een commercieel gefokt varken is nu het hele jaar te koop en weegt gemiddeld 160 kg.

Een varken voor huiselijk gebruik werd in december of januari geslacht. In het koele weer werd het vlees geconserveerd, zodat het voor het hele jaar toereikend was. Zodra de slager het dier had geslacht, werden van het verse vlees hammen en worsten gemaakt. Het orgaanvlees en andere niet-conserveerbare delen werden voor vrienden klaargemaakt om de slacht te vieren. Niets ging verloren. Zelfs de botten werden eerst schoongeschraapt om salami e.d. te maken en daarna werd er met kool, aardappelen en bonen een lekkere soep van gemaakt. Het bloed dat men uit het dier liet lopen om het vlees blank te houden, werd hetzij met ui gekookt, hetzij met varkensvet gemengd om bloedworst of *marzapane* te maken, hetzij tot een nagerecht – *sanguinaccio*, met melk, rozijnen, suiker en specerijen – verwerkt. Tegenwoordig hebben sommige mensen nog steeds varkens, maar de vleeswaren waar de Italianen zo van houden, komen nu uit de fabriek, niet van het varken in de achtertuin.

Italianen zijn verzot op speenvarken (*maialino, porcello* of *porcellino*), dat na 8-12 weken en soms nog jonger wordt geslacht. Het vlees wordt als een delicatesse beschouwd. Op Sardinië heet een speenvarken een 'porceddu'. Het wordt traditioneel minstens 2 uur geroosterd aan een spit van *corbezzolo* (takken van de aardbeiboom, zie blz. 264) en af en toe met reuzel bestreken. Het houtvuur wordt gemaakt van takken van geurige bomen, zoals olijf, jeneverbes en mirte, om het vlees extra smaak te geven. Speenvarkens worden ook in hun geheel in houtovens gebraden. *Porchetta* of *porcetta* is een gevuld volwassen varken dat bij bruiloften en plaatselijke feesten in zijn geheel wordt geroosterd (zie ook Porchetta).

Varkensvlees wordt in heel Italië gretig gegeten; in het noorden zelfs het gehele jaar. In het zuiden heeft men vanwege het klimaat de neiging het alleen 's winters te eten. Veel varkensvlees wordt door alle Italianen in geconserveerde vorm geconsumeerd; als ham, salami of verschillende worstjes. In het noorden worden die gekookt met bonen of *crauti* (zuurkool) gegeten, terwijl men van Midden- tot Zuid-Italië liever de geroosterde, gegrilleerde of gestoofde variaties gebruikt.

Links: bas-reliëf van San Antonio Abbate (Sint Antonius de abt), de patroonheilige van het vee, in de buurt van Modena.

Manzo
Rundvlees

Manzo is de algemene Italiaanse term voor vlees van een volwassen rund. Zie Bovino.

Marzapane
Gaar varkensbloed

Verwar deze *marzapane* niet met de zoete marsepein die dezelfde Italiaanse naam draagt. *Marzapane* is varkensbloed met peper, nootmuskaat, zout, blokjes vetspek, broodkruim en knoflook, dat in rode wijn gemarineerd wordt. Het mengsel wordt geroosterd of au bain marie gekookt. Als het is opgestijfd, wordt het in plakken gesneden en hetzij met uien gebakken, hetzij (zoals in Novara) door losgeklopt ei gehaald en gebakken.

Medaglione
Medaillons

Medaillons zijn plakken runder-, kalfs-, lams- of varkenshaas van minstens enkele cm dik en 5-10 cm doorsnee, zodat ze op een groot medaillon lijken. Het vlees is vaakheel mals en wordt kort gebakken of gegrilleerd en dan met een geschikte saus opgediend.

Midollo, Schienale / Merg

Een van de aantrekkelijkheden van *ossobucco alla Milanese* (runderschenkel in tomatensaus) is het merg. Merg is puur vet en smaakt heerlijk. Het wordt ook gebruikt in *risotto alla Milanese*. Als mijn moeder runderbouillon maakte, gebruikte ze runderschenkel, en dan haalde ik met veel genoegen het merg uit het gare bot. Ik bestreek er geroosterd brood mee, bestrooide het met zout en peper en smulde ervan. Het ronde merg in de ruggengraat heet *midollo spinale*, *schienale* of *filone* en is een echte delicatesse. Het wordt in stukjes gesneden en als onderdeel van een Fritto Misto (blz. 89) gebakken.

Milza / Milt

Milt is het enige orgaanvlees dat niet veel wordt gegeten en weinig culinaire waarde heeft. Ik heb het alleen ooit op de interessante Vucceriamarkt in het centrum van Palermo zien eten. Rond het middaguur maakten een paar stalletjes daar het typisch Palermaanse hapje *guastedde*: op houtskool geroosterde, in dunne plakjes gesneden varkensmilt, met chilipeper, zout en peper gebakken en als een hot dog tussen twee sneden brood opgediend. Afgaande op de lange rijen was het heel lekker.

Links: varkens op weg naar de markt in Emilia-Romagna.

Montone, zie Agnello

Mortadella
Soort worst

Mortadella is een van de bekendste Italiaanse worsten. Hij bestaat uit varkensvlees, maar bevat soms ook wat rund-, kalfs- of zelfs paarden- en ezelvlees. Deze traditionele worst uit Bologna is de grootste van alle Italiaanse worsten en weegt 5-15 kg. Reuzen*mortadella's* voor tentoonstellingen kunnen wel 150 kg wegen.

Mortadella is 60% vlees en 40% vet. Het vlees wordt heel fijn gemalen en het vetspek in lange, vierkante reepjes gesneden. Het mengsel wordt met specerijen en soms pistachenoten of korianderzaad op smaak gebracht. Het worstvlees gaat tegenwoordig in kunstdarm, maar vroeger werd er dikke varkensdarm voor gebruikt. De worst wordt daarna gestoomd of in speciale ovens gepocheerd.

De beste *mortadella* bestaat uit zuiver varkensvlees. Hij heet dan 'puro suino' en krijgt de letter S op het omhulsel. De letters SB betekenen 'suino/bovino', als aanduiding van het feit dat de worst ook rund- of lamsvlees bevat. Een minder bekende *mortadella* uit Lago d'Orta heet *mortadello di fegato* en is van varkenslever gemaakt.

Mortadella

Mortadella moet heel dun worden gesneden om al zijn smaak te ontwikkelen, en dat kan alleen met een machine. De worst wordt meestal bij brood (vooral *focaccia*) gegeten, maar gaat ook wel in vullingen. Tijdens de oorlog, toen er weinig vlees te krijgen was, kwam mijn moeder met heel dikke plakken *mortadella* thuis. Die haalde ze door losgeklopt ei en paneermeel en bakte ze vervolgens als koteletten. Opgediend met een salade is dat een uitstekende lunch (*pranzo*).

SLACHTAFVAL BIJ EEN NAPOLITAANSE STRAATVENTER

MUSETTO

SOORT WORST

Deze worst van varkenssnuit (*muso*) is een specialiteit uit Friuli en Trentino-Alto Adige in Noordwest-Italië. Het vlees wordt met vet heel fijn gemalen en met een deel van de snuit en soms zwoerd in een darm gedaan. Hij wordt klaargemaakt en opgediend als *cotechino*, maar in het noorden wordt hij bij zuurkool, of met azijn en wijn gestoofde rodekool gegeven.

NERVETTI

PEZEN EN KRAAKBEEN

Nervetti is de verzamelnaam voor kalfs- en varkenskraakbeen, meestal van het pootje, dat gaar wordt gekookt, in heel dunne plakjes wordt gesneden en met olijfolie, azijn en rauwe ui op smaak wordt gebracht. De Venetianen eten *nervetti* als hapje of aperitief. In Napels is het op grote schaal bij kleurige stalletjes langs de weg te krijgen; die verkopen ook gare kalfskop (*'o musso*) en pens met citroensap en olijfolie.

NODINO / KOTELET

Een *nodino di vitello* is een niet te dik gesneden kalfskotelet met been. *Nodini* worden meestal op laag vuur met boter en salie of rozemarijn gebakken (zie recept voor Nodino di Vitello al Rosmarino op blz. 88).

NORCINERIA / SPEKSLAGERIJ

De plaatselijke gerechten van de stad Norcia in Umbrië zijn gebaseerd op varkensvlees en wild zwijn. De slagers aldaar ('norcini') zijn beroemd om hun bekwaamheid en hebben hun naam gegeven aan de kunst van de varkens- en wild-zwijnslagerij. Hun winkels heten *norcinerie*, het equivalent van *macellerie*.

OMENTO, ZIE RETE DI MAIALE

ORECCHIO / OOR

In het algemeen worden alleen oren van varkens en kalveren gegeten. Ze worden ca. 2 uur gaargekookt, in dikke stukken gesneden en net zo opgediend als *nervetti* (zie aldaar). Gemalen varkensoren zijn ook een ingrediënt van *cotechino* en *zampone* (zie het recept op blz. 97).

OSSOBUCO / KALFSSCHENKEL

'Osso' betekent bot en 'buco' gat. Een *ossobuco* komt van het deel van de onderpoot waar het spiervlees extra dik is. Het wordt in plakken van ca. 8½ cm doorsnee en 2½ cm dikte gesneden en het bot met het merg zit er nog in. Ossobuco alla Milanese (blz. 95), waarvoor de stukken schenkel in een tomatensaus gestoofd worden, is door Italiaanse restaurants over de hele wereld beroemd geworden. Het wordt meestal opgediend met *gremolada* en saffraanrisotto (blz. 178).

OSSOCOLLO, ZIE CAPICOLLO

PAGLIATA

GEGRILLEERDE DARM

Vanwege het eigenaardige hoofdingrediënt (dat heel vers moet zijn) en de ingewikkelde voorbereiding kunt u dit Romeinse gerecht het beste in een restaurant gaan proeven. Dat ingrediënt is een deel van de darm, meestal van nog spenende kalveren, compleet met romige inhoud. Meestal wordt het met peterselie bestrooid en gegrilleerd. *Pagliata* komt overigens soms ook van runderen, lammeren of zelfs geiten. Het gerecht smaakt heel intens naar pens.

PANCETTA

DOORREGEN SPEK

Een hoogst belangrijk ingrediënt van veel Italiaanse gerechten is het spek van de varkensbuik (*pancia*). *Pancetta* wordt meestal gebakken als basis voor saus. De bekendste is de *carbonara*: een pastasaus van blokjes gebakken *pancetta* (puristen gebruiken overigens *guanciale*) met toevoeging van rauw ei aan het eind.

Verse *pancetta* kunt u in soep en *minestrone* verwerken. *Pancetta curata* (gezouten en gedroogd buikspek) en *pancetta arrotolata* (opgerolde *pancetta*) dienen in dunne plakjes als *antipasto*. Tegenwoordig bestaat er ook *pancetta affumicata* (gerookt buikspek), dat in veel Noord-Italiaanse gerechten wordt gebruikt onder invloed van de keuken van het aangrenzende Oostenrijk. Toscane produceert *rigatino pancetta*, een heel dunne *pancetta* die u net zo gebruikt als andere soorten.

PECORA, ZIE AGNELLO

PETTO / BORST

Dit stuk vlees heet ook *punta* en kan van een kalf (*punta di vitello*), maar ook van andere dieren komen. In Noord-Italië dient de borst als een zuinige manier om veel te doen met weinig vlees. Tussen de lagen vlees en vet wordt een zak gesneden, die wordt gevuld en dichtgenaaid. De borst wordt daarna gebraden. De bekendste variant is de *cima alla Genovese* – heel lang gesudderde, uitgebeende en opgerolde kalfsborst.

RECHTS: EEN NORCINO UIT NORCIA

In Campanië en alle streken ten zuiden daarvan wordt gevulde lamsborst gemaakt. De vulling bestaat uit broodkruim, eieren, Parmezaanse kaas, peterselie en knoflook. Als de zak is dichtgenaaid, stooft de borst heel lang in een *ragù*. De saus wordt dan als eerste gang over pasta gegoten en het vlees daarna in plakken met spinazie opgediend.

PICCATA, ZIE SCALOPPINA

PIEDINO, ZIE ZAMPO

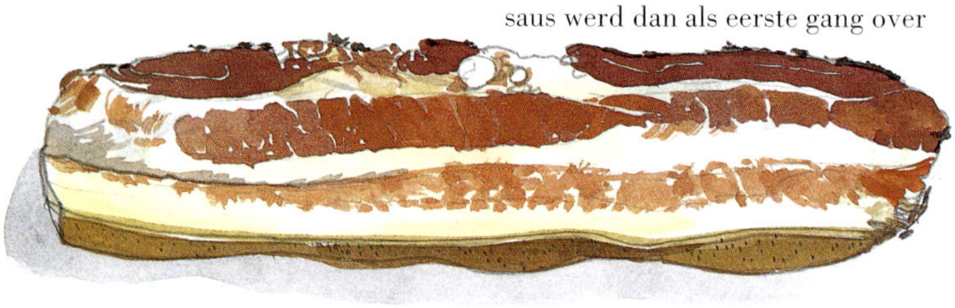

LINKS: PANCETTA

POLMONE / LONG
In de Italiaanse keuken worden alleen varkens- en lamslong gebruikt, en dan nog voornamelijk in het zuiden. Long is orgaanvlees en ingrediënt van een Umbrische *coratella:* een mengsel van in stukjes gesneden en met olijfolie, ui, chilipeper en wijn klaargemaakt orgaanvlees (zie blz. 73), maar ook van *soffritto alla Napoletana* (fijngehakte organen van een varken, klaargemaakt in reuzel, chilipeper, laurier, tomatenpuree, uien en wijn). *Soffritto* en *coratella* zijn allebei winterse gerechten. Na het eten wordt het restant weer aangevuld met bouillon en een volgende keer opgewarmd en met geroosterd brood gegeten.

POLPETTE, POLPETTINE, RISSOLE / GEHAKTBALLETJES
Polpette en *rissole* van gehakt ('polpa') dienen in heel Italië als de zuinigste en lekkerste manier om gehakt klaar te maken. Ter afwisseling van de smaak kunt u er allerlei soorten vlees voor nemen. De klassieke *polpette* bestaan uit runder- of kalfsgehakt met ei, knoflook, Parmezaanse kaas, peterselie, zout en peper. De ingrediënten worden grondig gekneed, tot balletjes gerold en knapperig gefrituurd. Eet ze als zodanig of geef ze in een pastasaus, zoals men in Zuid-Italië (vooral Puglia) doet. *Polpettine* zijn heel kleine, gebakken gehaktballetjes die als vulling voor een pastatimbaal (zie het recept voor Timballo di Ziti op blz. 161) dienen.

POLPETTONE / GEHAKTBROOD
Een gehaktbrood was traditioneel een alternatief voor een groot stuk vlees. Het werd van runder- of varkensgehakt gemaakt en urenlang in een volle tomatensaus gestoofd. De saus werd dan als eerste gang over pasta gegoten en het vlees was onderdeel van de hoofdgang. Ook tegenwoordig zijn *polpettone* in heel Italië nog bijzonder geliefd, vooral in Napels.

Het gehakt wordt ongeveer net zo klaargemaakt als voor *polpette*. Kneed het met vers broodkruim, peterselie, grof gehakte ui, ei, Parmezaanse kaas, nootmuskaat, zout en peper, maak er een gehaktbrood van en bruin het in een grote pan met wat olijfolie aan alle kanten voorzichtig aan. Pas op dat het bij het keren niet breekt. Doe extra ui in de pan als de *polpettone* bijna helemaal bruin is, laat die doorschijnend worden, voeg tomatensaus toe en laat het geheel een paar uur pruttelen. De saus, die door het vocht uit het gehakt extra lekker wordt, kunt u voor pasta gebruiken.

PORCEDDU, PORCELLO, PORCELLINO, ZIE MAIALE

PORCHETTA / GEVULD VARKEN
Porchetta komt oorspronkelijk uit Umbrië, maar wordt nu sterk met Lazio en vooral Rome geassocieerd. Het is een van de spectaculairste Italiaanse varkensvleesgerechten. Het bestaat uit een heel, uitgebeend varken van 30-40 kg, gevuld met zijn eigen orgaanvlees (lever, hart en longen) dat in plakken is gesneden, met knoflook en kruiden (b.v. laurier en rozemarijn) op smaak is gebracht en in olie is gebakken. Het varken wordt dan aan een spit boven het houtvuur of in de houtoven 4-5 uur geroosterd, tot de huid prachtig roodbruin en heerlijk knapperig is. Bij plaatselijke feesten is *porchetta* vaak het pronkstuk; het wordt ook in kleine stalletjes langs de weg verkocht.

PORCO, ZIE MAIALE

PROSCIUTTO
GEDROOGDE HAM

Vroeger moest vlees geconserveerd worden om het zonder koeling te kunnen bewaren. Uit die noodzaak ontstond een hele industrie voor de productie van hammen, die gewoon lekker in plaats van alleen maar houdbaar moeten zijn. *Prosciutto*, waarschijnlijk afkomstig van het Latijnse woord 'perexutus' (gedroogd), hoort tot de beroemdste hammen en is overal ter wereld een van de populairste Italiaanse voedingsmiddelen. *Prosciutto crudo* (rauwe ham) is onontbeerlijk op elke *antipasti*schaal. Het wordt hetzij met meloen of vijgen, hetzij met *grissini* of goed brood gegeten. Maar het kan ook onderdeel van een hoofdgerecht zijn, b.v. met asperges in boter en gekookte aardappelen.

Parmaham is slechts een van de vele soorten *prosciutto* die ook in andere Italiaanse streken gemaakt worden, maar is zo beroemd dat hij de enige lijkt. De ham komt van varkens die in Emilia-Romagna of Lombardije gefokt worden. De ongedroogde ham moet minstens 10-11 kg wegen. De productie ervan wordt gecontroleerd door de plaatselijke producentenvereniging, die garandeert dat de ham ter plaatse op de traditionele manier is gedroogd. De vereniging garandeert ook dat de varkens waarvan de ham gemaakt is, op de traditionele manier zijn gefokt en dat ze gevoederd zijn met de wei die bij de productie van Parmezaanse kaas overblijft, plus maïs en ander natuurlijk voedsel, waardoor het vlees mals en heel smakelijk is. Een

Hoe Prosciutto wordt gemaakt

Prosciutto is de gedroogde achterpoot van een varken. Het vlees wordt zo gesneden, dat het aan de dikke kant rond is. Daarna wordt het een maand lang dagelijks met zout gemasseerd, totdat het zout helemaal tot in de kern is doorge-

drongen. Daarna worden de hammen in goed-geventileerde ruimtes te drogen gehangen. Dat duurt 12-16 maanden, en in die tijd verliezen ze 30% van hun gewicht. Het drogen geeft het vlees en vet de heerlijke smaak die Italiaanse hammen kenmerkt.
Om het gewichtsverlies tijdens het drogen te beperken, brengen sommige gewetenloze producenten hun hammen al na 9 maanden op de markt. Dan lijken ze al helemaal goed, maar na een zo korte droogtijd smaakt het vlees nog steeds rauw.

andere goede plaatselijke ham is de iets kleinere maar bijzonder milde San Daniele-ham uit Friuli.

Goede hammen komen ook uit Toscane, de Veneto, Campanië, de steden Langhirano en San Leo (waar de varkens, naar men zegt, voor een deel eikels te eten krijgen). De beste hammen worden 16 à 18-24 maanden met bot gedroogd. Daarna worden ze handmatig in zo dun mogelijke plakjes gesneden.

Om de ham geschikt te maken voor de snijmachine wordt het bot met een speciaal apparaat door een speciaal opgeleide *norcino* (zie aldaar) uit de rijpe ham gehaald. De ham wordt dan in een vorm geperst en vacuüm in dik plastic verpakt. De beste ham wordt echter vers gesneden verkocht, want voorverpakte ham heeft maar weinig met echte te maken.

Volgens de vereniging van hamproducenten in Parma verandert veel van het verzadigde vet tijdens het drogen in onverzadigd vet, zodat *prosciutto* veel gezonder is dan op het eerste gezicht lijkt. De eiwitten van het gedroogde vlees zijn volmaakt in evenwicht, het vet bevat weinig cholesterol en er is een overvloed aan vitaminen en sporenelementen.

Prosciutto Cotto
Gekookte ham

Deze variant van de *prosciutto crudo* gebruikt hetzelfde vlees, dat op smaak wordt gebracht, gepekeld en in een vorm geperst om daarna in speciale ovens te worden gestoomd. Net als gedroogde ham is dit een onontbeerlijke *antipasto*. Het wordt ook gebruikt om sauzen en gekookte groenten op smaak te brengen en voor vullingen. Een goedkopere versie komt van de varkensschouder. In sommige delen van Noord-Italië heet *prosciutto cotto* 'giambone'.

Punta di vitello, zie Petto

Rene, zie Rognone

Rete di Maiale, Omenta
Darmnet

Een darmnet is een kantachtig vetvlies rond de maag van (meestal) het varken. Malse stukken vlees of orgaanvlees worden daarmee gebardeerd voordat ze de oven ingaan, omdat het een heerlijke smaak geeft. Als het darmnet van de varkensmaag wordt gehaald, vormt het een dikke bal, maar eenmaal in lauw water geweekt wordt het een soort sluier of net, die voor het gemak in vierkanten wordt gesneden. Neem gewoon een stukje varkenslever, kruid dat en pak het in darmnet, bak dat vervolgens 2 minuten aan beide zijden.

Rognone, Rognoncini, Rene

Nieren

Nier is na lever het simpelste en meest gebruikte orgaanvlees in de Italiaanse keuken, vooral van kalveren, lammeren en soms varkens. Malse niertjes van heel jonge dieren (*rognoncini*) zijn een bijzondere delicatesse. Om eventuele onaangename restgeuren kwijt te raken, kunt u de nieren het beste in plakken snijden en met zout bestrooien of een uurtje in melk weken om alle ongerechtigheden te verwijderen. Was ze voor het klaarmaken grondig.

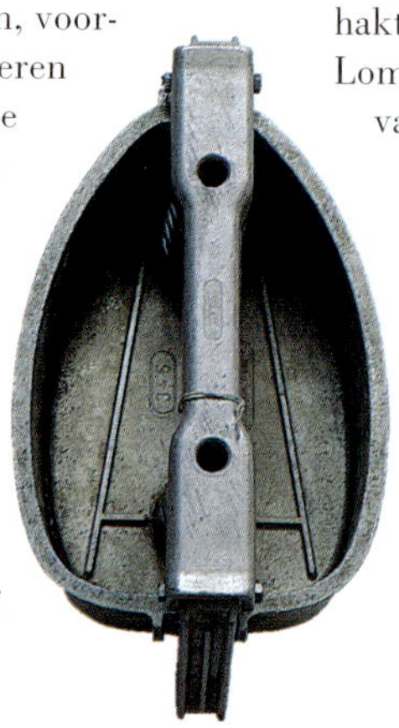

Kalfsnieren herkent u aan de lobben die met vettige strengen verbonden zijn. Snijd die voor het klaarmaken weg. Nieren liggen in een dikke laag vet, dat soms wordt uitgesmolten en gebruikt. Maar u kunt een hele nier ook in zijn vet laten zitten en langdurig in de oven zetten.

Lamsnieren zien eruit als grote kidneybonen en zijn veel kleiner dan die van kalveren en varkens. Ze moeten net zo worden schoongemaakt als kalfsnieren; snijd ze met een mes open om het witte binnenste weg te snijden.

Trifolati is in heel Italië het klassieke niertjesgerecht. Bak een fijngehakte teen knoflook zachtjes in boter. Snijd de nieren in dunne plakjes en haal ze door de bloem. Laat de knoflook lichtbruin worden en bak de niertjes 1-2 minuten mee. Giet er een beetje droge witte wijn of marsala en fijngehakte peterselie bij en bak nog 3-4 minuten, maar niet langer, want anders worden de niertjes taai. Bestrooi ze voor het opdienen met zout en peper.

Rostida, Rustida, Rosticiada, Rosticiana

Gestoofd gemengd vlees

Dit is een *ragù* van gemengd (vooral varkens)vlees, gaar gestoofd in wijn. In een andere pan bakt u in olijfolie een grote hoeveelheid ui. Als ze allebei klaar zijn, wordt de inhoud van beide pannen gemengd met toevoeging van wat chilipeper en fijngehakte tomaat. Dit gerecht komt uit Lombardije. Het is het equivalent van de *soffritto di maiale* of de Umbrische *coratella* en wordt met polenta opgediend.

Rumine, zie Trippa

Salama, Salama da Sugo, Salamina

Soort gedroogde worst

Dit is een oud product uit Ferrara. Zowel de ingrediënten als de bereidingswijze geven het een bijzondere status en maken commerciële productie onmogelijk. U vindt het alleen in winkels of restaurants ter plaatse.

De worst weegt 600-1000 gram en wordt van oudsher gemaakt met de blaas als omhulsel. De klassieke *salama* bestaat geheel uit varkensvlees. Eerst worden de tong en lever op smaak gebracht met zout, peper, kruidnagels en kaneel, plus b.v. een scheutje marsala, cognac of zelfs rum. Elke keuken in de stad heeft zijn eigen kruidenmengsel, dat angstvallig geheim blijft. Het mengsel vormt het midden van de *salama* en wordt in gemalen varkensnek en -kopvlees verpakt. Als de blaas helemaal vol is, wordt hij dichtgebonden en minstens zes maanden gedroogd.

Voor het opdienen wordt de *salama* 5 uur gekookt, en wel aan een stok, zodat de blaas niet de bodem van de pan raakt. Daarna wordt hij opengesneden en traditioneel met aardappelpuree gegeten. Het gerecht ruikt en smaakt heerlijk.

Salame / Gedroogde worst

Net als veel ander gedroogd vlees heet een *salame* ook wel 'insaccato' (in een zak gestopt). In de loop van de eeuwen zijn al veel manieren bedacht om vlees te conserveren, o.a. drogen aan de lucht of in de zon, zout, suiker, honing, azijn en alcohol. De noodzaak tot conservering van m.n. het jaarlijks geslachte varken leidde tot het ontstaan van producten als ham en worst, maar ook van veel andere dingen die de Italianen in hun eetpatroon hebben opgenomen. Een goede salami heeft niet alleen een fijne smaak, maar is (vergeleken met een lap gaar vlees) ook heel voedzaam en altijd bij de hand. Geen wonder dat de Italianen zoveel van hun natuurlijke rijkdom gewijd hebben aan de schepping van dit unieke voedingsmiddel, en veel salami's worden nog steeds op de traditionele manier gemaakt.

Mits goed schoongemaakt zijn de darmen van diverse dieren heel lang houdbaar. Het gemalen vlees bevat bepaalde conserverende stoffen die ervoor zorgen dat het vlees rijpt zonder te bederven. Vlees voor salami wordt meestal met specerijen gekruid; ook dat bevordert de houdbaarheid. Vervolgens wordt het in het vel gestopt en zorgvuldig gedroogd.

Salami bestaat voor ca. 40% uit vet in de vorm van reuzel of blokjes hard spek van verschillende grootte; zacht vet heeft namelijk de neiging om ranzig te worden. In het begin is dat vet in hoge mate verzadigd, maar tijdens het drogen wordt het onverzadigd. Het vlees voor salami is bijna altijd varkensvlees, hoewel sommige salami's een mengsel van varkens- en rundvlees (of zelfs paardenvlees) bevatten. Op het etiket staat altijd of er alleen varkensvlees (*puro suino*) dan wel een mengsel van varkens- en rundvlees (*suino e bovino*) enzovoorts in zit. Het vlees wordt grover of fijner gemalen al naar gelang de soort en er gaan allerlei smaakgevers bij: knoflook, zout, peperkorrels, chilipeper, venkelzaad, wijn, marsala en zelfs cognac. Nadat het in de darm is geduwd en zijn traditionele vorm heeft gekregen, wordt het met touw dichtgebonden en in speciale ruimtes gehangen, waar de worsten bij een zorgvuldig beheerste luchtcirculatie en temperatuur

Links: een pers voor gekookte ham

Salame di testa di maiale (varkenskopsalami) en coppa

RECHTS: SALAME VARZI

minstens 2-4 maanden drogen. Als ze verkocht worden, zijn ze volledig rijp en hebben ze al drogend minstens 35% van hun oorspronkelijke gewicht verloren.

Elke stad in elke streek kent zijn salamispecialist en iedereen heeft zijn eigen plaatselijke variant. Sommige salami's worden tegenwoordig massaal gemaakt en over de hele wereld verkocht. De nu volgende lijst bevat maar een paar van de vele salami's die in Italië gemaakt worden.

Salame Milano of *Crespone* wordt gemaakt van fijngemalen varkensvlees met zout, salpeter, grof gemalen peper en soms fijngewreven, in rode wijn gemarineerde knoflook. Het vlees wordt in natuurdarm gestopt en is dan een worst van ca. 8 cm doorsnee. Eenmaal dichtgebonden rijpt hij minstens 3 maanden en verliest dan 30% van zijn oorspronkelijke gewicht van 2 kg. De worst wordt in heel dunne plakjes opgediend.

Salame Ungharese of Hongaarse salami wordt graag gegeten door Italianen die van een rooksmaak houden. Het fijngemalen vlees bestaat uit gelijke delen varkensvlees, rundvlees en varkensvet. Het rijpt 3 maanden en weegt na droging 1½ kg. De worst heeft een doorsnee van 6-7 cm en wordt in heel dunne plakjes opgediend.

Cacciatori of jagerssalami is klein, weegt ca. 100 g en hoeft maar kort te drogen. De naam hangt samen met zijn omvang, want jagers konden hem makkelijk meenemen. Tegenwoordig is hij daardoor ideaal in een picknickmand.

Het vlees van de nu volgende salami's is middelgrof gemalen, zodat de kleine stukjes vlees en vet duidelijk te zien zijn. Samen heten ze 'nostrani'.

Salame Varzi uit de streek van Pavia in Lombardije is een uitstekende salami van puur varkensvlees met 30% vet. De enige toevoegingen zijn zout, salpeter, hele peperkorrels en wijn. Hij is 6-7 cm in doorsnee en rijpt 3-4 maanden. Tijdens het drogen gaat maar 25% van het gewicht verloren.

Salame di Felino komt uit een klein stadje bij Parma en is een van de beste Italiaanse salami's. Hij is traditioneel heel zoet van smaak. Het vlees omvat zowel varkensschouder als afsnijdsels van de bouten die voor de fabricage van Parmahammen worden gebruikt. Daaraan worden zout, hele zwarte peperkorrels, salpeter en bijvoorbeeld wat knoflook en wijn toegevoegd. Vanwege de soort darm is hij lang en onregelmatig van vorm en aan de bovenkant smaller dan aan de onderkant. De droogtijd bedraagt minstens 3 maanden.

Salame Fabriano, *salame Genovese* en *salame Veronese* lijken allemaal sterk op *salame di Felino*. De enige verschillen zijn de andere kruiden en een iets andere verhouding tussen vlees en vet.

Salame Toscano of *finocchiona* of *sbriciolona* bevat, anders dan de vorige salami's, gelijke delen vlees en vet. Hij is ook veel groter dan de andere, heeft een doorsnee van ca. 15 cm en kruimelt bij het snijden gauw ('sbriciolare' betekent kruimelen). De naam 'finocchiona' slaat op het feit dat de worst naast de gebruikelijke smaakstoffen ook venkel bevat.

Salame Napoli is een heel populaire salami van gelijke delen varkensvlees, varkensvet en rundvlees. Hij bevat ook knoflook, peper, wijn, zout, salpeter, paprikapoeder en fijngehakte chilipeper – ideaal voor liefhebbers van pittig en kruidig. Soortgelijke salami's zijn de *campagnolo*, de *salame all'aglio*, de *salame Abruzzese*, de *acolano Bellunese*, de *cadorino* en de *ventricina*.

Andere kruidige of pikante salami's zijn b.v. de voortreffelijke *salsiccie* uit Calabrië (*salsiccia Calabrese* en *Napoletana*). Ze worden allebei op dezelfde manier gemaakt. Het vlees wordt in een kleine, ronde darm gedrukt en tot een cirkel dichtgebonden. Ze zijn makkelijk van andere *salsiccie* te onderscheiden door hun pikante kruiden (o.a. chilipeper), paprikapoeder en hele peperkorrels.

Soppressata is een geperste salami die in heel Italië te koop is. De Venetiaanse variant (*soppressa*) bestaat uit varkensvlees en heeft een vetgehalte van 30%. Hij droogt 10-15 maanden. Calabrische *soppressata* is waarschijnlijk het meest gezocht en bestaat uit driekwart varkensvlees en de rest vet. Vlees en vet worden met een mes nogal grof gehakt en met knoflook, peper, bloed, paprikapoeder, wijn, zout, peper en chilipeper gemengd. Het mengsel wordt in een korte darm gedrukt, onder een houten plank gelegd en geperst, zodat de traditionele platte vorm ontstaat. De worst wordt dan gerookt en droogt 3-4 maanden.

SALAME COTTO

GEKOOKTE SALAMI

Deze worst wordt vooral gegeten in Noord-Italië, waar een niet-gedroogde worst dankzij de temperatuur veel langer houdbaar is. Hij wordt net zo gemaakt als *cotechino*, maar in water gekookt en gaar verkocht. Hij gaat b.v. in een Bollito Misto (blz. 92) of wordt gemalen voor vullingen, zoals voor *ravioli*.

SALAM D'LA DUJA, ZIE LARDO

SALSICCIA, SALSICCIOTTO, SALSICCINE, ZIE LUGANEGA

SALTIMBOCCA

BEPAALD KALFSVLEESGERECHT

Het woord betekent letterlijk 'sprong in de mond'. Het is een Romeinse specialiteit, bestaande uit kalfsschnitzels met salieblaadjes en plakjes *prosciutto*, die in de koekenpan gebakken worden. Tegenwoordig worden ook andere ingrediënten gebruikt, zoals in *saltimbocca d'animelle*, waar het kalfsvlees is vervangen door zwezerik.

SALUMERIA / CHARCUTERIE
'Salumi' is het woord voor vleeswaren in het algemeen (vooral van varkensvlees) en een *salumeria* is een winkel die zich daarin specialiseert. Er zijn twee hoofdsoorten vleeswaren: de hele gedroogde hammen en dergelijke, zoals *prosciutto*, en de worsten van gehakt vlees en vet, zoals salami.

SANGUE / BLOED
In de Italiaanse keuken wordt alleen varkensbloed gebruikt. Het moet heel zorgvuldig geroerd en bewaard worden. Van varkensbloed wordt bloedworst gemaakt of een heel lekkere taart die *sanguinaccio* (zie Maiale, blz. 77) heet.

SCALOPPINA, PICCATA
KALFSSCHNITZELS
De platte bil van een kalf is heel mals en wordt in dunne plakjes gesneden die *scaloppine* heten. Meestal worden ze met bloem bestoven en 1 minuut aan elke kant in hete boter gebakken. Er gaat wat bouillon, witte wijn, marsala of citroensap plus knoflook en peterselie bij, en het gerecht is in een paar minuten klaar. Zie ook Fettine.

SCHIENALE, ZIE MIDOLLO

SFRIZOLI, ZIE CICCIOLI

SPECK
GEROOKTE SCHOUDERHAM
Deze Oostenrijkse specialiteit is in Italië een nieuwkomer en werd vroeger alleen gegeten door mensen aan de Italiaans-Oostenrijkse grens. *Speck* is gerookte, gezouten, luchtgedroogde ham. Het is op zichzelf al verrukkelijk, maar wordt om zijn opvallende smaak ook veel in sauzen, *ragùs* en stoofgerechten verwerkt. Het lijkt op Parmaham maar is een stuk goedkoper en veel mensen geven hem als *antipasto* in plaats van ham. Ik vind die twee producten zo verschillend, dat ze onvergelijkbaar zijn.

SPEZZATINO
GESTOOFD RUNDVLEES
Iedereen die in Italië in dienst heeft gezeten, weet voor de rest van zijn leven wat *spezzatino* is: een goedkoop vleesgerecht, omdat elk stuk rundvlees er bruikbaar voor is. Tot de andere ingrediënten behoren tomaten, uien en gepureerde olijven. De saus werd over pasta gegoten en het vlees daarna gegeten met groenten.

STINCO / KALFSSCHENKEL
Het typisch Lombardijse gerecht *stinco di vitello* is een hele kalfsschenkel die minstens 2 uur in bouillon, wijn en misschien wat citroensap geprutteld heeft. Het vlees wordt van het bot gehaald en opgediend. Op ongeveer dezelfde manier kunt u de hamschijf van een varken braden met kruiden als rozemarijn en salie plus wat wijn. Beide gerechten zijn verrukkelijk.

STRACOTTO
GESTOOFD VLEES
Deze term betekent letterlijk 'overgaar' en slaat op rundvlees dat minstens 3 uur met o.a. rode wijn, bleekselderij, wortelen, ui en wat tomaten in een middelwarme oven heeft gestaan en heel gaar is geworden (zie het recept op blz. 88).

OUDE WINKELGEVEL IN COCCONATO

STUFATO
STOOFGERECHT
De term komt van 'stufare' (stoven) en slaat op vlees dat heel lang – soms wel 12 uur – in de oven heeft gestaan.

SUINO, ZIE MAIALE

SUGNA, ZIE LARDO

TESTA, TESTINA / KOP
Een *testa* is een varkenskop, een *testina* een kalfskop. Varkenskop wordt vooral in het zuiden gebruikt als ingrediënt voor *cotechino* of *salame cotto*, kalfskop vooral in het noorden als ingrediënt van *bollito misto*. Ook schapen- en geitenkoppen heten *testine*. Ze zijn vooral in Midden- en Zuid-Italië populair, waar ze in de oven worden klaargemaakt. De kop wordt meestal doormidden gehakt verkocht, zodat hij makkelijker gekruid en gegeten kan worden.

TESTICOLI, ZIE GRANELLI

TRIPPA, TRIPE, BÜSECCA
PENS
Pens is een deel van de maag van herkauwers zoals kalveren. Mits goed klaargemaakt is het iets heerlijks. Het is tegenwoordig in Italië een nationaal gerecht, en iedereen, arm en rijk, in elke streek en elke stad maakt het op eindeloos verschillende manieren volgens de streektraditie klaar.

Volmaakt verse pens is werkelijk heerlijk, maar om te beginnen is het

LINKS: SALAM D'LA DUJA TE KOOP IN PIEMONTE

belangrijk dat u een goed, hoogwaardig stuk hebt. Pens wordt gemaakt van de vier onderdelen van een herkauwersmaag. De *ricciolino* of *riccia* (lebmaag) is het eerste deel, lijkt op een krullerige darm vol klieren en heeft een volle smaak. Het tweede deel is de *rumine* (pens), het derde deel de *reticolo* (netmaag). Het vierde en voor mij beste deel is de *millefoglie* (boekmaag), die er met zijn vele plooien uitziet als een boek.

Koop pens altijd schoon maar rauw. Het is echter moeilijk op die manier te krijgen, tenzij u een slager kent die het u wil verkopen. Naar mijn ervaring vindt u het buiten Italië alleen in Chinese winkels. Maar ook een gewone slager die van zijn vak houdt, zou u eraan moeten kunnen helpen.

Elke streek heeft minstens één basisrecept, maar altijd wordt de rauwe pens 30 minuten geblancheerd. Na afkoelen wrijft u de delen van de pens over elkaar alsof u een doek schoonmaakt. Spoel het vlees dan af om alle ongerechtigheden kwijt te raken. Snijd het in hapgrote stukken en kook ze 3-4 uur, afhankelijk van de malsheid.

De essentiële smaakgevers zijn meestal ui, bleekselderij, wortel en laurier. U kunt gare pens b.v. eten met olie, citroensap en peterselie, zoals in Napels. In andere streken wordt het vlees klaargemaakt met b.v. rozemarijn, *pancetta*, kaneel, tomaten, chilipeper en/of salie. De pens wordt dan in reuzel, boter en olie gebakken en met bouillon aangevuld totdat een vochtig stoofgerecht ontstaat, dat voor het opdienen soms met Parmezaanse kaas bestrooid wordt.

VIOLINO DI CHIAVENNA
SOORT HAM

Deze merkwaardige hammen ontlenen hun naam aan de stad Chiavenna in Valtellina. Ze worden gemaakt van een lams- of geitenbout, met knoflook en jeneverbessen gekruid, in rode wijn gespoeld en een paar maanden aan de lucht gedroogd. Ze heten *violini*, omdat u ze bij het snijden als een viool tegen uw schouder moet leggen.

VITELLO / KALFSVLEES

Na varkensvlees wordt het vlees van spenende kalveren in de Italiaanse keuken het meest gebruikt.

Alle stukjes worden gebruikt om de meest gevarieerde schotels te maken: in blokjes gesneden en gestoofd met een beetje witte saus worden het *spezzatino*, vergelijkbaar met de Franse *blanquette de veau*. Het populairst is *paillard*: een grote, dunne plak kalfsvlees even dichtschroeien op de grill, of door geklutste eieren halen en met broodkruim gepaneerd even bakken als *cotoletta alla Milanese*. Voor *saltimbocca*, een Romeinse specialiteit, worden plakjes kalfsvlees bedekt met een flintertje ham en wat salieblaadjes en vervolgens gebakken. Opgerold en gevuld met *pancetta* worden het *uccelli scappati* (ontsnapte vogels), een specialiteit van Reggio Emilia. En we mogen natuurlijk de *scaloppine al limone*, met marsala en citroensap, en de Ossobuco alla Milanese (blz. 95) niet vergeten, als we slechts een paar van de regionale gerechten noemen. Zie ook Bovino, Fettine en Scaloppine.

ZAMPO, ZAMPETTO, ZAMPONE, PIEDINO / POOTJE

Alleen varkens- en lamspootjes worden in de Italiaanse keuken gebruikt. Die van de voorpoten zijn de beste, omdat er meer vlees aan zit. Lang gekookte kalfspootjes worden heerlijk zacht en gelatine-achtig en u kunt er heel goed bouillons mee laten stollen. Of geef ze warm of koud in plakjes met olijfolie en citroensap of azijn.

Varkenspootjes moeten grondig zijn schoongemaakt, en dat kunt u het beste aan de slager overlaten. Kook ze thuis minstens 1 uur. U kunt ze daarna door paneermeel halen en in boter bakken. Laat de korst knapperig en het vlees heel zacht worden en dien ze met citroensap op. Of stoof ze na blancheren een paar uur zachtjes in tomatensaus. Heel populair is ook *zampone*: het vel rond het pootje wordt gevuld met een mengsel van varkensgehakt, pootjesvlees en oren.

RECHTS: ZAMPI EN TRIPPA OP DE MARKT IN FLORENCE

CARNE ALL'ALBESE

RAUW RUNDVLEES OP DE WIJZE VAN ALBA

VOOR 4 PERSONEN

400 G RUNDERLENDE, IN DUNNE PLAKJES
4 EETLEPELS OLIJFOLIE (EXTRA VERGINE)
SAP VAN 1 CITROEN
12 VERSE ASPERGEPUNTEN, BEETGAAR GEKOOKT
4 STENGELS BLEEKSELDERIJ, IN DUNNE PLAKJES
85 G PARMEZAANSE KAAS, IN DUNNE PLAKJES
45 G WITTE TRUFFEL, DUN GESCHAAFD
ZOUT EN PEPER

De aantrekkingskracht van dit subtiele gerecht uit Piemonte ligt in de simpelheid en natuurlijk in de onverslaanbare combinatie van vlees met truffels. In Alba genieten niet alleen de rijken van dit gerecht; de truffeljagers zelf zijn er dol op.

Leg de plakjes vlees tussen twee vellen dikke plasticfolie en klop ze voorzichtig met een vleeshamer of het uiteinde van een deegroller vliesdun. Ze mogen hoogstens 1-2 mm dik zijn. Verdeel het vlees over 4 grote borden, maar laat de plakken elkaar niet overlappen. Bestrooi ze met zout en peper en bestrijk ze met olijfolie en citroensap. Verdeel er bleekselderij, aspergepunten, kaas en truffel over en geef er *grissini* bij.

Vitello Tonnato

KALFSVLEES IN TONIJNSAUS

Voor 6 personen

1 liter droge witte wijn
2 stengels bleekselderij, fijngehakt
1 wortel, fijngehakt
1 ui, fijngehakt
1 teen knoflook, fijngehakt
paar blaadjes laurier
1 kg bovenbil of platte bil van het kalf, met keukengaren tot een grote, lange worst opgebonden
zout en peper
garneren met blaadjes peterselie en kappertjes

Voor de saus:
350 g mayonaise
45 gezouten kappertjes, 10 minuten in water geweekt, uitgelekt en heel fijn gehakt
60 g augurk, heel fijn gehakt
250 g tonijn in olie, uitgelekt
2 eetlepels bladpeterselie, fijngehakt

Vis en vlees gaan zelden samen, maar in dit gerecht vormen ze een volmaakte, verfijnde antipasto.

Doe de wijn, bleekselderij, wortel, ui, knoflook en laurier met het vlees in een pan en voeg zoveel water toe dat alles onderstaat. Voeg zout en peper toe, breng alles aan de kook, zet het vuur lager en laat het vlees in 1½ uur gaar pruttelen.

Meng intussen de ingrediënten voor de saus en pureer ze in een keukenmachine. Breng ze zo nodig met zout en peper op smaak.

Haal het vlees uit de pan, verwijder het garen en snijd het vlees in heel dunne plakjes. Schik ze op een grote, platte schaal en giet er de saus over. Garneer met peterselie en kappertjes.

Piccata Milanese

KALFSVLEES MET PARMAHAM OP MILANESE WIJZE

Voor 4 personen

4 dunne plakken kalfsvlees à 125 g per stuk
65 g boter
55 g speck (blz. 84) of Parmaham, in kleine reepjes
4 eetlepels bouillon
1 eetlepel bladpeterselie, fijngehakt
sap van 1 citroen
zout en peper
bloem

U kunt voor dit gerecht ook kipfilet of kalkoenborst nemen. Al deze vleessoorten hebben gemeen dat ze snel gaar zijn en makkelijk smaken overnemen. U kunt ook wijn toevoegen (zie scaloppina *op blz. 84).*

Snijd de plakken vlees tot dezelfde vorm bij. Verhit 45 g boter in een grote pan en bak het spek of de Parmaham een paar minuten. Bestuif het vlees met bloem, bestrooi het met zout en peper en bak het in dezelfde pan aan beide kanten goudbruin. Haal de plakken uit de pan en houd ze apart.

Doe de rest van de boter in de pan en roer er de bouillon door om de aanbaksels op de bodem los te maken. Voeg citroensap en peterselie toe, breng alles aan de kook, giet de saus over het vlees en dien het direct op.

NODINO DI VITELLO AL ROSMARINO

KALFSKOTELETTEN MET ROZEMARIJN

VOOR 4 PERSONEN

4 KALFSKOTELETTEN À 250 G PER STUK
85 G BOTER
4 KLEINE TAKJES ROZEMARIJN
1 GLAS DROGE WITTE WIJN
25 G GEZOUTEN KAPPERTJES, 10 MINUTEN IN WATER GEWEEKT, UITGELEKT EN FIJNGEHAKT
RASP VAN 1 CITROEN
1 EETLEPEL BLADPETERSELIE, FIJNGEHAKT
ZOUT EN PEPER
BLOEM

Een 'nodino' is een kotelet van de voorste ribben. Dit is een van de vele manieren om hem klaar te maken, en kenmerkend voor het noorden, waar dit soort vlees het meest gegeten wordt.

Bestuif beide kanten van de koteletten met bloem. Verhit de boter in een koekenpan en bak de koteletten (zo nodig met twee tegelijk) op niet te hoog vuur 15 minuten aan elke kant; ze moeten mooi bruin zijn. Haal ze uit de pan, doe de rozemarijnblaadjes erin en giet er de wijn bij. Breng alles aan de kook, roer de aanbaksels van de bodem los en voeg kappertjes, citroenrasp en peterselie toe. Zet het vuur lager en roer goed. Doe het vlees weer in de pan en laat het 10 minuten pruttelen. Breng het met zout en peper op smaak en dien het op.

STRACOTTO

GESMOORD RUNDVLEES

VOOR 6 PERSONEN

4 EETLEPELS OLIJFOLIE
MOOI STUK RUNDVLEES, B.V. BORST OF LENDE MET WEINIG VET, À $1\frac{1}{2}$ KG
2 WORTELEN, IN HEEL KLEINE BLOKJES
1 GROTE UI, FIJNGEHAKT
2 STENGELS BLEEKSELDERIJ, IN KLEINE BLOKJES
10 JENEVERBESSEN
20 PEPERKORRELS
PAAR BLAADJES LAURIER
100 G VETTE PARMAHAM, IN DUNNE REEPJES
1 LITER DROGE WITTE WIJN
1 LITER RUNDERBOUILLON
50 G BOTER
ZOUT

Dit woord betekent letterlijk vertaald 'overgaar', en dat slaat op de heel langdurige en langzame garing.

Verhit de olie in een grote, liefst gietijzeren pan, bak het vlees aan alle kanten bruin, haal het uit de pan en houd het apart.

Doe de wortel, ui, bleekselderij, jeneverbessen, peperkorrels, laurier en ham in de pan en bak ze tot de groenten gaar zijn. Doe het vlees weer in de pan en voeg de wijn, bouillon en een beetje zout toe. Breng alles aan de kook, zet het vuur lager en laat het afgedekt ca. 2 uur pruttelen of tot het vlees gaar is. Steek een prikker in het vlees om te zien of het goed gaar is; laat het zo nodig nog even pruttelen. Tegen het einde van de stooftijd moet de meeste vloeistof verdampt zijn.

Haal het vlees uit de pan, roer er de boter door en voeg genoeg bouillon of wijn toe om een fluweelzachte saus te laten ontstaan. Werk het vocht door een fijne puntzeef. Snijd het vlees in dunne plakken en dien het met de saus op.

STINCO DI VITELLO

KALFSSCHENKEL

VOOR 8-10 PERSONEN

1 HELE KALFSSCHENKEL VAN 2-3 KG
2 EETLEPELS OLIJFOLIE
1½ DL WITTE WIJN
CA. 1 LITER KALFS- OF RUNDERBOUILLON
BOSJE SALIE, BOSJE ROZEMARIJN EN BOSJE TIJM
SAP VAN 3 CITROENEN
55 G BOTER, IN WAT BLOEM GEROLD
ZOUT EN PEPER

Dit is een gerecht uit de Veneto en Lombardije, maar het heeft zich over heel Noord-Italië verspreid. De kalfsschenkel wordt in zijn geheel klaargemaakt, en er kunnen nogal wat mensen van eten.

Verwarm de oven voor tot 160 °C (stand 3). Was het vlees en dep het droog. Leg het in een grote braadslee en wrijf het met olie en wat zout en peper in. Giet er de wijn bij en genoeg bouillon om een bodem van 1 cm te krijgen. Voeg de kruiden toe en dek het geheel met aluminiumfolie af.

Zet het vlees 1½ uur in de oven. Controleer af en toe of het niet te droog wordt en voeg zo nodig wat bouillon toe.

Haal de folie weg, verhoog de temperatuur tot 200 °C (stand 6) en laat het vlees nog 30-40 minuten staan; bedruip het regelmatig met stoofvocht. Haal het vlees uit de braadslee en laat het voor het opdienen 10 minuten rusten. Zet intussen de braadslee op het fornuis en breng het vleesvocht met bouillon op sausdikte. Breng alles aan de kook, schraap de aanbaksels aan de bodem los en roer er de in bloem gerolde boter door. Werk de saus door een fijne zeef. Snijd de schenkel in de lengte in dunne plakken en geef er de saus bij.

FRITTO MISTO ALLA PIEMONTESE

FRITTO MISTO UIT PIEMONTE

VOOR 6 PERSONEN

6 LAMSKOTELETTEN
200 G KALFSLEVER, IN DUNNE PLAKKEN
200 G KIPFILET, IN DUNNE PLAKKEN
200 G RUNDERLENDE, IN DUNNE PLAKKEN
2 ARTISJOKHARTEN, IN DUNNE PLAKJES (ZIE CARCIOFO, BLZ. 104)
1 AUBERGINE, IN DUNNE PLAKKEN
DESGEWENST: 1 KARDOEN, GESCHILD, EVEN GEBLANCHEERD EN IN DUNNE PLAKKEN (ZIE CARDO, BLZ. 105)
2 FRISSE HANDAPPELS, GESCHILD, ZONDER KLOKHUIS EN IN DIKKE PLAKKEN
12 AMARETTI-KOEKJES
4 EIEREN, LOSGEKLOPT
KRUIDENBLOEM
OLIJFOLIE
OPDIENEN MET PARTJES CITROEN

Er wordt gezegd dat dit typisch Piemontese gerecht moet bestaan uit minstens 13 verschillende ingrediënten; de ware liefhebber gebruikt het liefst 17 of 18 vleessoorten, groenten, en zelfs koekjes en fruit.

Laat de lamskoteletten heel, maar klop het vlees heel dun. Bestuif al het vlees, alle groenten, de appels en de koekjes met bloem. Verhit een flinke laag olie in een grote koekenpan en bak alles goudbruin, eerst de groenten, daarna de appels en ten slotte het vlees. Dien het gerecht direct op en geef er partjes citroen bij.

ARROSTO DI VITELLO AL LATTE

IN MELK GEBRADEN KALFSVLEES

VOOR 6-8 PERSONEN

- 4 EETLEPELS BOTER
- 1½ KG BOVENBIL OF PLATTE BIL VAN HET KALF
- 100 G PARMAHAM, IN DUNNE REEPJES
- 2 LITER MELK
- MESPUNT NOOTMUSKAAT, VERSGERASPT
- ZOUT EN PEPER

Snijd dit hoogst verfijnde gerecht in dunne plakjes en geef er sperziebonen, snijbiet of spinazie bij.

Smelt de boter in een grote pan waar het stuk vlees net in past. Bak het vlees aan alle kanten bruin. Voeg ham toe, rasp er nootmuskaat boven en bestrooi het met zout en peper. Giet er zoveel melk bij dat het vlees voor tweederde onderstaat. Laat het afgedekt in 2-2½ uur gaar sudderen en voeg af en toe nog wat melk toe om het niet te droog te laten worden.

Trippa alla Milanese

Pens op Milanese wijze

Voor 6 personen

- 150 g grote witte bonen
- 1 1/4 kg gemengde pens, schoongemaakt en geblancheerd (zie trippa, blz. 84)
- 1 ui, fijngehakt
- 1 grote wortel, in dunne plakjes
- 2-3 stengels bleekselderij, in dunne plakjes
- 50 g pancetta, fijngehakt
- 60 g boter
- 2 eetlepels olijfolie
- 500 g tomaten, ontveld, ontpit en fijngehakt
- paar blaadjes laurier
- paar blaadjes salie
- zo nodig: beetje bouillon
- 100 g Parmezaanse kaas, versgeraspt
- zout en peper

Pens, ofte wel 'busecca', zoals ze in Milaan zeggen, kan op veel manieren worden klaargemaakt. Een erg lekkere is de onderstaande.

Week de bonen een nacht in ruim koud water en giet ze af.

Snijd de pens in reepjes. Fruit de ui, wortel, bleekselderij en pancetta in boter en olie gaar. Voeg de pens toe en laat alles al roerend pruttelen tot het vocht verdampt is. Voeg tomaten, laurier, salie, zout en veel zwarte peper toe en laat alles afgedekt 2 uur pruttelen. Voeg een beetje bouillon toe als het gerecht te droog wordt.

Doe de bonen in een andere pan, voeg zoveel water toe dat ze onderstaan en kook ze in een uurtje gaar. Giet ze af en doe ze bij de pens. Laat het geheel nog eens 15-20 minuten pruttelen of tot alles gaar is. Voeg zo nodig meer bouillon toe. Het gerecht mag geen soep worden, maar ook niet te droog zijn. Dien het op met Parmezaanse kaas en een paar blaadjes salie.

Gran Ragù Napoletano

Gestoofd vlees in Napolitaanse ragù

Voor 6 personen

- 6 eetlepels olijfolie
- 1 grote ui, fijngehakt
- 1 kg runderborst
- 500 g varkensschouder met bot
- 500 g lamskrabbetjes
- 1 glas droge rode wijn
- 2 kg heel rijpe tomaten, ontveld, ontpit en fijngehakt
- 2 eetlepels estratto di pomodoro (blz. 117) of 6 eetlepels tomatenpuree
- 600 g rigatoni
- 100 g Parmezaanse kaas, versgeraspt
- zout en peper

Voor de meeste Napolitanen is een zondag niet compleet zonder een stuk vlees in tomatensaus. De saus wordt bij een grote pastasoort gegeven; het in plakken gesneden vlees wordt met wat groente apart opgediend. De kleine lamskrabbetjes in dit gerecht, die in het plaatselijke dialect 'spullicarielli' heten, geven een vlezige smaak aan de saus, en er zit altijd nog wat vlees aan dat u er met uw vingers vanaf kunt eten. De verschillende soorten vlees worden soms vervangen door een polpettone *(blz. 80): een gehaktbrood voor veel eters.*

Verhit de olie in een grote pan en bak ui en vlees, totdat het vlees aan alle kanten bruin en de ui gaar is. Voeg de wijn toe en laat hem een beetje verdampen, roer er tomaten en tomatenpuree door, doe het deksel op de pan en laat het geheel 1½-2 uur pruttelen. Voeg halverwege de kooktijd zout en peper toe.

Kook de *rigatoni* in kokend water met zout *al dente* en laat ze uitlekken. Geef er de saus bij en bestrooi ze met Parmezaanse kaas. Dien het vlees met wat groenten op als hoofdgerecht.

Bollito Misto

Voor 10-12 personen

4 stengels bleekselderij, in stukken
3 wortelen, in stukken
1 grote ui, geschild en met 4-5 kruidnagels bestoken
paar peperkorrels
1½ kg runderborst
1 kalfstong van 600-800 g
1 soepkip van 2 kg
1 kg kalfsborst
stuk kalfswang van 500 g
2 cotechinoworsten (blz. 74) à 300 g per stuk
opdienen met: salsa verde (blz. 224) en mostarda di Cremona (blz. 269)

Piemonte en Lombardije zeggen allebei de bakermat van dit gerecht voor smulpapen te zijn. Overal in Italië is altijd gekookt vlees gegeten, nadat er eerst soep van was gemaakt. Maar voor bollito misto *worden de verschillende vleessoorten gekookt om er werkelijk iets verrukkelijks van te maken. Laat u niet afschrikken door het enorme stuk vlees op de foto. De slager was een beetje ál te enthousiast, en nadat de foto was genomen, heeft een plaatselijk restaurant dat stuk aan letterlijk honderden gasten verkocht. Niettemin is dit gerecht alleen de moeite waard bij een feestelijke gelegenheid voor veel mensen.*

Doe groenten en peperkorrels in een heel grote pan water met een beetje zout en breng het aan de kook. Laat het rundvlees 30 minuten meepruttelen. Voeg tong, kip en al het kalfsvlees toe en laat alles 2 uur pruttelen; schuim regelmatig af. (Als uw pan niet groot genoeg is voor het vlees, verdeel de groenten en het vlees dan over twee pannen.) Het vlees moet altijd onderstaan; voeg zo nodig water toe.

Prik het vel van de *cotechini* met een naald in, zet ze onder koud water in een andere pan, breng ze aan de kook en laat ze 1-1½ uur pruttelen.

Laat al het vlees gaar worden en haal het uit het water. Pel de tong en snijd hem bij. Snijd het vlees in plakken en schik ze op een grote platte schaal. Dien ze warm op met de sauzen, de groenten en een paar eetlepels kookvocht.

Involtini di Agnello e Maiale

Varkens- en lamspakketjes

Voor 4 personen

200 g heel verse lamslever
200 g varkenslever
200 g varkenshart
3 eetlepels olijfolie (extra vergine)
sap van 1 citroen
1 stuk darmnet (zie rete di maiale, blz. 81)
2 lamstestikels (zie granelli, blz. 75), in vieren
zout en peper
cayennepeper

Dit is een Apulische specialiteit. Ik heb het gerecht in Alberobello gegeten en het was verrukkelijk. Niet alle ingrediënten zijn misschien makkelijk te vinden, maar een goede slager moet ze voor u te pakken kunnen krijgen.

Snijd lever en hart in vingerlange reepjes. Bestrooi ze met zout, peper en cayennepeper en besprenkel ze met olie en citroensap. Week het darmnet in lauw water, zodat het een soort kantachtig net wordt. Snijd het in 8 lange repen en wikkel er het gemengde vlees in (ook de testikels). Leg ze op een gloeiend hete barbecue en grilleer ze 5-6 minuten aan elke kant. Ze moeten knapperig aan de buitenkant en sappig aan de binnenkant zijn.

Punta di Petto d'Agnello Ripieno

Gevulde lamsborst

Voor 4-6 personen

1 stuk lamsborst (zie foto) van 1 kg
3 eieren
8 eetlepels vers broodkruim
1 eetlepel rozijnen
1 knoflookteen, fijngehakt
1 eetlepel pijnboompitten
60 g Parmezaanse kaas, versgeraspt
1 eetlepel gehakte peterselie
zout en peper
beetje olie

Voor dit gerecht wordt de heel zachte borst van het lam onder de koteletten gebruikt. Dankzij de diverse lagen vet en vlees is er makkelijk een zak van te maken, die u kunt vullen, dichtnaaien en klaarmaken.

Hoe jonger het dier, des te malser wordt natuurlijk het eindresultaat, dat op een kussentje lijkt.

Verwarm de oven voor tot 180 °C (stand 4). Snijd de lamsborst aan een zijkant tussen de lagen open, zodat een zak ontstaat. Meng de overige ingrediënten (behalve de olie), vul er de zak mee en naai deze met keukengaren dicht. Bestrijk het vlees met een beetje olijfolie en zet het 1¼ uur in de oven.

Tofeja del Canavese

Tofeja del Canavese

Varkensvlees met bonen

Voor 8-10 personen

400 g gedroogde borlotti-bonen
1 kg varkenspootjes, staart, oren, krabbetjes en kleine cotechino's
500 g vers zwoerd (zie cotenna, blz. 74)
klein takje rozemarijn, fijngehakt
2 tenen knoflook, fijngehakt
paar blaadjes salie
2 stengels bleekselderij, fijngehakt
1 wortel, fijngehakt
1 ui, fijngehakt
5 eetlepels olijfolie
1 chilipepertje, fijngehakt
mespunt nootmuskaat, versgeraspt
paar blaadjes laurier
zout en peper

'Tofeja' is de naam van een aardewerk pan met deksel, die speciaal voor dit uiterst voedzame, maar uitzonderlijk lekkere plattelandsgerecht is ontworpen. Canavese is het noordelijke deel van Piemonte, dat grenst aan het Aosta-dal, waar ik ben opgegroeid. Wij plachten dit gerecht met carnaval te eten. Alle gelatinerijke delen van het varken zitten erin.

Week de borlotti-bonen een nacht in ruim koud water en giet ze af.

Verwarm de oven voor tot 160 °C (stand 3). Schroei de staart en oren om de haartjes te verwijderen; ze moeten smetteloos schoon zijn. Snijd het zwoerd in rechthoekjes van 8 x 12 cm en bestrooi ze met zout en peper. Meng rozemarijn en 1 teen knoflook, leg een mespunt van dit mengsel met 1 blaadje salie in het midden van elk stukje zwoerd, rol ze op en zet ze met keukengaren vast.

Doe de uitgelekte bonen in een grote pan. Leg er de groenten op en besprenkel ze met olie, chilipeper, nootmuskaat, zout en peper. Leg daarop het vlees en de varkensrolletjes en voeg zoveel koud water toe dat alles onderstaat. Strooi er laurier en de rest van de knoflook over. Doe het deksel op de pan, zet het gerecht 3-3½ uur zonder te kijken of te roeren in de oven en dien het op.

Ossobuco alla Milanese

Kalfsschenkel op Milanese wijze

Voor 4 personen

1¼ kg kalfsschenkel, in vier plakken van 4 cm dik (met mergpijp in het midden)
ca. 4 eetlepels olijfolie
1 ui, in blokjes
2 stengels bleekselderij, in blokjes
1 wortel, in blokjes
2 glazen droge witte wijn
ca. 3 dl kalfsbouillon
zout en peper
kruidenbloem

Bestuif het vlees met bloem. Verhit olie in een grote pan en bak het vlees aan alle kanten bruin. Haal het uit de pan en houd het apart. Voeg zo nodig meer olie toe en fruit ui, bleekselderij en wortel in dezelfde pan lichtbruin. Doe het vlees weer in de pan, giet er wijn en bouillon bij en breng alles zachtjes aan de kook. Laat het afgedekt ca. 1½ uur pruttelen of tot het vlees gaar is; haal tegen het einde van de stooftijd het deksel van de pan. Kijk af en toe of de saus niet te droog wordt en voeg zo nodig nog wat bouillon toe.

Breng het gerecht met zout en peper op smaak en geef er *Risotto allo Zafferano* (blz. 178) en *gremolada*, een mengsel van fijngeraspte citroenschil, gehakte knoflook en peterselie, bij.

Fegato alla Veneziana

Gebakken lever met uien

Voor 4 personen

- 50 g boter
- 1 grote ui, in dunne plakjes
- 500 g kalfslever, in heel dunne plakjes
- zout en peper
- desgewenst: bladpeterselie, fijngehakt

Dit is weer een klassiek Italiaans gerecht, ditmaal uit de Veneto. Het verschilt in zoverre van de Venetiaanse versie dat deze laatste een scheutje azijn bevat.

Verhit de boter in een grote koekenpan en fruit de plakjes ui tot ze wat kleur beginnen te krijgen. Voeg de plakken lever toe en bak ze in 3-4 minuten aan elke kant bruin; ze moeten van binnen sappig en roze blijven – bak ze iets langer als u ze liever heel gaar eet. Voeg zout en peper toe en dien ze direct op. Sommige mensen voegen peterselie en zelfs een paar druppels citroensap toe. Dat is uw eigen beslissing.

Polenta Concia con Salsiccia

Polenta concia met worst

Voor 6-8 (of nog meer) personen

- 25 g gedroogde porcini
- 400 g luganega (blz. 77), in stukken van 10 cm
- 4 eetlepels olijfolie
- 2 tenen knoflook, grof gehakt
- 1 uitje, in dunne plakjes
- takje rozemarijn
- 1 klein chilipepertje, fijngehakt
- 3 eetlepels droge rode wijn
- 600 g tomatenpulp (blz. 117)
- zout

Voor de polenta concia:

- 2 liter water
- 25 g zout
- 500 g grove polenta
- 100 g ongezouten boter
- 100 g Parmezaanse kaas, versgeraspt
- 150 g fontina, liefst uit het Aostadal, in kleine blokjes

Een van de voedzaamste gerechten die u hoog in de bergen (vooral in het Aosta-dal) kunt krijgen, is polenta concia *(blz. 174), waarvan zelfs de hardste werker nieuwe krachten opdoet. Meestal wordt er gestoofde kip of hert bij gegeven, maar ook varkensworst smaakt er voortreffelijk bij. Ik gebruik het liefst traditionele polenta; snelkookpolenta is echter in slechts 5 minuten klaar. Die van Bramata is verreweg de lekkerste.*

Week de *porcini* ca. 30 minuten in lauw water. Verhit de olie in een grote pan en bak de stukken *luganega* aan alle kanten bruin. Bak knoflook, ui, rozemarijn en chilipeper 5 minuten mee. Giet de *porcini* af, knijp er het overtollige vocht uit, snijd ze in grove stukken en doe ze in de pan. Giet er de wijn bij, laat hem verdampen, voeg tomaten en wat zout toe en laat alles 20 minuten pruttelen. Houd het warm terwijl u de polenta maakt.

Breng het water met zout aan de kook. Voeg al roerend met een lange houten lepel beetje bij beetje de polenta toe tot al het meel zonder klontjes in het water is opgenomen. Zorg daarbij dat geen hete polenta op uw handen spat. Blijf 30 minuten op niet te hoog vuur roeren; de polenta moet dan loslaten van de zijkant. Roer er boter, Parmezaanse kaas en fontina door tot alles is opgenomen.

U kunt de polenta op twee manieren opdienen: schep het gerecht gewoon op het bord, of (zoals traditioneel gebeurt) giet de polenta op een grote houten plank, laat hem een beetje afkoelen, snijd hem met ijzerdraad in plakken en leg ze met de gestoofde worst op het bord.

ZAMPONE E LENTICCHIE

ZAMPONE MET LINZEN

VOOR 4-6 PERSONEN

- 1 VOORGEKOOKTE ZAMPONE VAN MINSTENS 1 KG, OF 2 KLEINERE
- 300 G LINZEN UIT CASTELLUCCIO (ZIE LENTICCHIA, BLZ. 112)
- 4-5 BLAADJES SALIE
- KLEIN TAKJE ROZEMARIJN
- PAAR BLAADJES SELDERIJ
- 2 TENEN KNOFLOOK, GESCHILD
- 2 ZONGEDROOGDE TOMATEN, DOORMIDDEN
- EEN KLEIN CHILIPEPERTJE
- 3 EETLEPELS OLIJFOLIE (EXTRA VERGINE)
- ZOUT EN PEPER

Dit is een typisch gerecht uit Emilia, waar u dankzij de overvloed aan plaatselijke Parmahammen ook verse zampone *vindt. Een* zampone *is de huid van een varkenspootje (inclusief de tenen), gevuld met een mengsel van gelatinerijk varkensvlees, ander vlees en kruiden. Een verse moet lang pruttelen (3-4 uur) en smaakt heerlijk naar varken. Koop anders een kant-en-klare in folie, die na 20 minuten pruttelen al klaar is. Neem voor dit gerecht liefst linzen uit Castelluccio; ze hoeven niet geweekt te worden en zijn in 20 minuten gaar.*

Doe de *zampone* in een pan koud water, breng het aan de kook, zet het vuur lager en laat het vlees in 20 minuten gaar worden (of zie de aanwijzingen op de verpakking). Doe intussen de linzen in een pan koud water met de kruiden, knoflook, tomaten en chilipeper. Breng ze aan de kook en laat ze in ca. 20 minuten gaar worden. Gooi de kruiden en hele knoflooktenen weg en voeg olijfolie, zout en peper toe. Snijd de *zampone* in plakken en geef ze met linzen.

POLENTA CONCIA CON SALSICCIA (BOVEN);
ZAMPONE E LENTICCHIE (ONDER)

GROENTEN EN PEULVRUCHTEN

VERDURE E LEGUMI

Ik ben onder andere zo trots op de Italiaanse keuken vanwege de manier waarop we groente klaarmaken. We eten die meestal in plaats van vlees en niet als aanhangsel ervan. Vooral 's zomers genieten we van onze groenten, zonder het vlees ook maar te missen. Dat komt misschien omdat Italië zich door zijn ligging en klimaat beter voor landbouw dan voor veeteelt leent.

Elke Italiaanse streek heeft zijn eigen plaatselijke groenten. In het seizoen zijn dat de beste ingrediënten voor de uitmuntende traditionele streekgerechten die op basis daarvan ontstaan zijn. Sicilië, Calabrië, Campanië en Puglia zijn door hun Middellandse-Zeeklimaat en milde winters de belangrijkste groentestreken. Ook de uiterst vruchtbare grond is een factor, plus natuurlijk de hardwerkende boeren aldaar. Al die factoren samen brengen goede, smakelijke groenten voort.

De Italianen kijken echt uit naar het seizoen waarin bepaalde groenten – zoals asperges, tomaten en artisjokken – op de markt zijn, want organisch gekweekte groenten van de koude grond zijn extra lekker. Asperges, aubergines, tomaten en artisjokken zijn in Italië uiterst populair, en in de beste recepten worden ze gecombineerd met pasta, polenta, rijst of alleen brood. Dat zijn simpele maar heerlijke maaltijden. De manier waarop de groenten gegeten worden, is eeuwenlang door boeren en plattelanders overgeleverd en is nog steeds bijzonder gezond. *La cucina povera* (de armeluiskeuken) placht uit minder romantische en goedkopere groenten als aardappelen, bonen en kool te bestaan. Maar tegenwoordig worden met diezelfde ingrediënten heel bijzondere gerechten gemaakt, vaak door chef-koks die daar veel geld voor vragen.

Een Italiaanse markt biedt werkelijk een fantastisch gezicht. Alle groenten zijn zo uitnodigend uitgestald dat je al gauw meer koopt dan je van plan was. De stapels kersverse venkelknollen, net afgesneden en met water besprenkeld, of de uitstalling van tien verschillende soorten schoongemaakte en panklare veldkruiden zijn een onweerstaanbare verleiding.

Ik herinner me nog levendig de markt in Venetië bij de Rialtobrug, waar de marktlui voorgeschilde uien en schoongemaakte artisjokbodems verkochten, zodat je je die klusjes thuis kon besparen. Zo'n superservice kost natuurlijk iets meer, maar wordt door de klanten zeer op prijs gesteld. Groenten die op deze manier deskundig en met zorg zijn schoongemaakt, leveren uitmuntende gerechten op. De manier waarop alles op de markt is uitgestald, maakt al duidelijk dat de verkoper hart heeft voor zijn koopwaar en voorts klanten wil trekken en binden. Heel vaak hoort u koper en verkoper praten over de beste manier om bepaalde bijzondere groenten klaar te maken. In de meeste Italiaanse winkels is dat doodgewoon.

Toen ik nog een kind was, hadden we een tuintje waar we groente verbouwden. Ik liep vaak met mijn vader langs de rijen tomaten en als ik dan langs een van de schitterende planten streek, rook het intens naar tomaten. Zelfs de bladeren van die planten stonden een geur af die ik me nog steeds herinner. Die geur en sterke smaak van alle Italiaanse groenten zijn waarschijnlijk te danken aan de overvloed aan zonneschijn, die heel bijzondere smaken geeft.

Italianen hoeven hun groenten en fruit niet zo nodig in alle jaargetijden te kopen. Elk gewas heeft zijn eigen seizoen en komt liefst van de koude

grond. Alleen dat garandeert een goede rijping, een goede smaak en een hoog vitaminegehalte. Hoogst zelden vindt u in een Italiaans huis een diepvries vol voorgekookt of gemaksvoedsel. In de mijne heb ik alleen grote hoeveelheden *porcini*. Aan de andere kant heeft het inmaken van groenten op alle mogelijke manieren en voor alle mogelijke doeleinden – van drogen tot inleggen in azijn, zout of olie – een lange traditie. Geen Italiaan zou het b.v. kunnen stellen zonder een pot met minstens één soort ingemaakte groente als *antipasto*. De zuurgraad van de azijn is een fundamentele stimulans voor de maagsappen en houdt het vet van vlees in evenwicht. De laatste tijd worden ingemaakte groenten ook als zodanig gewaardeerd en het aantal gerechten ermee is ontelbaar.

Een goed voorbeeld zijn de traditionele Italiaanse zongedroogde tomaten, die de laatste tijd in de internationale keuken een modieus nieuwtje zijn geworden. Voor ons, Italianen, is dat een verbazingwekkend verschijnsel, want al eeuwenlang worden in Zuid-Italië tomaten gedroogd. Dat de unieke smaak van geconcentreerde tomaten nu ontdekt is, heeft tot een hele reeks vergelijkbare producten geleid, zoals gedroogde paprika's, aubergines en zelfs courgettes. Allemaal hebben ze wel iets aantrekkelijks.

Peulvruchten worden al veel langer gedroogd, hoewel ze ook vers graag gegeten worden. Gedroogd zijn ze bijna even voedzaam. In allerlei plaatsen worden ze traditioneel op heel verschillende manieren klaargemaakt en ze hebben nog steeds een plattelandskarakter dat de laatste tijd erg in de mode is. In elk evenwichtig dieet behoren verse of gedroogde peulvruchten vanwege hun vitaminen, eiwitten en sporenelementen. Bovendien zijn ze lekker, en daarvan wordt goed geprofiteerd in het beroemde gerecht *pasta e fagioli*: een volledige maaltijd met een volmaakt evenwicht van koolhydraten, eiwitten en vezels. Een ander gerecht met peulvruchten is *insalata di fagioli*; een Toscaanse

LINKS: MAÏSVELD IN EMILIA-ROMAGNA

LINKSONDER: CASTELLUCCIO IN HET PRACHTIGE UMBRISCHE MONTE SIBILLINI-DAL, WAAR DE FABELACHTIGE LINZEN GROEIEN.

ADELVIO EN BEDULLIA UIT UMBRIË OOGSTEN HUN GROENTEN.

salade van gare borlotti-bonen met een beetje olijfolie, zout en peper – een simpele maar gezonde delicatesse. Van peulvruchten kunt u ook voortreffelijke soepen maken, en wel zo dik en smakelijk dat ze een volledige maaltijd zijn. De beste bonensoepen zijn gebaseerd op gedroogde tuinbonen, kikkererwten en linzen, die alle drie in elke streek en in elke denkbare vermomming te krijgen zijn.

Castelluccio-linzen uit Umbrië zijn beroemd om hun hoge ijzergehalte, gemakkelijke bereidingswijze en bestendigheid tegen ziekten en plagen. Maar ze onderscheiden zich vooral van andere linzen door hun unieke smaak. Op weg van Umbrië naar de Marche rijdt u over de Castelluccio-vlakte, en vaak ziet u daar boeren met hun tractor in de berm bij de dorpen staan om hun linzen rechtstreeks aan de automobilisten te verkopen. Er is altijd veel vraag naar, want ze worden organisch verbouwd, en dat maakt ze duur. Maar wie ze ooit geproefd heeft, is blijkbaar altijd bereid om er drie- of viermaal zoveel voor te betalen als voor gewone linzen.

A-Z VAN GROENTEN EN PEULVRUCHTEN

ACETOSA

ZURING

Deze scherp smakende plant, die ook wel *erba brusca* ('wrang gras') heet, wordt in Italië niet zoveel gegeten als in Frankrijk. Hij is dus ook niet veel aangeplant, maar in mei en juni kunt u wilde zuring plukken. Het kruid wordt vanwege zijn doordringende smaak in soep en salades gebruikt en ik vind het onweerstaanbaar als basis voor *risotto*.

AGLIO, AGLIETTO

KNOFLOOK

Knoflook wordt al eeuwenlang in Italië verbouwd en 70% van de productie wordt tegenwoordig geëxporteerd. De belangrijkste productiecentra zijn Campanië, Emilia-Romagna, de Veneto, Puglia en Sicilië, en in al deze streken is knoflook ook belangrijk in de keuken.

Er zijn veel soorten knoflook, zoals de witte Bianco Napoletano en Bianco Piacentino en de roze Rosso Napoletano, Rosso di Sulmona en Rosso di Agrigento. In de lente vindt u soms wilde knoflook (*aglio selvatico*, zie verderop), maar daarvan eet u alleen de sterk geurende, donkergroene bladeren, niet de bol.

Ik kreeg een keer een mammoetbol knoflook, die wel tienmaal zo groot was als normaal, maar daar zat weinig geur en smaak aan. Als u dus knoflook koopt, vergeet dan niet dat klein, fijn is. Een goede bol knoflook heeft een doorsnee van minstens 5 cm en compacte, stevige tenen. Laat knoflook met groene uitlopers liggen, want die heeft zijn beste tijd gehad, smaakt waarschijnlijk heel sterk en wordt door uw omgeving niet op prijs gesteld.

Een zorgvuldig bijgesneden en onaangebroken bol knoflook is wel een jaar houdbaar, maar knoflook is in Italië zo overvloedig en goedkoop, dat niemand een bol hoeft te bewaren, behalve wie zijn eigen knoflook kweekt. Als u stevig met uw handpalm op een teen drukt, breekt de schil en kunt u hem makkelijk pellen. De knoflookgeur aan uw handen raakt u kwijt door ze in te wrijven met zout en daarna gewoon met zeep te wassen.

Knoflook dient in veel Italiaanse gerechten om de smaak te accentueren in plaats van te overheersen. Maar daarop bestaan een paar uitzonderingen, b.v. de beroemde gerechten Bagna Caôda (blz. 33) en Pesto (blz. 228), waarin de knoflook domineert. Een ander, minder bekend knoflookgerecht is de *agliata*, een doordringend smakende, Ligurische saus, die wordt opgediend bij gekookt vlees: wrijf in een vijzel knoflook fijn met in azijn geweekt en drooggeknepen broodkruim, en voeg aan het einde olijfolie toe. In Piemonte maakt men *aja* of *agliata*, een pasta van met walnoten en olijfolie fijngewreven knoflook; verrukkelijk op brood. Mijn vrouw braadt graag knoflook mee met kip. Tegen het einde van de braadtijd doet ze hele, ongepelde tenen knoflook in dezelfde pan als de kip en die worden dan heerlijk romig en mild. Knoflook is ook lekker in salades en soep en u kunt *bruschetta* inwrijven met een rauwe teen knoflook. Daar gaat u misschien doordringend van ruiken, maar lekker is het wél.

U kunt de smaak van de knoflook temperen door de tenen voor het gebruik een paar uur in melk te weken. Dat doen ze in Piemonte voor een minder overweldigende versie van *bagna caôda*; de knoflook wordt zelfs in melk gekookt om de machtige geur te bedwingen. Als u alleen een vleugje knoflook in een gerecht wilt hebben, kunt u de pan vóór het gebruik inwrijven met knoflook. Dat kunt u ook doen met de schaal waarin u een salade gaat maken. Of hak wat knoflook grof, doe de stukjes in een fles olie of azijn en laat het geheel een dag of twee staan. De gezeefde olie of azijn kunt u gebruiken voor salades, of andere gerechten die maar een vleug knoflook nodig hebben. Ideaal voor fijne gerechten en salades is *aglietto*, een jonge, minder overweldigende knoflook.

Knoflook is niet alleen een belangrijk ingrediënt, maar heeft ook genezende eigenschappen en werd tot de ontdekking van antibiotica vaak als antiseptisch middel gebruikt. In de oorlog werd het op wonden gelegd om ze te desinfecteren en de bacteriën weg te houden. Tegenwoordig wordt het gewaardeerd als middel om het cholesterolgehalte van het bloed te verlagen, en natuurlijk om vampiers te verdrijven!

LINKS: AGLIO

AGLIO SELVATICO

WILDE KNOFLOOK

Het lekkerste van wilde knoflook (*Allium ursinum*) zijn de malse bladeren, die heerlijk zijn in salades, soep en wilde-knoflookboter. Tijdens wandelingen op het Italiaanse platteland in de lente kunt u de overvloed aan wilde knoflook letterlijk ruiken. De bollen van de wilde knoflook zijn taai; laat die dus maar zitten om verder te groeien.

ASPARAGO

ASPERGE

Asperges zijn in Italië heel populair, maar worden meestal alleen in het seizoen gegeten, want dan hebben ze

ASPERGES OP DE MARKT IN TURIJN

hun natuurlijke, wilde smaak. Asperges zijn de loten van een plant. Als die plant ongehinderd doorgroeit, ontstaan heel ijle, geveerde blaadjes en geelwitte bloemen. Zodra de loot boven de grond komt, wordt die met een speciaal, lang mes aan de voet afgesneden, zodat een malse, eetbare scheut van ca. 15 cm overblijft.

Asperges worden vooral gekweekt in Emilia-Romagna, de Veneto en Piemonte, maar ook in een paar kleinere streken rond de Vesuvius in Campanië. In Italië zijn drie soorten populair: de witte, de paarse en de groene. De witte soort (*bianco di Bassano*) stamt uit Duitsland en groeit in de Veneto. Elk jaar houden de restaurants in de mooie stad Bassano del Grappa aan de Piave-rivier een wedstrijd in wie het origineelste recept kan bedenken; het publiek is de jury. De paarse asperge heet *argenteuil* en wordt in Campanië gekweekt; vandaar de Italiaanse naam Napoletano. De groene soort komt uit Piemonte en Emilia-Romagna. Deze soort is bijzonder smakelijk en mals en heeft een donkergroene punt die vervaagt tot wit aan de voet.

Asperges moeten met bijzondere zorg worden schoon- en klaargemaakt. Naar mijn mening is stomen de beste methode: de kwetsbare punten blijven dan heel en behouden al hun smaak. Asperges moeten heel vers zijn. De mooiste hebben een stevige, goed gesloten punt. Snijd bij het schoonmaken het taaie, houtige deel aan de voet weg. Als u de asperges kookt, zet ze dan rechtop in een hoge, smalle pan en houd de punten boven het water, zodat ze niet overgaar worden. Doe geen deksel op de pan, anders zijn de punten door de hete stoom eerder gaar dan de rest.

In Italië worden asperges veel in boter gebakken en met Parmezaanse kaas bestrooid, maar in Milaan wordt er een gebakken ei op gelegd. Ze zijn goede *pasticciati*, d.w.z. in stukjes met roerei en ui. In de lente eet ik graag asperges met gekookte nieuwe aardappeltjes, wat gesmolten boter en een paar vliesdunne plakjes Parmaham. Aspergerisotto mag u niet missen en heel jonge, malse asperges kunt u zelfs rauw bij een

RECHTSBOVEN: PEULEN VAN BORLOTTI-BONEN

Bagna Caôda eten (blz. 33).

Er is maar een kleine hoeveelheid wilde asperge (*Asparagus selvatico*), die een beetje bitter is en heel sterk geurt. Ik was een keer in het seizoen op Sardinië en daar werden ze langs de weg verkocht, vers gestoken door de plaatselijke bevolking. Ze waren heel dun, hoefden niet geschild te worden en waren verrukkelijk in een omelet (*frittata con asparagi*).

BARBABIETOLA
RODE BIET

Deze wortelgroente is nauw verwant aan de suikerbiet en wordt graag gaar (of soms rauw) in salades gegeten. Rode biet is ook het hoofdingrediënt van b.v. de traditionele, Russische *borsjtsj*. Van verse rode bieten is ook het groen eetbaar.

Om rode bieten te koken snijdt u eerst de bovenste bladeren af zonder het vel te beschadigen. Dan kookt u de bieten (afhankelijk van hun grootte) ca. 2 uur. U legt ze, met hun eigen bladeren bedekt en in water, 1-1½ uur in een middelwarme oven. U kunt de afgekoelde rode bieten schillen, in plakken snijden en in een gemengde salade verwerken. Zelf gebruik ik ze graag als hoofdingrediënt in een salade met korianderblad, lente-uitjes, zout, extra vergine olijfolie en wat goede wijnazijn.

BARBA DI BECCO, BARBA DI FRATE, BARBA DI CAPPUCCINO
SALADEGROENTE

Deze saladeplant lijkt op bieslook en heeft eveneens lange, smalle, groene bladeren met een lichtzure smaak. *Barba di becco* wordt nauwelijks gekweekt, maar groeit in heel Italië in het wild. U kunt het in de lente plukken en in een salade verwerken.

BORLOTTO
BORLOTTI-BOON

RECHTS: GEDOPTE BORLOTTI-BONEN

Borlotti-bonen zijn zowel vers als gedroogd in Noord- en Midden-Italië erg bekend en geliefd. De peul (*baccello*) van de verse boon is gelig met lichtrode en groene vlekken, de boon zelf is lichtbruin met rode vlekken. Er zijn veel soorten borlotti-bonen. Een ervan is de uit Groot-Brittannië afkomstige Taylor's Horticultural, die in Italië veel gegeten wordt.

Borlotti-bonen worden geoogst als de peul helemaal droog is en de bonen donkerder van kleur zijn geworden. De meeste worden gedroogd en – net als de verse – in b.v. *minestrone* verwerkt. Verse bonen worden 30 minuten gekookt en opgediend met extra vergine olijfolie, oregano of rozemarijn en een beetje azijn. Voeg pas aan het einde van de kooktijd zout toe; anders worden de schilletjes taai.

Borlotti-bonen worden veel gebruikt in de beroemde Noord-Italiaanse soep *pasta e fagioli*, die in heel Italië populair is geworden. In het noorden wordt het gerecht echter iets anders klaargemaakt: de helft van de bonen wordt gepureerd, zodat de soep romig en fluweelglad

LINKS: BROCCOLI

wordt. Borlotti-bonen zijn ook lekker met rijst in de dikke brij Panissa (blz. 178). De stad Saluggia in Piemonte is beroemd om zijn borlottigerechten, namelijk bonensoepen die gekookt zijn met *cotenna* (zwoerd).

BORRAGINE, BORRANA

BORAGIE

Dit robuuste kruid doet me altijd aan Ligurië denken, waar het op grote schaal in het wilde-kruidenmengsel Preboggion (blz. 167) wordt verwerkt. De Campaniërs maken er echter soep van. De grote, harige bladeren kunt u het beste koken en als verse groente opdienen met wat extra vergine olijfolie en een scheutje citroensap, maar u kunt er ook een heerlijke raviolivulling van maken (zie Pansôti, blz. 149). De bijzonder mooie, lichtblauwe en eetbare bloemen kunnen gebruikt worden als decoratief element in salades of, gefrituurd, als borrelhapje.

BROCCOLO, BROCCOLETTO

BROCCOLI

Broccoli is nauw verwant aan kool en bloemkool en kent veel soorten. De groente bestaat uit duizenden bloemknoppen aan de top van de plant. Als die knoppen opengaan, wordt de broccoli geel, en daaraan kunt u goed zien of de groente vers is: de knopjes moeten potdicht zijn en een intense, blauwgroene kleur hebben.

Broccoli wordt op Sicilië (waar *broccolo* 'bloemkool' betekent) vooral *calabrese* genoemd, omdat de groente in Calabrië het beste groeit. De meest voorkomende variëteit, de Piccolo di Verona, is lichtgroen en vroeg in de lente voor consumptie geschikt; de Grosso Romano of Violetto di Sicilia heeft heel mooie, kegelvormige roosjes en een opvallende purperkleur, die bij het koken donkergroen wordt.

De Italianen eten veel broccoli en er zijn veel recepten voor, b.v. als puree bij kalfsvlees of kip, of als saus bij Pugliese pasta's als *orecchiette*. Ook door losgeklopt ei gehaald en gefrituurd zijn de gare roosjes lekker.

Broccoletti zijn kleine broccoliroosjes. Net als spruitjes groeien ze aan de steel, als de groente zelf (de grote bloem) eraf is gesneden. U kunt ze, al naargelang de gewenste gaarheid, 5-9 minuten koken en dan in olijfolie een paar tellen roerbakken met wat plakjes knoflook en een half chilipepertje. Of besprenkel beetgare broccoli gewoon met wat extra vergine olijfolie en een paar druppels citroensap; ook dat wordt graag gegeten.

BROCCOLO DI RAPA

RAPENSCHEUT

Deze groene scheutjes lijken op speertjes met aan de kop bloemknopjes die geel worden als ze opengaan. De scheuten mogen echter alleen gebruikt worden als ze nog groen zijn. *Broccolo di rapa* zijn in het zuiden heel populair en heten daar *friarielli*. Aan het begin van de bereiding kunt u ze blancheren om hun heel intense smaak te temperen. De populairste bereidingswijze is stoven in een dichte pan met olijfolie, knoflook en chilipeper. Ze zijn heerlijk met gebakken polenta.

BRUSCANDOLI, BRUSCANSI

HOPPESCHEUT

Hop is een klimplant met doorntjes op de stengel, en alleen de punten van de jonge scheuten worden in de keuken gebruikt. De plant groeit overal in Italië in het wild, maar is een specialiteit van de Veneto, waar hij in *risotto*'s wordt verwerkt. In de lente zijn op de groentemarkt van de Rialto kleine bosjes scheuten te koop. In het zuiden worden ze in omeletten verwerkt of eerst gekookt en dan met knoflook gebakken. Zelf eet ik ze net als asperges: gekookt en met een beetje gesmolten boter, of nog liever met hollandaisesaus.

CANNELLINO

CANNELLINI-BOON

Deze, vooral in Midden-Italië geliefde bonensoort heeft zich vanuit Toscane over heel Italië verspreid. Dat de cannellini-bonen zo populair zijn, komt door hun smaak, hun mooie, roomwitte kleur en hun gebruiksgemak. De meeste Italiaanse bonen in blik of pot zijn cannellini-bonen.

De rijpe bonen zijn moeilijk te oogsten en dat gebeurt daarom in de herfst, als de peulen helemaal droog zijn. De bonen worden dan ook zelden vers gegeten. Gedroogde bonen moeten eerst een nacht weken. Doe ze daarna in een pan, zet ze zonder zout onder water en breng ze aan de kook. Zet het vuur lager en laat ze, zonder te roeren, 2 uur pruttelen.

Cannellini-bonen worden in *minestrone* en in het beroemde gerecht Pasta e Fagioli (blz. 157) gebruikt, vooral in Campanië, waar deze bonen veel verbouwd worden. Uit Toscane komt een merkwaardig gerecht genaamd *fagioli al fiasco*, waarvoor de bonen met olie, knoflook en salie in een chianti-fles worden klaargemaakt. De fles wordt in de kooltjes van een vuur gezet en de bonen worden heel langzaam gaar, totdat ze zo gezwollen zijn dat ze nog net door de smalle hals van de fles kunnen glijden. Cannellini-bonen zijn ook heel lekker als u ze gewoon kookt, aanmaakt met extra vergine olijfolie, zout, peper en rozemarijn, en opdient met brood.

CAPONATA, ZIE SEDANO EN HET RECEPT OP BLZ. 135

CARCIOFO

ARTISJOK

De artisjokkenplant is een soort distel. Wat u eet, zijn de malse delen

RECHTS: GESNEDEN ARTISJOKHARTEN

van de bloemknop en de bijbehorende steel. Als u die steel in het water zet, kan hij gaan bloeien, en het hooi wordt daarbij prachtig purperrood. Artisjokken groeien het beste in de buurt van de Middellandse Zee in een geschikt klimaat en op een goed afwaterende grond. De belangrijkste teeltgebieden in Italië zijn Campanië, Sicilië, Puglia en Lazio, maar voor plaatselijk gebruik worden ze ook bijna overal elders verbouwd. Bijna 98% van de Italiaanse oogst gaat naar het buitenland, maar ook de Italianen zijn er dol op. De oogst is dus enorm en Italië is zelfs 's werelds grootste producent van deze groente.

Artisjokken kunnen in kleur variëren van paars tot groen. Ze kunnen allerlei vormen hebben en wel of geen stekels vertonen. Er zijn drie hoofdformaten. De grootste heten *la Mamma*; ze worden meestal gekookt en blad voor blad gegeten, totdat de vlezige bodem is bereikt. Het harige hooi wordt weggegooid. De kleinere maat heet *figli* (kinderen). Ze groeien vlak onder de grote artisjok en zijn heerlijk mals.

ARTISJOKKEN TE KOOP IN PALERMO

Nóg kleinere artisjokken heten *nipoti* (neven). Ze groeien nog lager aan de plant, worden meestal ingelegd in olie en azijn en dienen als *antipasto*.

Een van de belangrijkste rassen is de Romanesco: een grote paarse artisjok zonder stekels. De kleinere Violetto Toscano is eveneens paars en wordt, zoals de naam al zegt, in Toscane verbouwd. Hij is heel mals en wordt meestal gebruikt voor Pinzimonio (zie het recept op blz. 223), een traditionele Toscaanse versie van de Franse *crudités*. Ten slotte is er een violette artisjok uit Sicilië (*Spinoso di Palermo*) met een stekelige bloem die voorzichtig behandeld moet worden. Deze soort smaakt fantastisch en is vooral lekker in Frittella, een gerecht van verse tuinbonen, artisjokken en ui, dat in Palermo wordt gegeten (zie blz. 133). Voorts zijn er twee Venetiaanse artisjokken. De eerste en grootste is de *Precoce di Chioggia*, die in oktober-november geoogst wordt en samen met de veel kleinere *Castraure della Laguna* wordt verbouwd.

Artisjokken maakt u als volgt schoon. Snijd eerst het bovenste derde deel van de groente en gooi de taaie buitenbladeren weg, totdat u de malse bodem bereikt. Slechts een klein deel van de steel van heel jonge artisjokken is eetbaar, maar moet geschild worden. Gooi het witte hooi weg. Snijd daarvoor de artisjok tot de bodem doormidden en schraap met de punt van een mes het hooi weg. Als u ze wilt vullen, kunt u de artisjokken heel laten en de bodems er met een scherpe lepel uit halen. Leg schoongemaakte artisjokken in aangezuurd water om te zorgen dat ze niet verkleuren.

Artisjokken zijn rijk aan eiwitten, vitamines en vezels en bevatten fosfor, kalk, kalium, ijzer, koper en zink. In Italië worden ze rauw gegeten in salades, Pinzimonio en Bagna Caôda (blz. 33), maar u kunt ze ook blancheren, in vieren snijden, door bloem en losgeklopt ei halen en frituren. Of kook ze *in umido* met tomaten en olie. Zelf eet ik ze het liefst heel langzaam gestoofd in olijfolie met ui, kappertjes en peterselie. Een andere heerlijke bereidingswijze komt uit Sicilië. Maak de bovenste bladeren met uw vingers los en strooi grof zout over het midden. Besprenkel de artisjok met extra vergine olijfolie en leg hem in gloeiende kooltjes, totdat de buitenbladeren verkoold zijn, maar de bodem heel gaar is geworden en een rooksmaak heeft gekregen.

CAROTA, PASTINACA, PASTANACHE

WORTEL

Wortelen zijn het hele jaar te koop en groeien vooral in gematigde klimaten. In Italië zijn Sicilië en de Abruzzen de belangrijkste productiecentra. Wortelen kunnen in kleur variëren van lichtgeel tot dieprood en hebben een sterke smaak en geur. U kunt ze koken en met knoflook in boter bakken, of pureren en als bijgerecht geven. In *minestrone*, *ragùs* en stoofgerechten geven ze een uitgesproken zoete smaak. In Zuid-Italië worden wortelen rauw gegeten. Daar zijn ze heel mals en heten ze in het plaatselijke dialect *pastinaca* of *pastanache*. Ik ben dol op grof geraspte rauwe wortel met verse munt, koriander, olijfolie, citroensap, zout en peper. Wortelen zijn ook een belangrijk ingrediënt in Giardiniera (blz. 112).

CARDO

KARDOEN

De kardoen is verwant aan de distel en heeft – anders dan zijn familielid, de artisjok – lange bladeren. En, anders dan bij de artisjok, eet u van de kardoen niet de bloem maar de steel. Om de kardoens mals genoeg te maken, worden ze op een bijzondere manier verbouwd. In Piemonte worden de lange stelen en bladeren in september-oktober b.v. omgebogen (in elke streek gebeurt dat op een andere manier) en met aarde bedekt om ze tegen het gure winterweer te beschermen. In de maanden daarna worden ze volmaakt wit en mals. Door dat proces blijven ze een gebogen vorm houden en heten ze in de volksmond *gobbi* (bultenaars).

Kardoens eet u rauw in het beroemde gerecht Bagna Caôda (blz. 33) of *alla parmigiana*. U maakt ze

LINKS: CARDO

schoon door net als bij bleekselderij met een mes de buitenste vezelige draden te verwijderen en de stengel in stukken van 1 cm te snijden. Leg ze in aangezuurd water, zodat ze niet zwart worden, kook ze beetgaar, giet ze af, leg ze in een beboterde ovenschaal en leg hier en daar een klontje boter op, en bak ze 20 minuten in een redelijk hete oven.

CATALOGNA, ZIE CICORIA

CAVOLINO DI BRUXELLES

SPRUITJE

Spruitjes zijn een soort minikooltjes die in Italië nog maar sinds kort gegeten worden, ondanks het feit dat de Romeinen ze (naar men zegt) in België geïntroduceerd hebben. De spruitjes groeien aan de tot 1 meter lange stelen van een soort koolplant. Ze worden laat in de herfst en 's winters geoogst en zijn een interessant alternatief voor andere koolsoorten.

Verwijder voor het klaarmaken eerst de beschadigde buitenblaadjes, snijd de steel af en maak een insnede in de voet om te zorgen dat ze gelijkmatig gaar worden. Blancheer ze 7 tot 8 minuten in kokend water, of kook ze in 10-15 minuten gaar om als bijgerecht te serveren. In Italië worden spruitjes meestal geblancheerd, gebakken in de oven en bedekt met een bechamelsaus, of, zoals in Parma, gekookt en met een klontje boter en Parmezaanse kaas opgediend.

CAVOLFIORE

BLOEMKOOL

Er zijn veel soorten *palla di neve* (sneeuwbal), zoals deze koning van de koolfamilie technisch heet. Bloemkool lijkt sterk op broccoli, maar de witte bloempjes van de krop zijn heel zwaar en compact en worden omringd door een paar bladeren. Als die bladeren vers zijn, hebt u een goede bloemkool. Het zachte, lichtgroene deel ervan is eveneens eetbaar.

Bloemkool wordt in heel Italië verbouwd. De belangrijkste productiecentra zijn Campanië, de Marche, Puglia en Sicilië. Er zijn ook veel soorten, o.a. Precoce Toscano, Gigante di Napoli en Tardivo di Fano. De bloemkool heeft een heel lang groeiseizoen: hij is van oktober tot eind mei te koop.

De Italiaanse keuken verwerkt bloemkool in tal van gerechten, van *minestrone* tot het beroemde streekgerecht *pasta e cavolfiore* uit Campanië. Gepureerd met boter en Parmezaanse kaas, opgediend in een kaassaus, gegratineerd (*gratinato*), in dunne plakjes als simpele salade, met olie en azijn of gedipt in de mayonaise, of vers gekookt en opgediend met extra vergine olijfolie, knoflook en citroensap. Bloemkool is ook een belangrijk ingrediënt in Giardiniera, een Italiaans mengsel van ingelegde groenten, en van Insalata di Rinforzo (blz. 136).

Zelf eet ik graag bloemkoolbeignets: even voorgekookte bloemkoolroosjes, door een beslag van losgeklopt ei, broodkruim en wat Parmezaanse kaas gehaald en gefrituurd. U kunt ze ook door een beslag halen van losgeklopte eieren met een paar eetlepels bloem en een mespunt zout en dan in olijfolie goudbruin bakken. Beide versies zijn heerlijke borrelhapjes.

LINKS: GROENE, WITTE EEN PAARSE BLOEMKOLEN

CAVOLO

KOOL

Een oude Italiaanse uitdrukking luidt: 'È come il cavolo a merenda' ('dat is als kool bij de thee', oftewel iets dat volstrekt misplaatst of zinloos is). Als ik een kool was, zou ik me diep beledigd voelen, want deze onderschatte groente is een van de hoekstenen van de moderne Italiaanse keuken en zowel in het noorden als in het zuiden populair.

Ik zal nooit mijn jeugd in Borgofranco tijdens de oorlog vergeten. Ik was toen 15 en had, net als mijn vrienden, altijd honger. Rond 5 uur 's middags improviseerde ik dan vaak een maaltijd. Op weg van school naar huis kwamen we langs een koolveld, en als de kolen eetbaar waren, gunden we ons het genoegen om er een van het veld te halen. Ieder van ons had van thuis de andere benodigdheden meegenomen: olijfolie, zout, peper, azijn, brood en een grote kom. Met een groot mes en een snijplank maakten we dan in de openlucht een koolsalade. De witte, knapperige binnenbladeren sneden we heel dun. We deden ze in de kom en maakten ze met de andere ingrediënten aan. Soms voegden we wat geplette en in azijn gemarineerde knoflook toe. Rond de kom gezeten aten we dan deze tussenmaaltijd op, en daarmee hielden we het tot het avondeten vol. Een waanzinnige, maar heerlijk onschuldige tijd.

Dankzij de kool hebben we de oorlog overleefd, en ik weet nog dat mijn moeder, die ons gezond en voedzaam wilde laten eten, de kool op tal van manieren vermomde. Ze maakte de groente op allerlei verschillende manieren klaar en gebruikte allerlei verschillende soorten. Zo leerden we haar onvergetelijke kookkunst waarderen, en ik heb er in mijn hele carrière inspiratie uit geput.

In Italië worden vier hoofdsoorten verbouwd; de heerlijke zomerkool in het noorden, de herfst- en wintersoorten in het warmere zuiden.

Cavolo Cappuccio (een platte kool) is een compacte kool ter grootte van een voetbal met blauwgroene buitenbladeren en spierwitte binnenbladeren. Deze binnenbladeren zijn heel mals en worden gebruikt voor *crauti*, het Italiaanse equivalent van zuurkool (zie aldaar). Deze koolsoort gaat ook in b.v. *minestrone*, in bonensoepen en in rijstgerechten als *riso e cavoli*.

Cavolo Verza (savooienkool) wordt vooral in Piemonte, Lombardije en de Veneto veel gegeten. De soort onderscheidt zich door zijn gerimpelde en gekrulde bladeren. De diepgroene, bijna blauwe buitenbladeren worden vaak rond een vleesvulling gewikkeld, dichtgebonden en gestoofd (zie het recept voor Caponnet op blz. 130). De lichtere binnenbladeren zijn heel mals, en als u de dikke middennerf weghaalt, kunt u er heerlijke salades van maken. Snipper de bladeren en maak ze aan met een vinaigrette van olijfolie, azijn, een paar gepureerde ansjovisfilets en wat milde mosterd. Een ander lekker gerecht met savooienkool is afkomstig van mijn oude vriendin Nina in het Aosta-dal (zie blz. 234). Ze kookt de in stukjes gesneden kool gaar, legt die in laagjes in een schaal afgewisseld met stukjes oud brood, blokjes fontina en Parmezaanse kaas, bedekt dit alles met kippenbouillon en een rijkelijke laag boter. Ze laat dit alles rusten, zodat het brood alle geuren op kan nemen, en roert vervolgens alles door elkaar. Dit heet *zuppa valpellinense* en het doet me denken aan een soortgelijk, doch calorierijker gerecht, dat mijn moeder altijd klaarmaakte.

Cavolo Nero (zwarte kool) is niet alleen ongewoon vanwege zijn donkergroene, bijna zwarte bladeren, maar ook vanwege zijn lange vorm en gekrulde bladeren. Hij wordt vooral in het zuiden en Toscane gekweekt, waar hij in combinatie met bonen een essentieel ingrediënt van *ribollita*-soep is. Deze soep wordt altijd een dag of twee van

Rechts: cavolo nero

tevoren gemaakt en dan opnieuw gekookt; vandaar de naam. In het zuiden wordt hij vooral gaar gestoofd met knoflook, wat reuzel, wat *peperoncino* en water. Mijn vrouw maakt hem net zo klaar, maar dan met een paar plakjes gerookte bacon, die een interessante smaak geven.

Cavolo Cappuccio Rosso (rodekool) is heel compact en dieprood. De bladeren zitten zo dicht op elkaar dat één kool wel 1½ kg kan wegen. Hij wordt veel in Noordoost-Italië gegeten in gerechten die veel op de Oostenrijkse lijken. Ik snijd hem meestal heel fijn en doe hem in een pan met reuzel of (nog liever) ganzenvet, fijngehakte ui, een paar peperkorrels, wat jeneverbessen, 2-3 geschilde Cox orange pippin-appels in dunne plakjes, veel appelsap en 1-2 blokjes kippenbouillon. Ik breng alles aan de kook en laat het 2 uur pruttelen. Dan is de kool met de appelen een zachte, jamachtige massa geworden die heerlijk is bij varkensvlees of alle soorten wild.

Cavolo Rapa

Koolrabi

Koolrabi is een koolsoort; u eet echter niet het blad, maar de knolvormig verdikte stengel. Die kan zo groot worden als een grapefruit en vertoont op allerlei willekeurige plekken dunne steeltjes en bladeren. Koolrabi heeft een lichtgroene schil en een nog lichter gekleurde binnenkant. Jonge koolrabi's zijn heel mals en ruiken nauwelijks naar kool. Schil ze, snijd ze in vieren en kook ze in water in ca. 15 minuten gaar. Giet ze af en eet ze met boter of *mascarpone*, zout en peper. In Puglia worden ze in plakjes gesneden, aangemaakt met olie en azijn en als salade gegeven.

Cazzimperio, zie Crudita

Cece

Kikkererwt

Deze peulvrucht is overal rond de Middellandse Zee populair en elke Italiaanse streek heeft er gerechten mee. Om klimatologische redenen worden de ronde, crèmewitte kikkererwten alleen in het warmere zuiden verbouwd. Het is waarschijnlijk de enige peulvrucht die vers of gedroogd ongeveer dezelfde kwaliteit heeft. Daarom worden ze veel kant-en-klaar in pot of blik verkocht. Gedroogde kikkererwten moeten, afhankelijk van hun ouderdom, 8-24 uur weken en daarna soms wel 3 uur koken (of de helft van die tijd in een snelkookpan). Vergeet niet dat de erwten tijdens het koken tweemaal zo dik en zwaar worden.

Pasta e ceci is een gerecht van kikkererwten en pasta, dat veel in Puglia, Piemonte en Lombardije wordt gegeten. U kunt kikkererwten ook pureren en opdienen met knapperig gebakken stukjes *speck*. Van gedroogde kikkererwten wordt een meel gemalen waarvan vooral in Li-

Links: cicerchie

gurië *farinata* of *faina* (een soort plat brood) wordt gemaakt.

Cetriolo, Cetriolino

Komkommer, augurk

Een *cetriolo* symboliseert voor mij de zomer, en een salade zonder komkommer is gewoon geen salade. Komkommer is tegenwoordig het hele jaar te koop en wordt daarom ondergewaardeerd, en dat is jammer. De Italiaanse komkommer is korter dan veel Noord-Europese soorten, want de Italianen hebben liever soorten als Marketer of Carosello, die niet cilindrisch zijn maar op de verwante courgettes lijken. Wees heel voorzichtig bij de aankoop, want ze mogen niet te groot zijn en moeten echt hard aanvoelen. U kunt ze beter verteerbaar maken door ze te schillen en bij grotere soorten de pitjes te verwijderen.

Italianen zijn ook verzot op *cetriolini* (augurken). Dat zijn onrijpe komkommers die speciaal verbouwd worden voor de inmaak in azijn en als *antipasto* gegeten worden. Ik heb een salade ontwikkeld van heel fijn gesneden verse augurken met zout, olijfolie, een paar eetlepels melk, een paar druppels citroensap en veel fijngehakte dille.

Cicerchia

Soort grote linze

Deze gedroogde peulvrucht, die zowel qua kleur als qua smaak erg op de kikkererwt lijkt, wordt overal in Italië gegeten. Meestal worden ze in soep verwerkt, zoals bijvoorbeeld in de Apulische *cicerchia e tria* waarin ze met kortgesneden tagliatelle worden gekookt, en, samen met aardappels, in *minestra di cicerchie e patate*.

Cicoria, Cicorietta, Catalogna

Andijvie

Het woord *cicoria* duidt allerlei salades en andere groente aan. Ze zijn allemaal bitter, omdat ze afstammen van de wilde plant *Cicoria selvatica*, nauw verwant aan de *dente di leone* (paardebloem).

Catalogna is een gekweekte verwant van de wilde **cichorei** met ongeveer dezelfde vorm als een paardebloem, maar veel groter. De plant wordt tot 50 cm hoog. De dichte bladeren groeien uit een wortel die u, samen met het malse, witte deel van de steel, kunt stoven als wilde paardebloem. U kunt ze ook koken en aanmaken met extra vergine olijfolie en citroensap, of verwerk ze met *ricotta*, kaas, eieren en specerijen in groentetaarten. *Catalogna puntarelle* ('puntjes') is een struikachtige variant van dezelfde plant met 20-30 sappige, kleine scheuten aan de wortel. Eet ze gekookt met extra vergine olijfolie en citroensap.

Radicchio (**roodlof**) is een bladgroente uit de andijviefamilie, veel gebruikt om zijn iets bittere smaak en diepe, rood-mauve kleur. Er zijn twee belangrijke soorten. De *Rossa di Verona* is een ronde, dichte bol van bladeren en lijkt een beetje op een kleine rodekool. Hij wordt vooral in de Veneto verbouwd, m.n. rond Chioggia. De tweede is de beroemde *Radicchio di Treviso*, die zo heet omdat hij vooral in de buurt van Treviso verbouwd wordt. De *Rossa di Verona* is het hele jaar te koop, maar de *Treviso* alleen in de winter. Dan rijpt hij en verandert zijn groenrode kleur in een prachtig, diep rood. De bladeren zijn lang en puntig en worden meestal verkocht met de eetbare, vlezige wortel er nog aan.

De *Radicchio di Treviso* ondergaat heel wat bewerkingen, voordat hij verkocht en gegeten wordt. De planten worden uit de grond gehaald en in bundels met wilgentakken 2-3 dagen met de wortels in stromend regenwater gezet. Daarna worden ze schoongemaakt, zodat alleen de smetteloze bladeren in het midden overblijven. In Treviso worden de kroppen traditioneel in hun geheel gegrilleerd. Maar u kunt de bladeren ook in salades, in risotto's en met *speck* in pastasauzen verwerken. Er bestaat zelfs een recept voor grappa van *radicchio*.

Ceriolo verde en *ceriolo rosso* zijn twee bladgroentes uit de andijviefamilie. Ze hebben allebei de vorm van een roos, de ene met groene bladeren en de andere met rode, en de typische, bittere smaak van andijvie. *Cicorietta da taglio* is een andere, kleine bladgroente die tamelijk snel groeit. De plantjes worden dicht op elkaar gezaaid en vormen dan een teer, groen tapijt. Ze worden aan de voet afgesneden en alleen de malse blaadjes worden gebruikt. Na het afsnijden groeien de plantjes weer aan.

Scarola (**andij-**

Links: radicchio di Treviso

PLATTE PIATTA DI BASSANO-UIEN

vie) groeit in de vorm van een dikke krop diepgroene bladeren, waarvan de buitenste nogal stevig zijn. Alleen het crèmewitte en gele binnenste wordt gebruikt, omdat de buitenbladeren een beetje grof zijn. Andijvie heeft de licht bittere smaak die de hele familie kenmerkt. U kunt de hele krop als een groente stoven, b.v. met olijfolie, knoflook, tomaten en kappertjes.

Indivia (**krulandijvie**) is een merkwaardige bladgroente uit dezelfde tak van de familie als *scarola* en heeft er veel mee gemeen, ook de grove buitenbladeren en het heel malse binnenste – het deel dat in salades wordt verwerkt.

CICORIA DI BRUXELLES

WITLOF

Witlof is rond het midden van de vorige eeuw door een Belgische plantkundige ontdekt en wordt sindsdien over de hele wereld met succes verbouwd. Een van de grootste aantrekkelijkheden van witlof zijn de dicht opeengepakte, roomwitte bladeren van zo'n 15 cm lang. Gestoofd of gegrilleerd zijn ze even heerlijk, en ze geven een prettige afwisseling in salades. Mijn eigen favoriete salade bestaat uit stukjes witlof met extra vergine olijfolie, een paar druppels truffelolie, wat citroensap, zout en peper. Daar strooi ik dan wat plakjes verse zwarte truffel overheen. Maar u kunt ze ook op een simpeler en traditionelere manier klaarmaken. Snijd ze doormidden, doe ze in een pan met knoflook, olijfolie, kappertjes en zout, leg het deksel op de pan en stoof ze gaar.

RECHTS: RODE TROPEA-UIEN

CIME DI RAPA

RAPENGROEN

Cime di rapa (of *broccoletti di rapa*) zijn de bladeren van meirapen. Ze worden eigenlijk op dezelfde manier klaargemaakt als broccoli: meestal eerst gekookt en daarna in olijfolie met knoflook en chilipeper gebakken. Ze smaken licht bitter en veel sterker dan broccoli, en vooral de Romeinen en Napolitanen, die ze *friarielli* noemen, zijn er dol op. Zie ook Broccolo di Rapa (blz. 104).

CIPOLLA, CIPOLLOTTO, CIPOLLINE

UI

De ui wordt al duizenden jaren in Italië gegeten. De Egyptenaren aten ze al, en de Romeinen namen dat over. Ze werden op alle mogelijke manieren gebruikt en men liet ze zelfs vergisten om er een alcoholische drank van te maken. In de Italiaanse keuken wordt de ui op grote schaal gebruikt in *ragùs*, soep en risotto's. De belangrijkste teeltcentra zijn Sicilië, Puglia, Campanië en Emilia-Romagna.

Omdat de ui al zo veel eeuwen verbouwd wordt, zijn er tal van soorten ontstaan met allerlei vormen, kleuren en graden van pittigheid. De meeste zijn genoemd naar steden, zoals de Ramata di Milano of de Rossa piatta di Bassano, maar het zijn er veel te veel om op te noemen.

Uien met een roze-tot-goudgele kleur hebben de sterkste smaak; de witte en rode zijn meestal milder. De beste rode uien komen uit Tropea in Calabrië; ze worden geroemd vanwege hun zoete smaak.

Er bestaat een wezenlijk verschil tussen uien voor de keuken en uien die worden ingelegd en rauw in salades verwerkt worden. Dat verschil is hun omvang. Uien voor de keuken zijn groter, en de allergrootste worden niet alleen als smaakgever fijngehakt, maar ook gevuld en in de oven klaargemaakt. Traditionele Italiaanse gerechten waarin de ui voortreffelijk tot zijn recht komt, zijn *fegato alla Veneziana* (lever op de wijze van Venetië) en *zuppa di cipolla* (uiensoep). Uien zijn ook lekker in omeletten of als gefrituurde ringen in een korstje van losgeklopt ei en broodkruim. Kleinere uien gaan rauw in gerechten als *tonno e fagioli* (bonensalade met tonijn). Mijn vader schepte deze salade altijd met het blad van een lente-uitje van zijn bord en at het blad dan samen met de salade op.

Cipollotti (stengeluien) zijn een speciale soort ui die in de lente geoogst worden, als ze nog klein en mals zijn. Ze zijn vooral van belang in Pinzimonio (blz. 223) en salades.

Cipolline (lente-uitjes) zijn een andere kleine, witte ui, die rond of plat kan zijn. De ronde worden meestal ingelegd en als *antipasto* gegeten, terwijl van de platte soort *cipolline in agro dolce* wordt gemaakt. De ontvelde uien worden geblancheerd en vervolgens gebakken in olijfolie, waaraan azijn en suiker wordt toegevoegd, tot ze zacht zijn.

Als u problemen hebt bij het schoonmaken van uien, dan heb ik twee tips voor u. Op de eerste plaats: als u de uien 30 minuten in water legt en bij het schoonmaken door uw mond ademt, gaat u er minder van 'huilen'. Op de tweede plaats: u raakt de uienlucht aan uw vingers kwijt door ze met zout in te wrijven.

COCOZZA, ZIE ZUCCA

CONCENTRATO DI POMODORO, ZIE POMODORO

CONTORNO

BIJGERECHT VAN GROENTE

Een belangrijk onderdeel van een maaltijd is de *contorno*: de groente als bijgerecht bij de hoofdgang. De term slaat vooral op de groente die het beste bij de hoofdgang past. Een *contorno* kan bestaan uit aardappelen en een andere groente.

GROENTEN ROOSTEREN

Roosteren gaat het best op echte houtskool, want de rook geeft een bijzondere smaak aan het voedsel. Het is een heel gezonde manier om groenten klaar te maken.

Radicchio was een van de eerste groenten die geroosterd werden, maar ook groenten als courgettes, aubergines, paprika's, uien en artisjokken zijn heel geschikt voor het rooster. Direct na het roosteren kunt u de schil van groenten als tomaten en paprika's gemakkelijk verwijderen. Hardere groenten als venkel en knolselderij moeten eerst geblancheerd en in plakken worden gesneden, voordat u ze op de barbecue kunt leggen.

Om te zorgen dat de groenten niet te erg verkolen en om ze nog meer smaak te geven, kunt u ze bestrijken met een marinade van olijfolie, citroensap, fijngewreven knoflook, zout en peper. Geroosterde groenten kunt u als zodanig als voorgerecht geven, maar ze kunnen ook als bijgerecht bij vlees of vis van de grill geserveerd worden.

LINKS: GEROOSTERDE AUBERGINES

COSTE
SNIJBIET

Snijbiet lijkt qua smaak op spinazie en heet in Emilia-Romagna *erbette* – wat in Rome 'peterselie' betekent. Snijbietbladeren zijn de basis van de Emiliaanse flan *erbazzone*; eigenlijk een omelet van zachtjes gekookt en gepureerd snijbietblad, gemengd met broodkruim, wat bloem, een paar losgeklopte eieren, een handje geraspte Parmezaanse kaas, zout, peper en wat nootmuskaat. Het geheel wordt in reuzel of boter gebakken, zoals een Italiaanse omelet.

Snijbietblad kunt u net zo koken als spinazie; de witte nerven en stelen kunt u in stukken snijden en gaar stoven; ze zijn een goed bijgerecht bij vlees.

CRAUTI
ZUURKOOL

Dit stukje Duitse cultuur is de noordelijke grensstreken (Alto Adige, Friuli en de Veneto) binnengedrongen en daar geadopteerd, omdat het zo voortreffelijk past bij de plaatselijke varkensgerechten (die trouwens een erfenis van Oostenrijkse invasies zijn). Een bord gemengde varkensdelicatessen, als gerookte lende, buik, worstjes en *cotechino*, vergezeld van *crauti*, levert een heerlijke boerenmaaltijd op.

Er zijn een paar goede merken ingepotte *crauti*, maar als u het liever zelf maakt, zoals veel Italianen, dan is dit de manier.

Haal de taaie buitenste bladeren van een witte kool en snijd de rest heel fijn. Leg die kleine stukjes, afgewisseld door laagjes zout in een houten of aardewerk vat en zet daar iets zwaars op. Na een paar dagen begint de kool te gisten; een proces van ongeveer 4 weken, waarna de zuurkool klaar is. Spoel de kool voor gebruik met water af en kook hem met wat jeneverbessen, karwijzaad, een beetje witte wijn en wat zwoerd. Na ongeveer een uur is de zuurkool klaar.

CRUDITA
CRUDITÉ

Crudités zijn gewone rauwe groenten die met sauzen of in salades worden opgediend. Er zijn twee beroemde streek-*crudite*; de ene uit Piemonte, de andere uit Toscane. De eerste is de bekende *bagna caôda* ('warm bad' in het Piemontees): een saus van ansjovis, knoflook en boter, die allemaal samen in speciale, door kaarsen verhitte aardewerk potten worden opgelost en warm gehouden. In dit geurige mengsel doopt u malse herfst- of wintergroenten, vergezeld van brood en weggespoeld met veel barbera-wijn. De klassieke groenten voor een *bagna caôda* zijn aardperen, kardoens, bleekselderij, paprika, artisjok en wortel, maar elke malse rauwe groente is goed. Vanwege de hoeveelheid knoflook gaat uw omgeving later misschien protesteren, maar als u de knoflook eerst in melk weekt, is de geur veel minder doordringend (zie voor het recept blz. 33).

De andere bekende *crudita* is de Toscaanse *pinzimonio* (zie recept op blz. 223), die in delen van Zuid-Italië *cazzimperio* heet. Het is niets anders dan wat extra vergine olijfolie met peper en zout in een kommetje, waarin u lentegroenten als asperges, artisjokken, wortel, komkommer, venkel, lente-ui, bleekselderij, en alle andere smakelijke groenten die u vinden kunt, doopt. Toscaanse trattoria's geven *pinzimonio* meestal als voorgerecht.

DENTE DI LEONE
PAARDEBLOEM

De bladeren van de wilde paardebloem, die vanwege hun diuretische eigenschappen ook *pissialetto* heten, kunt u in de lente als saladegroente eten, want dan zijn ze nieuw en heel mals. Meng de blaadjes met hardgekookte eieren, ansjovisfilets en een vinaigrette van extra vergine olijfolie en wijnazijn. Grotere bladeren zijn heerlijk als u ze gaar stooft met knoflook, olijfolie, chilipeper en een beetje bouillon.

ERBA BRUSCA, ZIE ACETOSA

CATALOGNA PUNTARELLE, ANDIJVIE EN PAARDEBLOEMBLAADJES

Estratto di Pomodoro, zie Pomodoro

Fagiolino

Sperzieboon

Italianen eten veel sperziebonen; vooral in de zomer, wanneer ze niet alleen een heerlijke zomergroente zijn, maar ook heel lekker in salades. De meeste sperziebonen worden geoogst als ze nog heel jong en net niet rijp zijn; dan zijn ze mals en smakelijk. De kleinste en dunste is de Contender. De iets grotere Bobis is wat steviger en, mits vers en heel jong geplukt, volgens mij veel lekkerder. De Re dei bleu is met zijn ca. 15 cm nog veel langer en smaakt goed.

Rechts: fagioli; grote, witte bonen

Twee andere soorten *fagiolini* zijn eerder roomwit dan groen. De ene is de Burro di Roquencourt, die waarschijnlijk uit Frankrijk komt en even groot is als de Bobis. De andere is de Meraviglia di Venezia, een tamelijk grote, maar heel malse boon, mits jong geplukt. Qua grootte lijkt hij een beetje op een peultje. Een uitzonderlijk lange boon is de Stringa (**snijboon**), die wel 50 cm lang wordt en groen tot groenig-rood van kleur is.

Bijna alle bonen, vooral de oudere, moeten worden afgehaald; daarbij worden de taaie uiteinden en vezelige draden verwijderd. Een van de schilderachtigste tafereeltjes in Italië is een groep vrouwen op het achtererf van een plattelandstrattoria, die bonen afhalen. Daaraan kunt u zien dat de groente vers is. Vaak worden de bonen ter plaatse zonder chemische middelen verbouwd en zijn ze heerlijk vers, mals en smakelijk. Alleen de jongste en meest verse bonen hoeven niet te worden afgehaald. De versheid van een boon kunt u vaststellen door hem te breken: als hij makkelijk breekt en vochtig is van binnen, is hij vers.

De traditionele bereidingswijze van sperziebonen is 7-12 minuten koken in gezouten water; de kooktijd hangt af van hun grootte en versheid. U kunt ze ook in een grote pan water een paar minuten blancheren, totdat ze *al dente* (beetgaar) zijn, in boter verder gaar bakken en opdienen met een vinaigrette. Ik dien ze graag warm op met plakjes knoflook, extra vergine olijfolie, wijnazijn, zout en royaal verse munt. Ook koud als *fagiolini in umido* zijn ze verrukkelijk. Daarvoor stooft u de bonen in een pan met olijfolie, knoflook en tomaten. Een paar minuten voor het einde van de stooftijd voegt u zout en basilicum toe voor de smaak. Mijn moeder deed er ook altijd nieuwe aardappeltjes bij en gaf ze als hoofdgerecht met brood.

Fagiolo

Boon

Bonen worden al minstens sinds de oudheid door de boeren gegeten, omdat ze zo makkelijk te verbouwen en te bewaren zijn. Gedroogde bonen zijn een steeds belangrijker element in ons voedingspatroon geworden, niet in de laatste plaats vanwege hun rijkdom aan eiwitten, vitamines, mineralen en vezels. Elke Italiaanse streek heeft minstens één bonen- of peulvruchtengerecht. Zie ook Borlotto, Cannellino.

Fava

Tuinboon

Deze boon heeft maar één ding met een sperzieboon gemeen: de peul, die – anders dan bij zijn verwanten – voor het klaarmaken verwijderd moet worden. Dat is een erg prettig karweitje, want als u uw vinger in de peul steekt, voelt u de fluweelzachte, bijna wollige binnenvoering die de bonen omsluit.

Tuinbonenplanten kunnen wel 1 meter hoog worden. Eerst verschijnt een prachtig witte bloem en daarna de vrucht – de peul met de bonen erin. Tuinbonen zijn werkelijk een oeroud voedingsmiddel, door de Egyptenaren geïntroduceerd en door de Romeinen overgenomen. Lange tijd waren het de enige bonen die in Italië gegeten werden, en dan nog voornamelijk door boeren. Tegenwoordig wordt de tuinboon in heel Italië met veel geestdrift verbouwd en gegeten, hoewel vooral in het warmere zuiden.

Tuinbonen zijn alleen in de lente rauw eetbaar, want dan zijn ze nog jong en mals. Geef er liefst in Toscaanse stijl verse *pecorino* bij. Maar u kunt de verse of gedroogde bonen ook 10 minuten koken; als u de taaie buitenhuid verwijdert, zelfs nog sneller. Gedroogde bonen moeten 18-24 uur weken en hebben een kooktijd van algauw 2 uur, maar controleer ze af en toe, want ze mogen niet overgaar worden.

Als u verse tuinbonen koopt, let er dan op dat de peul glanzend en stevig is en dat de bonen binnenin stevig vastzitten. Een belangrijke tip: driekwart van het aankoopgewicht gooit u weg; als u dus 500 g bonen nodig hebt, moet u 2 kg kopen.

Ik eet tuinbonen graag met ui en kleine blokjes *speck* of Parmaham. U kunt ze ook pureren en als bijgerecht bij varkensvlees geven. Bovendien kunnen ze ook als onderdeel van een groter gerecht gebruikt worden, zoals in de Siciliaanse specialiteit Frittella (zie blz. 133).

Finocchio

Venkel

Venkel heeft zo'n zoete smaak en prettige geur dat deze groente vroeger vaak aan het einde van de maaltijd als nagerecht diende. Hij is in elke vorm – rauw of gaar – verrukkelijk en een onmisbaar ingrediënt in Pinzimonio (blz. 223); met een gebogen blad kunt u de olijfolie oplepelen. Afhankelijk van de soort en het gebied groeit venkel van de lente tot oktober.

Venkel wordt in heel Italië gegeten: in dunne plakjes in salades, in de oven klaargemaakt met boter en Parmezaanse kaas, of geblancheerd, in stukken door een eierbeslag gehaald en gefrituurd. Voor mij is het pas echt zomer met een salade van dunne plakjes venkel, extra vergine olijfolie, zout, peper en een paar druppels citroensap.

FIORI DI ZUCCA/ZUCCHINO, ZIE ZUCCA/ZUCCHINO

FRIARIELLI, ZIE BROCCOLO DI RAPA, CIME DI RAPA

FRITTELLA, ZIE CARCIOFO EN BLZ. 133

GIARDINIERA

GEMENGDE INGELEGDE GROENTEN

Een *antipasto* is niet compleet zonder *gardiniera* of *vegetali alla giardiniera* ('groenten uit de tuin'). Dit heerlijk knapperige en hoogst smakelijke gerecht bestaat uit een mengsel van groenten, b.v. wortelen, bonen, uien, komkommers, courgettes, bloemkool, koolrabi en al het andere van het seizoen. Ze worden in stukjes gesneden en in wijnazijn gaargekookt (zie het recept op blz. 134). Eet ze b.v. met plakjes salami of prosciutto als *antipasto*; het zuur van de azijn bevordert dan de eetlust.

Giardiniera wordt in de zomer, als er een overvloed aan verse groenten is, meestal zelf gemaakt en in potten voor de winter bewaard. Tegenwoordig wordt het echter ook op grote schaal kant-en-klaar verkocht, omdat het gerecht zo'n belangrijke *antipasto* is.

INDIVIA, ZIE CICORIA

INSALATA

SALADE

Het woord *insalata* komt van het oude Italiaanse werkwoord *insalare*, wat 'zout toevoegen' betekent. Tegenwoordig is het een algemene term voor alle mogelijke soorten groenten en andere ingrediënten, die worden aangemaakt met olie, azijn of citroensap, zout en peper. Italianen eten een salade bij het hoofdgerecht, als bijgerecht bij vooral gegrilleerd vlees.

Een *insalata* was vroeger een combinatie van groene groenten met sla als basis, maar tegenwoordig zijn er letterlijk honderden saladegroenten, inclusief allerlei soorten *cicoria*, *radicchio*, lamsoren enz.

Een salade van groene bladgroenten met kruiden als raketkruid of paardebloemblad heet een *insalata verde* (groene salade); een mengsel van allerlei ingrediënten, waaronder tomaten en komkommer, is een *insalata mista* (gemengde salade). U kunt ook salades maken van rauwe en gesnipperde wortelgroenten, b.v. venkel, selderijknol, wortelen, aardperen of radijs, of van blokjes gare groenten als sperziebonen, wortelen, venkel, courgettes of bloemkool. Het begrip is zo veelomvattend dat bijna elke ingrediëntcombinatie of zelfs één ingrediënt een salade kan zijn, b.v. pastasalades of *insalata di carciofi* (artisjokkensalade).

LAMPASCIONE, LAMPAGIONE, LAMPASCIUOLO

WILDE HYACINT

De bol van de wilde hyacint wordt in Puglia en Zuid-Italië veel gegeten en wegens de groeiende vraag tegenwoordig ook als groente gekweekt. Hij ziet eruit als een sjalot, is licht bitter en wordt vooral 's zomers gegeten, als hij rijp wordt.

U kunt de bollen als uien inleggen, zonder dat ze hun bittere smaak verliezen, maar u kunt ze ook heel goed koken en opdienen met olie en azijn.

LATTUGA

SLA

De Italianen zijn dol op sla. Bijna elke salade bevat één of twee van de vele slasoorten die in alle seizoenen en in heel Italië verbouwd worden. Romana of Cossla is het populairst vanwege zijn knapperigheid en smaak. Er bestaat ook een *lattuga d'inverno* (wintersla), die beter bestand is tegen de kou, en *insalata primaverile* (lentesla), die lichtgekleurde en heel malse blaadjes heeft. *Lattuge di taglio* zijn slaplanten met kleine bosjes heel malse blaadjes, die naar behoefte aan de voet worden afgesneden en dan weer aangroeien.

LINKS: FINOCCHIO

LEGUMI

PEULVRUCHTEN

Algemene term voor erwten, bonen en linzen. Zie ook Borlotto, Cannellino, Cece, Fagiolino, Fagiolo, Fava, Lenticchia, Pisello.

LENTICCHIA

LINZE

De linze is waarschijnlijk de meest gebruikte peulvrucht. De rechthoekige peulen, die aan een kleine klimplant van 50 cm groeien, bevatten elk meestal 4 linzen. De plant komt oorspronkelijk uit Zuid-Azië, maar arriveerde reeds zeer lang geleden in het Middellandse-Zeegebied; de Romeinen gebruikten linzen niet alleen als voedsel voor hun troepen, maar ook voor de armen. De naam linze komt van het Latijnse *lens*; overigens ook de oorsprong van de contactlens met dezelfde vorm.

Er bestaan verschillende linzensoorten; elk met de naam van zijn productiegebied. Het meest bekend zijn de *lenticchie di Castelluccio* uit Umbrië, die erg smaakvol zijn en vol ijzer en vitaminen zitten. Ze kunnen, zonder voorweken, in slechts 20-30 minuten gaargekookt worden. Uiteraard is de vraag naar deze linzen erg groot, en is de prijs navenant hoog! Een andere beroemde soort is de linze uit Alta Mura in Puglia.

LENTICCHIE DI CASTELLUCCIO

Nadat ze gaargekookt zijn, kunnen linzen gebruikt worden in salades, in een sausje van olijfolie, azijn, zout, peper en een pietsje oregano. In Rome worden linzen tijdens nieuwjaarsfeesten in grote hoeveelheden geconsumeerd, omdat men ze daar als geluksbrengers beschouwt. Ik heb ze het liefst in combinatie met Zampone of Cotechino (zie recept op blz. 97).

MELANZANA

AUBERGINE

Deze groente komt overal in het Middellandse-Zeegebied voor en er bestaan oneindig veel recepten. In Italië worden aubergines vooral in het zuiden (Campanië, Puglia, Calabrië, Sicilië en Sardinië) gegeten en verbouwd. Ze kunnen lang en ovaal of eirond zijn. Verse aubergines moeten vrij stevig aanvoelen. Meestal hebben ze een nogal taaie schil, in kleur variërend van donkerpaars tot lichtviolet en zelfs wit. Het binnenste is wit of groenig en bevat een heleboel zachte pitjes. Vooral dunnere exemplaren zijn licht bitter; voor het klaarmaken worden ze vaak in plakken gesneden en met zout bestrooid; na een tijdje loopt het bittere vocht eruit.

Aubergines kunt u op tal van manieren verwerken, b.v. als *melanzane al funghetto*: geschild, in blokjes gesneden en met knoflook, peterselie en zout in olijfolie gebakken. Om te voorkomen dat ze te veel olie opzuigen, kunt u ze voor het bakken blancheren. Veel mensen denken dat *parmigiana di melanzane* uit Emilia-Romagna komt, maar het is Siciliaans van oorsprong. Snijd voor dat gerecht de aubergines in de lengte doormidden en bestrooi ze met zout om het bittere vocht te verwijderen. Haal ze door bloem en losgeklopt ei en bak ze goudbruin. Leg ze laag om laag met tomatensaus en Parmezaanse kaas, mozzarella of fontina in een ovenschaal en zet ze 30 minuten in een hete oven. Eet ze heet of koud als hoofdgerecht.

Een andere bereidingswijze: snijd de aubergines in de lengte in plakken en bak ze. Meng broodkruim, ansjovis, kappertjes, olie, zout en peper, leg het mengsel midden op de plakken, rol ze op, zet ze met een cocktailprikker vast en grilleer ze. Een heerlijk Siciliaans gerecht

RECHTS: DE GROENTEMARKT IN NAPELS

bestaat uit blokjes geschilde en geblancheerde aubergine waaruit u het overtollige vocht knijpt. Meng ze met broodkruim, ansjovispasta, losgeklopt ei, fijngewreven knoflook, een paar kappertjes, veel fijngehakte peterselie, zout, peper en een beetje kaneel. Bak theelepels van dit mengsel in hete olie goudbruin.

Misschien wel het bekendste Italiaanse auberginerecept is ingemaakte aubergine: *melanzane sott'olio*. Snijd de aubergines in de lengte in linten en kook ze in azijn met zout gaar. Giet ze grondig af, doe ze in een pot met gedroogde oregano, zeer fijn gehakte knoflook en stukjes paprika en bedek dit met goede olijfolie. Een ander populair Siciliaans gerecht is *melanzane alla norma*: van gebakken aubergines wordt een pasta gemaakt met gezouten ricotta, op smaak gebracht met tomatensaus, knoflook en basilicum.

Uit het kustgebied van Amalfi komt ten slotte een nagerecht van aubergines! Bak twee plakken aubergine in olie. Leg op het midden van de ene wat noten en allerlei gekonfijte schilletjes en leg de andere er bovenop. Bestuif deze 'sandwich' met bloem, haal hem door losgeklopt ei en frituur hem. Bestuif het nog warme gerecht met cacao en suiker, laat het afkoelen en doop het dan in gesmolten chocolade.

MISTICANZA, MESTICANZA

WILDE SALADE

Dit is een Romeins woord voor een mengsel van wilde groenten, b.v. wilde munt, wild raketkruid, paardebloemblad, wilde knoflook, wilde venkel en/of wilde zuring, meestal aangevuld met normalere groenten als andijvie of kropsla. De salade wordt traditioneel aangemaakt met extra vergine olijfolie, wijnazijn, zout en peper. In Umbrië staat dit woord voor een mengsel van gedroogde bonen om soep van te maken.

ORTICA

BRANDNETEL

Brandnetels zijn een van de vervelendste soorten onkruid, maar niettemin eetbaar en lekker. Er zijn verschillende soorten, maar de eetbare is de gewone brandnetel met een witte bloem. Pluk de nieuwe uitlopers in de lente – met handschoenen natuurlijk. Om te zorgen dat ze niet meer prikken, legt u ze een tijdje in de koelkast en kookt u ze daarna 5 minuten in wat water met zout of tot ze gaar zijn. U kunt ze in soep verwerken of aanmaken met olijfolie en citroensap en als groente opdienen. Of maak er een risotto mee. Of neem ze in plaats van spinazie als raviolivulling, gemengd met ricotta, Parmezaanse kaas en ei.

PANISCIA
BONENSOEP

Uit het midden van de rijststreek rond Novara komt deze bonensoep, die wel iets wegheeft van risotto. Kook verse borlotti-bonen een paar uur met bleekselderij, tomaat, ui en een stuk *cotenna* (zwoerd). Doe in een andere pan wat boter, reuzel, verse worst en fijngehakte ui. Bak alles even en voeg dan rijst toe alsof u risotto maakt. Voeg een flink glas barolo-wijn toe en dan steeds met één opscheplepel tegelijk de groenten en de bouillon. Na 18-20 minuten is de *paniscia* gaar. Een soortgelijk gerecht komt uit het aangrenzende Vercelli, maar heet daar *panissa*.

PANNOCCHIA
MAÏSKOLF

Geroosterde jonge maïskolven heten *pannocchie di granoturco arrostite*, gekookte maïskolven *pannocchie lesse*. In het seizoen worden ze in kleine stalletjes langs de weg verkocht, vooral in het zuiden.

PAPPA AL POMODORO, ZIE POMODORO

PASTINACA, PASTANACHE, ZIE CAROTA

PATATA
AARDAPPEL

Aardappelen spelen in Noord-Europa dezelfde rol als brood in Zuid-Europa; ze zijn in Italië nooit basisvoedsel geweest. Pas in het midden van de 19de eeuw kwam de aardappel er als groente in zwang. Aardappelen komen oorspronkelijk uit Zuid-Amerika. In Italië worden ze vooral verbouwd in de Veneto, Puglia, Campanië en Calabrië, waar de grond bijzonder geschikt is.

Nieuwe aardappelen heten *patate novelle*. Ze zijn klein, stevig, glazig en ideaal voor aardappelsalades, waarvoor u gekookte aardappelen aanmaakt met olie, azijn, lente-ui, zout en peper. Er zijn veel rassen, maar de belangrijkste zijn bloemige winteraardappelen als Tonda di Napoli en Bianca di Como. Dat laatste ras is heel wit en wordt gebruikt voor puree, *gnocchi*, kroketten en afdeklagen van hartige taarten. U kunt ze ook ongeschild in hun geheel, in blokjes gesneden of in plakjes met ui ertussen in de oven zetten. Ze zijn een goed bindmiddel in een soep als *minestrone*, en lekker met pasta in het gerecht *pasta e patate*. In reepjes of plakjes gefrituurde aardappelen (*patatine*) zijn waarschijnlijk het meest gewild. Droogkokende, glazige rassen als Primura en Sirtema zijn ideaal voor chips en gebakken aardappelen. Voorts bestaat er een ras dat bintje heet. Het is in Nederland ontwikkeld en voor elk soort gerecht geschikt.

LINKS: MISTICANZA

Van aardappelen wordt ook aardappelmeel (*fecola di patate*) gemaakt. Dat kunt u gebruiken voor gebak, maar u kunt er ook saus en soep mee binden. Voor mij is de aardappel heel belangrijk, zoals blijkt uit mijn recept voor Insalata di due Tuberi (blz. 200).

PEPERONE
PAPRIKA

Afgezien van de aubergine, symboliseert geen andere groente de mediterrane keuken zo zeer als de paprika. De groente komt uit Zuid-Amerika en werd aan het einde van de 18de eeuw in Italië ingevoerd. Paprika's werden een populair ingrediënt en worden overal in Italië op grote schaal verbouwd. De Italiaanse naam is ontleend aan zijn pittige, peperachtige smaak.

Het nogal hoekige ras Quadrato di Asti wordt in heel Italië verbouwd, vooral bij Carmagnola in Piemonte. Daar wordt het in de plaatselijke Bagna Caôda (blz. 33) verwerkt. Een ander ras is de Carnoso di Cuneo: een grote, vlezige paprika die meestal geel of rood, maar soms ook groen is. Weer een ander ras lijkt wel een beetje op een tomaat: vuurrood en vierkant, bijna geplet. Mijn moeder placht ze in te leggen in azijn voor de winter en maakte ze dan klaar met stukken varkensvlees. Paprika's kunnen ook lang en kegelvormig zijn, zoals de Lungo Marconi. De beste paprika's zijn volgens mij geel of rood, hoewel kleine groene lekker zijn als u ze in hun geheel kookt (proef er eerst een om de smaak te testen). Deze soort heet in Napels *puparuoli*.

U mag de paprika (*peperone*) niet verwarren met zijn nauwe verwant de chilipeper (*peperoncino*, zie blz. 219), hoewel ook paprika's een vleug pittigheid in hun milde smaak hebben. Verwijder bij het schoonmaken de zaadjes en zaadlijsten en was uw

Lungo Marconi-paprika's

handen naderhand goed.

U kunt paprika's bakken en inleggen, maar ook grilleren, ontvellen, in reepjes snijden, aanmaken met olijfolie, zout en peper, en warm of koud opdienen bij elke soort vlees. Of snijd ze in vieren en leg ze even met wat olijfolie in de oven. Dan vormen ze een 'bakje' voor een *bagna caôda*-saus, waarmee u ze als *antipasto* kunt geven. Paprika's zijn ook een belangrijk ingrediënt van *peperonata*: een soort ratatouille met uien, bleekselderij en tomaten, die met polenta wordt opgediend.

Als ik vroeger na een lange reis thuiskwam, maakte mijn moeder altijd *peperoni fritti* voor me. Ze sneed paprika's in reepjes, bakte die in goede olijfolie tot ze gaar en aan de randen iets verbrand waren, deed er dan wat knoflook bij en uiteindelijk een paar lepels wijnazijn voor de smaak. Ik herinner me de hemelse smaak ervan nog steeds.

Ten slotte kunt u paprika's doormidden snijden en op alle mogelijke manieren vullen, b.v. met broodkruim, olijfolie, tomatensap, knoflook, kappertjes, ansjovis en peterselie. Zet ze in de oven tot ze gaar zijn en de bovenkant van de vulling knapperig is geworden (zie recept op blz. 126).

Paprika's worden tegenwoordig ook zongedroogd en geconserveerd als tomaten. De beste zijn de gele en rode. U kunt ze op elk gewenst moment met wat azijn en water weer zacht maken, en dan zijn ze met hun intense smaak een pittig ingrediënt in salades en sauzen.

Pinzimonio, **zie Crudita en blz. 223**

Pisello

Doperwt

Doperwten worden in bijna elke Italiaanse streek verbouwd, want de plant verdraagt de meeste klimaten. De bekendste rassen zijn Senatore, Superbo di Luxton, Piccolo Provenzale en Meraviglia d'Italia. Als u verse doperwten koopt, let er dan op dat de peul even frisgroen is als de erwten zelf. Gele of lichtgroene peulen betekenen dat de erwten oud en taai zijn. Vraag de groenteman om minstens één peul te mogen openen.

Erwten vormen vaak een bijgerecht bij vlees, maar ook zonder vlees zijn ze heerlijk. Mijn moeder maakte er vaak *pasta e piselli* mee. Die *piselli* waren heel zoet. Ik hielp ze altijd doppen, en dan verdwenen er meer dan één of twee in mijn mond. Het pastadeeg dat mijn moeder voor dit gerecht maakte, bevatte geen ei, alleen bloem en water. Voor de saus bakte ze wat ham en ui in een pan; dan deed ze er de doperwten en wat water bij en liet ze de erwten zachtjes gaar worden, waarna ze het gerecht met wat olijfolie en peper afmaakte. De zoete smaak van die verse doperwten zit nog steeds in mijn smaakpapillen.

Gedroogde erwten zijn heerlijk in soep, met aardappelen, *salamini* of krabbetjes, of gerookte ham. Of eet ze gepureerd bij *zamponi* of ander gekookt vlees.

Nauw verwant aan de doperwt is de *taccola* of *pisello mangiatutto* (**peultje**), een groente waarvan de peul en de nauwelijks ontwikkelde erwtjes als één geheel gegeten worden. Kook ze altijd maar heel kort, want dan behouden ze hun kleur en knapperigheid.

Pomodoro

Tomaat

Deze vruchtgroente is een van de veelzijdigste en belangrijkste voedingsmiddelen; de ruggengraat van heel veel Italiaanse gerechten. U kunt tomaten voor sauzen en salades gebruiken, inleggen, drogen, pureren en concentreren. U kunt er zelfs jam en een drank van maken.

De tomaat komt oorspronkelijk uit Mexico en werd in de tweede helft van de 16de eeuw door ontdekkingsreizigers naar Europa gebracht. De plant bleef heel lang een curiositeit en eerder een sierplant dan iets anders. De eerste die het gebruik van de tomaat in de keuken vermeldde, was Vincenzo Corrado in zijn boek *Cuoco galante* (De elegante kok; 1765). Hij verwerkte tomaten in sauzen, maar vulde en bakte ze ook. Vanaf dat moment sloten de Italianen de tomaat in hun hart.

Toen eenmaal ontdekt was welke streken het beste klimaat en de beste grondsoort hadden, werd de tomaat samen met de pasta een van de eerste industrieel verwerkte voedingsmiddelen, die het hele jaar te koop waren. Elke Italiaan met een eigen lapje grond verbouwde tomaten voor eigen gebruik, hetzij rauw, hetzij in flessen. *Estratto* (tomatenpuree) en zongedroogde tomaten verlengden de gebruiksmogelijkheden, en gezinnen die tomaten kochten om ze te conserveren, proefden het hele jaar door het genoegen van de zomer.

Emilia-Romagna en Campanië werden de belangrijkste centra voor de teelt en de conservering van tomaten. Een nieuwe technologie werd bedacht om die steeds belangrijker wordende industrie te verbeteren. Rond Parma ontwikkelden kleine ingenieursbedrijven speciale land-

Rechts: pomodoro

Zongedroogde tomaten

Het principe van de zongedroogde tomaten lijkt op dat van *estratto*. Tomaten – meestal San Marzano's – worden doormidden gesneden, met zout bestrooid en in de zon te drogen gelegd. Door de uitdroging en de zoutconcentratie zijn de tomaten heel lang houdbaar.

Vanwege datzelfde zout worden ze echter alleen in stoofgerechten gebruikt, waaraan u dan zeker geen zout meer toevoegt, of een paar uur in water geweekt om te zwellen en een deel van het zout kwijt te raken. Daarna kunt u ze als *antipasto* eten. Zongedroogde tomaten worden ook eerst 4-5 uur geweekt in een mengsel van 2 delen wijnazijn en 1 deel water, grondig afgegoten, drooggedept en direct in olijfolie gelegd, het liefst met toevoeging van b.v. chilipeper, stukjes knoflook, basilicum of oregano. Op die manier zijn ze lang houdbaar en kunt u ze met wat goed brood als hapje eten. Zelf frituur ik ze het liefst: ik haal de geweekte tomaten door een beslag van water, zout, verse gist, fijngehakte knoflook en peterselie en frituur ze goudbruin.

bouwmachines, en die zijn nog steeds de leidende producenten van ultramoderne methoden voor de conservering en botteling van allerlei tomatenproducten. De Italianen eten ca. 50 kg tomaten per persoon per jaar, vooral in de vorm van sauzen en puree.

Beroemde tomatenrassen die rauw in salades worden verwerkt, zijn b.v. Cuore di Bue (ossenhart) en Palla di Fuoco (vuurbal). Zuid-Italianen eten graag heel rijpe tomaten van een ras dat meestal voor conserven wordt gebruikt: de San Marzano. Noorderlingen hebben liever bijna groene tomaten met een hoge zuurgraad. Daar worden ze zonder azijn en met alleen vergine olie, zout en peper in salades verwerkt.

Rassen als San Marzano, Roma, Napoli en Marena groeien allemaal het best op een vruchtbare, kaliumhoudende grond – zoals in de prachtige streek rond de Vesuvius, die door vulkanisch materiaal heel vruchtbaar is geworden. Al deze rassen worden meestal ingeblikt of gebotteld. Het zijn lichtrode, pruimvormige tomaten die overal ter wereld in blik verkocht worden en geen suiker in de saus nodig hebben.

De *pomodorino* (kerstomaat) is heel klein en groeit in trossen. Deze soort vindt u vooral in het zuiden (Puglia, Sicilië en Calabrië) en wordt meestal vers in salades of gekookt in snelle pastasauzen gegeten. Kerstomaatjes hebben een taaie schil, worden niet groter dan een kers en zijn de hele winter in trossen houdbaar. Van de gekweekte rassen is de Pomodorino di Cerignola de gewildste.

Een bijzonder lekker gerecht met tomaten is het plattelandsgerecht *fresella*. Leg sneden Pugliees brood tweemaal in de oven tot ze zo droog

In de maand juli liggen bij het bedrijf Fiordelisi in Cerignola (Puglia) tomaten in de zon te drogen.

Linksboven: voordat tomaten kunnen drogen, moeten ze gesorteerd en gewassen worden.

Links: tomaten worden ter conservering met zeezout gezouten.

Rechtsboven: TROSTOMATEN

Rechts: VLEESTOMATEN

zijn als beschuit. Houd ze even onder de koude kraan, laat ze uitlekken en leg ze op een schaal. Bedek ze met verse, fijngehakte tomaten, druppel er wat extra vergine olijfolie over en bestrooi ze met zout en versgehakte basilicum.

Mijn moeder maakte altijd een soort *pappa al pomodoro* van stukken bleekselderij (ook het blad), ui, heel rijpe

tomaten (met al hun vocht), wat verse oregano, goede olijfolie en soms een beetje knoflook. Al die ingrediënten werden fijngehakt, met wat bevochtigd oud brood gemengd en een paar uur weggezet. Het zag eruit als kippenvoer, maar was verrukkelijk. Volgens de Noord-Italiaanse traditie maakte ze ook een zoete jam van onrijpe, groene tomaten, die ze fijnhakte en met suiker, kaneel en vanille op laag vuur liet pruttelen.

In veel sauzen en stoofgerechten worden diverse soorten *concentrato di pomodoro* gebruikt om de smaak op te halen. Alleen op Sicilië wordt *estratto di pomodoro* gebruikt. Dat bestaat uit supergeconcentreerde tomaten (liefst zesmaal zo geconcentreerd als gewone puree) en is tomatenpulp waaruit het vocht door droging is verwijderd. Het wordt een dikke, donkerrode pasta, die met een beetje zout heel lang houdbaar is. Een typisch Siciliaans gerecht is b.v. *pasta all'anciova* van *bucatini* met een saus van olijfolie waarin wat ansjovisfilets zijn opgelost. Daaraan wordt in water opgeloste *estratto* (of *strattu*, zoals ze op Sicilië zeggen) toegevoegd, waarna de saus op dikte wordt gebracht. Het gerecht wordt met pijnboompitten en geroosterd broodkruim bestrooid in plaats van met Parmezaanse kaas. Ik smeer *estratto* graag dun op een stuk toost en druppel er dan wat vergine olijfolie over.

De tomatenindustrie maakt ook producten als *passata di pomodoro*: een heel fijn gezeefde tomatensaus. Dat is natuurlijk handig en nuttig, maar volgens mij is *passata* gewoon dik tomatensap of dunne tomatenpuree zonder eigen culinaire waarde. Ik gebruik liever *polpa di pomodoro*: die ook stukjes tomaat bevat.

Links: estratto di pomodoro, gemaakt van gepureerde, zongedroogde tomaten.

Daarmee bespaart u zich het fijnhakken van ontvelde tomaten voor fijne sauzen als *salsa di pomodoro*: een eenvoudige saus van olijfolie, knoflook, ui, tomaten en basilicum. Deze saus is de basis van alle andere Italiaanse tomatensauzen, die meestal *napoletana* worden genoemd.

Maar hoe en in welke vorm u de tomaat ook gebruikt, altijd verdient hij zijn Italiaanse naam *pomodoro*. Die betekent letterlijk vertaald 'gouden appel', want de eerste, als sierplant gebruikte tomaten waren geel. Geen andere groente is zo veelzijdig; de tomaat is zonder enige twijfel het belangrijkste ingrediënt uit de Italiaanse keuken.

Porro
Prei

Deze groente is net een kruising tussen ui en knoflook en is aan allebei verwant. Prei wordt in heel Italië verbouwd, maar vooral in Ligurië, de Marche, de Abruzzen en Puglia (Apulië). Rassen zijn b.v. de Gigante d'Inverno, Mostruoso di Carentan, Elefante en Porro d'Italia. De Romeinen verspreidden de prei over heel Europa, en de groente is nu zelfs het nationale symbool van Wales.

De Italianen eten prei in soep (zowel het witte als het groene gedeelte), maar ook wel met bechamelsaus. Zomerprei is malser en wordt vaak rauw in Pinzimonio (blz. 223) gegeten. Ik eet prei het liefst vers gekookt en met een beetje olijfolie en azijn als *antipasto*.

Portulaca
Postelein

Deze wilde, bladrijke zomerplant groeit bijna overal en is herkenbaar aan zijn roodachtige stengels die zich over de grond verspreiden. Postelein heeft dikke blaadjes, die (mits jong) een bijzondere sappigheid aan salades geven.

Radicchio, zie Cicoria

Rapa
Meiraap

Meirapen zijn familie van de kool en een van de meest gegeten wintergroenten. Hun fijne smaak lijkt een beetje op die van koolrabi, en ze zijn vooral lekker bij vlees of vis. Ik kook ze graag eerst en bak ze dan met wat knoflook en peterselie in boter. Maak ze vooral goed schoon, maar verwijder zo weinig mogelijk van de schil. Heel jonge, gesnipperde meirapen kunt u ook rauw in salades eten. Ook het groen van de rapen is eetbaar (zie Broccolo di Rapa en Cime di Rapa).

Ravanello
Radijs

Deze heerlijke groente wordt vooral rauw gegeten. Radijzen zijn de wortels van een plant en kunnen allerlei vormen hebben: rond, cilindervormig of recht. Ze smaken heel pikant en verfrissend tegelijk en hun rode en witte kleur verlevendigt veel salades en *antipasto*schalen.

Ribollita, zie Cavolo

Rucola, Ruchetta
Raketkruid

De nogal lange, maar onregelmatig gevormde bladeren van *ruchetta* hebben een scherpe smaak die vooral heel lekker is in combinatie met andere saladegroenten, b.v. in *misticanza*. Raketkruid dient vaak als smakelijke garnering voor pizza's en *carpaccio*'s, in salades met tomaten en mozzarella en als smaakgever in pastasauzen en soms risotto's. *Rucola* is de gekweekte variant van de *ruchetta* en heeft veel grotere en rondere bladeren.

Scalogno
Sjalot

Sjalotten zien eruit als uien, maar zijn van binnen in tweeën verdeeld. Hun smaak ligt ergens tussen ui en knoflook in, maar ze worden alleen gebruikt in speciale sauzen op boterbasis en om er salades mee te bestrooien. Sjalotten zijn veel beter houdbaar dan uien. Met de groeiende belangstelling voor het mediterrane voedsel zijn ze weer in de mode gekomen, maar vroeger waren ze op de eerste plaats een plattelandsingrediënt in het Italiaanse zuiden.

Scarola, zie Cicoria

Scorzonera
Schorseneer

Deze heel lange, rechte wortelgroente is familie van de sla. Schorseneren worden in de herfst en winter geoogst en hebben een fijne, bittere smaak. De wortel kan tot 30 cm lang worden en moet grondig met een mes worden schoongeschraapt totdat het witte binnenste te zien is. Snijd oude schorseneren doormidden en gooi het houtige middendeel weg. Heel jonge schorseneren kunt u in hun geheel koken en als asperges met gesmolten boter opdienen. In

De groente- en fruitmarkt in Florence

Italië vallen ze bij niet veel mensen meer in de smaak, maar ze bieden een interessante afwisseling van het normale eetpatroon.

SEDANO, SEDANO RAPA

BLEEKSELDERIJ, KNOLSELDERIJ

De selderij is een heel veelzijdige plant die als kruid, maar ook als groente dienst doet. Er zijn twee hoofdsoorten. De ene is een plant met een lange steel, die van buiten diepgroen en van binnen roomwit is. De andere is de *sedano rapa* (knolselderij), die vooral onder de grond groeit in de vorm van een ronde wortel. De bladeren van die wortel worden meestal als kruid in sauzen of soepen gebruikt. Ze hebben een sterke geur en hun buitenkant is tamelijk taai, maar heel smakelijk.

Knolselderij wordt bijna overal in Italië verbouwd, maar vooral in Puglia, Calabrië en Campanië. Sicilië kweekt een beperkte hoeveelheid selderij met extra kleine stengels en grotere bladeren dan bladpeterselie. Deze soort wordt vooral gebruikt voor het streekgerecht Caponata (zie blz. 135), gemaakt van aubergine, selderij, ui, kappertjes en ontpitte groene olijven, allemaal gestoofd met de beste extra vergine olijfolie, een beetje suiker en azijn.

U kunt knolselderij schillen, koken, in plakken snijden en met boter, nootmuskaat, peper en een scheutje slagroom in de oven zetten, maar de groente is ook gestoofd en gefrituurd lekker. Rauw gesnipperde jonge knolselderij is lekker in salades.

Witte bleekselderij wordt in de schaduw gekweekt, zodat de plant niet groen kan worden. Snijd deze soort in stukjes en verwerk ze in een salade. Groene bleekselderij is geschikt voor soep, maar u kunt de stengels ook in stukjes van 10 cm snijden en als groente koken, of met boter en Parmezaanse kaas gratineren. De meest malse delen van beide soorten kunt u natuurlijk ook rauw eten (zie Pinzimonio en Bagna Caôda).

SOTTACETI

INGELEGDE GROENTEN

Dit is de algemene aanduiding voor in azijn ingelegde groenten, die als aperitief of als *antipasto* dienen. Zie Giardiniera.

SPINACI

SPINAZIE

De Arabieren brachten deze populaire groente rond het jaar 1000 naar Italië en de groente wordt nu in Noord- en Midden-Italië, waar het niet te heet is, verbouwd.

RECHTS: SPINACI

Dankzij de moderne teelttechnieken is spinazie tegenwoordig het hele jaar te koop, en niet alleen in de herfst en winter, zoals vroeger. De plant groeit dicht bij de grond en heeft flinke, donkergroene bladeren. Spinazie is rijk aan vitamine A en C, maar staat vooral bekend om zijn hoge ijzergehalte.

Spinazie wordt op veel manieren gebruikt, b.v. *alla fiorentina*: gekookte spinazie met een witte saus met Parmezaanse kaas. Jonge en malse blaadjes kunt u echter ook rauw in salades eten. Maak spinazie altijd grondig schoon, vooral als de groente organisch verbouwd is. Met herhaaldelijk spoelen in koud water verliest hij echter ook een deel van de waardevolle voedingsstoffen.

Zelf kook ik spinazie graag kort in heel weinig water. Ik giet de blaadjes af en maak ze nog warm aan met extra vergine olijfolie en citroensap. U kunt spinazie ook heel goed mengen met ricotta en Parmezaanse kaas en daarmee *crespelle* (flensjes), *ravioli* of grote schelppasta vullen. Voor mijn eigen *uovo in ravioli* leg ik een mengsel van spinazie en ricotta in een ring op een vierkant vel pastadeeg. Ik doe een eierdooier in het midden van de ring en leg een tweede vel deeg over alles heen. Ik kook het geheel in water gaar en dien het met gesmolten boter en een paar snippers truffel op.

Verse of diepvriesspinazie kunt u ook pureren en er pastadeeg groen mee kleuren (blz. 142). Of kook de groente in een goede bouillon, maak er soep van, roer er vlak voor het opdienen een paar losgeklopte eierdooiers door en bestrooi het geheel met Parmezaanse kaas.

TACCOLA, ZIE PISELLO

VALERIANELLA

ITALIAANSE VELDSLA

Deze plant is een van de verfijndste wilde groenten en wordt nu ook op grote schaal gekweekt. In de moderne keuken dient deze veldsla als garnering, maar wordt, al dan niet met andere groenten, ook rauw gegeven. De kleine blaadjes zijn bijzonder mals en fijn. Ik eet ze graag met extra vergine olijfolie en een beetje citroensap.

Net als alle andere salades maken de Italianen hun *valerianella* graag aan tafel aan en gieten ze er eerst de olie overheen om te verhinderen dat het zuur van de azijn of citroen de tere blaadjes aantast.

Zucca

Pompoen

Dit is een van de meest gegeten groentesoorten in Italië. Alle soorten pompoenen en courgettes (zie verderop) zijn populair vanwege hun smaak, vormenrijkdom en veelzijdige toepassing in de keuken. Alleen de marrow-pompoen wordt in Italië niet veel gegeten; de Italianen vinden dit een overmaatse courgette zonder diens smaak.

Pompoenen komen uit Zuid-Amerika, waar ze als sierplanten gekweekt werden. Sommige gekweekte soorten kunnen enorm groot worden. De grootste is de Melone Gigante, die meer dan 100 kg kan wegen.

Pompoenen met een dikke schil zijn tot een maand houdbaar, mits die schil nog heel is. Eenmaal aangesneden kunt u ze maar een paar dagen bewaren. Ze zijn alleen op hun best als ze volledig rijp geoogst zijn. Alle soorten pompoenen, ook courgettes, groeien laag en spreiden lange tentakels over de grond uit. De vrucht groeit uiteindelijk uit de bloem.

Pompoenen zijn tegenwoordig geliefd in Piemonte; daar gaan ze in hun geheel de oven in, waarna het gare vruchtvlees eruit wordt geschept. In Veneto worden ze met ingelegde groenten gegeten en in Lombardije wordt er risotto mee gemaakt. In Campanië heten ze *cocozze*. Daar worden ze in plakken gesneden, even gekookt en dan gebakken. Vanwege de oranjerode kleur heet dat gerecht ook wel *salmone di campagna* ('plattelandszalm'). Uit Emilia-Romagna komt Tortelli di Zucca (blz. 160), met een mengsel van gare pompoen en mosterd. Gedroogde pompoenzaadjes kunt u eten. Ze zijn vooral lekker als ze geroosterd zijn en over gegratineerde gerechten of salades worden gestrooid. Dat gebeurt m.n. in Zuid-Italië.

Een ongewone pompoensoort is de spaghettipompoen, die zo heet omdat het gare vruchtvlees uit spaghetti-achtige draden bestaat. Deze soort is heerlijk met alleen boter en Parmezaanse kaas. Een andere is de Piena di Napoli of di Chioggia of di Albenga.

Deze pompoen wordt tot 1 meter lang en moet aan een pergola worden gehangen om volledig uit te kunnen groeien. Maar hij wordt ook onrijp geoogst als hij nog maar 5-6 cm dik is, en dan klaargemaakt als courgette. Op Sicilië wordt deze soort ook in lange repen gesneden en gesuikerd om *cassata Siciliana*, een dessert met *ricotta* en marsepein, te maken.

Pompoenbloemen worden net zo verwerkt als courgettebloemen; ze zijn in het algemeen iets kleiner, maar hebben een intensere smaak.

Zucchino

Courgette

Net als de grotere pompoenen, groeien courgettes vlak bij de grond, maar dichter op elkaar dan andere verwante planten. Als u ze koopt, probeer dan organisch gekweekte te krijgen en liefst in het seizoen, want dan zijn ze het lekkerst.

Net geplukte courgettes kunt u het beste blancheren en opdienen met wat gesmolten boter en zout of extra vergine olijfolie en citroensap.

Courgettes kunnen tal van vormen, kleuren en groottes hebben; van de ronde, donkergroene Tonda di Nizza tot de rechte, donkergroene Verde di Milano, en van de gewone Striata di Italia of di Napoli tot de lichtgroene Bianca Sarda. Maar bij al die uiterlijke verschillen wijkt de smaak nauwelijks af. De beste courgettes voelen stevig aan en hebben een glanzende schil. Van binnen moeten ze wit zijn en kleine, eetbare pitjes hebben. Ze worden in heel Italië gekweekt en passen zich heel makkelijk aan allerlei grondsoorten aan. Overal zijn ze geliefd vanwege hun culinaire veelzijdigheid en voedingswaarde.

Net als andere verwante planten hebben courgettes prachtige, eetbare bloemen. Op markten in heel Italië worden ze in grote bossen verkocht, maar dat zijn vrijwel alleen de niet-vruchtdragende, mannelijke

Uiterst links: kardoen en pompoen

Links: pompoenvlees

Links: valerianella

bloemen met hun kenmerkende, lange, dunne steel. Courgettebloemen zijn het lekkerst als ze open zijn en u kunt ze heel goed vullen met een mengsel van spinazie, *ricotta* en Parmezaanse kaas; haal ze daarna door losgeklopt ei en frituur ze. Of haal ze alleen door een beslag van bloem, water en zout en bak of frituur ze in goede olijfolie (zie recept op blz. 123).

Omdat de vraag naar deze bloemen de laatste tijd zo groot is, worden er planten alleen voor hun bloemen gekweekt, waardoor de courgettes heel klein blijven. Deze babycourgettes zijn heel zacht, maar missen de smaak van de volwassen groente, net als alle andere planten die te vroeg geplukt zijn.

Courgettes kunt u op tal van manieren opdienen. Heel jonge exemplaren kunt u gewoon rauw raspen en in salades verwerken, of er volgens mijn eigen recept *marmellata di zucchini* van maken: laat fijngesnipperde courgettes 20 minuten pruttelen en voeg dan knoflook, extra vergine olijfolie en een paar druppels citroensap toe.

Of snijd courgettes in reepjes, haal ze door een beslag van ei en bloem, bak ze en geef ze als bijgerecht of borrelhapje. Ze zijn ook heerlijk in het Napolitaanse gerecht *alla scapece*: in dunne plakjes lichtbruin gebakken en opgediend met extra vergine olijfolie, azijn, knoflook en munt (zie recept op blz. 124). Of grilleer ze in plakjes en geef ze met extra vergine olijfolie en azijn. Een lekkere manier van klaarmaken is ook *al funghetto*: in blokjes gebakken met knoflook, extra vergine olijfolie en peterselie. U kunt ze voorts in de lengte doormidden snijden, bakken en er – in plaats van aubergines – *parmigiana* (zie Melanzana) van maken. Of vul ze met vlees of brood met ei en zet ze in de oven, of verwerk ze in *minestrone*.

De *tenerume* (de malse scheuten van de courgetteplant) kunt u aan het einde van het seizoen verwerken in een *zuppa* met aardappelen, tomaten, knoflook en extra vergine olijfolie (zie recept op blz. 123).

COURGETTES LIGGEN IN DE ZON TE DROGEN.

COURGETTES EN COURGETTEBLOEMEN

TENERUME, DE MALSE SCHEUTEN VAN DE COURGETTEPLANT DIE VOOR DE SOEP GEBRUIKT WORDEN, TE KOOP OP DE MARKT IN TURIJN.

Zuppa di Verdure (boven) en Fiori di Zucchini Fritti (onder)

Zuppa di Verdure

GROENTESOEP

Voor 4 personen

- 2 eetlepels olijfolie
- 1 ui, in plakjes
- 2 tenen knoflook, fijngehakt
- 3 tomaten, fijngehakt
- 1 liter kippen- of groentebouillon
- 150 g nieuwe aardappeltjes, geschild en in plakjes van 5 mm dik
- 1 kg tenerume (zie zucchino, blz. 121) of 2-3 courgettes, fijngehakt
- zout en peper

Voor deze soep gebruikt u tenerume: *de malse scheuten bovenin de courgetteplant, inclusief de bloemen en vruchten die er nog aan zitten.*

Verhit de olie in een grote pan en fruit ui en knoflook snel gaar. Roer er de tomaten door, giet de bouillon erbij en breng alles aan de kook. Voeg de aardappelen en *tenerume* of courgettes toe en laat het geheel 20 minuten koken of tot de aardappelen gaar zijn.

Breng de soep op smaak en dien hem direct met wat goed brood op.

Fiori di Zucchini Fritti

GEFRITUURDE COURGETTEBLOEMEN

Voor 4 personen

- 2 eieren
- 150 g bloem
- 4 eetlepels bier
- 20 oranje, nog dichte courgettebloemen
- zout en peper
- olijfolie

Er bestaan diverse bereidingswijzen voor dit wonderlijke gerecht – de bloemen kunnen gevuld (zie volgende blz.), of simpelweg in beslag gedoopt en gebakken worden. Het eindresultaat is even lekker.

Klop de eieren los met wat zout en peper, voeg bloem en bier toe en roer er een licht beslag van. Als de bloemen al open zijn, kijk dan of er binnenin geen insecten zitten.

Haal de bloemen één voor één door het beslag en frituur ze in hete olie met een paar tegelijk goudbruin. Neem daarvoor een tamelijk kleine pan; dan hebt u minder olie nodig.

Finocchio Fritto

GEBAKKEN VENKEL

Voor 4 personen

- 3 grote, malse venkelknollen
- 2 eieren, losgeklopt
- 60 g boter
- zout en peper
- bloem

Dit is een heel simpele manier om venkel klaar te maken, en het past bij alle mogelijke verfijnde vlees- en visgerechten.

Kook de venkelknollen in kokend water met zout gaar; controleer dat door er de punt van een mes in te steken. Giet ze af, laat ze afkoelen en snijd ze in vieren.

Klop de eieren met wat zout en peper los. Haal de stukken venkel eerst door de bloem en daarna door het ei; ze moeten helemaal bedekt zijn. Smelt de boter in een pan op laag vuur en bak de venkel aan beide kanten goudbruin.

Fiori di Zucchini Ripieni

GEVULDE COURGETTEBOEMEN

Voor 4 personen

12 courgettebloemen
275 g ricotta
mespunt nootmuskaat, versgeraspt
bosje bieslook, fijngehakt
1 ei, losgeklopt
4 eetlepels Parmezaanse kaas, versgeraspt
4 eetlepels olijfolie
zout en peper

Voor het beslag:
2 eieren
60 g bloem
4 eetlepels koud water

Maak eerst het beslag. Klop de eieren los in een kom en roer er grondig de bloem door. Voeg beetje bij beetje water toe en maak er een glad beslag van. Houd het apart.

Maak de courgettebloemen voorzichtig schoon. Was en droog de buitenkant en kijk of er van binnen geen insecten zitten. Maak dan de vulling. Roer ricotta, nootmuskaat, bieslook, ei, Parmezaanse kaas en wat zout en peper dooreen en vul er de bloemen mee.

Verhit de olie in een grote koekenpan. Haal de bloemen door het beslag en bak ze met een paar tegelijk goudbruin; keer ze af en toe. Laat ze op keukenpapier uitlekken en dien ze op.

Zucchini alla Scapece

COURGETTES IN ESCABECHE

Voor 4-6 personen

800 g jonge courgettes, in plakjes van 2 mm
2 eetlepels munt
1 teen knoflook, geschild en doormidden
zout
olijfolie
ca. 2 eetlepels witte-wijnazijn

Scapece *komt waarschijnlijk van het Portugese woord 'escabeche', dat gemarineerd betekent. Dit is een verrukkelijk bijgerecht bij gegrilleerd lams- of varkensvlees of als onderdeel van een schaal* antipasti.

Bak de plakjes courgette in royaal olie aan beide kanten bruin (niet te donker). Ze moeten vrijelijk in de olie kunnen zwemmen; bak ze zo nodig in gedeelten. Laat ze in een zeef uitlekken om de overtollige olie kwijt te raken en leg ze in een porseleinen schaal.

Voeg munt en knoflook toe (de knoflook dient alleen om de courgettes smaak te geven en moet voor het opdienen verwijderd worden). Strooi er zout naar smaak over en roer er minstens 2 eetlepels azijn door.

Melanzane Fritte

GEBAKKEN AUBERGINES

Voor 4 personen

2 grote aubergines, in vingerlange reepjes
1¼ dl olijfolie
zout

Een heel simpele manier om aubergines te eten. Neem er een goede olijfolie voor, want die bepaalt voor een deel de smaak.

Leg de aubergines 1 uur in lichtgezouten water, laat ze uitlekken en knijp het overtollige vocht eruit. Verhit de olie in een grote pan en bak de aubergines aan alle kanten bruin. Bestrooi ze met zout naar smaak en dien ze warm of koud op.

Peperoni e Olive

PAPRIKA'S EN OLIJVEN

Voor 4 personen

- $1^1/_4$ dl olijfolie
- 2 gele en 2 rode paprika's, zonder zaadjes en in lange repen
- 2 eetlepels zwarte olijven, fijngehakt
- 2 tenen knoflook, fijngehakt
- 2 eetlepels witte-wijnazijn
- 1 theelepel suiker
- zout

Een plezierige, zuidelijke bijdrage aan het antipasti-*repertoire.*

Verhit de olie in een pan en bak de paprika's in ca. 20 minuten gaar; roer af en toe. Voeg de olijven en knoflook toe en bak ze een paar minuten mee. Giet er de azijn bij, laat de vloeistof al roerend verdampen en voeg suiker en zout naar smaak toe. Geef het gerecht warm of koud.

Kloksgewijs vanaf linksboven: Zucchini alla Scapece, Peperoni Fritti, Peperoni e Olive, Melanzane Fritte

Peperoni Ripieni

GEVULDE PAPRIKA'S

Voor 6 personen

- 3 grote gele of rode paprika's (of neem verschillende kleuren)
- 300 g vers broodkruim
- 1 eetlepel gezouten kappertjes, 10 minuten in water geweekt en uitgelekt
- 1 eetlepel zwarte olijven, fijngehakt
- 3 grote tomaten, ontveld, ontpit en in kleine blokjes
- 1 teen knoflook, heel fijn gehakt
- 2 eetlepels bladpeterselie, grof gehakt
- 4 ansjovisfilets, fijngehakt
- 1¼ dl olijfolie
- zout en peper

Deze manier om paprika's (of aubergines of courgettes) klaar te maken is kenmerkend voor het zuiden. Hieronder volgt een van de Napolitaanse varianten.

Verwarm de oven voor tot 180 °C (stand 4). Snijd de paprika's doormidden en gooi de zaadjes weg.

Week het broodkruim in water en knijp het overtollige vocht eruit. Roer er de kappertjes, olijven, tomaten, knoflook, peterselie, ansjovis en de helft van de olie door, vul er de paprika's mee en leg ze op een bakplaat.

Druppel er de rest van de olie over en zet ze 30 minuten in de oven of tot ze gaar zijn en aan de randen beginnen te verkolen.

Zowel warm als koud zijn ze verrukkelijk.

PEPERONI AL POMODORO

PAPRIKA'S MET TOMAAT

VOOR 4 PERSONEN

6 EETLEPELS OLIJFOLIE
600 G PEPERONCINI DOLCI (ZIE PEPERONE, BLZ. 114), ZONDER STEEL
1 TEEN KNOFLOOK, FIJNGEHAKT
400 G RIJPE TOMATEN, ONTVELD, ONTPIT EN FIJNGEHAKT, OF EVENVEEL POLPA DI POMODORO (BLZ. 117)
6 BLAADJES BASILICUM
ZOUT

In sommige delen van Zuid-Italië heten deze kleine zoete paprika's 'friarelli' wat heel verwarrend is omdat ook cime di rapa *(blz. 109) zo heten. Het gerecht is een bekende manier om de heel kleine paprika's te eten die net chilipepers lijken maar niet 'heet' zijn. Koop dus niet de verkeerde.*

Verhit de olie in een pan en bak de hele paprika's (de kleine pitjes zijn eetbaar) 10 minuten; roer voortdurend. Bak de knoflook een minuut mee en roer er dan tomaten, basilicum en zout door. Laat alles afgedekt 15-20 minuten pruttelen tot de paprika's gaar zijn.

Mijn moeder placht er wat nieuwe aardappeltjes bij te doen en het gerecht met brood als voorgerecht te geven.

PEPERONI FRITTI

GEFRITUURDE PAPRIKA'S

VOOR 4 PERSONEN

6 EETLEPELS OLIJFOLIE
600 G KLEINE, ZOETE PARIKA'S
2 TENEN KNOFLOOK
½ KLEINE CHILIPEPER, ONTPIT EN FIJNGEHAKT
ZOUT

Verhit de olie in een pan met dikke bodem en voeg, als de olie heet is, de paprikaatjes toe. Bak ze in 5 minuten aan alle kanten. Voeg de knoflook toe als het vel van de paprika's bobbeltjes begint te vormen, en bijna onmiddellijk daarna de chilipeper en het zout. Bak alles nog 5 minuten door.

Dien ze warm of koud op als onderdeel van een *antipasto* of als bijgerecht.

CICORIA BELGA AL TARTUFO NERO

WITLOF MET ZWARTE TRUFFEL

VOOR 4 PERSONEN

5 GROTE STRUIKEN WITLOF
1 EETLEPEL TRUFFELOLIE
2 EETLEPELS OLIJFOLIE (EXTRA VERGINE)
1 EETLEPEL BALSAMICOAZIJN
1 ZOMERTRUFFEL (BLZ. 195) VAN CA. 55 G, IN DUNNE PLAKJES
ZOUT EN PEPER

Snijd het witlof in reepjes van 1 cm breed en verwijder het harde hart, dat iets bitter is. Doe het witlof in een kom met truffel- en olijfolie, azijn, zout en peper. Roer goed, verdeel er plakjes truffel over en dien de salade op.

Carciofi Ripieni

GEVULDE ARTISJOKKEN

Voor 4 personen

- 1 kg heel verse, jonge artisjokken
- 300 g vers broodkruim
- klein takje munt, grof gehakt
- rasp van ½ citroen
- 3 ansjovisfilets, fijngehakt
- 1 kleine teen knoflook, heel fijn gehakt
- 2 eetlepels bladpeterselie, fijngehakt
- 25 g gezouten kappertjes, 10 minuten in water geweekt, uitgelekt en grof gehakt
- 3 eetlepels olijfolie (extra vergine)
- zout en peper
- olijfolie

Neem voor dit gerecht vooral heel verse en malse artisjokken.

Verwijder de taaie buitenbladeren van de artisjokken, maar laat de malse binnenste blaadjes zitten. Snijd de bovenkant eraf. Verwijder de steel, zodat ze blijven staan. Haal met een balletjessteker het hooi uit het midden, zodat een holte overblijft (zie blz. 105).

Week het broodkruim in wat water en knijp er het overtollige vocht uit. Meng het met de munt, citroenrasp, ansjovis, knoflook, peterselie en kappertjes. Roer er de extra vergine olie door en voeg wat zout en veel peper toe.

Vul er de holte van de artisjokken mee en zet ze naast elkaar in een grote pan. Voeg zoveel water toe dat ze tot de helft onderstaan, en daarna genoeg olie om het vochtpeil met 1 cm te verhogen. Doe het deksel op de pan en stoof ze 30 minuten.

Frittata di Carciofi

ARTISJOKKENOMELET

Voor 4 personen

- 8 jonge, verse, middelgrote artisjokken
- 4 eetlepels olijfolie
- 1 grote ui, in dunne plakjes
- 6 scharreleieren
- 2 eetlepels bladpeterselie, grof gehakt
- 50 g Parmezaanse kaas, versgeraspt
- zout en peper

Artisjokken en eieren zijn een uitstekende combinatie. Deze frittata *wordt tijdens het bakken niet gekeerd, maar blijft aan één kant liggen totdat de eieren zijn opgestijfd.*

Verwijder de taaie buitenbladeren van de artisjokken, maar laat de malse binnenste blaadjes zitten. Snijd de bovenkant eraf. Laat bij jonge, malse artisjokken 5 cm van de steel zitten en schil die. Snijd ze in vieren en verwijder het hooi met een mes. Doe ze met olijfolie, ui en ca. 6 eetlepels water in een koekenpan. Kook ze afgedekt zachtjes gaar; alle vloeistof moet verdampt zijn.

Klop de eieren met peterselie, kaas, zout en peper los. Giet de eieren over de artisjokken en laat ze zonder te roeren op middelhoog vuur opstijven. Snijd de omelet in punten en dien die op.

Carciofi in Agrodolce

ZOETZURE ARTISJOKKEN

Voor 4 personen

12 jonge, verse, middelgrote artisjokken
3 eetlepels witte-wijnazijn
1 eetlepel kristalsuiker
3 eetlepels bladpeterselie, grof gehakt
3 eetlepels olijfolie (extra vergine)
zout

Dit is een heel ongewone en smakelijke manier om artisjokken klaar te maken. Geef ze bijvoorbeeld als antipasto.

Verwijder de taaie buitenbladeren van de artisjokken, maar laat de malse binnenste blaadjes zitten. Snijd de bovenkant eraf. Snijd op 5 cm na de steel eraf. Schil die laatste 5 cm; dat deel is heel mals. Snijd de artisjokken in vieren en verwijder het hooi met een mes. Kook ze in water met een beetje zout ca. 15 minuten of tot ze gaar zijn; controleer dat door er de punt van een mes in te steken. Giet ze af en houd ze apart.

Verhit de azijn en suiker in een pannetje tot de suiker is opgelost. Laat het mengsel afkoelen en roer er peterselie, olie en een mespunt zout door. Giet de saus over de artisjokken en laat ze voor het opdienen een uurtje alle smaken opnemen.

Kloksgewijs vanaf linksboven: Frittata di Carciofi, Carciofi in Agrodolce, Carciofi Ripieni

Caponnet

Koolrolletjes

Voor 4 personen

8 savooienkoolbladeren
100 g luganega (blz. 77)
200 g gaar vlees
2 eieren, losgeklopt
2 eetlepels paneermeel
1 teen knoflook, heel fijn gehakt
mespunt nootmuskaat, versgeraspt
60 g Parmezaanse kaas, versgeraspt
25 g boter
zout en peper

In Canavese en vooral Ivrea is geen winters feest compleet zonder koolrolletjes, maar ze dienen ook als onderdeel van een gevarieerde antipastischaal*. Maak de rolletjes altijd van savooienkool en neem bladeren van de tweede laag, want de buitenste zijn meestal te taai. In de vulling gaat gemalen, gaar vlees en worstvlees, maar als u geen restjes vlees hebt, bak dan wat rundergehakt.*

Verwarm de oven voor tot 170 °C (stand 3). Kook de koolbladeren 5 minuten in water met een beetje zout tot ze soepel zijn geworden. Laat ze uitlekken en dep ze met een doek droog. Snijd zo nodig de taaie middennerf weg.

Haal het worstvlees uit het vel en verkruimel het. Roer er de restjes vlees, eieren, paneermeel, knoflook, nootmuskaat en 50 g kaas door; breng het mengsel met zout en peper op smaak. Verdeel het over het midden van de koolbladeren, vouw ze tot pakketjes dicht en zet ze met houten prikkers vast. Leg ze op een bakplaat, leg er klontjes boter op en bestrooi ze met de rest van de kaas. Zet ze 20 minuten in de oven en dien ze warm of koud op.

Caponnet en Cipolle Ripiene

Cipolle Ripiene

GEVULDE UIEN

Voor 4 personen

- 8 grote uien (zo groot als een sinaasappel)
- 200 g luganega (blz. 77)
- 1 eetlepel olijfolie
- 1 eetlepel paneermeel
- 1 ei, losgeklopt
- 1 eetlepel rozijnen
- 1 eetlepel pijnboompitten
- 2 amaretti-koekjes, verkruimeld
- 1 eetlepel Parmezaanse kaas, versgeraspt
- mespunt nootmuskaat, versgeraspt
- mespunt kaneel
- zout en peper

In Piemonte worden gevulde uien vaak bij Caponnet *(zie hiernaast) gegeven; soms wordt ook dezelfde vulling gebruikt. Hier is de vulling anders, maar ondanks de toevoeging van specerijen, pijnboompitten en rozijnen, die uit het zuiden komen, is het nog steeds een Piemontees gerecht.*

Verwarm de oven voor tot 180 °C (stand 4). Schil de uien, kook ze 10 minuten in kokend water met wat zout en laat ze uitlekken.

Haal het worstvlees uit het vel en verkruimel het. Verhit de olie in een koekenpan en bak het worstvlees bruin. Laat het afkoelen en roer er de overige ingrediënten door.

Snijd het kapje van de uien en maak er met een lepel een holte in. Vul ze en zet ze 20-25 minuten in de oven. Dien ze warm of koud op.

Salsa di Pomodoro alla Napoletana

NAPOLITAANSE TOMATENSAUS

Voor 6 personen

- 6 eetlepels olijfolie (extra vergine)
- 2 tenen knoflook, geplet
- 1 kg rijpe tomaten, ontveld, ontpit en fijngehakt, of 800 g polpa di pomodoro (blz. 117)
- 6 blaadjes basilicum
- zout en peper

De naam van een saus of gerecht verwijst meestal naar de oorsprong ervan of naar de plaats waar het wordt klaargemaakt. Napels is synoniem met spaghetti en pizza, dus natuurlijk ook met een van de fundamentele tomatensauzen. Deze saus is niet alleen in heel Italië bekend, maar in elk land waar een Napolitaan een restaurant is begonnen. Het is inderdaad een heerlijke saus, meestal gemaakt van in de zon gerijpte tomaten. In de winter wordt er echter tomatenpulp uit blik of pot voor gebruikt. Sommige mensen koken de saus met heel rijpe tomaten maar 5 minuten; anderen laten hem 20-30 minuten pruttelen om de smaak te concentreren en voegen zelfs een lepel tomatenpuree toe. Ik geef de voorkeur aan de kort gekookte versie. Italiaanse koks fruiten voor hun tomatensaus vaak eerst wat ui, wortel, bleekselderij en peterselie en voegen daarna tomaten en wat basilicum toe.

Verhit de olie in een pan en fruit de knoflook een paar minuten zonder hem kleur te laten krijgen. Voeg de tomaten toe en bak ze al roerend 5 minuten mee, zodat alleen het overtollige vocht verdampt.

Voeg basilicum, zout en peper toe, en de saus is klaar voor een bord heerlijke spaghetti en veel andere gerechten.

GATTÒ DI PATATE

AARDAPPELTAART

VOOR 6 PERSONEN

- 1 KG BLOEMIGE AARDAPPELEN
- 50 G PROSCIUTTO COTTO, IN BLOKJES
- 25 G BUFFELMOZZARELLA, IN BLOKJES
- 100 G PROVOLA, IN BLOKJES
- 50 G PARMEZAANSE KAAS, VERSGERASPT
- 4 EIEREN, LOSGEKLOPT
- 2 EETLEPELS BLADPETERSELIE, FIJNGEHAKT
- KLUITJE BOTER
- 4 EETLEPELS PANEERMEEL
- 4 EETLEPELS OLIJFOLIE
- ZOUT EN PEPER

Het woord gattò komt van het Franse 'gâteau', want het klaargemaakte gerecht lijkt op een taart. Het gerecht wordt in Napels veel gegeten, want de Napolitaanse keuken vertoont nog steeds een sterke Franse invloed. Dat is een erfenis van de bezetting door de Bourbons in de 18de eeuw.

Verwarm de oven voor tot 180 °C (stand 4). Kook de aardappelen gaar, giet ze af en schil ze. Pureer ze door een zeef. Meng de puree met *prosciutto, mozzarella, provola,* Parmezaanse kaas, eieren, peterselie, zout en peper.

Beboter een rond taartblik van 25 cm en bestuif het met een deel van het paneermeel. Doe er de puree in en druk er met een vork voorzichtig een patroon in. Strooi er de rest van het paneermeel over en bedruppel het met olijfolie. Zet het gerecht 30 minuten in de oven of tot de bovenkant bruin is. De taart is warm heel lekker, maar ook koud verrukkelijk.

FRITTELLA PALERMITANA

ARTISJOKKEN, ERWTEN EN TUINBONEN UIT PALERMO

VOOR 2 PERSONEN ALS HOOFDGERECHT, VOOR 4 ALS BIJGERECHT OF PASTASAUS

- 4-5 KLEINE, JONGE ARTISJOKKEN
- 6 EETLEPELS OLIJFOLIE
- 1 GROTE UI, IN DUNNE PLAKJES
- 150 G VERSE DOPERWTEN, GEDOPT
- 150 G VERSE TUINBONEN, GEDOPT
- 1 THEELEPEL GEZOUTEN KAPPERTJES, 10 MINUTEN IN WATER GEWEEKT EN UITGELEKT
- 3 DL WATER
- ZOUT EN PEPER

Dit gerecht symboliseert de Siciliaanse lente, als er volop jonge groenten te koop zijn. Het is een specialiteit uit Palermo en bijzonder makkelijk te maken. Soms wordt na het koken een theelepel witte-wijnazijn aan de groenten toegevoegd. Zonder azijn kunt u het gerecht ook als pastasaus gebruiken, en met aardappelen wordt het gerecht voedzamer. Sicilianen koken de groenten voor dit gerecht graag overgaar, maar ik doe het liever op mijn eigen manier, waarbij de groenten gescheiden blijven. Als u ze wél overgaar kookt, geef ze dan met wat versgeraspte pecorino *bij pasta.*

Verwijder de stelen en buitenbladeren van de artisjokken (zie Carciofo, blz. 105). Jonge artisjokken hebben nauwelijks hooi en vragen weinig voorbereiding. Snijd ze in vieren.

Verhit de olie in een pan en bak de ui gaar. Voeg erwten, tuinbonen, artisjokken, kappertjes en wat zout en peper toe en giet er het water bij. Kook de groenten afgedekt op middelhoog vuur in ca. 20 minuten gaar; roer af en toe.

FRITTELLA PALERMITANA EN (DAARBOVEN) PANELLE DI PALERMO

PANELLE DI PALERMO

KIKKERERWTENKOEKJES

VOOR 4-6 PERSONEN

- 1 LITER WATER
- 250 G KIKKERERWTENMEEL
- 1 EETLEPEL BLADPETERSELIE, FIJNGEHAKT
- ZOUT EN PEPER
- OLIJFOLIE

Dit gerecht wordt gemaakt van kikkererwtenmeel en traditioneel opgediend bij Frittella Palermitana *(zie hierboven). Net als bij veel andere Siciliaanse gerechten vertoont het een sterke Arabische invloed.*

Breng het water in een grote pan bijna aan de kook, haal het van het vuur en roer er beetje bij beetje het meel door; meng grondig en zorg dat er geen klontjes ontstaan. Zet de pan weer op het vuur en kook het 30 minuten al roerend. Voeg peterselie en zout naar smaak toe. Giet het mengsel op een natte plaat marmer en plet het met een spatel tot een dikte van ca. 1 cm. Laat het afkoelen en snijd het met een mes in vierkantjes of met een deegsteker in rondjes. Bak ze in olijfolie aan beide kanten goudbruin. Bestrooi ze met wat versgemalen peper en dien ze heet op.

GIARDINIERA

GEMENGDE INGEMAAKTE GROENTEN

VOOR EEN POT VAN 2½ LITER

- 2 KG GEMENGDE GROENTEN (B.V. VERSE ZILVERUITJES, VERSE AUGURKEN, BLOEMKOOL, WORTELEN, KNOLSELDERIJ EN POMPOEN)
- 2 LITER WITTE-WIJNAZIJN
- 1 LITER WATER
- 55 G ZOUT
- 30 G SUIKER
- KLEIN HANDJE LAURIERBLAADJES
- KLEIN HANDJE KRUIDNAGELS
- DESGEWENST: CHILIPEPER NAAR SMAAK
- DESGEWENST: PAAR JENEVERBESSEN

Tegenwoordig maken nog maar weinig mensen hun eigen giardiniera, *omdat dit gerecht zo makkelijk kant-en-klaar te koop is. De zelfgemaakte versie is echter veel beter en in de pekel heel lang houdbaar. Ik ontdekte dit recept in Emilia-Romagna, waar deze groenten met olijfolie als* antipasto *gegeten worden. Vooral wortelgroenten, zoals worteltjes, knolselderij e.d. kunt u snijden met een kartelmes, zodat een aardig patroon ontstaat. Rode en gele paprika's worden meestal apart ingelegd, omdat ze eerder gaar zijn en als zodanig ook in veel andere gerechten verwerkt worden.*

Schil zo nodig de groenten en snijd ze in beetgrote stukjes. Breng azijn, water, zout en suiker in een grote pan aan de kook en laat suiker en zout al roerend oplossen. Voeg de groenten toe en laat ze in 30 minuten gaar pruttelen.

Doe alles heet in een gesteriliseerde weckpot van 2½ liter (of in diverse kleinere), en steek er de laurier en desgewenst chilipeper en jeneverbessen tussen. Sluit de pot af en bewaar hem op een koele plaats. Het gerecht is direct gebruiksklaar.

CREMA DI CANNELLINI

WITTE-BONENSOEP

VOOR 4 PERSONEN

- 200 G GEDROOGDE CANNELLINI-BONEN
- 30 G GEDROOGDE PORCINI
- 85 G BOTER
- 1 GROTE UI, IN DUNNE PLAKJES
- 1 KIPPENBOUILLONBLOKJE, VERKRUIMELD
- 2 BLAADJES SALIE
- 4 SNEDEN BROOD, ZONDER KORST, IN BLOKJES
- ZOUT EN PEPER

Dien deze bijzonder romige soep op met croûtons. De ingrediënten zijn het hele jaar door te koop en de soep is een goed begin van een verfijnde maaltijd.

Week de bonen een nacht in ruim koud water en giet ze af. Doe er zoveel vers water bij dat ze onderstaan, breng ze aan de kook en laat ze minstens 1½ uur pruttelen of tot ze gaar zijn. Giet ze goed af. Week de *porcini* intussen 30 minuten in lauw water, giet ze af (bewaar wat van het weekvocht) en hak ze fijn.

Smelt in een andere pan 60 g boter en fruit de ui goudbruin. Bak de *porcini* een paar minuten mee, voeg de uitgelekte bonen toe en doe er zoveel water bij dat het tot 2 cm boven de bonen uit komt. Roer er het achtergehouden weekwater van de *porcini* door, voeg bouillonblokje en salie toe en laat het gerecht 15-20 minuten pruttelen. Verwijder de salie en pureer het geheel (b.v. in een foodprocessor) tot een romige, fluweelzachte soep. Verwarm hem weer en voeg zout en peper naar smaak toe.

Rooster het brood licht en bak het in de rest van de boter. Garneer de soep met de croûtons.

CAPONATA

SICILIAANSE GROENTESOEP

VOOR 6 PERSONEN

- 1 GROTE UI, FIJNGEHAKT
- 2-3 STENGELS BLEEKSELDERIJ (MET BLAD), FIJNGEHAKT
- 5 EETLEPELS OLIJFOLIE
- 1 KG AUBERGINES, IN BLOKJES VAN 2½ CM
- 1 EETLEPEL GEZOUTEN KAPPERTJES, 10 MINUTEN IN WATER GEWEEKT EN UITGELEKT
- 20 GROENE OLIJVEN, ONTPIT
- 1 EETLEPEL SUIKER
- 2 EETLEPELS WITTE-WIJNAZIJN
- 50 G TOMATENPUREE
- ZOUT EN PEPER

Dit is een typisch Siciliaanse soep op basis van groente, vooral aubergines. De groenten worden gebakken en pruttelen daarna in een zoetzure saus. Het is niet duidelijk waar het woord caponata *vandaan komt, maar volgens sommigen is het Catalaans. Misschien komt het van het Latijnse* caupona, *wat* bar *betekent, want daar zou altijd* caponata *te krijgen zijn. Maar wat de oorsprong ook is, een koude* caponata *is tegenwoordig in heel Italië als* antipasto *populair. U kunt het gerecht echter ook als pastasaus gebruiken of warm opdienen bij bijvoorbeeld vlees en gevogelte.*

Blancheer ui en bleekselderij een paar minuten in kokend water met zout en laat ze uitlekken.

Verhit olie in een grote koekenpan en bak de stukjes aubergine bruin en gaar (maak de pan niet te vol; waarschijnlijk zult u ze in gedeelten moeten bakken). Voeg ui, selderij en de rest van de ingrediënten toe. Roer goed en laat het geheel afgedekt 15 minuten pruttelen; haal tegen het eind van de kooktijd het deksel van de pan; voeg tijdens de kooktijd 1-2 eetlepels water toe als het gerecht te droog wordt.

Breng het met zout en peper op smaak.

INSALATA DI RINFORZO

AANGEVULDE SALADE

VOOR 6 PERSONEN

1 BLOEMKOOL
150 G ZWARTE OLIJVEN
200 G GECONSERVEERDE GELE OF RODE PAPRIKA'S
200 G GIARDINIERA (BLZ. 134)
30 G GROTE, GEZOUTEN KAPPERTJES, 10 MINUTEN IN WATER GEWEEKT EN UITGELEKT
100 G ANSJOVISFILETS
OLIJFOLIE (VERGINE)
DESGEWENST: CHILIPEPER, FIJNGEHAKT

Dit typisch Napolitaanse gerecht voor het begin van de kersttijd heet rinforzo *(versterkt, d.w.z. aangevuld), omdat er elke keer dat ervan gegeten wordt, verse ingrediënten worden bijgedaan. Eet het als* antipasto *of als hapje met brood. Het is werkelijk erg lekker.*

Snijd de bloemkool in roosjes, kook ze in gezouten water *al dente* en giet ze af. Doe bloemkool, olijven, paprika's, *giardiniera* en kappertjes in een kom, besprenkel alles met olijfolie en doe het in een grote pot met schroefdeksel. Leg er een latwerk van ansjovisfilets op, sluit de pot af en bewaar hem op een koele plaats. Er moet genoeg salade zijn voor de feestdagen.

Insalata di Campo

WILDE SALADE

Voor 4 personen

- 300 g wilde blaadjes van: paardebloem, raketkruid, wilde knoflook, brandnetel, of wat u dan ook maar lekker vindt
- klein bosje lente-uitjes
- 4 eetlepels extra vergine olijfolie
- 30 g ansjovisfilets, tot pulp vermalen
- 1 fijngehakt knoflookteentje
- 2 eetlepels balsamico-azijn
- zout en peper

Een populaire lentebezigheid voor veel mensen is het afspeuren van de velden, om de eerste zachte blaadjes van de paardebloem en andere wilde kruiden te zoeken voor een gezonde salade. Door de huidige vervuiling moet men echter afgelegen velden opzoeken, om er zeker van te zijn iets eetbaars te vinden.

Was alle blaadjes grondig en dep of draai ze droog. Hak de lente-uitjes in kleine stukjes en leg die, gemengd met de blaadjes, op een bord.

Doe de olie, ansjovispulp, knoflook en balsamico-azijn in een kleine kom en voeg zout en peper naar smaak toe. Meng dit goed en giet het over de salade. Schep het voor het opdienen goed door.

Mozzarella Caprese

MOZZARELLASALADE MET TOMATEN EN BASILICUM

Voor 4 personen

- 500 g buffelmozzarella, in plakjes
- 2 grote, rijpe tomaten, in plakjes
- 10 blaadjes basilicum
- 4 eetlepels olijfolie (extra vergine)
- zout en peper

Dit is de beste manier om buffelmozzarella als voorgerecht te geven.

Schik afwisselend plakjes mozzarella, plakjes tomaat en blaadjes basilicum op een schaal.

Giet er wat olijfolie over en bestrooi het geheel met zout en peper.

PASTA

PASTA

Ik begin dit hoofdstuk graag met een verontschuldiging aan de lezer. Pasta is zo'n rijk, ingewikkeld en veelzijdig onderwerp, dat het eigenlijk een heel boek van deze omvang verdient – een studie van alle, meer dan 600 soorten en regionale ondersoorten die er in de rijke Italiaanse pastawereld bestaan, en van de ontelbare sauzen die erbij worden opgediend. In de beperkte ruimte die me hier ter beschikking staat, kan ik slechts een redelijk representatieve selectie van de hoofdpunten en belangrijkste pastasoorten geven.

Frustrerend genoeg weet niemand waar pasta vandaan komt. Lange tijd werd gedacht dat Marco Polo het gerecht had meegebracht uit China, maar zijn reisjournaals zijn de laatste tijd in diskrediet geraakt – volgens sommigen heeft hij die geschreven zonder ooit een voet buiten Venetië te zetten – en daarmee is die theorie verlaten. Maar ook zonder dat is bekend dat de Romeinen, lang voor Marco Polo, al pasta aten. Hun deegwaar heette *laganum*, maar het is niet duidelijk of die gekookt, gebakken of in de oven werd gezet.

Pasta, tegenwoordig in hoge mate het Italiaanse basisvoedsel bij uitstek, begon zijn bestaan als een vooral Zuid-Italiaans (m.n. Siciliaans) gerecht. De Sicilianen leerden *macaroni* kennen van de Grieken of Arabieren, die het eiland eeuwenlang in hun macht hadden. In de Renaissance kwam pasta op de voorgrond, vooral doordat Zuid-Italië toen vaak werd overvallen door roversbenden die de plaatselijke bevolking van veel voedsel beroofden. Als gevolg daarvan werd dit voedzame, op bloem gebaseerde ingrediënt een belangrijk voedingsmiddel voor hongerige gezinnen. Het was goedkoop te maken en makkelijk te bewaren. Napels en omgeving werden mettertijd de geboorteplaats van een enorme industrie; de pasta werd gemaakt van het toen nog schone heuvelwater en plaatselijke tarwe, en de deegwaren werden gedroogd in het heerlijke Middellandse-Zeeklimaat.

Later reisde de pasta met emigrerende Italianen mee naar alle delen van de wereld. Het speelt nu in het eetpatroon van veel westerse landen een hoofdrol, niet alleen vanwege zijn culinaire veelzijdigheid, maar ook als bron van vitaminen en koolhydraten. Tenzij u er een echt vette saus bij geeft, is pasta een van de evenwichtigste voedingsmiddelen: het bestaat uit 60% koolhydraten, 25% vet, 15% eiwitten, mineralen (b.v. ijzer) en de vitamines B1, B2 en niacine. De vele, complexe koolhydraten staan hun energie maar langzaam aan het lichaam af en zijn daardoor een goede energiebron.

De *pasta alimentare*, het deeg van bloem en water waarvan gedroogde pasta wordt gemaakt, wordt tegenwoordig in fabrieken gemaakt en droogt zo'n 12 uur in speciale droogruimtes in plaats van in de zon. De vraag naar pasta is zo groot dat de fabrieken continu draaien en de tarwe voor het meel moet uit Rusland, Turkije en de VS geïmporteerd worden. *Pasta alimentare* kan alleen gemaakt worden van harde tarwebloem (*Triticum durum*), die heel anders is dan de zachte soort (*T. vulgare*) waarvan brood wordt gemaakt. Alleen harde tarwebloem heeft de structuur die nodig is voor de vele pastavormen. Het deeg moet sterk en elastisch genoeg zijn om tijdens het koken niet te breken en het moet genoeg water absorberen om aan de buitenkant zacht te worden, maar van binnen *al dente* te blijven, d.w.z. bij het bijten nog enige weerstand bieden.

De andere hoofdsoort is *pasta all'uovo* (eierpasta). Anders dan *pasta alimentare* wordt deze pasta meestal met de hand gemaakt en vers verkocht, hoewel supermarkten industriële versies van harde tarwebloem verkopen, die ook gedroogd zijn. De beste verse pasta maakt u echter thuis met verse ingrediënten en zorgvuldige opslag. Dan krijgt u de mooiste pasta, waar een saus van alleen de allerbeste ingrediënten bij past. Anders dan veel mensen denken, hebt u geen pastamachine nodig om thuis pasta te maken. Alleen als u dat heel vaak doet, trakteert u zichzelf misschien op zo'n klein apparaat, dat het deeg tot de vereiste dikte uitrolt, waarna u er allerlei vormen van kunt maken.

De vorm van de pasta – vers of gedroogd – is even belangrijk als het deeg zelf. In de 300 jaar sinds de eerste *maccheroni* (letterlijk: 'nogal duur') zijn talrijke vormen ontwikkeld. Dunne dradenpasta met het uiterlijk van wormen (vandaar de naam *vermicelli*) kwam pas later. Een pastagerecht staat of valt met de juiste combinatie van vorm en saus, zodat de textuur van de saus wordt aangevuld door de vorm van de pasta. Aan het einde van deze inleiding vindt u daar informatie over.

Grote pastafabrieken geven mensen opdracht om uit te proberen hoe nieuwe vormen in de mond aanvoelen. De pastafabrikant Voiello liet zelfs een auto-ontwerper (Giugiaro) een nieuwe vorm tekenen die meer saus vasthield. Het resultaat was een ergonomisch en functioneel verantwoorde vorm (zie Marille). Veel pastavormen worden tegenwoordig uit lappen deeg gestoken; sommige zijn echter puur decoratief en daarbij is dus geen rekening gehouden met het feit dat de vorm moet worden aangepast aan een saus.

Afhankelijk van het gebruikte deeg en de culinaire functie zijn er vijf hoofdsoorten:

Op de graanvelden van Puglia groeit de harde tarwe voor de befaamde pasta.

1 Pasta di semola di grano duro secca
(gedroogd deeg van harde tarwe)
Dit is het simpele, gedroogde deeg van een bloem/water-mengsel, waarbij harde tarwebloem wordt gebruikt. Het wordt door een apparaat met gaatjes gedrukt om lange pastavormen te maken, b.v. *spaghetti*, die op lengte worden afgesneden, gedroogd, verpakt en verkocht. Mits goed opgeslagen is deze pasta heel lang houdbaar.
Gedroogde pasta kent drie subgroepen:
(a) *Pastina* of *pasta corta minuta* (heel korte pasta). Dit deeg wordt vaak gebruikt voor het maken van kleine vormen voor soep en bouillon. Soms worden extra eiwitten toegevoegd in de vorm

van gluten en dan hebt u *pasta glutinata* (pasta voor kindersoep).
(b) *Pasta corta* of *pasta tagliata* (korte pasta). Deze soort is groter dan de vorige en omvat de meeste bekende pasta's, zoals *farfalle*, *fusilli* e.d. Ze zijn vaak hol, omdat ze zo gelijkmatiger gaar worden. Ze worden opgediend met een tomatensaus (de meeste korte pasta krijgt net zoveel saus dat alles bedekt is; dat heet *pasta asciutta*) of verwerkt in timbalen, die in Italië *sformati*, *timpani* of *timballi* heten.
(c) *Pasta lunga* (lange pasta). Lange pasta, zoals *spaghetti* en *tagliatelle*, werd vroeger in grote lengtes en in een traditionele verpakking van blauw papier verkocht (net als suiker en zout; veel moderne fabrikanten keren naar dit nostalgische uiterlijk terug). Deze pasta moest echter voor het koken gebroken worden, omdat het eten anders heel moeilijk werd. Goede droge pasta is nog steeds een beetje buigzaam en heeft een glanzende amberkleur. De meeste lange, gedroogde pasta wordt als *pasta asciutta* gegeten (zie hiernaast), hoewel heel dunne soorten als *capelli d'angelo* (engelenhaar) geschikt zijn voor bouillon.

2 Pasta di semola fresca
(verse pasta van harde bloem)
Deze pasta wordt – meestal handmatig – gemaakt

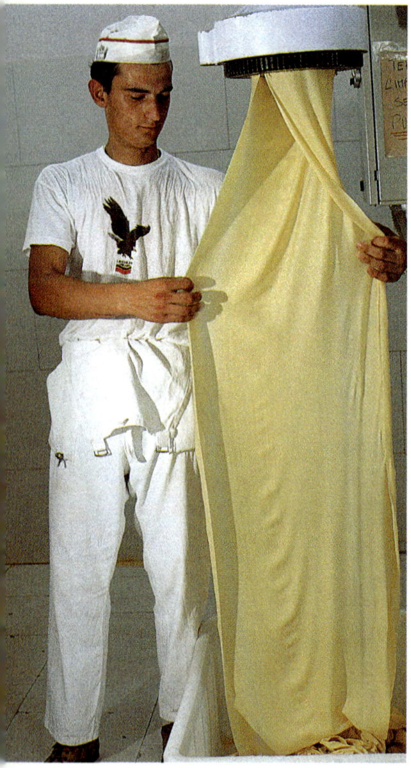

van verse bloem en water. Vooral in Zuid-Italië (m.n. Puglia) wordt het veel gemaakt en gegeten. Het deeg heeft een iets langere gaartijd dan verse eierpasta. De meest voorkomende vormen zijn *fusilli*, *cavatelli*, *strozzapreti* en *orecchiette*. Sardinië produceert de bekende *malloreddus* of *gnocchi sardi*.

3 Pasta all'uovo secca (gedroogde eierpasta)
De combinatie van harde bloem en eieren komt altijd uit de fabriek, want het heel stevige deeg kan alleen machinaal goed gekneed worden. Het wordt meestal in linten van allerlei groottes gesneden, waarvan nestjes of *matasse* (vlechten) worden gemaakt om te verhinderen dat ze beschadigen. Het deeg wordt 12 uur gedroogd en is dan lang houdbaar. Van dit deeg wordt ook gevulde pasta (b.v. *tortellini* en *ravioli*) gemaakt, maar hoewel gedroogde eierpasta in de vorm van *tagliatelle* handig is voor noodgevallen, is gevulde pasta uit de fabriek nooit erg lekker.

4 Pasta fresca all'uovo (verse eierpasta)
Verse eierpasta wordt gemaakt van scharreleieren en 00-bloem (*doppio zero*), dezelfde slappe bloem als waarvan cake wordt gemaakt. Dus niet van harde tarwebloem. Het deeg is heel plooibaar en tot veel vormen te verwerken. Emilia-Romagna is het centrum van de eierpastaproductie en de thuisbasis van *lasagne*, *tortelli* en *tortellini*.

5 Pasta speziale (speciale pasta)
Toen pasta steeds populairder werd, kwamen steeds meer vormen, smaken en kleuren op. Groene pasta (*pasta verde*) ontstaat door goed uitgelekte spinaziepuree aan het deeg toe te voegen; met de inkt van sepia's ontstaat zwarte pasta (*pasta nera*) voor gebruik met vissauzen; met tomatenpuree ontstaat rode pasta (*pasta rossa*) en met rode biet roze pasta (*pasta alla barbabietola*). Met cacaopoeder ontstaat bruine pasta, die als dessert wordt gegeten. Pasta wordt ook op smaak gebracht met paddestoelen (b.v. *porcini*), met truffel en soms met wijn. Uit Lombardije en Piemonte komen andere speciale pasta's met een combinatie van 00-bloem en boekweitmeel (zie Pizzoccheri, blz. 150).

LINKS: EEN PASTAVEL VOOR ORECCHIETTE WORDT OP DE PAP-FABRIEK IN PUGLIA UIT DE MACHINE GEWERKT.

Pasta koken

Pasta moet in ruim kokend water met zout gaar worden. Neem per 100 g pasta 1 liter water en 1 eetlepel zout. Doe het zout vlak vóór de pasta in het kokende water. Neem een pan die zo groot is dat het water naar hartelust kan borrelen. Dit houdt de pasta in beweging en voorkomt kleven. Omdat pasta tijdens het koken zetmeel afstaat, is de hoeveelheid water van belang. Als u te weinig water neemt, raakt het vol zetmeel en wordt de pasta niet goed gaar.

Laat de pasta rustig uit uw handen in het water glijden en doe dat liever niet in gedeelten, want dat bevordert kleven. Rol lange strengen voorzichtig in het water op. Als alle pasta eenmaal in het water is, legt u het deksel op de pan, zodat het water zo snel mogelijk weer aan de kook is. Haal dan het deksel eraf en maak de pasta met een vork los. Doe nooit olie in het water, tenzij u grote vellen lasagne kookt, die aan elkaar kunnen plakken.

De juiste tijdsduur is bij het koken doorslaggevend: een minuut te lang of te kort heeft een enorme invloed op de kwaliteit van het gerecht. Verse eierpasta is in een paar minuten gaar, en heel dunne, zoals engelenhaar, zelfs nog eerder. Kookt u verse eierpasta, zorg dan dat de saus klaar is voordat u aan de pasta begint en dat uw gasten 'eetklaar' aan tafel zitten. Kook de pasta *al dente*, d.w.z. gaar, maar met nog enige weerstand en stevigte. Interessant genoeg eten de Napolitanen hun *vermicelli* graag bijna halfgaar of *fujenni*.

Haal de pan van het vuur als de pasta gaar is, giet er een kop koud water bij om het garingsproces te stuiten en wacht een half minuutje voordat u het afgiet. Spoel de pasta niet onder de koude kraan, want dan gaan smaak en voedingsstoffen verloren. Als u pasta voor in timbalen kookt, houd het deeg dan net ongaar, zodat het in de oven niet te zacht wordt. Bewaar het uitgelekte kookwater, want daarmee kunt u de dikte van de saus corrigeren (uitgelekte pasta blijft vocht absorberen, en een

DE OORSPRONKELIJK HANDGEVORMDE ORECCHIETTE WORDEN NU MACHINAAL GEMAAKT.

PASTIFICIO DEFILIPPIS IS EEN BEFAAMDE PASTA-SPECIAALZAAK IN TURIJN.

saus die goed op dikte leek voordat hij door de pasta werd geroerd, kan dus plotseling te dik blijken). Pasta mag bij het opdienen niet zwemmen, maar evenmin te droog zijn.

Sauzen en pasta's combineren

Hoewel er ontelbare combinaties bestaan, volgen hier een paar richtlijnen om ze zo goed mogelijk op uw verhemelte en spijsvertering af te stemmen:

• Dunne eierlinten als *tagliolini* worden het meest opgediend met truffels, boter en Parmezaanse kaas of met lichte tomatensauzen.
• Dikkere linten als *tagliatelle* zijn lekker met sauzen van tomaten, paddestoelen, kaas, room, ham en vis en met Bolognese saus.
• Lange, platte gedroogde pasta als *trenette* of *linguine* zijn heel geschikt voor pesto en sauzen met tomaten, vlees en vis.
• Lange pasta als *spaghetti*, *lasagnette* en *festoni* zijn het lekkerst met op tomaten gebaseerde *ragùs* en in timbalen en *pasticcio*'s.
• Korte en lange buizen als *rigatoni* zijn gemaakt voor lang gekookte tomaten- en andere *ragùs*.
• Korte pasta van harde tarwebloem als *cavatelli* en *orecchiette* zijn verrukkelijk met groentesauzen (b.v. met broccoli, bloemkool, artisjokken e.d.) en met schaal- en schelpdiersauzen.
• Gevulde pasta als *ravioli* en *tortellini* heeft niet meer nodig dan wat braadvocht van vlees of een lichte tomatensaus.

Pasta eten

Zodra het bord voor u staat, maakt u de pasta met een vork los en verdeelt u alles gelijkmatig. Til dan een paar strengen op en schuif ze naar de rand van het bord. Maak daarbij wat ruimte voor uw vork om de pastastrengen er omheen te kunnen draaien. Steek het opgerolde pastaballetje elegant in uw mond. Laat nooit strengen uit uw mond hangen en bijt ze ook niet met uw tanden af. Het gebruik van een lepel bij de vork vinden de Italianen onbeleefd.

RECHTS: LUCIA VERPAKT VERSE RAVIOLI IN PASTIFICIO DEFILIPPIS.

A-Z VAN PASTA

AGNOLINI
SOORT GEVULDE PASTA
Deze kleine, gevulde eierpasta heeft dezelfde vorm als *cappelletti* en kan alleen met de hand gemaakt worden. Leg een vulling van gemalen gebraden vlees, eieren en Parmezaanse kaas in het midden van ronde lapjes deeg en vouw ze over de vulling, zodat halvemaantjes ontstaan. Leg de hoeken van de halve cirkel op elkaar, zodat ringen ontstaan.

Agnolini komen uit Lombardije en Emilia-Romagna. Ze worden vooral gegeten in een goede kippenbouillon (*brodo*), maar ook met salie en boter. Soortgelijke gevulde pasta's zijn *agnoli, tortellini* en *raviolini*.

AGNOLOTTI
SOORT GEVULDE PASTA
Er is veel verwarring over deze soort, die in allerlei delen van Italië anders heet. *Agnolotti* lijken sterk op kleine *ravioli* en zijn kussentjes van gevulde eierpasta. De Piemontezen zeggen de uitvinders ervan te zijn. Ze vullen de *agnolotti* met gekookte groene groenten, zoals spinazie, snijbiet, kool e.d., gemengd met eieren, Parmezaanse kaas en gare worst. Het gerecht was oorspronkelijk een zuinige manier om restjes vlees en worst te verwerken.

Agnolotti worden òf met gesmolten boter, salie en Parmezaanse kaas, òf met een lichte tomatensaus gegeten, maar het allerliefst met gedeglaceerd braadvocht van vlees. Soortgelijke pasta's zijn de Sardijnse *angiulottus* en *culingiones*, de Toscaanse *tordelli*, de Ligurische *ravioli* en de *tortelli* uit Emilia-Romagna. De vullingen variëren per streek. De Sardijnen nemen b.v. pecorino, spinazie, saffraan, nootmuskaat en eieren, en de beroemde *tortelli* uit Emilia-Romagna worden gevuld met pompoen (zie het recept voor Tortelli di Zucca op blz. 160). Nogal verwarrend is dat een kleinere *agnolotti*-versie *tortellini* heet en een grotere *tortelloni*. Zie ook Ravioli.

LINKS: ALFABETPASTA VOOR IN DE SOEP

ALFABETO, LETTERE
ALFABETPASTA
Dit is een gewoon deeg van harde tarwebloem dat door een speciale spuitmachine wordt gedrukt en heel kort in lettervorm wordt afgesneden. Ze worden voor kinderen in soep gedaan en bevatten vaak extra gluten.

Bij *alfabeto* moet ik altijd denken aan de bruiloftsmaaltijd die ik voor mijn stiefzoon en schoondochter heb klaargemaakt. Ik besloot hun initialen en wat hartjes in de soep te doen en moest honderden pakjes *alfabeto* openmaken om de letters G en S (Granby en Sarah) te vinden. Wat een teleurstelling toen bleek dat maar heel weinig mensen ze zagen liggen, toen ze de bodem van hun soepkom bereikten!

Alfabetpasta is maar een van de vele kleine pastavormen voor soep en natuurlijk extra geliefd bij kinderen.

AMATRICIANA
SOORT PASTASAUS
Pasta alla amatriciana is een specialiteit van Lazio, m.n. van de stad Amatrice, waarnaar deze saus genoemd is. Het hoofdingrediënt is *guanciale*: luchtgedroogd kinnebakspek (blz. 76) met wat *polpa di pomodoro* en chilipeper. Er wordt overigens ook vaak gewone prosciutto voor gebruikt. De saus gaat traditioneel over *bucatini* en wordt met Parmezaanse kaas bestrooid.

ANELLI, ANELLINI
SOORT PASTARINGEN
Deze ringvormige pasta van harde tarwebloem is op Sicilië heel populair, maar in andere streken moeilijk te krijgen. Er zijn allerlei maten en de kleinste (*anellini*) worden in soep gebruikt. De grootste hebben een doorsnee van 15 cm en gaan vooral in de traditioneel-Siciliaanse *sformato*: pastataart met tomatensaus.

ANOLINI
SOORT GEVULDE PASTA
Deze kleinste soort *tortellini* is typisch voor de keuken van Parma. Ze worden meestal met de hand gemaakt en rond een vrouwenpink gevormd. Alleen de dunst mogelijke *sfoglia* (deegvel) is ervoor geschikt. De vulling bestaat meestal uit kip, broodkruim, Parmezaanse kaas en een snufje nootmuskaat.

BAVETTE, BAVETTINE, LINGUE DI PASSERO
SOORT LANGE, OVALE PASTA
Bavette of *lingue di passero* (mussentongen) zijn lang; net dikke, geplette spaghetti. De doorsnee is eerder ovaal dan rond, en dat geeft een heerlijk soepel gevoel aan het verhemelte. Ze zijn door hun vorm bijzonder geschikt voor pesto en schaal- en schelpdiersauzen. De kleinere soort heet *bavettine, linguettine* of *linguette*; de Genuese versie heet *trenette* en wordt bijna alleen met pesto gegeten.

BIGOLI / PASTA UIT MANTUA
Deze populaire pastasoort komt oorspronkelijk uit Mantua in Emilia-Romagna. Het deeg bestaat uit volkorenmeel en eieren, en de pasta lijkt op dikke, grote spaghetti. Vroeger werd het deeg met de hand gemaakt en door een apparaatje gedrukt dat *torchio* of *bigo-*

CIRIOLINE UIT UMBRIË (ZIE BIGOLI)

Machinaal snijden van pasta

laro heette, maar tegenwoordig komt deze pasta uit de fabriek. Tot de vele streekgerechten met *bigoli* hoort het Venetiaanse gerecht *bigoli in salsa*, d.w.z. met een saus van uien, olijfolie en ansjovis.

Vergelijkbare handgemaakte pasta's zijn b.v. de onder allerlei namen voorkomende *pinci*, *ciriole*, *cirioline* en *stringozzi* of *strengozzi*, zoals ze in Umbrië en Toscane heten. Deze pasta's zijn heel lang en hebben een doorsnee van 4 mm. Anders dan *bigoli* bestaan ze uit harde tarwebloem, water en wat olijfolie, en ze krijgen een onregelmatige vorm door het uitrollen en uitrekken van het deeg. De Umbrische *strengozzi* worden opgediend met truffels uit Norcia, of met *ragùs* van wild zwijn of konijn, paddestoelen en natuurlijk tomaten. Pas op bij het koken, want ze breken makkelijk, omdat ze geen eieren bevatten.

Rechts: pastaverkoop aan klanten

Boccolotti Mezzani, zie Ziti

Bucatini
Soort holle pasta

Deze pasta wordt vooral in Campanië, Lazio en Ligurië gegeten. *Bucatini* zijn iets groter dan *spaghettoni* maar hebben een 'buco' (smalle holte) in het midden, zodat ze makkelijker gaar worden. Ze zijn lekker met zowel *amatriciana*- als *carbonara*-saus, maar in Napels worden ze met een vlees*ragù* gegeten. Soortgelijke pasta's zijn *perciatellini* en *fidelini bucati*; de grotere versies heten *perciatelli* en *ziti*.

Candele, zie Ziti

Cannaroni Rigati
Soort lange buispasta

Dit is een van de grote pastasoorten waar de Zuid-Italianen zo van houden. *Cannarone* of *cannerone* kunnen *lisco* (gad) of *rigato* (geribbeld) zijn, maar altijd hebben ze dezelfde buisvorm en ze zijn minstens 4-5 cm lang. Ze zijn in diverse streken onder allerlei namen populair, van de grotere *cannolicchi* en *denti di cavallo* (paardentanden) tot de gladde *sciviotti* en *occhi di lupo* (wolfsogen). De pasta wordt in allerlei sauzen en soepen gebruikt, o.a. in de beroemde *minestrone*.

Cannelloni
Grote gevulde buispasta

Deze archetypische pasta uit Emilia-Romagna is overal bekend en via Italiaanse restaurants en trattoria's over de hele wereld verspreid. Tegenwoordig zijn de Italiaanse fabrikanten niet de enigen die deze grote pastabuizen maken. Ze worden ook in veel andere landen gefabriceerd en overal vers, gedroogd of kant-en-klaar uit koelvitrines en vriesvakken verkocht.

Cannelloni werden oorspronkelijk gemaakt door een rechthoekig vel pasta op de gewone manier in water te koken, af te gieten, rond een vulling van vlees, groente of zelfs vis te wikkelen en in de oven te zetten met een tomatensaus met mozzarella of soms met een bechamelsaus en Parmezaanse kaas. Tegenwoordig verkopen pastafabrikanten kant-en-klare buizen van zo'n 12 cm lang, die makkelijker te vullen zijn en verder op dezelfde manier kunnen worden klaargemaakt.

Cannolicchi, zie Cannaroni Rigati

Capelli d'Angelo
Engelenhaar

Capelli d'angelo lijken, zoals de naam al zegt, op lange blonde haren. Deze lange pasta heet ook wel *fidelini* of *capellini* en is de dunste vorm van spaghetti. *Capelli d'angelo* zijn het lekkerst met heel verfijnde sauzen en met boter en Parmezaanse kaas, maar ook in een lichte bouillon. Ze zijn heel snel gaar; houd ze dus goed in het oog. Er is ook een versie die met sepia-inkt zwart is gemaakt en vooral met schaal- en schelpdiersauzen wordt gegeten.

Cappellacci, zie Tortelli

Cappelletti, Capellettini
Hoedjes

Cappelletti worden gemaakt van handgemaakt eierdeeg en lijken op hoeden (*cappelli*). Ze zijn het handelsmerk van Emilia-Romagna. Een kleinere versie heet *cappellettini*. Ze lijken op *tortellini*, maar hebben een andere vulling: in boter gebakken rund-, varkens- en kalfsvlees, Parmezaanse kaas en blokjes ham. In Bologna worden ze gegeten met tomatensaus of het braadvocht van vlees. Maar u kunt ze ook koken en eten in *brodo* (kippenbouillon). Vers gemaakt zijn ze al in 5-7 minuten gaar; de veel slechtere fabrieksversie doet er minstens tweemaal zo lang over.

Carbonara
Soort pastasaus

Net als *amatriciana* is *carbonara* een specialiteit van Lazio met gebruikmaking van *guanciale* (luchtgedroogd kinnebakspek). Snijd het spek – dat tegenwoordig vaak door *pancetta* vervangen wordt – in blokjes en bak ze knapperig. Roer ze door op smaak gebrachte, losgeklopte eieren en verdun het met een beetje kookwater van de pasta. Giet de pasta (traditioneel *bucatini*) af, roer alles dooreen en laat de eieren de pasta bedekken zonder gaar te worden.

Câsonséi
Soort gevulde pasta

Deze gevulde pasta komt oorspronkelijk uit Lombardije en is een specialiteit van het Camonica-dal. Rechthoekige plakjes deeg krijgen een vulling van aardappelen, groene groente, mortadella, varkensworst, Parmezaanse kaas, eieren, knoflook, broodkruim en peterselie. Daarna worden ze op zo'n manier dichtgevouwen dat ze op een challe lijken. Eenmaal gedroogd worden ze 7-8 minuten gekookt en met gesmolten boter en Parmezaanse kaas opgediend.

Uit de Veneto komt *casonziei*: een gevulde eierpasta die veel op *câsonsèi* lijkt, maar rond is in plaats van rechthoekig. De vulling bestaat uit spinazie, San Daniele-ham, eieren, Parmezaanse kaas, een beetje boter en kaneel. Er bestaan veel vergelijkbare pastasoorten met dezelfde basisvulling, maar een iets afwijkende vorm.

Cavatelli, Cavatieddi, Cavatiddi, Cecatelli

Handgemaakte pasta uit Puglia

Deze typisch Zuid-Italiaanse specialiteit bestaat uit harde tarwebloem en water. *Cavatelli* zijn stukjes deeg van 2-3 cm lang, die met de duim een kromme, ovale, iets holle vorm krijgen. De naam komt van 'cavare' (graven) vanwege de beweging waarmee de vorm tot stand komt. In Basilicata heten ze *strascinati*.

Deze pastavorm is nu ook in het noorden populair, omdat *cavatelli* ideaal zijn bij groentesauzen, b.v. met broccoli, raketkruid, courgette en aubergine. In Puglia en op Sicilië worden ze opgediend met een tomatensaus van de allerbeste plaatselijke ingrediënten. *Cavatelli* zijn ook lekker bij schaal- en schelpdieren, vooral mosselen.

Chifferi / Elleboogjes

Deze fabriekspasta van harde tarwebloem bestaat uit gebogen buizen van 3-4 cm, die op een elleboog lijken. De naam komt waarschijnlijk van het Oostenrijkse *kipferl*-gebak, dat eveneens croissantvormig is. Een kleinere versie heet *mezzi gomiti* (halve ellebogen); vergelijkbare vormen zijn *gobboni* (gebocheld), *stortoni* (gebogen) en *gozzettoni*. Al die soorten kunnen *lisco* (glad) of *rigato* (geribbeld) zijn. In Noord- en Midden-Italië gaan *chifferi* in soepen als minestrone, terwijl *rigatoni* – de *chifferi*soort van het zuiden – met sauzen worden opgediend.

Chiocciole, Lumache, Lumachelle

Slakken

Chiocciole worden vooral in Campanië en Ligurië gegeten. Ze hebben de vorm van een slakkenhuisje, kunnen glad en geribbeld zijn en bestaan in allerlei maten. De kleinere gaan in de soep, de grotere worden opgediend met tomatensaus.

Chitarra, Manfricoli, Tonnarelli

Soort lange pasta

De *maccheroni alla chitarra* uit de Abruzzen heten in Umbrië *manfricoli* en in Lazio *tonnarelli*. Ze lijken veel op spaghetti, maar hebben een vierkante doorsnee in plaats van een ronde. Ze worden gemaakt door een plak deeg op een speciaal snijapparaat te leggen, dat uit een dichte rij staaldraden bestaat en een *chitarra* heet. Het deeg wordt met een deegroller door de draden gedrukt. De dikte van de pasta is gelijk aan de tussenruimte tussen de draden, en de *maccheroni* komen dus als lange, vierkante draden uit de *chitarra*.

Maccheroni alla chitarra worden het liefst met een lang gestoofde *ragù* van tomaten en lamsvlees, met een lichte tomatensaus en Parmezaanse kaas of met een groentesaus gegeten. Zelf heb ik een saus ontwikkeld op basis van Bagna Caôda en geroosterde paprika's die er erg lekker bij is.

Cialzons

Zoete gevulde pasta

De zoete Friulische versie van de *casonziei*, die m.n. in Carnia wordt gemaakt, vertoont Oostenrijkse invloed. De vulling van spinazie, rozijnen, sukade, kaneel en chocolade zit in een halfrond pastazakje. *Cialzons* zijn in 7-8 minuten gaar en worden met gesmolten boter, suiker en kaneel opgediend.
Een iets hartiger versie wordt gevuld met aardappelen, peterselie, ui, munt, suiker, broodkruim, kaneel en zelfs een beetje grappa, en opgediend met gesmolten boter en Parmezaanse kaas.

Ciriole, zie Bigoli

Conchiglie, Conchiglioni, Conchigliette / Schelpjes

Deze schelpvorm uit Campanië heeft een geribbeld oppervlak en houdt dus veel saus vast. Vanwege hun structuur vragen *conchiglie* echter een kooktijd van 14-16 minuten. De grotere versie (*conchiglioni*) wordt vaak gevuld (meestal met spinazie en ricotta) en met een tomatensaus opgediend. *Conchigliette* zijn een kleinere versie voor in de soep en worden voor kinderen van extra gluten voorzien. Zie Alfabeto.

Corzetti / Ligurische handgemaakte pasta

Deze Ligurische specialiteit, die typisch is voor het Polcevera-dal, gebruikt een deeg met zowel ei als water (slechts 1 ei per 300 g bloem). Ronde stukjes deeg worden op zo'n manier met de twee duimen bewerkt dat een acht-vorm van 2 x 5 cm ontstaat. *Corzetti* worden opgediend met een saus van walnoten, room, Parmezaanse kaas en oregano, of met vlees*ragù*. Een bepaalde versie van deze pasta heet *stampati* (bedrukt) en wordt gemaakt met een

Links: machinaal gemaakte orecchiette worden voor het inpakken gesorteerd (zie Cavatelli).

RECHTS: FARFALLE

houten apparaatje waarin een patroon is uitgesneden dat op de pasta komt te staan.

CULINGIONES

SARDIJNSE RAVIOLI

Deze Sardijnse bijdrage tot de gevulde pasta is rechthoekig en gevuld met verse pecorino, snijbiet, nootmuskaat, ei en geraspte, oude pecorino. In sommige streken worden de zakjes op een artistieke manier dichtgeknepen. De pasta wordt opgediend met tomatensaus en nog meer geraspte pecorino.

DENTE DI CAVALLO, DENTE DI PECORA, ZIE CANNARONI RIGATI EN MACCHERONI

DITALI, DITALINI, DITALONI, TUBETTI / SOORT KORTE PASTA

Deze gedroogde pasta uit Campanië is niet weg te denken uit de keuken van Napels. De naam verwijst naar de vorm (die van een vingerhoed); *ditali* bestaan in allerlei maten.

De kleinste maat (*ditalini*) wordt in bouillon gegeten, de grotere *ditali* gaan in dikke groentesoep, en de allergrootste (*ditaloni*) worden met sauzen opgediend – de gladde variant met fijne sauzen, de geribbelde met tomaten- en chilipepersauzen.

ELICOIDALE, ZIE FUSILLI

FAGIOLINI, ZIE MACCHERONI

FARFALLINE VOOR IN DE SOEP

FARFALLE, FARFALLINE, FARFALLETTE, FARFALLONI

VLINDERPASTA

Deze vlindervormige pasta komt meestal uit de fabriek, maar is van vers deeg ook makkelijk zelf te maken. Snijd lange repen pasta van 3-4 cm breed uit een deeglap en verdeel ze in stukken van 2-3 cm. Knijp in het midden de randen naar binnen, zodat een vlinder ontstaat.

Farfalle worden vooral in Noord-Italië gegeten, liefst met tomatensaus of met room en ham.
Een kleine versie (*farfalline, canestrini, tripolini*) van ca. 13 mm lang, wordt in kippenbouillon gegeten. *Farfallette* (in Bologna: *stricchetti*) zijn iets langer (ca. 3 cm) en gaan in dikkere soep. *Farfalle* en de tweemaal zo grote *farfalloni* worden alleen opgediend met tomatensaus of met boter, ham en doperwten.

FETTUCCE, FETTUCCINI, ZIE TAGLIATELLE

FIDELINI, ZIE CAPELLI D'ANGELO

FIDELINI BUCATI, ZIE BUCATINI

FORMATO / PASTAVORM

Forma betekent 'vorm' en het woord 'formati' slaat op alle pastavormen.

FUSILLI / SPIRAALPASTA

Fusilli werden oorspronkelijk in Campanië met de hand gemaakt en waren een van de eerste pasta's van alleen bloem en water, net als de Siciliaanse *maccheroni*. De techniek is in de loop van de eeuwen niet erg veranderd. In Campanië en Puglia worden ze nog steeds met de hand gemaakt en voor veel geld verkocht. Maar gedroogde fabrieks*fusilli* zijn wèl zo makkelijk; ze zijn er in tal van kleuren. Op *fusilli* lijkende vormen zijn o.a. de *elicoidale*, de *spirale* en de *eliche*, een zuidelijke, nogal dikke *fusilli*versie, die met sauzen van vlees en tomaten wordt opgediend en tegenwoordig in heel Italië gegeten wordt.

Om traditionele *fusilli* te maken, rolt u het deeg op een plank of tussen uw handen tot een lange, dunne worst. Daarna draait u die rond een naald, zodat een spiraal ontstaat. Schuif hem voorzichtig van de naald en laat hem drogen. *Fusilli* zijn heerlijk met vlees*ragùs* en tomatensauzen (zie het recept voor Salsa di Pomodoro alla Napoletana op blz. 131).

GARGANELLI

SOORT HANDGEMAAKTE PASTA

Deze eierpasta vindt u alleen in Emilia-Romagna, waar hij ontwikkeld is en op grote schaal gegeten wordt, hetzij in kippenbouillon, hetzij met een lichte Bolognese *ragù*. Het deeg wordt op de gewone manier gemaakt, maar met toevoeging van geraspte Parmezaanse kaas en nootmuskaat. Om *garganelli* te maken, hebt u een speciaal apparaatje nodig voor het ribbelen van de buitenkant. Rol het deeg uit en snijd het in vierkantjes van 4 cm. Rol ze, te beginnen bij de punt, rond een enigszins geribbeld stokje, haal ze over een houten blok met ribbels en schuif ze van het stokje. Zo ontstaat een holle, geribbelde vorm van 5 cm lang en 1 cm doorsnee met twee puntige uiteinden, die op kroontjespennen lijken.

GIGANTONI, ZIE MANICHE

GNOCCHI, GNOCCHETTI

SOORT KORTE PASTA

Het verschil tussen enerzijds *gnocchi* en *gnocchetti*, en anderzijds vergelijkbare pasta's als *cavatielli, conchiglie, chocciole* en *lumache* is niet makkelijk aan te geven. Ze zijn allemaal ontstaan vanuit de praktijk om kleine, vormloze stukjes gekleurd water-en-bloemdeeg in water te koken en op te dienen met boter en Parmezaanse kaas.
Toen de aardappel zijn opwachting maakte, werden *gnocchi* gemaakt van bloem en aardappelen in plaats

van met het pastadeeg, en dat is het grote verschil. *Gnocchi di patate* zijn een van de eerste, met de hand gemaakte bijzondere pasta's. Vandaaruit is een hele industrie ontstaan voor het maken van korte pasta in de vorm van krullen, slakken of schelpen.

Gnocchetti zijn ronde vormen met een holte, die vroeger werd gemaakt met de duim (zie ook Cavatelli). Afhankelijk van hun grootte heten ze ook *conchigliette*, *coccioline* en (als ze heel klein zijn) *margheritine*, die alleen in soep worden gebruikt. De grotere soort van ca. 12 mm doorsnee heet *tofarelle*, *mezze cocciolette* of *margherite* en wordt vaak opgediend met pesto of een lichte tomatensaus. *Conchiglie* en *arselle* zijn het grootste formaat en kunnen tot 3½ cm in doorsnee zijn. Ze worden vooral in Campanië gegeten.

Ten slotte zijn er nog twee heel andere *gnocchi*soorten. De eerste zijn de *gnocchi alla Romana*, gemaakt van gaar griesmeel, ei en Parmezaanse kaas. Ze worden in de oven klaargemaakt. De andere zijn de buitengewoon goede *gnocchetti* (die op Sardinië *malloreddus* heten). De garingstijd bedraagt minstens 15-18 minuten en ze worden met tomatensaus en pecorino opgediend. De drie of vier formaten van 5-30 mm dik zijn hol en hebben een geribbelde rug. Ze worden ook in enorme afmetingen gemaakt door Sardijnse vrouwen, die ze bij feestelijke gelegenheden samen klaarmaken.

LINKS: VERSE GNOCCHI

GOBBONI, GOZZETTONI, ZIE CHIFFERI

GRANDINE

HEEL KORTE PASTA

Grandine betekent letterlijk 'hagel' en het zijn dus heel kleine, ronde bolletjes. Ze ontstaan door de dikste verse *spaghetti* in stukjes van een paar millimeter te snijden; ze worden alleen in soep en bouillon gebruikt.

LASAGNE, LAGANE, LAGANELLE

PASTAVELLEN

In Napels heet deze platte, brede pastavorm *laganelle*, en die naam gebruikten ook de Romeinen, hoewel onbekend is of deze pasta toen gebakken of gekookt werd, dan wel uit de oven kwam. In Campanië heten *lasagne lagane*, in Calabrië *laganedde* en in Basilicata *laane*. Maar onder welke naam ook, *lasagne* zijn ca. 1 mm dikke en ca. 3 cm brede vellen pasta (*laganelle* zijn maar 1 cm breed). Ze worden laag om laag met mozzarella, tomatensaus en veel versgeraspte, oude Parmezaanse kaas of *ricotta salta* en soms zelfs salami klaargemaakt. De breedste fabriekslasagne heten *lasagnoni* en zijn meestal 8-10 cm breed en ca. 20 cm lang. Dit is de enige pastasoort die een beetje olie in het kookwater vraagt om te voorkomen dat de vellen aan elkaar kleven.

Om de laagvorming te vergemakkelijken en het gerecht luchtiger te maken, krijgen de *lasagne* soms een krullende of golvende rand; ze heten dan *lasagne riccie* en zijn 3½ cm breed. *Lasagnette doppia riccia* is half zo breed en heeft kleinere golfjes. Een kleinere versie van deze golvende pasta heet *arriciata tripolini* of *signorine*; ze zijn maar 5 mm breed. *Mafalde* of *fettucelle ricce* zijn 12 mm breed, en *manfredi*, *trinette* en *mezze lasagne* 20 mm breed. Al deze soorten worden met tomatensauzen en *ragùs* van rund-, varkens-, lamsvlees of wild opgediend. Er worden ook *pasticcio's* van gemaakt.

Lasagne zijn heel veelzijdig bruikbaar en tegenwoordig een van de populairste gerechten. In Italië, maar ook elders ter wereld, staan ze als 'gemaksvoedsel' bekend. Vaak komen ze massaal uit fabrieken, die het gerecht gekoeld of diepgevroren in supermarkten aan de man brengen.

LASAGNETTE

SOORT LINTPASTA

Lasagnette heten ook wel *festoni*, *riccioline*, *reginette* en *lasagnette ricce*. Het zijn lange, platte, brede pastalinten met golvende randen, die verhinderen dat de linten tijdens het koken aan elkaar kleven. Ze zijn ideaal om veel saus vast te houden. Dit soort pasta wordt niet gesneden zoals *tagliatelle*, maar door een spuitmachine geperst. *Lasagnette* worden vooral in Zuid-Italië gegeten met *ragùs* in Napolitaanse stijl, maar in Puglia met wildsauzen of kazen, zoals ricotta of pecorino.

LETTERE, ZIE ALFABETO

LINGUE DI PASSERO, LINGUINE, LINGUINETTE, ZIE BAVETTE

LISCI / GLAD

Deze term slaat op pasta met een glad oppervlak, dus zonder ribbels.

LUMACHE, LUMACHELLE, ZIE CHIOCCIOLE

MACCHERONI, MACCHERONCELLI

SOORT BUISPASTA

De geschiedkundigen zijn het er niet over eens waar de *maccheroni* vandaan komen. Volgens sommigen zijn ze voor het eerst op Sicilië gemaakt en wel onder Arabische invloed. Anderen schrijven de uitvinding aan de Liguriërs toe. Inderdaad had Genua eeuwen geleden het monopolie op de graanhandel in het Middellandse-Zeegebied; vandaar dat die stad zo'n lange pastatraditie heeft.

Hoe dan ook, *maccheroni* zijn synoniem met Italië. Het woord slaat op een hele reeks korte pastabuizen die glad of geribbeld kunnen zijn: *maccheroncelli*, *sedani rigati*, *maniche* en tal van andere. In het zuiden, en vooral in Napels is 'maccherone' identiek aan pasta in het algemeen. De *frittata di maccheroni*, de pasta-omelet waar de Napolitanen zo dol op zijn, kan alle mogelijke pastasoorten bevatten, van *vermicelli* tot *linguine* en *bucatini*.

Tot de *maccheroni* behoren pastavormen als *cannolicchi medi*, *canno-*

Rechts: de door Giorgetto Giugiario ontworpen Marille-pasta voor Voiello

licchi grandi, sciviottini, fagiolini, fischiotti, dente di pecora, dente di cavallo en nog veel meer. *Maccheroni* worden, net als *penne* en *ziti*, gebruikt voor timbalen van gare pasta en andere ingrediënten, die in de oven worden klaargemaakt (zie recept op blz. 161). *Maccheroni alla chitarra* (zie Chitarra), *maccheroni bobbiesi, maccheruna di casa* en *maccheroni a ferritus* (uit Sardinië) worden allemaal gemaakt door vers eierdeeg rond of door een speciaal ijzeren apparaat te werken, net als *fusilli* (maar niet gedraaid). Meestal worden ze opgediend met sauzen op basis van vlees, worst en tomaten.

Malfatti / Knoedels

Letterlijk betekent deze naam 'bruut gemaakt', hetgeen verwijst naar de onregelmatige vormen van deze kleine *gnocchi*. Naast bloem en eieren, kunnen ze uit gehakte spinazie of Zwitserse snijbiet, en ofwel mascarpone, ofwel ricotta bestaan.

Malloreddus, zie Gnocchi

Maltagliati

Soort korte pasta

Maltagliati (letterlijk: 'slecht gesneden') worden gemaakt door uit een dunne deeglap onregelmatige vormen te snijden. Ze komen vooral uit Emilia-Romagna. Kleine stukjes gaan in *pasta e fagioli*, grotere worden opgediend met allerlei sauzen, o.a. simpele tomatensaus en sauzen op basis van braadvocht. Zie ook Taccozze.

Manfredi, zie Lasagne

Manfricoli, zie Chitarra

Maniche, Gigantoni

Soort buispasta

Maniche zijn lange, holle buizen van ca. 6 cm lang en 1½ cm doorsnee. De buitenkant kan glad zijn, maar ook geribbeld; dan lijken ze op *rigatoni*. In Manica zijn de buizen een beetje krom. Ze zijn vooral in het zuiden populair, waar men het liefst grote pastavormen eet. Ze worden opgediend met vleessauzen of in een timbaal (zie het recept op blz. 161).

Manilli de Sea, zie Taccozze

Marille

Bijzondere pastavorm

De *marille* zijn ontworpen door auto-ontwerper Giorgetto Giugiaro in opdracht van een pastafabriek in Campanië. Hij moest een pastavorm tekenen die een overvloedige hoeveelheid saus vasthoudt, zodat elk stukje pasta een sappig hapje werd. De pasta werd op een tekentafel ontworpen en bestaat uit twee verbonden buizen, geribbeld van binnen en glad van buiten, met een aërodynamische vleugel aan een van de twee buizen. *Marille* houden de saus binnenin vast en zijn vooral lekker met goede tomatensaus en Parmezaanse kaas.

Marubini

Soort gevulde pasta

Een grote, ronde, *ravioli*-achtige pasta met een kartelrand. *Marubini* zijn een specialiteit uit Cremona en kunnen twee vullingen hebben. De eerste bestaat uit walnoten, Parmezaanse kaas, ei, broodkruim en nootmuskaat. Ze worden dan meestal in een goede kippenbouillon gekookt en daarin opgediend, of afgegoten en met gesmolten boter en Parmezaanse kaas gegeten. De tweede vulling is dezelfde vleesvulling als die van *ravioli*.

Mezzani, zie Ziti

Mezzi Gomiti, zie Chifferi

Millerighe, zie Rigatoni

Occhio di Lupo, zie Cannaroni Rigati

Orecchiette, zie Cavatelli, Cavatieddi

Paglia e Fieno, zie Tagliatelle

Pansôti

Soort gevulde pasta

Pansôti komen uit Ligurië en zijn driehoekig of hebben de vorm van *tortellini*. De klassieke vulling is *preboggion*: een mengsel van wilde, plaatselijke groenten (o.a. *boragie*)

met Parmezaanse kaas. Ze worden traditioneel met *tocco di noce* (walnotensaus) gegeten.

Pappardelle, zie Tagliatelle

Pasticcio, Pasticciata, Pasta 'ncasciata

Pastapastei

De *pasticcio* is waarschijnlijk afkomstig van middeleeuwse Toscaanse koks, die de pasteien van het Elizabethaanse Engeland imiteerden. In die tijd bevatten de *pasticcio*'s waarschijnlijk vlees. Tegenwoordig zijn ze meestal een deegkorst met een vulling van gare pasta (b.v. *tortellini*), laag om laag met kaas en tomatensaus. Elke streek heeft zijn eigen variant, zoals de Siciliaanse *pasta 'ncasciata*, die veel op een timbaal lijkt.

Pastina per Brodo

Pasta voor soep

Pasta met soep is een bijzonder rustgevend gerecht dat u eerder bij mensen thuis dan in restaurants aantreft. U vindt het bovendien vooral in Noord-Italië, waar het b.v. met wat kaas en brood als souper wordt gegeven. De *brodo* kan bouillon zijn van kip, kalfs-, rund- of ander vlees, enige tijd gekookt met ui, bleekselderij en wortel. In die bouillon worden pastasoorten gekookt die zo ontworpen zijn, dat ze snel gaar worden: *anellini* (ringetjes), *avemarie* en *tubettine* (buisjes), *conchigliette* (schelpjes), *cuoricini* (hartjes), *diavolini* (duiveltjes), *farfalline* (vlindertjes), *grandine* (hagelstenen),

lumachine (slakjes), *pepe* (peperkorrels), *pepe bucato* (peperkorrels met een gat), *perline* (pareltjes), *puntine* (puntjes), *quadrettini* (vierkantjes), *stelline* (sterretjes), plus *seme d'avena* (haverkorrels), *d'orzo* (gerstkorrels), *di riso* (rijstkorrels), *di mele* (appelpitten), *di melone* (meloenpitten), *di peperone* (paprikazaadjes) en vele, vele andere. Zie ook Alfabeto.

PENNE / SOORT BUISPASTA

Penne zijn schuin afgesneden pastabuisjes met puntige uiteinden als bij een ganzenveer. Na spaghetti is dit de bekendste pastasoort ter wereld. Er zijn twee varianten, *penne lisce* (glad) en *penne rigate* (geribbeld), in verschillende afmetingen. De kleinste zijn de *pennettine* en *pennine*; de grootste de *penne di ziti*, *penne a candela* en *penne di natale*, die wel 15-18 cm lang kunnen zijn.

Penne zijn het populairst in Ligurië en Campanië, waar veel recepten voor *penne*sauzen bestaan, o.a. de Campanische sauzen op basis van tomaten, vlees en chilipeper. Kleinere types, die *pennette* heten, kunt u beter opdienen in een veel lichtere, verse tomatensaus met basilicum en blokjes mozzarella, die smelten als ze met de hete *penne* in contact komen. *Penne* worden ook gebruikt voor timbalen.

Het gerecht *penne all'arrabiata* ('boze penne') bestaat uit *penne* met een heel 'hete' chilisaus. De naam wijst op het woeste, pikante karakter van de saus, maar dat kunt u natuurlijk aan uw eigen smaak aanpassen. *Penne all'arrabiata* zijn zowel in Italië als in het buitenland populair, en misschien is dat wel de reden waarom deze pastasoort zo graag gegeten wordt.

PERCIATELLI, PERCIATELLINI, ZIE BUCATINI

PICCAGGE, ZIE TAGLIATELLE

PINCI, ZIE BIGOLI

PIZZELLE, ZIE TACCOZZE

PIZZOCCHERI

SOORT BOEKWEITPASTA

Een lange pasta uit het Lombardische Valtellina. Het deeg bestaat uit 1 deel 00-bloem (*doppio zero*) en 2 delen boekweitmeel. U kunt *pizzoccheri* het beste meekoken met blokjes aardappel, sperziebonen of kool en dan in afwisselende lagen met Bitto (een soort kaas; zie blz. 238), Parmezaanse kaas, gesmolten boter en knoflook in de oven zetten.

PUTTANESCA

SOORT PASTASAUS

Deze typisch Romeinse saus ontleent zijn naam aan het Italiaanse woord voor 'hoer'. De pittige combinatie van extra vergine olijfolie, zwarte olijven, chilipeper, kappertjes en tomaten past heel goed bij spaghetti. Gerechten met deze saus worden nooit met kaas opgediend.

RAGÙ

SOORT PASTASAUS

Dit woord komt van het Franse woord 'ragoût' (gestoofd vlees) en slaat op lang gekookte, vol smakende sauzen. Internationaal beroemde voorbeelden zijn de *ragù alle Bolognese* uit Emilia-Romagna en de *ragù alle Napoletana* (tomaten, vlees, kruiden en andere ingrediënten) uit Napels. De *ragù Bolognese* wordt vooral in het noorden met *tagliatelle* gegeten; de Napolitanen eten hun *ragù* het liefst met grote soorten pasta, zoals *rigatoni*, *candele* en *ziti*.

RAVIOLI

SOORT GEVULDE PASTA

Ook *ravioli* zijn internationaal een groot succes. U vindt ze in elk zichzelf respecterend restaurant en met elke vulling die u maar wensen kunt. *Raviolini* zijn een heel kleine, vierkante gevulde pastasoort, die meestal *in brodo* (bouillon) gegeten wordt; *ravioloni* zijn de langste en worden traditioneel opgediend met gesmolten boter, salie en Parmezaanse kaas. De naam *ravioli* wordt in de meeste streken gebruikt, alleen in Piemonte heten ze *agnolotti*.

Mijn eigen *raviolo*-variant is het gerecht Raviolo Aperto (blz. 160). Twee grote pastavellen ter grootte van een bord worden in water gekookt. Een ervan wordt op het bord gelegd. De vlees-, vis- of paddestoelensaus wordt apart klaargemaakt, in het midden gelegd en losjes met het andere vel afgedekt.

RIGATI / GERIBBELD

Deze term slaat op pasta met een geribbeld oppervlak.

RIGATONI

SOORT GERIBBELDE BUISPASTA

Rigatoni zijn een groep aan de buitenkant geribbelde pastabuizen, die met een vlees*ragù* of andere pittige saus worden opgediend of in de oven klaargemaakt. Alle soorten van deze groep zijn tamelijk groot: 5-6 cm lang en 1-2 cm in doorsnee. *Rigatoni* worden alleen fabrieksmatig als gedroogde pasta gemaakt.

Door hun grote formaat zijn *rigatoni* vooral in Zuid-Italië geliefd. Ze worden vaak op zondag gegeten met een lang gekookte tomatensaus waarin een groot stuk rundvlees heeft meegeprutteld. Het in plakken gesneden vlees dient met groenten als tweede gang. *Rigatoni* worden ook opgediend met een simpele tomatensaus of

LINKS: VERSE, GEVULDE PANSÔTI (ZIE BLZ. 149) UIT LIGURIË

LINKS: PENNE

in timbalen in de oven gebakken. Varianten zijn o.a. *giganti*, *maniche*, *schiaffoni*, *millerighe*, *tortiglioni* en *paccheri* ('klap in je gezicht'). Zie ook Chifferi.

RISTORANTI, ZIE SPAGHETTI

RECHTS: RAVIOLI

ROTOLO

PASTAGERECHT

Rotolo is een specialiteit uit Emilia-Romagna. Het gerecht bestaat uit een heel groot vel eierpasta, dat meestal wordt bedekt met een mengsel van spinazie en ricotta, daarna opgerold, in een doek gewikkeld en minstens 30 minuten in kokend water met zout klaargemaakt. Snijd de rol in plakken en geef ze met een heel lichte tomatensaus met basilicum en Parmezaanse kaas, of met boter en Parmezaanse kaas. De vulling kan ook spinazie met vlees zijn of gewoon een vlees*ragù*.

RUOTE, ROTELLINE

PASTAWIELTJES

Deze pastasoort heeft de vorm van een wiel en is een typisch voorbeeld van een pasta die alleen maar mooi is. *Ruote* worden meestal opgediend met tomatensaus, maar ik vind deze vorm een beetje onzin.

SCIVIOTTI, ZIE CANNARONI RIGATI EN MACCHERONI

SEDANI / SOORT BUISPASTA

Sedano betekent 'selderij', en *sedani* lijken qua vorm inderdaad op kleine stengels bleekselderij.

Deze holle pasta, die geribbeld of glad kan zijn, komt waarschijnlijk uit de groep van de *maccheroni* en wordt vooral in Zuid-Italië gegeten. Kleinere formaten dient u op met tomatensaus, grotere met een vlees*ragù*. De grotere formaten heten *cannolicchi*, *fischiotti* of *dente di pecora* ('schapentand'). Zie ook Maccheroni.

SEMI DI... / PITJES VAN...

Talrijke pastavormen voor in de soep ('per brodo') hebben de vorm van zaadjes, pitjes of korrels, b.v. van haver (*semi d'avena*), gerst (*semi d'orzo*), meloen (*semi di melone*), andijvie (*semi di cicoria*) en paprika (*semi di peperone*). Ze worden uitsluitend in soep gebruikt. Zie Alfabeto en Pasta per Brodo.

SFOGLIA

VEL PASTADEEG

Het woord 'sfoglia' slaat op wat u bereikt als u het pastadeeg in het zweet des aanschijns tot een zijdezachte massa hebt gekneed en tot een bijna doorschijnend vel uitrolt. Van deze *sfoglia* kunt u elke vorm snijden die u wilt, van *lasagne* tot *tagliolini*.

SPAGHETTI, SPAGHETTINI, VERMICELLI, VERMICELLINI

LANGE, DUNNE PASTA

De streek rond Napels heeft het ideale soort lucht, water en klimaat om *vermicelli* ('wormpjes') te maken – een woord waarmee men in het zuiden graag *spaghetti* aanduidt. U kunt er de *vermicelli* nog steeds in de zon zien drogen. Het deeg voor Napolitaanse pasta bestaat uit harde tarwebloem en water. De kooktijd varieert van 4-5 minuten voor dunne pasta tot 8-9 minuten voor dikkere, en voor de allerdikste zelfs 12-13 minuten. Napolitanen eten hun pasta graag tamelijk ongaar, en een normale portie daar is 125 g per persoon, terwijl elders eerder 100 g per persoon geldt.

Spaghetti worden tegenwoordig overal in Italië en ook elders ter wereld gemaakt. In de fabriek wordt het deeg door een spuitmachine gedrukt om de lange strengen te vormen. Die kunnen glad (*liscio*) zijn, maar met een koperen apparaat kan men de pasta ook iets opruwen, zodat meer saus wordt vastgehouden. *Capelli d'Angelo* zijn de dunste *spaghetti*, op de voet gevolgd door *spaghettini* (ongeveer hetzelfde als de Napolitaanse *vermicellini*) met een doorsnee van 1½ mm. *Spaghetti* en de Napolitaanse *vermicelli* (ook *ristoranti* geheten) hebben een doorsnee van 1,8-2 mm. De heel dikke *spaghettoni* of *vermicelloni* hebben een doorsnee van 2-2,4 mm. Iets nog dikkers is moeilijk te koken, tenzij er door de hele lengte van de streng een dunne holte loopt (*bucatini*, *perciatelli*).

Spaghetti zijn nog steeds met hun oorspronkelijke lengte van 40-50 cm te koop, maar meestal vindt u ze met een lengte van 20-25 cm, zodat ze veel makkelijker te hanteren zijn. De langste handgemaakte *spaghetti* die u kunt krijgen, zijn een verbijsterende 10 meter lang en komen uit de Abruzzen. Ter plaatse heten ze *strangolapreti* of *strozzapreti* ('priesterwurger'), een naam die van een ander streekgerecht afkomstig is.

Spaghetti worden met tal van sauzen gegeten, van een simpele *aglio, olio e peperoncino* (knoflook, olie en chilipeper) tot de verfijnde saus van langoustines of sardines waar de Sicilianen zo van houden. *Spaghettini alle vongole* (met venusschelpen) zijn een verrukkelijk gerecht, maar nóg hemelser zijn de *spaghetti* met de verse kuit van zeeegels, die ik in Puglia heb klaargemaakt (zie het recept op blz. 156). Ik zou echter nooit *spaghetti* eten met een Bolognese saus, want die past traditioneel beter bij *tagliatelle*.
Ik bak restjes spaghetti altijd in de koekenpan; doordat ze een beetje blijven kleven, krijgen ze een lekker, knapperig korstje.

SPIRALI, ZIE FUSILLI

STELLINE, ZIE PASTINA PER BRODO

STORTONI, ZIE CHIFFERI

STRANGOLAPRETI, STRANGULAPRIEVETE, STROZZAPRETI

SOORT LANGE PASTA OF KNOEDEL

Iedereen weet dat Italiaanse priesters veel eten en nog meer eetlust hebben dan andere Italianen. Vandaar deze namen (die allemaal 'pries-

LINKS: STROZZAPRETI

terwurger' betekenen) voor allerlei soorten pasta en onderling verwante gerechten uit diverse streken. In Puglia slaat de term op een soort gedraaide pasta, in de Abruzzen betekent *strozzapreti* extra lange spaghetti; in Napels en Campanië slaat *strangulaprievete* op aardappel*gnocchi*; in het noorden is het vooral een soort *canederli* of broodknoedel. Zie ook Spaghetti.

STRASCINATI, ZIE CAVATELLI EN BIGOLI

STRINGOZZI, STRANGOZZI, ZIE BIGOLI

TACCOZZE, TACCONI, PIZZELLE, MANILLI DE SEA

SOORT PASTAVELLEN

Dit zijn allemaal soorten platte pasta, die met de hand van een bloem-en-waterdeeg gemaakt worden en in grote delen van Italië veel gegeten worden. Uit de Marche, Campanië en Umbria komen *taccozze* of *tacconi*: heel dunne, vierkante *sfoglia* van 4 cm. De saus varieert van een vlees*ragù* of tomatensaus tot het vocht uit een braadslee. Iets grotere rechthoeken (6 x 7 cm) heten *pizzelle* en komen uit Puglia. Het deeg ervoor bevat ook zout.

De grootste soort (een vierkant van 12 cm) komt uit Ligurië en heet *manilli de sea* (sea betekent 'zijde'). Ze zijn inderdaad zo dun en glad dat ze op lappen zijde lijken. Ze worden met pesto of met een paddestoelen- of vleessaus opgediend. Een onregelmatig gesneden variant zijn de *maltagliati*, die uit eierdeeg bestaan.

TAGLIATELLE, TAGLIOLINI, TAGLIARINI, FETTUCCE, FETTUCCINE, PICCAGGE, PAPPARDELLE

SOORT LINTPASTA

Deze pastalinten hebben allerlei breedtes en heten in elke streek anders, maar zijn in wezen *tagliatelle* of *fettuccine*. *Fettuccine* horen vooral bij Midden-Italië rond Rome, terwijl de nauw verwante *tagliatelle* (iets smaller en dunner dan *fettuccine*) bij het noorden horen, met Bologna als centrum. In het algemeen worden de linten dikker naarmate u verder naar het zuiden gaat.

Tagliare betekent 'snijden', vandaar de naam van deze pasta uit Emilia-Romagna, die met een mes uit een heel dunne *sfoglia* van eierdeeg wordt gesneden. Pastalinten zijn heel makkelijk met de hand te maken. Rol het vel op, snijd het in de gewenste breedte, rol alle plakken los, en daar hebt u de linten. De meeste *tagliatelle* komen tegenwoordig overigens uit de fabriek in gedroogde en voorverpakte nestjes om een zelfgemaakte indruk te geven.

Tagliatelle en soortgelijke pastalinten, zoals de dunnere *tagliolini* en *tagliarini*, kunt u opdienen met een vlees*ragù*, met een tomatensaus, met schaal- en schelpdieren (bij de kleinere soorten) met een paddestoelensaus of met pesto. Een mengsel van groene en gele *tagliolini* geeft het 'stro- en hooieffect', dat bedoeld wordt in de naam van het traditionele gerecht *paglia e fieno*, dat meestal wordt opgediend met een roomsaus met ham en kaas.

Fettuccine zijn pastalinten van 12 mm breed; ze worden meestal met vlees- of paddestoelensauzen gegeten. Smallere *fettuccine* van maar 8 mm zijn typisch voor Lazio en vooral Rome, waar ze worden opgediend met tomatensaus of 'all'alfredo', d.w.z. met room en peper.

De Ligurische *piccagge* zijn 10 mm breed, bestaan uit eierdeeg en worden vaak met artisjokkensaus opgediend. Een andere Ligurische specialiteit zijn *trenette avantaggiate* van maar 3½ mm breed, gemaakt van een mengsel van 00-bloem (*doppio zero*) en *farina integrale* (volkorenmeel). Dat geeft de pasta een donkerder kleur. Ze worden meestal met de beroemde pestosaus opgediend.

De breedste pastalinten zijn de *lasagne piccole* van 15-18 mm breed en de *lasagne grande* van 25-30 cm breed, die in Emilia-Romagna en Noord-Italië populair zijn. Traditioneel worden ze laag om laag met een vlees*ragù* in de oven gezet, maar de laatste tijd ook met groenten; tussen de lagen *ragù* en pasta zitten tomatensaus, zachte kaas en Parmezaanse kaas.

Pappardelle zijn pastalinten van allerlei breedtes, die in de Veneto en Toscane worden gebruikt. In de Veneto zijn de sauzen gebaseerd op kippenorgaanvlees en tomaten, in Toscane meestal op wild, zoals de *pappardelle al sugo di lepre*, gebaseerd op gestoofde haas en soms wild zwijn.

TAJARIN / SOORT LINTPASTA

Deze Piemontese pasta is de plaatselijke *tagliolini*-versie: maar 2½ mm breed en waarschijnlijk de smalste soort vers gesneden pasta. Traditioneel worden ze met een mes uit de *sfoglia* gesneden en opgediend *in brodo* (kippenbouillon) of met een saus van witte truffels.

TONNARELLI, ZIE CHITARRA

TORTELLI, TORTELLINI, TORTELLONI, TORDELLI, CAPPELLACCI

SOORT GEVULDE PASTA

Afhankelijk van de streek kunnen *tortelli* vierkant of rond zijn en alle mogelijke vullingen bevatten, b.v. pompoen, vlees, worst of kruiden. Tot deze groep horen de Toscaanse *tordelli*: halvemaanvormige *ravioli* van eierdeeg, gevuld met een mengsel van snijbiet of spinazie, ricotta, pecorino, kalfsvlees, hersenen

TAGLIATELLE

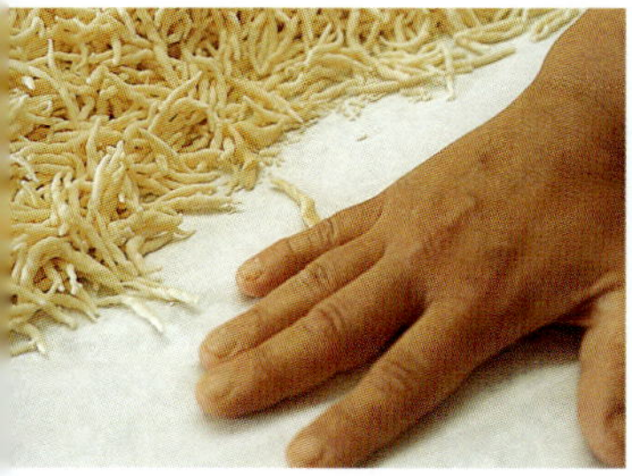

Handgemaakte trofie uit Ligurië

en specerijen; maar ook de *tortelli di magro* (mager, d.w.z. zonder vlees), meestal gevuld met ricotta, spinazie, eieren en kaas. *Tortellini* zijn een kleinere versie van deze pasta en *tortelloni* de grootste. De zoete *tortelli di San Giuseppe*, gevuld met ricotta, suiker en specerijen, worden in olie gefrituurd.

Cappellacci zijn handgemaakte ronde of driehoekige versies van dezelfde pasta en komen oorspronkelijk uit Emilia-Romagna. De vulling bestaat meestal uit in de oven klaargemaakte pompoen, Mostarda di Cremona (blz. 269), Parmezaanse kaas, ei, verkruimelde amarettikoekjes en nootmuskaat. Deze interessante combinatie van zoetig en pittig is in Italië ongewoon. Ze worden opgediend met gesmolten boter, salie en Parmezaanse kaas. Er zijn ook versies met vullingen van ricotta en b.v. spinazie of snijbiet. Zie ook Agnolini, Agnolotti en Ravioli.

Tortiglioni, zie Rigatoni

Rechts: ziti en spaghetti

Trenette

Soort lange pasta

Een lange, platte pastasoort uit Genua, vergelijkbaar met *bavette*, maar iets langer. Ze worden alleen met Genuese pesto gegeten.

Trofie / Soort spiraalpasta

Een handgemaakte, Ligurische pasta van een deeg van 00-bloem (*doppio zero*) en water, soms met toevoeging van aardappelpuree. Kleine stukjes deeg worden zo gedraaid dat ze op spiraaltjes met puntige uiteinden lijken. Rol wat vers deeg met uw handpalm tot een lange, dunne vorm, snijd het in stukken van 4 cm en draai eraan met uw vingers tot de spiraalvorm met de puntige uiteinden ontstaat. Ze worden meestal met pesto gegeten, maar zijn ook lekker met andere sauzen, die in Ligurië 'tocchi' heten. Een ervan is *tocco di noce* (walnotensaus), die wordt opgediend bij Pansôti al Preboggion (blz. 167). Zie ook Bavette en Fettuccine.

Tubetti, Tubettini

Soort buispasta

Deze korte buisjes worden gebruikt voor soepen als minestrone en voor *pasta e fagioli*. Ze zijn overal in Italië te koop en kunnen glad of geribbeld zijn. De grootte wisselt en de grootste soort wordt ook wel opgediend met tomatensaus. *Tubettini* zijn de kleinste soort en worden *in brodo* (bouillon) gegeven.

Vermicelli, zie Spaghetti

Zite, Ziti, Zitoni

Soort buispasta

Ziti worden tegenwoordig alleen in de fabriek gemaakt, en wel van harde bloem en water. In het zuiden is deze soort populairder dan in het noorden en in de loop van de tijd zijn ze een soort zuidelijk symbool geworden, m.n. van Napels. Het is een buispasta die tot 5 cm lang kan zijn en een doorsnee van ca. 1 cm heeft. Het oppervlak is glad. Korter afgesneden worden het *ditali*, en iets langer *maccheroni*. Als ze schuin zijn afgesneden, zijn het *penne*.

Ziti met een grotere doorsnee heten *mezze ziti* of *boccolotti mezzani*; de allergrootste heten *zitoni* of *candele*. In onregelmatige stukken gebroken kunt u ze koken en opdienen als *pasticcio* met een pittige vlees*ragù*, een mengsel van pittige kazen, zoals *caciocavallo*, *provola*, *pecorino* of *mozzarella*, en soms aubergines.

Linguine con Aragosta geserveerd met een heel, gekookt kreeftenpantser op een zeldzaam oud bord uit Grottaglie.

Pasta Fresca all'Uovo

VERSE EIERPASTA

Genoeg voor ca. 500 g eierpasta

- 300 g 00-bloem (doppio zero), en wat bloem voor het bestuiven
- 3 eieren
- snufje zout

Dit is het basisrecept voor zelfgemaakte eierpasta.

Zeef de bloem op een werkoppervlak (marmer is ideaal) in een berg met een kuil in het midden. Breek de eieren hierin en voeg het zout toe.

Meng met uw handen de bloem geleidelijk door de eieren tot u een ruwe pasta krijgt. Voeg een beetje bloem toe als het mengsel te zacht of te kleverig is.

Schraap met een spatel al het deeg bij elkaar.

Kneed met uw handpalmen (vanuit de schouders) gedurende 10-15 minuten, tot het deeg glad en elastisch is. Doe er dan folie omheen en laat het ongeveer 30 minuten rusten.

Bestuif het werkoppervlak en een deegroller met wat bloem. Rol het deeg met kwartslagen voorzichtig uit om een ronde lap van 2 of 3 mm dik te krijgen.

Snijd de lap in de vorm van de soort pasta die u gaat maken.

Linguine con Aragosta

LINGUINE MET KREEFT

Voor 4 personen

- 1 levende kreeft van ca. 1¼ kg of 2 à 600 g per stuk
- 6 eetlepels olijfolie (extra vergine)
- ½ teen knoflook, fijngehakt
- 1 glas witte wijn
- 700 g tomaten, ontveld, ontpit en fijngehakt
- 400 g linguine
- 1 eetlepel bladpeterselie, grof gehakt
- zout en peper

U komt dit 'patserige' pastagerecht in de meeste kuststreken tegen. Het wordt op allerlei manieren klaargemaakt, maar dit is de simpelste.

Breng een pan water met een beetje zout aan de kook. Leg de kreeft erin en laat hem afgedekt 15-25 minuten (afhankelijk van de grootte) pruttelen. Haal de kreeft eruit en laat hem afkoelen, snijd hem in de lengte doormidden en verwijder de twee kieuwen bij de kop, de donkere ader die over de staart loopt, en het maagzakje in de kop. Gooi de groene, roomzachte lever in de kop niet weg. Haal het vlees uit de staart, kraak de scharen en haal ook daar het vlees uit. Snijd het vlees in blokjes.

Verhit de olie in een pan en fruit de knoflook zonder hem bruin te laten worden. Voeg de wijn toe en laat hem even pruttelen om de alcohol te laten verdampen. Roer er de tomaten door en laat ze 10 minuten meepruttelen. Doe het kreeftenvlees, de lever en de pantsers erbij en laat alles voorzichtig warm worden.

Kook de *linguine* in het kookwater van de kreeft en giet ze af. Breng de saus met zout en een royale hoeveelheid peper op smaak. Gooi de kreeftenpantsers weg en roer de *linguine* door de saus. Dien het gerecht bestrooid met peterselie op.

Linguine con Ricci di Mare

LINGUINE MET ZEE-EGELS

Voor 4 personen

40 verse zee-egels
400 g linguine of lingue di passero (zie Bavette, blz. 144)
4 eetlepels olijfolie (extra vergine)
2 tenen knoflook, fijngehakt
1 klein chilipepertje, fijngehakt
zout
desgewenst: 1 eetlepel bladpeterselie, fijngehakt

Het is noodzakelijk om voor dit gerecht zee-egels te gebruiken die uit maagdelijk schoon water komen, dus zorg dat u ze bij een heel goede en betrouwbare vishandel koopt. U kunt ze natuurlijk ook zelf vangen; dat doet mijn vriendin Paola Navone ook als ze op vakantie is!

Open de zee-egels en haal de kuit eruit (blz. 24).

Kook de *linguine* in kokend water met zout *al dente*. Verhit intussen de olie in een pan en fruit de knoflook en chilipeper zachtjes een paar minuten zonder ze bruin te laten worden. Giet de gare *linguine* af, roer er grondig de olie, knoflook en chilipeper door, doe alles in een schaal en garneer met zee-egelkuit en desgewenst peterselie

Pasta e Fagioli

PASTASOEP MET BONEN

Voor 4 personen

200 G GEDROOGDE CANNELLINI-BONEN (OF 400 G VERSE)
6 EETLEPELS OLIJFOLIE (EXTRA VERGINE)
2 TENEN KNOFLOOK, FIJNGEHAKT
1 CHILIPEPERTJE, FIJNGEHAKT
2 STENGELS BLEEKSELDERIJ MET BLAD, FIJNGEHAKT
1 WORTEL, FIJNGEHAKT
2 GROTE TOMATEN, ONTVELD, ONTPIT EN FIJNGEHAKT, OF 1 EETLEPEL TOMATENPUREE
1 LITER WATER
2 BLAADJES BASILICUM, PLUS BASILICUM VOOR DE GARNERING
300 G GEMENGDE PASTA
ZOUT EN PEPER

Er bestaan veel regionale varianten van dit gerecht, maar ik houd het meest van de traditionele plattelandsmanier. Ik beoordeel een kok of kokkin zelfs altijd op zijn of haar pasta e fagioli*! Als u op de juiste manier de juiste ingrediënten gebruikt, is het een heel makkelijk gerecht. Dit recept is de Napolitaanse versie, waar men* cannellini- *in plaats van* borlotti-*bonen gebruikt. Het is een goede manier om allerlei restjes en soorten pasta kwijt te raken. In het Napolitaans heten die resten 'munnezzaglia'.*

Week de gedroogde bonen 12 uur in zoveel water dat ze onderstaan. Giet ze af, doe er zoveel vers water bij dat ze opnieuw onderstaan en kook ze in ca. 2 uur gaar. Laat verse bonen in 30-40 minuten gaar worden. Haal ca. een kwart van de bonen uit de pan, pureer ze en houd ze apart.

Verhit de olie in een pan en fruit de knoflook, chilipeper, bleekselderij, wortelen en tomaten een paar minuten. Voeg water en zout naar smaak toe en roer er de bonen(puree) en de basilicum door. Breng het aan de kook, voeg de pasta toe en laat die in 8-10 minuten *al dente* worden. Laat de soep een paar minuten staan, garneer met wat blaadjes basilicum en dien het gerecht op.

VINCISGRASSI; HIERNAAST: VERSCHILLENDE BEREIDINGSSTADIA VAN DIT GERECHT

VINCISGRASSI

LASAGNE MET VLEES EN GROENTE

(INGREDIËNTEN OP VOLGENDE BLZ.)

Dit is mijn versie van vincisgrassi, *de klassieke lasagne uit de Marche. Ik gebruik er iets makkelijker verkrijgbare ingrediënten voor en vervang de traditionele saus met testikels, lever en ingewanden van een haantje door een Bolognese* ragù. *Ik voeg ook lagen gebakken groente toe, waardoor het gerecht lichter wordt en toch interessant blijft. Maak het bijvoorbeeld eens voor veel mensen bij een feestelijke gelegenheid.*

Als u geen verse porcini *kunt krijgen, neem dan grotchampignons.*

Was de spinazieblaadjes, doe ze met aanhangend water in een pan en laat ze slinken. Knijp er het overtollige vocht uit en hak ze fijn. Roer er 1 ei, 30 g geraspte Parmezaanse kaas en nootmuskaat en zout naar smaak door. Bind het mengsel met broodkruim, maak er balletjes van en frituur ze in olijfolie goudbruin. Laat ze op keukenpapier uitlekken en houd ze apart.

Klop de 2 resterende eieren los. Bestuif de plakken aubergines met kruidenbloem, haal ze door losgeklopt ei en frituur ze in een flinke laag olie goudbruin.

VOOR 10 PERSONEN

900 G VERSE SPINAZIE
3 EIEREN
250 G PARMEZAANSE KAAS, VERSGERASPT
CA. 1 EETLEPEL BROODKRUIM
2 GROTE AUBERGINES, IN PLAKKEN VAN CA. 5 MM DIK
450 G GROTE PORCINI, IN PLAKKEN
6 KLEINE, DUNNE COURGETTES
1 HOEVEELHEID BASISPASTADEEG (BLZ. 155)
1 HOEVEELHEID BOLOGNESE RAGÙ (BLZ. 163)
400 G FONTINA, IN DUNNE PLAKJES
ZOUT EN PEPER
NOOTMUSKAAT, VERSGERASPT
OLIJFOLIE
KRUIDENBLOEM

Laat ze uitlekken en houd ze apart. Bak ook de *porcini* in olijfolie en bestrooi ze met zout en peper.

Laat de hele courgettes in kokend water met zout net gaar worden en laat ze uitlekken.

Verwarm de oven voor tot 200 °C (stand 6). Rol de pasta uit en snijd er lasagnevellen van. Kook ze in een grote pan kokend water met zout in 3-4 minuten *al dente* en laat ze op een theedoek uitlekken.

Neem een bakblik van 20 x 30 cm en spreid een derde van de *ragù* op de bodem uit. Leg er een laag lasagne op, daarna een derde van de *fontina* en Parmezaanse kaas en ten slotte de helft van de aubergines en paddestoelen. Giet er meer saus over, dek het met een laag lasagne af en schik er in de lengte de hele courgettes op. Leg daarop een derde van de kaas en de rest van de aubergines en paddestoelen. Eindig met eerst een laag saus, daarna de spinazieballetjes en ten slotte de rest van de kaas. Zet het gerecht 30 minuten in de oven of tot de bovenkant mooi goudbruin is. Haal het uit de oven, laat het 10 minuten staan, snijd er vierkanten van en dien ze op.

GNOCCHETTI SARDI AL RAGÙ

SARDIJNSE GNOCCHI MET SAUS

VOOR 4 PERSONEN

4 EETLEPELS OLIJFOLIE
400 G HAMSCHIJF OF VARKENSSCHOUDER, MET BOT
1 UI, FIJNGEHAKT
1 GLAS DROGE WITTE WIJN
PAAR LAURIERBLAADJES
PAAR JENEVERBESSEN
700 G TOMATENPULP (BLZ. 117)
1 EETLEPEL TOMATENPUREE
500 G MALLOREDDUS (ZIE GNOCCHI, BLZ. 148)
60 G PECORINO SARDO, GERASPT
ZOUT EN PEPER

Op Sardinië heten deze kleine gnocchi *'malloreddus'*.

Verhit olie in een grote pan met dikke bodem en bak het vlees aan alle kanten bruin. Voeg de ui toe en fruit hem zachtjes gaar. Roer er wijn, laurier en jeneverbessen door. Laat alles pruttelen tot de wijn verdampt is, voeg tomatenpulp en -puree toe, zet het vuur lager en laat de saus ca. 1½ uur pruttelen. Breng de saus met zout en peper op smaak. Haal het vlees uit de pan, snijd het klein en gooi de botten weg. Doe het vlees weer bij de saus.

Kook de *gnocchetti* in water met een beetje zout al *dente* (12-14 minuten). Giet ze af en roer ze door de saus. Geef er de *pecorino* apart bij.

Raviolo Aperto con Funghi omringd door Tortelli di Zucca en Agnolotti Piemontesi al Burro e Salvia (blz. 164)

Raviolo Aperto con Funghi

OPEN RAVIOLI MET PADDESTOELEN

Voor 4 personen

- 600 g gemengde wilde paddestoelen, schoongemaakt
- 60 g boter
- 1 teen knoflook, fijngehakt
- 1 eetlepel tomatenpuree
- 1 eetlepel bladpeterselie, fijngehakt
- 1 klein glaasje witte wijn
- 8 vierkante vellen vers pastadeeg van 15 cm (blz. 155)
- desgewenst: 55 g Parmezaanse kaas, versgeraspt
- zout en peper

Dit moderne pastagerecht krijgt u in de allerbeste restaurants. De vulling kan uit vis bestaan, maar ook uit vlees, groente en – zoals hier – paddestoelen.

Snijd grote paddestoelen doormidden; laat kleine heel. Verhit de boter in een pan en bak de knoflook gaar, maar niet bruin. Voeg paddestoelen toe en roerbak 5 minuten. Doe er dan tomatenpuree, peterselie en wat zout en peper bij. Giet er de wijn bij, breng het geheel aan de kook en laat het een paar minuten pruttelen.

Kook de pastavellen in kokend water met zout *al dente* en giet ze af. Leg voorzichtig steeds 1 vel op vier voorverwarmde borden. Verdeel er het paddestoelenmengsel over, maar houd iets van de saus apart. Leg er de resterende pastavellen op en bestrijk ze met de rest van de saus. Bestrooi ze desgewenst met Parmezaanse kaas en dien ze direct op.

Tortelli di Zucca

POMPOENRAVIOLI

Voor 6 personen

- $1^{3}/_{4}$ kg pompoen
- 6 amaretti-koekjes, verkruimeld
- 100 g Parmezaanse kaas, versgeraspt
- 55 g mostarda di Cremona (blz. 269), in kleine blokjes
- 60 g boter
- 12 salieblaadjes

Dit pastadeeg (zie volgende blz.) is zachter dan het basisdeeg van blz. 155 en daardoor bijzonder geschikt voor deze verfijnde ravioli.

Verwarm de oven voor tot 200 °C (stand 6). Snijd de pompoen in grote plakken, leg ze in de oven en laat ze in ca. 40 minuten gaar worden. Schraap het vruchtvlees van de schil, laat het in een vergiet uitlekken en knijp er het meeste vocht uit. Roer het met de *amaretti*, de helft van de kaas en de *mostarda di Cremona* tot een compact mengsel.

Maak het pastadeeg met de ingrediënten van blz. 161, maar op de manier van blz. 155; neem genoeg water om er een zacht deeg te maken. Rol er heel

Voor het pastadeeg:
600 g 00-bloem (doppio zero)
4 eieren

dunne plakken van en steek er schijfjes van 6 cm doorsnee uit. Leg op elk schijfje een beetje vulling, vouw ze tot halvemaantjes en knijp de randen goed dicht.

Kook de *tortelli* in ruim kokend water met zout in 6-7 minuten *al dente* en giet ze af. Doe boter en salie in een grote pan op het vuur en laat de boter schuimen. Roer er de *tortelli* door en zorg dat ze allemaal met boter bedekt zijn. Doe ze op borden en bestrooi ze met de rest van de kaas.

Timballo di Ziti

ZITI UIT DE OVEN

Voor 10 personen

1 kg lange ziti
1¼ dl olijfolie (vergine)
700 g mager varkensgehakt
250 g Napolitaanse salami (blz. 83), eerst in plakjes en daarna in reepjes
2 grote uien, fijngehakt
1 glas droge witte wijn
1¼ kg tomatenpulp (blz. 117)
350 g harde caciocavallo of oude provolone, geraspt
8 eieren, losgeklopt
zout en peper
nootmuskaat, versgeraspt

Dit is een typisch bruiloftsgerecht uit Caserta in Campanië. De versie die u op de foto ziet, is nogal bewerkelijk, maar dat is voor een groot gezelschap de moeite waard – of er nu iemand trouwt of niet.

Kook de *ziti* in kokend water 4 minuten of tot ze buigzaam zijn, maar niet te zacht. Giet ze af en houd ze apart. Verhit de olie in een grote pan en bak het gehakt en de salami bruin; roer af en toe om de klontjes gehakt stuk te maken. Voeg uien en nootmuskaat toe, laat de uien zachtjes gaar worden, voeg de wijn toe en kook tot de vloeistof verdampt is. Roer er de tomatenpulp door en laat het geheel 2 uur zachtjes pruttelen. Voeg zout en peper naar smaak toe en laat de saus een beetje afkoelen.

Verwarm de oven voor tot 180 °C (stand 4). Bekleed een diep bakblik met een deel van de pasta. Meng de rest van de pasta met de saus en roer er 300 g geraspte kaas en de eieren door. Vul het bakblik met het mengsel, strooi er de rest van de kaas over en zet het 40 minuten in de oven. Stort het gerecht voorzichtig op een platte schaal, snijd het in plakken en dien het op.

Orecchiette con Pomodorini

ORECCHIETTE MET KERSTOMAATJES

Voor 4 personen

600 g heel rijpe, verse kerstomaten of kerstomaten in pekel
4 eetlepels olijfolie (extra vergine)
1 teen knoflook, fijngehakt
5 blaadjes basilicum, in reepjes gescheurd
500 g orecchiette
desgewenst: 60 g pecorino, geraspt
zout en peper

Tegenwoordig zijn Apulische pomodorini *in pekel te koop. Deze kerstomaatjes smaken zo vol en hebben zo'n intense kleur en smaak, dat andere ingrediënten nauwelijks nodig zijn.*

Gebruikt u geconserveerde tomaten, giet dan de pekel af. Plet ze even met de punt van een mes. Verhit de olie in een pan, bak de knoflook een paar minuten op niet te hoog vuur en voeg de tomaten toe. Roerbak een paar minuten en voeg dan de basilicumreepjes en wat zout en peper toe.

Kook de *orecchiette* in kokend water met zout *al dente*, giet ze af en roer ze goed door de saus. Strooi er desgewenst *pecorino* over en dien ze direct op.

Penne con Pinoli e Melanzane

PENNE MET PIJNBOOMPITTEN EN AUBERGINE

Voor 4 personen

400 G AUBERGINES, IN KLEINE BLOKJES
6 EETLEPELS OLIJFOLIE (EXTRA VERGINE)
1 TEEN KNOFLOOK, FIJNGEHAKT
1 EETLEPEL ESTRATTO DI POMODORO (BLZ. 117) OF 3 EETLEPELS TOMATENPUREE
25 G PIJNBOOMPITTEN
10 GROTE GEZOUTEN KAPPERTJES, 10 MINUTEN IN WATER GEWEEKT, AFGEGOTEN EN FIJNGEHAKT
1 KLEIN CHILIPEPERTJE, FIJNGEHAKT
20 ZWARTE OLIJVEN, ONTPIT
400 G PENNE
60 G OUDE PECORINO, VERSGERASPT

Leg de auberginеblokjes 1 uur in water met een beetje zout, giet ze af, knijp het water eruit en dep ze met keukenpapier droog. Bak ze in de olie met knoflook bruin. Voeg tomatenpuree, pijnboompitten, kappertjes, chilipeper en olijven toe en bak 10 alles minuten op laag vuur. Giet er een scheutje water bij als het mengsel te droog is.

Kook de *penne* in kokend water met zout *al dente*, giet ze af en roer ze goed door de saus. Dien het gerecht op met geraspte *pecorino*.

Tagliatelle al Ragù bolognese

TAGLIATELLE MET BOLOGNESE SAUS

Voor 4 personen

500 G VERSE TAGLIATELLE OF 400 G GEDROOGDE EIERTAGLIATELLE
60 G PARMEZAANSE KAAS, VERSGERASPT

Voor de ragù:

55 G BOTER
500 G HAMVET OF PANCETTA, GEMALEN
1 GROTE WORTEL, FIJNGEHAKT
1 STENGEL BLEEKSELDERIJ, FIJNGEHAKT
1 UI, FIJNGEHAKT
100 G KALFS- OF RUNDERGEHAKT
100 G VARKENSGEHAKT
1 GLAS DROGE RODE WIJN
BEETJE RUNDER- OF KIPPENBOUILLON
3 EETLEPELS TOMATENPUREE
ZOUT EN PEPER

Dit is veruit het bekendste gerecht uit Bologna. Het moet, om eerlijk te zijn, gemaakt worden met verse tagliatelle, *en dus niet met spaghetti.*

Maak eerst de *ragù*. Verhit de boter in een grote pan, voeg hamvet of *pancetta*, wortel, selderij en ui toe en fruit alles zachtjes 10 minuten. Doe er al het gehakt bij en roer met een houten lepel om alle klontjes stuk te maken. Bak het vlees in ca. 15 minuten bruin, voeg de wijn toe en laat die een paar minuten borrelen om de alcohol te laten verdampen. Roer er een beetje bouillon door om te voorkomen dat het vlees aanbakt. Roer er de tomatenpuree door en verdun het mengsel met een paar eetlepels bouillon tot sausdikte. Laat het geheel 1½ uur pruttelen en voeg meer bouillon toe als de saus te droog wordt. Doe datzelfde aan het einde van de kooktijd om de saus op dikte te brengen. Voeg zout en peper naar smaak toe.

Kook de *tagliatelle* in kokend water met zout *al dente*, giet ze af en roer ze goed door de saus. Dien ze met de kaas op.

Orecchiette con Broccoli

ORECCHIETTE MET BROCCOLI

Voor 4 personen

500 g broccoli, in roosjes
6 eetlepels olijfolie (extra vergine)
2 tenen knoflook, fijngehakt
1 klein chilipepertje, fijngehakt
500 g Apulische cavatelli
zout
desgewenst: pecorino, versgeraspt

In Puglia (Apulië) zijn broccoli en orecchiette *nagenoeg synoniem. De combinatie van deze pasta met de sterk smakende, plaatselijke broccoli zorgt, samen met tomaten, olijfolie en chilipepertjes, voor een heerlijk gerecht.*

Kook de broccoliroosjes in kokend water met een beetje zout gaar en giet ze af. Doe olie in een pan op laag vuur en bak de knoflook en chilipeper in een paar minuten zacht. Doe de broccoli erbij, roer goed en breng het geheel met zout op smaak.

Kook de cavatelli in kokend water met zout in 14-18 minuten *al dente*, roer ze door de saus en dien ze op. Geef er desgewenst *pecorino* bij.

Agnolotti Piemontesi al Burro e Salvia

AGNOLOTTI UIT PIEMONTE MET BOTER EN SALIE

Voor 6 personen

300 g spinazie of snijbietblad
300 g brasato van rundvlees (blz. 71) of andere gare vleesresten
85 g gare kipfilet
100 g gekookte of verse worst (b.v. luganega)
2 eieren
85 g Parmezaanse kaas, versgeraspt
1 hoeveelheid pastadeeg (blz. 155)
60 g boter
10 blaadjes salie
zout en peper
versgeraspte nootmuskaat

Dit Piemontese gerecht van gevulde pasta is ontwikkeld om resten gaar vlees te verwerken. Er zijn veel verschillende versies, maar deze is typisch voor Ivrea, waar ik ben opgegroeid.

Kook de spinazie of snijbiet in kokend water met zout gaar; giet de groente af en knijp het overtollige vocht eruit. Maal al het vlees en de groente of hak alles fijn. Doe het mengsel in een kom en roer er de eieren en 30 g geraspte kaas plus nootmuskaat, zout en peper naar smaak door. Houd het apart.

Bestuif het werkvlak met bloem en rol 2 lange, dunne lappen pastadeeg uit. Leg steeds een theelepel vulling met tussenruimtes van 2½ cm in rijen op de ene lap, dek het geheel met de andere lap af, druk het deeg rond elk hoopje vulling voorzichtig aan en zorg dat de vulling overal goed tegen het deeg zit. Snijd het pakket met een gekarteld pastawieltje in vierkantjes en laat die op een doek drogen.

Kook de *agnolotti* in ruim kokend water met zout in 6-7 minuten *al dente* en giet ze af. Doe boter en salie in een grote pan op het vuur en laat de boter schuimen. Roer er de gare *agnolotti* door en zorg dat ze allemaal met boter bedekt worden. Leg ze op borden en bestrooi ze met de rest van de kaas.

STRANGOZZI ALL'ACCIUGA E PEPERONE

STRANGOZZI MET ANSJOVIS EN PAPRIKA

VOOR 4 PERSONEN

2 EETLEPELS OLIJFOLIE (VERGINE)
1 TEEN KNOFLOOK, FIJNGEHAKT
1 CHILIPEPERTJE, FIJNGEHAKT
3 RODE PAPRIKA'S, GEROOSTERD, ONTVELD EN IN REEPJES
8 ANSJOVISFILETS, FIJNGEHAKT
500 G STRANGOZZI OF SOORTGELIJKE PASTA VAN HARDE TARWE, B.V. PINCI OF BIGOLI
1 EETLEPEL BLADPETERSELIE, GROF GEHAKT

Verhit de olie in een pan, voeg knoflook, chilipeper en paprika toe en bak alles lichtbruin. Doe er de ansjovisfilets bij en laat ze op laag vuur smelten.
Kook de *strangozzi* in kokend water met zout *al dente*, giet ze af en bewaar een paar eetlepels kookvocht om de saus te verdunnen. Roer de pasta en het achtergehouden kookvocht door de saus, roer er de peterselie door en dien het gerecht op. Voeg desgewenst zout toe, maar wees voorzichtig: ansjovis is van zichzelf al zout.

PASTA CON LE SARDE

PASTA MET SARDINES

VOOR 6 PERSONEN ALS HOOFDGERECHT, VOOR 8 ALS VOORGERECHT

- 12 VERSE SARDINES
- 100 G WILDE VENKELBLAADJES (BLZ. 214)
- 1 UI, FIJNGEHAKT
- 2 EETLEPELS KRENTEN
- 2 EETLEPELS PIJNBOOMPITTEN
- 6 ANSJOVISFILETS, GEHAKT
- 55 G ESTRATTO DI POMODORO (BLZ. 117), OPGELOST IN 2½ DL LAUW WATER
- 1 THEELEPEL NOOTMUSKAAT, VERSGERASPT
- 500 G MACCHERONCINI OF BUCATINI
- ZOUT EN PEPER
- BLOEM
- OLIJFOLIE

Snijd de koppen en staarten van de sardines, haal ze leeg, ontgraat ze en spreid ze uit. Haal ze licht door de bloem. Verhit ruim olie in een grote frituurpan en frituur de sardines aan beide kanten lichtbruin. Als ze heel vers zijn, duurt dat maar een paar minuten. Haal de visjes uit de pan, laat ze op keukenpapier uitlekken en houd ze warm.

Kook de venkel in ca. 20 minuten in kokend water gaar, giet de groente af en bewaar het kookvocht. Hak de venkel fijn. Verhit 2 eetlepels olie in een grote pan en fruit de ui gaar. Roer er venkel, krenten, pijnboompitten, ansjovis, *estratto di pomodoro* en een beetje venkelwater door. Voeg nog wat venkelwater toe als de saus te dik is. Breng het geheel met nootmuskaat, zout en peper op smaak, maar pas op met zout, want ook de sardines kunnen zoutig zijn.

Kook de pasta in kokend water met zout *al dente*. Giet ze af en roer ze goed door de saus. Dien het gerecht in een grote schaal op en garneer met de achtergehouden sardines.

RAGÙ ALLA NAPOLETANA CON PENNE

NAPOLITAANSE VLEESSAUS MET PENNE

VOOR 6 PERSONEN

- 6 DUNNE PLAKKEN BOVENBIL VAN HET RUND À 125 G
- 1 TEEN KNOFLOOK, IN DUNNE PLAKJES
- BOSJE BLADPETERSELIE, GROF GEHAKT
- 55 G PIJNBOOMPITTEN
- 55 G SULTANA'S
- 60 G PROVOLA OF PARMEZAANSE KAAS, VERSGERASPT
- 45 G VETSPEK
- 25 G VET VAN PARMAHAM
- 2 GLAZEN RODE WIJN
- 2 EETLEPELS TOMATENPUREE
- 450 G PENNE
- ZOUT EN PEPER

Voor veel Napolitaanse families is de zondag geen zondag zonder ragù. *Een stuk rund- of varkensvlees – of soms zelfs lamsvlees – wordt minstens 2 uur in een tomatensaus gestoofd om alle smaak aan het vlees te onttrekken en de tomatensaus te laten indikken. Het resultaat is meestal verbluffend. De saus brengt de pasta van het voorgerecht op smaak, terwijl het vlees als hoofdgerecht met groenten wordt gegeten.*

Bestrooi de plakken vlees met zout en peper. Meng knoflook, peterselie, pijnboompitten, sultana's en geraspte kaas, verdeel het mengsel over de plakken en rol ze op. Zet elke rol met een houten prikker vast.

Verhit vetspek en hamvet in een pan met dikke bodem en bruin de vleesrollen erin aan. Voeg rode wijn en tomatenpuree toe en doe er zoveel water bij dat de vleesrollen tot driekwart onderstaan. Laat ze ca. 2 uur pruttelen; controleer af en toe de hoeveelheid vocht en voeg zo nodig water toe. Doe er, zodra het vlees gaar is, eventueel nog wat zout en peper bij.

Kook de *penne* in kokend water met zout *al dente* en giet ze af. Geef het vlees en de saus bij de pasta.

PANSÔTI AL PREBOGGION

GEVULDE PASTA MET GEMENGD GROEN

VOOR 4 PERSONEN

VOOR DE SAUS:
175 G WALNOTEN, GEBLANCHEERD EN GESCHILD
70 G PIJNBOOMPITTEN
KRUIM VAN 1 VERS BROODJE
1 HEEL KLEINE TEEN KNOFLOOK, FIJNGEHAKT
PAAR BLAADJES MAJORAAN OF TIJM
4 EETLEPELS UITGELEKTE GRIEKSE YOGHURT
OLIJFOLIE (EXTRA VERGINE)
ZOUT EN PEPER

VOOR DE PANSÔTI:
1 KG GEMENGDE GROENE GROENTE
250 G RICOTTA
60 G PARMEZAANSE KAAS, VERSGERASPT
2 EIEREN
500 G BASISPASTADEEG (BLZ. 155)

RECHTSBOVEN: PANSÔTI AL PREBOGGION (BOVEN) EN PESTO ALLA GENOVESE CON TROFIE (ONDER; ZIE BLZ. 228)

De naam pansôti *komt van het Ligurische dialectwoord 'pansa', dat buik betekent. Deze kleine, dikke* ravioli *worden gevuld met een typisch Ligurisch mengsel van groenten en kruiden, bijvoorbeeld verse boragie, snijbiet en paardebloemblad. U kunt er ook spinazie en andere groente voor nemen. Het is hoogst onwaarschijnlijk dat u deze* ravioli *vers kunt kopen. Maak ze dus zelf. Ze zijn heerlijk.*

Maak eerst de saus. Wrijf walnoten, pijnboompitten, broodkruim, knoflook en kruiden in een vijzel fijn. Roer er beetje bij beetje de yoghurt door en doe daarna hetzelfde met zoveel olie dat een gladde, tamelijk dikke saus ontstaat. (Of pureer alle ingrediënten in een blender.) Breng hem met zout en peper op smaak.

Kook de groenten voor de *pansôti* in een klein beetje water gaar, giet ze af en knijp er het overtollige water uit. Hak ze heel fijn en meng ze met *ricotta*, Parmezaanse kaas, eieren en wat zout en peper. Roer er een nogal stijve massa van.

Rol het deeg uit tot lange vellen van ca. 2 mm dik. Steek er rondjes uit van 7½ cm doorsnee, verdeel er de vulling over en vouw het deeg dubbel, zodat halvemaantjes ontstaan. Druk de randen goed dicht. U kunt ook driehoekige *pansôti* maken; snijd het deeg dan in vierkantjes van 7½ cm^2.

Verwarm de walnootsaus voorzichtig. Kook de *pansôti* in kokend water met zout in 5-6 minuten *al dente*, giet ze af en meng ze met de saus. Dien ze direct op.

RIJST EN GRANEN

RISO E GRANO

Graan is al sinds onheuglijke tijden het basisvoedsel van de mens en houdt nog steeds de wereldbevolking in leven. Het belang van graan in het voedingspatroon van de wereld groeit nog altijd, ondanks de vooruitgang van de westerse landbouw en de productie van alternatief voedsel. Klimaatsveranderingen en politieke onrust dreigen het leven van de helft van de wereldbevolking te verstoren, maar de mensen overleven dankzij de verbouw van wat korrels graan. Elke samenleving kiest de graansoort die men verbouwen wil, afhankelijk van de bodemsoort, het water en het ontwikkelingspeil van de landbouw.

Voor de Italianen zijn alle soorten graan belangrijk, maar de belangrijkste is ongetwijfeld tarwe; gebruikt voor brood en voor het allesoverheersende Italiaanse basisvoedsel: pasta, waaraan ik, vanwege de complexiteit van het onderwerp, een apart hoofdstuk heb gewijd. Maar ook rijst is belangrijk. Piemonte, Lombardije en de Veneto zijn de belangrijkste productiecentra ervan; uit deze streken komen ook de interessantste rijstrecepten.

Rijst kwam ongeveer duizend jaar geleden in Italië terecht, hoewel er over die introductie veel verschillende theorieën bestaan. Volgens sommigen kwam de rijst naar Sicilië, toen dat eiland door de Arabieren werd overheerst. Anderen menen dat al in de Romeinse tijd rijst werd gegeten, maar dat die graansoort pas in de Middeleeuwen serieus werd genomen. De pest van 1345-1352 zorgde overal in Europa voor zoveel slachtoffers, dat een nieuw voedingsmiddel nodig was voor het herstel van de bevolkingsaantallen.

In de 500 jaar daarna zorgde rijst voor een betere voeding van de Italianen. Ideale omstandigheden voor de rijstbouw bleken te bestaan op de Povlakte, die over vier Noord-Italiaanse streken verdeeld is. Die vlakte is gezegend met een overvloed aan water, en dat is nodig om de rijstplant goed te laten groeien. Dat water komt uit de Alpen en de meren, en de Povlakte was een van de eerste streken waar een irrigatiesysteem werd aangelegd. Dankzij die kanalen was er altijd ruim voldoende water om de planten onder te zetten.

De film *Riso amaro* (bittere rijst), een van de neorealistische films uit de jaren vijftig, maakt overduidelijk hoe hard het leven was voor de mensen die bij deze teelt betrokken waren. Vooral de *mondine* ('rijstvrouwen') waren het slachtoffer van een industrie die hen in ellendige omstandigheden hield. De moderne rijstbouwtechnieken eisen niet langer dergelijke offers van mensen, en van de aanplant tot aan de oogst is het hele proces nu machinaal. De circa 400.000 ha Italiaanse grond waar rijst wordt verbouwd, leveren ongeveer 60% van de totale Europese opbrengst.

Een andere, zeker niet minder belangrijke graansoort in de Italiaanse

keuken is maïs of *granoturco* ('Turks graan'); zo genoemd omdat men dacht dat het uit Turkije kwam. In feite werd het in Amerika door Christoffel Columbus ontdekt. Dat was nogal een verrassing, want hij dacht in Indië beland te zijn. In plaats van rijst, vond hij dus maïs, en die plant hadden de Europeanen nog nooit gezien. Columbus was onder de indruk van de hoeveelheden die de indianen ervan aten. De Spaanse veroveraar Cortés introduceerde de plant in Europa, waar hij aanvankelijk als sierplant diende. De Spanjaarden verbouwden de maïs als eersten en exporteerden het tot in Venetië. De Venetianen waren maar al te blij met een graansoort die zo voor hun plaatselijke omstandigheden geschikt was en het veel beter bleek te doen dan andere graansoorten in dat gebied.

MONDINA PLANT RISOTTO-RIJSTPLANTJES IN PIZZAROSTO BIJ VERCELLI.

RECHTS: DE RIJSTVELDEN BIJ VERCELLI VANUIT DE LUCHT

Maïs werd toen gebruikt om er *pollen* of *puls* van te maken, een soort pap waarvoor eerder gierst of boekweit was gebruikt. Die pap was de voorloper van de polenta. Polenta van maïs is heel lang het basisvoedsel van de boeren geweest, die er verder niets bij aten. Later ontdekte men dat een eetpatroon met te veel kale maïs een gebrek veroorzaakte, dat *pellagra* werd genoemd. Als de maïs echter met een beetje saus, kaas of vlees werd opgediend, leverde dit graan een waardevolle bijdrage aan een evenwichtig voedingspatroon. Zuiderlingen gebruiken nog steeds het woord *polentone* als scheldwoord voor noorderlingen, omdat die zo verzot zijn op polenta.

Maïs is in Italië tegenwoordig weer erg in de mode en de polenta wordt op allerlei manieren klaargemaakt. Ook dieren krijgen maïs te eten. De eierdooier van een met maïs gevoederde kip is lichtgeel en erg smakelijk. Maïsvarkens geven het lekkerste vlees, dat voor de productie van een paar van de beste hammen en salami's wordt gebruikt.

Vóór de introductie van dit veelzijdige graan aten de Romeinen pap van *farro*meel. *Farro* is een soort spelt, waarschijnlijk de oudste nog steeds verbouwde graansoort in Italië. Het is tegenwoordig opnieuw populair, vooral in Umbrië en Lazio, waar er modieuze en populaire plattelandsgerechten mee gemaakt worden. De herontdekking van de *cucina povera*, het voedsel van de armen vroeger, is tegenwoordig inderdaad erg in de mode en plaatselijke chef-koks maken verrukkelijke soep van *farro*, *miglio* (gierst) en *grano saraceno* (boekweit), die eeuwenlang de pijlers van de plattelandskeuken zijn geweest.

A-Z van rijst en granen

Avena / Haver
Haver hoort tot dezelfde familie als tarwe, maar heeft in de Italiaanse keuken een heel andere functie. Haver wordt vooral in streken met veel regen verbouwd, want net als rijst heeft deze graansoort veel water nodig. Het komt vooral uit Napels en Puglia en wordt veel als diervoeder gebruikt, maar men maakt er ook havermeel van voor heel jonge kinderen en havermout voor pap.

Links: avena

Haver staat bekend om zijn gezonde eigenschappen.

Crusca / Zemel
De *crusca* is het buitenste deel van de tarwekorrel; een soort bruine opperhuid. De zemelen plachten door polijsten van de korrels te worden gehaald en aan de dieren te worden gegeven. Door hun hoge vezelgehalte vormen ze echter een belangrijk onderdeel van een gezond dieet. Zie Integrale.

Cuscus / Couscous
Couscous is via Sicilië en Sardinië uit Noord-Afrika in de Italiaanse keuken terechtgekomen. Sommigen zien verband met de Franse bezetting van Algerije, anderen denken dat couscous al veel eerder is geïntroduceerd, namelijk toen de Arabieren tot in Europa doordrongen. Couscous is overigens geen graansoort, maar een soort griesmeel. Traditioneel wordt het ca. 2 uur gekookt in een speciale pan die *cuscussièra* heet. Tijdens die nogal lange kooktijd kan het bijgerecht (een kruidige lams-, kip- of groentenragù) worden klaargemaakt, maar de couscous kan ook met alleen een pikante saus worden opgediend. Op Sicilië is een bijgerecht van vis traditioneel en wordt de couscous zelf op smaak gebracht met saffraan.

Farina / Bloem, meel
Het Italiaanse woord, waarschijnlijk afkomstig van *farro* (spelt), slaat op elk gemalen product van zaden, granen en peulvruchten. Zonder enige toevoeging betekent *farina* 'tarwebloem'. Andere gemalen producten krijgen een nadere aanduiding mee: *farina di mais* (maïsmeel), *farina di orzo* (gerstmeel), enz.

Met de toevoeging van vloeistoffen en kruiden bleek meel een oneindig veelzijdig ingrediënt te zijn. Men kon er pasta, brood en koekjes van maken en sauzen en soepen mee binden. Er bestaan allerlei fijnheidsgraden, die in de keuken op verschillende manieren gebruikt worden: type 00 (*doppio zero*) voor verse pasta en gebak, type 0 voor brood. Zie Grano Duro, Frumento.

Farro / Soort spelt
Farro is een van de gezondste graansoorten die er zijn; de Romeinen maakten van deze oeroude soort brood en pasta. *Farro* was door zijn veelzijdigheid het hoofdvoedsel van de Romeinse soldaten. Het wordt tegenwoordig in Umbrië, Toscane en Lazio verbouwd, waar nog steeds traditionele gerechten met *farro* bestaan die de laatste tijd weer op het culinaire toneel zijn verschenen.

Een van de bekendste streekgerechten is *minestra di farro* of *farricello* uit Lazio; een soep. Hele *farro*korrels worden ook gekookt met bonen, en die methode is geliefd in Garfagnana, een Toscaanse bergstreek. Zelf verwerk ik het graag in een stoofgerecht met zongedroogde tomaten, olijfolie, peterselie en basilicum, opgediend met groente.

Fregola / Soort couscous
Dit is de fijne couscous uit Sardinië, gemaakt van gebroken en geroosterde harde tarwe. De *fregola* wordt verwerkt in soep en vlees- of visragùs.

Frumento / Zachte tarwe
Deze graansoort behoort net als *farro* tot de *Triticum*-familie. *Frumento* wordt op grote schaal verbouwd op de Povlakte, waar men er graag brood van maakt. In Nederland wordt er inlandse bloem van gemalen.

Germe di Grano
Tarwekiemen
Als u tarwekorrels een tijdje in water legt, gaan ze kiemen. Die gekiemde korrels zijn heel waardevol, want ze bevatten grote hoeveelheden belangrijke voedingsstoffen. Bij de vervaardiging van volkorenproducten worden ze veel gebruikt.

Grano Duro
Harde tarwe
Harde tarwe wordt gemalen, waarna er pastadeeg van gemaakt wordt. Het warme, droge klimaat van Zuid-Italië is ideaal voor de verbouw van deze soort. Zie ook Semolino.

Openbare graanmaten in Norcia

GEDROOGDE MAÏS ALS VEEVOER

GRANO SARACENO
BOEKWEIT

Boekweit is eigenlijk geen graan, maar wordt wel op dezelfde manier gebruikt. De soort is afkomstig uit Mongolië en kwam in de Middeleeuwen via de Moren in Europa terecht; vandaar de Italiaanse naam. In de 16de eeuw werd er in heel Italië brood van gemaakt, maar tegenwoordig wordt het nog maar in twee kleine streken verbouwd. De ene is de Valtellina, een dal in Lombardije, waar men er de pastasoort *pizzoccheri* ((blz. 150) en een soort boerse polenta van maakt. Deze *polenta taragna* bevat maïs- en boekweitmeel plus de plaatselijke kaas *scimud* of *bitto*. De andere boekweitstreek is de Veneto, waar men er eveneens polenta van maakt.

GRANOTURCO, MAIS / MAÏS

Maïs is door Columbus in Amerika ontdekt, maar werd pas populair toen de Spaanse veroveraar Cortès het rond 1500 in Spanje introduceerde. De Fransen en Noord-Italianen waren bijzonder onder de indruk van deze graansoort, die ook in een moeilijk, droog klimaat in overvloed groeit.

Aanvankelijk werd maïs als diervoeder gebruikt. Het werd pas populair toen de boerenbevolking ontdekte dat men het kon drogen en malen om er polenta, brood en koek van te maken. Het meel werd toen op grote schaal gebruikt als vervanging van tarwebloem, maar ook de verse kolven werden gekookt of geroosterd gegeten (zie Pannocchia, blz. 114).

GRANOTURCO

INTEGRALE
VOLKOREN

Het woord *integrale* betekent 'compleet' of 'geheel' en is de aanduiding voor een meelsoort waarin de zemel is meegemalen. Er zijn veel volkorenproducten, o.a. *pane integrale* (volkorenbrood), *farina integrale* (volkorenmeel), *grissini integrali* (volkoren soepstengels) en *pasta integrale* (volkorenpasta).

Volkorenproducten zijn rijk aan vitaminen en vezels, maar ik vind ze minder lekker en smaakvol dan producten van normale bloem.

RECHTS: FARRO

MIGLIO / GIERST

Deze graansoort was heel geliefd bij de Grieken en Romeinen, die het vooral gebruikten om brood te bakken en soep te binden. Gierst is tegenwoordig bijna helemaal door maïs vervangen, want maïs is veel smakelijker en makkelijker te verbouwen. Gierst wordt nog voornamelijk verbouwd als diervoeder.

Migliàccio, een oeroude soort gebak, werd oorspronkelijk gemaakt van gierst en het bloed van een net geslacht varken, maar tegenwoordig worden andere meelsoorten gebruikt. In Emilia-Romagna bevat *migliàccio* polenta, in Toscane is het een zoete *foccaccia* met rozijnen en in Napels is het polenta uit de oven met gestoofde groenten.

ORZO / GERST

Ik weet nog dat we in mijn vroegste jeugd bij het ontbijt een soort 'koffie' dronken, die van gerstekorrels was gemaakt. Geroosterde en in melk of water geweekte gerst geeft een bruine vloeistof die op koffie lijkt. Een andere gerstdrank die wij als kinderen 's zomers graag dronken, was *orzata*, gemaakt van ontkiemde gerst en gemalen amandelen in suiker en water. *Orzo perlato* (parelgort) wordt in Alto Adige en Friuli, waar de Oostenrijkse invloed nog steeds merkbaar is, in soep verwerkt.

PASTA, ZIE VORIGE HOOFDSTUK

POLENTA
PAP

In de Romeinse tijd was polenta een meelpap van allerlei graansoorten en peulvruchten, zoals spelt, tuinbonen e.d. Tegenwoordig slaat het woord meestal op een pap van geel of wit maïsmeel, hoewel het ook nog steeds gebruikt wordt om elke soort pap aan te duiden; dan wordt echter wel het gebruikte ingrediënt erbij vermeld, b.v. *polenta di fagioli* (bonenpolenta).

Polenta maak u door maïsmeel te koken met water (liefst in een koperen pan), totdat een nogal dikke massa is ontstaan. Afhankelijk van hoe grof het meel is, duurt dat zo'n 40 minuten; u moet voortdurend roeren om te zorgen dat de maïs niet aanbrandt. U kunt de polenta dan op een houten plank gieten en midden op tafel zetten, zodat iedereen kan nemen wat hij wil, meestal met een vlees-, paddestoelen- of groente-*ragù* erbij.

Polenta dient vaak als vervanging van brood. U kunt het warm of koud eten, of in plakken snijden en bakken. Ook laag om laag met kaas en tomatensaus als *pasticcio* (een soort timbaal) is het een populair gerecht.

Er bestaat ook een snelkookvariant genaamd *polenta svelta*. Dat is gewone, voorgekookte polenta, die gedroogd en weer gemalen is. Deze soort is niet zo lekker als de originele, maar als u er met boter en kaas Polenta Concia (zie recept op blz. 96) van maakt, is er niet veel aan de hand.

De beste polenta komt uit Noord-Italië, waar het lange tijd basisvoedsel is geweest en nog steeds een heerlijk voedzaam, traditioneel wintergerecht is. Vicenza in de Veneto is de beste plaats om Polenta e Baccalà (zie recept op blz. 180) te eten; dat is in melk met polenta gekookte stokvis. Een ander streekgerecht uit de Veneto en delen van Lombardije is de omstreden *polenta e osei* (polenta met mussen).

POLENTA TARAGNA, ZIE GRANO SARACENO

RISO / RIJST

Bijna alle rijst die in Italië gegeten wordt, is ook in Italië verbouwd. Het is de soort die ideaal is voor *risotto*'s, het meest Italiaanse van alle rijstgerechten. Het hoofdkenmerk van deze rijst is dat hij veel vocht opneemt en bij het koken tot driemaal zijn oorspronkelijke volume opzwelt, terwijl hij in het midden nog steeds wat 'beet' heeft. Met andere woorden: rijst moet, net als pasta *al dente* zijn.

De plant heet in het Latijn *Oryza sativa* en hoort tot de japonicasoort. Hij wordt in de lente geplant en is in 140 tot 180 dagen rijp. Al die tijd moet de plant in het water blijven staan en met zorg tegen ziektes beschermd worden. De rijst wordt in september-oktober geoogst en volledig gedroogd. De korrels worden uitgezocht, gewassen, van hun kroonkafjes ontdaan en ten slotte gepolijst, zodat een volmaakt witte korrel ontstaat. Dat polijsten is een heel kwetsbare operatie, want er mag maar een vliesdun laagje van de korrel worden gehaald, anders verdwijnen alle vitamines uit de buitenkant. Strikt genomen kunt u de rijst het beste ongepeld eten, maar dat gaat ten koste van het vitale absorptievermogen.

LINKS: GEKOOKTE EN GEGRILLEERDE POLENTA

Italiaanse rijst wordt ingedeeld naar soort en gebruik:

Riso comune (gewone rijst) is de minste kwaliteit en heeft kleine, ronde korrels die bij het koken veel zetmeel afstaan. Dit type is ideaal voor soep en nagerechten en heeft een kooktijd van maar 12-13 minuten. Soorten zijn o.a. balilla, originario, elio, selenio en trio.

Riso semifino (middelfijne rijst) lijkt veel op gewone rijst, maar heeft een iets langere korrel en kooktijd (14-15 minuten). Soorten zijn o.a. Italico, lido, alfa, argo, cripto, comellino, Piemonte, monticelli, Maratelli, Padano, Romeo, Rosa Marchetti, rubiono en vialone nano. Middelfijne rijst is vooral geschikt voor timbalen, Arancini (rijstballetjes; zie recept op blz. 179) en droge rijstgerechten, en voorts in soepen als *minestrone*.

Riso fino (fijne rijst) heeft een grotere korrel, maar is iets minder goed verteerbaar vanwege zijn grootte en omdat de korrel bij het koken weinig zetmeel afstaat. Deze soort heeft een kooktijd van 16-17 minuten en is ideaal voor risotto's, rijstsalades en andere hoofdgerechten. Soorten zijn o.a. Europa, ariete, giara, molo, pierina marchetti, RB, ribe, ringo, riva Smeraldo, veneria, Senit belgioioso en Santi Andrea.

Riso superfino (extra fijne rijst) is de Ferrari onder de rijsttypes en omvat soorten als arborio, baldo, volano gritna, koral, onda, silla, strella, miara, Indio, carnaroli, corallo en Roma. De grote korrels hebben een kooktijd van 18-20 minuten en zijn ideaal voor risotto's, salades, bijzondere timbalen, *arancini* of polenta.

Een typisch rijstgerecht uit de streek rond Piacenza is *bomba di riso*. Dat is gewone gekookte risottorijst (b.v. *vialone nano*) met gesmolten boter en Parmezaanse kaas. Eén of twee duiven worden met salie, boter, witte wijn en wat tomatenpuree gebraden. Het vlees wordt van de botten gehaald, op de gekookte rijst in een vorm gelegd en volledig met rijst bedekt. Het geheel wordt 15-20 minuten au bain marie gekookt en daarna nog eens 20 minuten zonder deksel in de oven gezet, totdat een goudbruine korst is ontstaan.

RISOTTO

Dit unieke gerecht is in elk goed Italiaans restaurant overal ter wereld te vinden. Het aantrekkelijke van risotto is dat het zich aanpast aan elke smaak, mits goed klaargemaakt natuurlijk. Uiteraard komen de klassieke risotto's, zoals die met truffels

RISOTTO MAKEN

VIALONE NANO- (BOVEN) EN CARNAROLI-RIJST

Ik maak al veertig jaar risotto, en met de nu volgende tips leert u een volmaakte risotto koken.

De beste rijstsoorten voor risotto zijn *arborio, baldo, carnaroli, vialone nano* of *Roma*. Iets anders is ongeschikt. Was de rijst niet, want daarmee haalt u het waardevolle zetmeel weg dat de risotto romig maakt. Kook de rijst op laag vuur en voeg beetje bij beetje bouillon of wijn toe, totdat de rijst gaar is. Blijf vooral voortdurend roeren, zodat de rijst niet aanbrandt.

Voordat u aan de risotto begint, maakt u de bouillon. Afhankelijk van het recept hebt u ca. 1¼ liter kippen-, runder- of groentebouillon nodig. Houd de bouillon op het fornuis, zodat u het vocht makkelijk in de risottopan kunt scheppen. Houd het vocht ook op het kookpunt, zodat het garingsproces van de rijst niet onderbroken wordt als u de bouillon toevoegt.

Fruit in een andere pan met dikke bodem een fijngehakte ui in boter en olijfolie met de gewenste kruiden en specerijen en laat de ui zacht worden. Roer er de rijst door en zorg dat alle korrels met vet bedekt zijn. Begin dan de vloeistof toe te voegen. Als u wijn gebruikt, laat die dan volledig verdampen en absorberen, voordat u de bouillon toevoegt. Voeg 15 minuten lang steeds 1 soeplepel tegelijk toe en roer voortdurend. Als de meeste bouillon gebruikt is, proef dan een korrel om de gaarheid te controleren en voeg zo nodig meer bouillon toe. De rijst is klaar als de buitenkant zacht is, maar de binnenkant nog steeds 'beet' heeft.

Haal de rijst van het vuur vlak voordat hij gaar is, want het garingsproces gaat nog even in zijn eigen warmte door. Een goede risotto is zacht, dik vloeibaar (u moet het met een vork kunnen eten) en nooit helemaal droog.

Voeg ten slotte wat boter en Parmezaanse kaas toe en meng alles krachtig. De risotto moet nu romig glanzen. Doe het gerecht op voorverwarmde borden en geef er Parmezaanse kaas bij.

of *porcini*, uit rijststreken als Piemonte, Lombardije en de Veneto. Ook streken als Toscane, Campanië, Sicilië en zelfs Sardinië hebben smakelijke bijdragen aan het repertoire geleverd, maar ze halen het niet bij de grote noordelijke gerechten.

Restjes risotto kunt u tal van manieren verwerken, b.v. door er Arancini (zie ook recept op blz. 179) van te maken. Roer een geklutst ei, wat Parmezaanse kaas, peterselie en broodkruim door de koude risotto. Meng goed en maak er met uw handen balletjes van. Frituur ze goudbruin en dien ze heet op.

SEGALE / ROGGE

Deze oeroude graansoort lijkt veel op tarwe. Roggemeel wordt gebruikt voor brood, koekjes en *grissini* (blz. 293). Het bevat veel vezels en voedingsstoffen. Roggebrood is m.n. populair in Noord-Italië, vooral in streken die aan Oostenrijk grenzen; het wordt daar vaak met komijn of venkelzaad op smaak gebracht.

SEMOLINO, SEMOLA

GEMALEN HARDE TARWE

Semolino wordt vooral voor pasta gebruikt, maar ook voor couscous, soep en Romeinse *gnocchi*. *Gnocchi alla Romana* bestaan uit griesmeel, melk en een mespunt nootmuskaat, waarvan een stevig mengsel wordt gekookt. Voeg na afkoelen een losgeklopt ei toe. Spreid het op een ingeolied werkvlak uit en plet het met een spatel. Steek er rondjes uit en leg die op een beboterde bakplaat. Verdeel er klontjes boter en Parmezaanse kaas over en zet ze 10-15 minuten in een gloeiendhete oven of tot een goudbruine korst is ontstaan. Bestrooi ze met versgemalen peper en geef ze als voorgerecht, of als bijgerecht bij gestoofd vlees.

EEN OUDE RIJSTZEEF UIT TOSCANE

Pastiera di Grano is heerlijk met een glas Liquori di Limone.

Pastiera di Grano

GRANENTAART

Voor 10 personen of meer

Voor het deeg:
150 g suiker
150 g boter en iets extra voor het invetten
3 grote eierdooiers
300 g bloem

Voor de vulling:
200 g tarwekorrels
500 ml melk
sap van 1 citroen
1 theelepel kaneel
2 theelepels vanillesuiker
sap van ½ sinaasappel
300 g ricotta
4 grote eieren, gesplitst
1 klein wijnglas oranjebloesemwater
150 g fijngehakte sukade
225 g suiker
poedersuiker

Dit gerecht zal waarschijnlijk in elk boek dat ik schrijf worden opgenomen, omdat het mijn moeders recept is en binnen onze familie een lange traditie heeft. Deze echte paascake, gemaakt van tarwegraan – symbool van welvaart en voorspoed –, wordt in grote hoeveelheden gebakken, omdat het als cadeau aan vrienden wordt gegeven. De Napolitanen drinken de lokaal geproduceerde Lacryma Christi-wijn bij deze verrukkelijke taart.

Week de tarwekorrels 24 uur in water, dat u regelmatig ververst. Laat het graan daarna 3 of 4 uur op een laag vuur in de melk en de helft van het citroensap pruttelen. Als het gaar is, voegt u de kaneel, de vanillesuiker, het resterende citroensap en sinaasappelsap toe. Laat het een nacht rusten, zodat de smaken kunnen mengen.

Meng voor het deeg in een grote kom de suiker, boter en eieren tot een gladde massa en voeg vervolgens beetje bij beetje de bloem toe tot een soepel deeg ontstaat. Laat dit op een koele plaats 1 uur of langer rusten.

Verwarm de oven voor tot 190 °C (stand 5). Beboter een taartvorm van 35 cm doorsnee.

Klop voor de vulling de *ricotta* met de eierdooiers en het oranjebloesemwater. Doe er de sukade en het tarwekorrelmengsel bij. Klop de eiwitten met de suiker stijf en vouw ze voorzichtig door het *ricotta*mengsel.

Rol tweederde van het deeg uit en bekleed er gelijkmatig bodem en rand van de taartvorm mee. Giet de vulling erin. Rol het resterende deeg uit en snijd dit in lange repen om ze kruiselings boven op de taart te leggen. Bak de taart in ongeveer 45 minuten gaar en lichtbruin. Laat de taart afkoelen en bestrooi hem ten slotte met poedersuiker.

Risotto con Asparagi

RISOTTO MET ASPERGES

Voor 4 personen

900 g verse asperges
4 eetlepels olijfolie
85 g boter
1 uitje, fijngehakt
350 g rijst (carnaroli of vialone nano)
ca. 1 liter groentebouillon
55 g Parmezaanse kaas, versgeraspt
zout en peper

Snijd de asperges bij en kook ze in kokend water met zout gaar. Giet ze af en bewaar het kookvocht. Snijd ze in stukjes van 1 cm, maar laat de punten heel. Vul het kookvocht met bouillon tot 1¾ liter aan.

Maak op de gewone manier risotto (blz. 175) en doe er even vóór de rijst de stukjes asperges bij (niet de punten). Garneer de risotto voor het opdienen met de punten.

PANISSA

BONEN EN RIJST

VOOR 6 PERSONEN

300 G GEDROOGDE BORLOTTI-BONEN
4 EETLEPELS OLIJFOLIE
1 GROTE UI, IN DUNNE PLAKJES
100 G PANCETTA, IN KLEINE BLOKJES
50 G PARMAHAM, IN KLEINE BLOKJES
400 G RISOTTO (B.V. CARNAROLI OF ARBORIO)
1 DL RODE WIJN, LIEFST NEBBIOLO OF SPANNA
2 LITER KIPPENBOUILLON (MAG VAN EEN BLOKJE)
ZOUT EN PEPER

Deze risotto met bonen komt oorspronkelijk uit Vercelli. Verwar het gerecht niet met paniscia, *dat erop lijkt maar ingewikkelder is en uit Novara komt. Eigenlijk hoort u er verse borlotti-bonen voor te nemen, maar die zijn – vooral buiten Italië – moeilijk te krijgen. Neem er gedroogde voor in de plaats.*

Week de bonen een nacht in ruim water en giet ze af. Doe ze in een pan, voeg zoveel water toe dat ze onderstaan en kook ze in ca. 2 uur gaar. Giet ze af.

Verhit de olijfolie in een pan en bak ui, pancetta en ham 5 minuten. Voeg rijst en bonen toe en roer goed. Voeg de wijn toe en maak dan op de gewone manier risotto (blz. 175). Dien het gerecht heet en zonder Parmezaanse kaas op.

RISOTTO ALLO ZAFFERANO

SAFFRAANRISOTTO (UIT MILAAN)

VOOR 4 PERSONEN

350 G VIALONE NANO-RIJST
4 EETLEPELS OLIJFOLIE
85 G BOTER
1 UITJE, FIJNGEHAKT
10 DRAADJES SAFFRAAN OF 3 KLEINE ZAKJES SAFFRAANPOEDER
1¾ LITER GROENTEBOUILLON
ZOUT EN PEPER

Maak op de gebruikelijke manier risotto (blz. 175) en doe de saffraan bij de bouillon. Deze risotto hoort traditioneel bij Ossobucco alla Milanese (blz. 95).

RECHTS: RISOTTO CON ASPARAGI (BOVEN; ZIE BLZ. 177) EN OSSOBUCO ALLA MILANESE MET RISOTTO ALLO ZAFFERANO (ONDER)

Risotto ai Funghi

PADDESTOELENRISOTTO

Voor 4-6 personen

300 g verse porcini
85 g boter
1 grote ui, in dunne plakjes
400 g rijst (carnaroli, vialone nano of arborio)
1¾ liter kippenbouillon
60 g Parmezaanse kaas, versgeraspt
zout en peper

Eigenlijk hebt u voor deze risotto porcini *nodig. Het seizoen daarvoor is echter maar kort en buiten Italië zijn ze vrijwel alleen in gedroogde vorm te koop. Als u geen verse* porcini *kunt krijgen, is ook de combinatie van gekweekte paddestoelen en gedroogde* porcini *lekker – hoewel er natuurlijk niets boven verse gaat.*

Maak de paddestoelen zorgvuldig schoon (blz. 185) en snijd ze in plakjes.

Verhit de helft van de boter in een pan en bak de paddestoelen en ui gaar. Maak op de gewone manier risotto (blz. 175). Haal de pan van het vuur, laat de risotto een minuutje staan, voeg de kaas en de rest van de boter toe en roer tot een heel romige, niet te vloeibare en niet te vaste massa is ontstaan. Schep de paddestoelen en uien er doorheen en serveer het gerecht op voorverwarmde borden met een beetje zwarte peper er overheen gemalen.

Arancini di Riso alla Palermitana

RIJSTBALLETJES UIT PALERMO

Voor 20 stuks

350 g rundergehakt
½ hoeveelheid salsa di pomodoro alla napoletana (blz. 131)
800 g carnaroli- of arboriorijst
6 eieren
1 eetlepel bladpeterselie, fijngehakt
100 g harde pecorino, geraspt
150 g zachte caciocavallo, in blokjes
zout en peper
bloem
paneermeel
olijfolie

De beroemdste arancini *komen uit Sicilië, waar ze zo heten omdat ze even groot zijn als een kleine sinaasappel. Omdat ze zo lekker weghappen, zijn ze in alle bars te krijgen. Rond lunchtijd krijgt u ze gloeiendheet opgediend. Ze zijn ideaal voor feesten of picknicks, omdat u ze ook koud kunt eten.*

Laat het gehakt 30 minuten in de tomatensaus pruttelen en voeg zout en peper naar smaak toe. Kook de rijst in 2 liter kokend water met zout 12 minuten (niet langer). Giet hem af, spreid hem op een werkvlak uit en laat hem afkoelen. Klop 4 eieren los met peterselie en *pecorino* en meng ze grondig met de rijst. Pak wat van het mengsel en bedek er dik uw handpalm mee. Leg een theelepel vleessaus en een paar blokjes *caciocavallo* in het midden. Knijp uw hand dicht en maak van de inhoud met nog wat rijst een bal ter grootte van een kleine sinaasappel. Doe hetzelfde met de rest van de rijst.

Klop de 2 laatste eieren los. Haal de ballen door bloem, ei en paneermeel. Frituur ze in ruim olijfolie in ca. 5 minuten goudbruin. Om ze nog knapperiger te maken, kunt u ze na het frituren 5 minuten in een op 230 °C (stand 8) voorverwarmde oven leggen. In een bar worden ze verpakt in een servet en eet u ze staande op.

POLENTA E BACCALÀ

POLENTA MET BACCALÀ

VOOR 6 PERSONEN

- 1½ KG BACCALÀ VAN HET MIDDENDEEL VAN DE VIS
- 1¾ DL OLIJFOLIE (EXTRA VERGINE)
- 1 UI, IN DUNNE PLAKJES
- 6 TENEN KNOFLOOK, GROF GEHAKT
- 400 G FIJNGEHAKTE TOMATEN UIT BLIK OF 3 GROTE, RIJPE TOMATEN, ONTVELD EN FIJNGEHAKT
- 8 BLAADJES BASILICUM
- 3 EETLEPELS BLADPETERSELIE, GROF GEHAKT
- 1 GLAS RODE WIJN
- ZOUT EN PEPER

VOOR DE POLENTA:

- 2 LITER WATER
- 25 G ZOUT
- 300 G POLENTA TARAGNA (ZIE GRANO SARACENO, BLZ. 173)

Dit gerecht is synoniem met stevige plattelandskost. U vindt het vaak op winterse vrijdagen in kleine steden, b.v. als het marktdag is. Baccalà *is gezouten vis (blz. 16), die vroeger goedkoop placht te zijn en gegeten werd in bergstreken waar verse vis moeilijk te krijgen was. Maar tegenwoordig eet iedereen het vanwege zijn bijzondere smaak en is het duurder dan verse kabeljauw. Het beste* baccalà*recept is volgens mij dat met polenta uit Livorno. De vis wordt soms al ontzouten verkocht; week hem anders 36 uur in water.*

Snijd de vis zo nodig in kleinere stukken; dan verliezen ze tijdens het weken sneller hun zout. Laat ze 36 uur in ruim water weken en ververs het water elke 6 uur. Giet ze af, verwijder de graten en vinnen en snijd ze in stukjes van ca. 4-6 cm.

Neem voor de polenta zo mogelijk een koperen pan met ronde bodem. Doe er water en zout in en breng het aan de kook. Zeef het polentameel door uw hand, laat het beetje bij beetje in het water vallen en roer intussen voortdurend om klontjes te voorkomen. Kook de polenta al roerend 40 minuten, of tot de massa loslaat van de zijkant van de pan.

Verhit 1¼ dl olie in een pan en fruit ui en knoflook gaar. Voeg tomaten, basilicum en peterselie toe en laat het mengsel pruttelen tot het wat dikker wordt. Verhit de rest van de olie in een andere pan en bak de vis 6-7 minuten aan elke kant. Giet tomatensaus en rode wijn over de vis en voeg zo nodig versgemalen peper en een klein beetje zout toe. Laat de vis 20 minuten pruttelen en dien hem met polenta op.

POLENTA TARAGNA

BOEKWEITPOLENTA

VOOR 6 PERSONEN

- 2½ LITER WATER
- 25 G ZOUT
- 500 G POLENTA TARAGNA (ZIE BOVEN)
- 150 G BOTER
- 150 G BITTO-, ASIAGO- OF VERSE TOMAKAAS, IN HEEL DUNNE PLAKJES

Polenta taragna *is een mengsel van twee meelsoorten: maïs en boekweit. De inwoners van het Lombardische Valtellina eten dat veel liever dan gewone polenta. Als u het mengsel niet kant-en-klaar kunt krijgen, maak het dan zelf en neem voor elke 100 g boekweitmeel 45 g gele polenta. Als u een andere verhouding lekkerder vindt, kan dat ook, maar deze combinatie is voor beginners de beste.*

Breng water en zout in een grote pan met dikke bodem aan de kook. Zeef de *polenta taragna* door uw hand, laat het beetje bij beetje in het water vallen en roer intussen voortdurend om klontjes te voorkomen. Kook de polenta al roerend 1 uur, of tot de massa loslaat van de zijkant van de pan. Roer er eerst de boter en dan de kaas door. Dien het direct op als bijgerecht bij een stoofschotel, of laat het afkoelen, snijd het in plakken en bak die in boter of onder de grill.

Pizzoccheri

Boekweitpasta met aardappelen en kool

Voor 6 personen

2 grote aardappelen, geschild en in kleine blokjes
300 g savooienkool, in reepjes
2 tenen knoflook, in plakjes
6 blaadjes salie
100 g boter
300 g bitto-, toma- of asiago-kaas, in dunne plakjes
85 g Parmezaanse kaas, geraspt
zout en peper

Voor de pizzoccheri:
250 g boekweitmeel
100 g 00-bloem (doppio zero)
2 eieren
4 eetlepels melk
mespunt zout

Dit is waarschijnlijk de enige boekweitpasta die in Italië gegeten wordt. Het gerecht komt uit Valtellina, een dal in Lombardije, niet ver van Milaan, en is in veel noordelijke streken populair. Traditioneel wordt er, zoals hier, kool, aardappelen en kaas bij gegeven. Het is dan een voedzaam gerecht dat als hoofdgang kan dienen. Vooral vegetariërs zijn er dol op. Als u kant-en-klare pizzoccheri *kunt vinden, hebt u 350 g nodig.*

Maak eerst het deeg. Maak van meel en bloem een 'berg' op uw werkvlak en maak een kuiltje in het midden. Doe er eieren, melk, zout en genoeg water bij om een tamelijk stevig deeg te krijgen. Kneed het in 8-10 minuten glad en elastisch en laat het afgedekt 20 minuten rusten. Rol het tot een dikte van 5 mm uit en snijd het in repen van ca. 6 x 1 cm. Verwerk ze direct of bewaar ze maximaal 2 dagen in de koelkast.

Gebruikt u verse pasta, kook de aardappelen en kool dan in water met wat zout bijna gaar en voeg de laatste 6-8 minuten de *pizzoccheri* toe. Gebruikt u gedroogde pasta, kook dan alles samen gaar. Bak intussen salie en knoflook op heel laag vuur in de boter en haal de pan van het vuur. Giet de *pizzoccheri* en groenten af, leg een laag ervan in een voorverwarmde schaal en leg er de plakjes kaas op. Verhit de boter met salie en knoflook weer, totdat de boter schuimt. Giet wat hete boter en knoflook over de kaas en strooi er wat Parmezaanse kaas over. Schik de rest van de ingrediënten op dezelfde manier laag om laag in de schaal en giet er de rest van de boter met knoflook overheen. Laat het gerecht 1-2 minuten staan en roer goed om te zien of alle kaas gesmolten is. Schep het op een voorverwarmde schaal, bestrooi het met zout en peper en dien het direct op.

PADDESTOELEN

FUNGHI

De meeste Italianen denken bij het woord paddestoelen direct aan *porcini* (cèpes, boleten). *Porcini* groeien vanaf het midden van de zomer tot het einde van de herfst in het wild, worden door mensen ter plaatse gezocht en naar controlecentra gebracht, zodat u ze in winkels en op markten veilig kunt kopen. Een *porcini*-zoeker moet, gewapend met een mand, een mes en mogelijk een stok, al heel vroeg op pad, al was het alleen maar om als eerste op de vindplaats te zijn. Wie in Noord-Europa in de herfst zijn auto bij een bos parkeert, schept waarschijnlijk een luchtje, laat de hond uit of gaat picknicken. Maar in Italië zijn er in dat geval paddestoelenzoekers bezig.

Omdat dit tijdverdrijf zo overweldigend populair is, heeft de regering wettelijk bepaald dat mensen maar een beperkte hoeveelheid paddestoelen mogen plukken. De hoeveelheden variëren per streek, maar bedragen meestal niet meer dan 3 kg per persoon per dag. Bovendien zijn er bepalingen om te voorkomen dat heel kleine, onvolgroeide paddestoelen worden geplukt. Op overtreding staan fikse boetes.

Paddestoelen zoeken heeft in Italië al een lange geschiedenis. De Romeinen (wie anders?) waren dol op paddestoelen en bijzonder hoog in aanzien stond de oranje *Amanita Caesarea* (Keizersamaniet, blz. 186), die zo heet omdat hij de favoriet van Caesar was. Paddestoelen groeien overal in Italië, vooral in de hoger gelegen dalen. De beste streken zijn echter Piemonte, Lombardije en de Veneto, en met name in Trentino, Ligurië en Emilia-Romagna, waar Borgotaro een van de beste en beroemdste *porcini*centra is. Veel paddestoelen komen ook uit Toscane, Umbrië, Basilicata en zelfs Calabrië, waar op de hoogvlakten van Sila, die Zwitsers aandoen, heel wat *porcini* en andere paddestoelen groeien, zoals melkzwammen en zelfs witte truffels, die veel mensen alleen met Piemonte, Umbrië en Emilia-Romagna associëren. De Veneto en Trentino-Alto Adige hebben misschien wel het veelzijdigste aanbod. Op de markt van Trente zijn in het seizoen zo'n 60 verschillende soorten paddestoelen te koop.

Om veiligheidsredenen controleert de plaatselijke overheid alle paddestoelen in winkels en op markten eerst op hun eetbaarheid om mogelijk gevaarlijke vergissingen te voorkomen. Desondanks komt het in Italië elk jaar tot ongelukken, vooral bij gezinnen die in zalige onwetendheid hun eigen paddestoelen zoeken. De schuldige zijn meestal de groene knolamaniet (*Amanita phalloides*) of de kleverige knolamaniet (*A. virosa*), die makkelijk voor eetbare verwanten worden aangezien. Helaas bestaat er geen tegengif tegen en de symptomen van de vergiftiging komen vaak te laat om er nog iets aan te kunnen doen.

Paddestoelen en truffels hebben een ereplaats in de Italiaanse keuken en zijn nationaal zelfs een industrie van enig eco-

LINKS: UMBRISCH TRUFFELLANDSCHAP

nomisch belang. Honderden bedrijven produceren industrieel of ambachtelijk gedroogde paddestoelen voor plaatselijke consumptie en ook steeds vaker voor de export. Veel paddestoelen worden tegenwoordig zelfs uit Oost-Europa en Noord-Afrika geïmporteerd om deze industrie van grondstoffen te voorzien.

Mensen denken vaak dat paddestoelen moeilijk te herkennen zijn en dat je makkelijk een giftige paddestoel kunt plukken of eten. Sommige zijn in het wild inderdaad alleen met een deskundig oog te onderscheiden, maar de meeste zijn duidelijk herkenbaar en kunt u zonder gevaar plukken. Het is natuurlijk de moeite waard om afbeeldingen te hebben van de paddestoelen die u zoekt voordat u op pad gaat, zodat u elke vondst snel kunt identificeren, maar even belangrijk zijn de plaats en de omstandigheden. Ik raad u echter dringend aan bij uw eerste paar uitstapjes een paddestoelendeskundige mee te nemen en u voor te bereiden door een paar goede boeken over het onderwerp te lezen. Pluk nooit paddestoelen in het wilde weg. Sommige zijn heel mooi en zien er bijzonder onschuldig en eetbaar uit. Toch zouden ze weleens uw laatste maaltijd kunnen zijn!

Er zijn drie grote groepen paddestoelen: paddestoelen met hoeden en lamellen, paddestoelen met buisjes (buisjeszwammen en boleten) en knolvormige paddestoelen, zoals truffels. Elke groep heeft zijn eigen kenmerken en leefomgeving. Net als bloemen en planten hebben ze allemaal Latijnse namen, zodat ze internationaal herkenbaar zijn. Dezelfde paddestoel kan echter meer dan één Latijnse naam hebben; dat hangt af van hoeveel mensen hun ontdekking opeisen. Hopelijk zijn de verschillende groepen aan de hand van de nu volgende simpele lijst makkelijker te identificeren.

De paddestoelen met hoeden vormen, met letterlijk honderden soorten, de grootste groep. Het belangrijkste kenmerk zijn de lamellen onder de hoed. Daarin ontwikkelt de paddestoel zijn sporen: piepkleine 'zaadjes' die met het blote oog onzichtbaar zijn. Door een paddestoel met de lamellen omlaag op een stuk papier te leggen, kunt u na een paar uur echter wel het patroon zien dat de microscopisch kleine sporen achterlaten. Omdat die sporen qua vorm en kleur uniek zijn, bewijzen ze dus even duidelijk als een vingerafdruk van welke paddestoel ze afkomstig zijn. De meeste paddestoelen behoren tot deze groep; de bekendste daarvan is de weidechampignon.

De tweede groep is niet minder overvloedig aanwezig dan de eerste. Hiertoe behoren de buisjeszwammen en de boleten. Die hebben – anders dan paddestoelen met lamellen – dicht opeengepakte buisjes onder de hoed. Als de paddestoel nog heel jong is, zijn die buisjes onzichtbaar, maar mettertijd komen ze tot stand. In die buisjes zitten de sporen waarmee de paddestoel zich voortplant. Tot de paddestoelen van deze groep horen de beroemde *porcini* (eetbare boleten), die samen met de *cantarello* (cantharel) en de *spugnola* (morielje) tot de best eetbare paddestoelen ter wereld behoren.

De derde groep wordt gevormd door de knol-

GIANNI EN GIOVANNI PRATEN OVER DE TRUFFELS DIE ZE MET BEHULP VAN HUN HONDEN HEBBEN GEVONDEN.

Rechts: zwarte truffels

vormige zwammen. Hun sporen groeien onder het oppervlak en worden niet door wind of regen verspreid, maar door insecten, vliegen en maden. De truffel is het beroemdste lid van deze groep. De allerbeste truffels hebben een fijn, heel apart aroma en zijn erg duur. Truffels lijken op aardappelen en groeien onder de grond. Ze zijn berucht moeilijk te vinden en men gebruikt dus honden – vroeger ook varkens – die ze al snuffelend opsporen. De mensen die met zo'n hond meegaan, moeten het dier goed belonen voor zijn vondsten, anders eet het ze zelf op.

De levensduur van een paddestoel hangt van het weer af en kan zowel heel kort als heel lang zijn. Binnen een paar dagen na hun eerste verschijning zijn ze volgroeid. De beste paddestoelen zijn ongeveer halverwege hun levenscyclus. Laat de allerkleinste liggen, ook al zien ze er mals en verleidelijk uit. Aan de andere kant, als de paddestoel te oud wordt, gaat de smaak achteruit, vallen de eiwitten uiteen en trekken ze bovendien maden aan.

Als u paddestoelen gaat zoeken, neem dan een mes mee om elk door maden aangetast plekje direct weg te snijden. Dat voorkomt dat ze de andere paddestoelen aantasten. U kunt ze het beste meenemen in een mand. Daarin worden ze goed geventileerd en vallen hun sporen onder het lopen op de grond, zodat ze nieuwe paddestoelen kunnen vormen en niet in de keuken verloren gaan. Wees in de natuur uiteraard schoon en netjes en behandel elk verdacht of onbekend exemplaar met respect.

Was de paddestoelen niet, maar veeg ze met een schoon, vochtig doekje af. Omdat in de lamellen van cantharellen en morieljes soms zand vastzit, moeten deze paddestoelen wél grondig gewassen worden onder de koude kraan. De smaak lijdt daaronder, maar u kunt niet van twee walletjes eten. Zorg bij het schoonmaken vooral dat u alle rotte en door maden aangetaste plekken wegsnijdt. Paddestoelen (zelf geplukt of gekocht) moeten altijd direct verwerkt worden. In de koelkast zijn ze maar kort houdbaar.

Voor de verwerking van paddestoelen bestaan een paar gouden regels. Ten eerste: een deskundige moet hebben vastgesteld dat ze eetbaar zijn. Ten tweede: accepteer nooit paddestoelen als geschenk van iemand die u niet kent. Ten derde: vergeet niet dat sommige mensen allergisch zijn voor bepaalde eetbare paddestoelen. Eet dus niet te veel ineens van een nieuwe soort en drink er geen alcohol bij, want die combinatie geeft soms een ernstige reactie. Ten slotte: maak paddestoelen direct na het plukken klaar en eet ze op; bewaar geen restjes, want de eiwitten in de paddestoel gaan snel in kwaliteit achteruit.

Ondanks al die waarschuwingen blijven paddestoelen een prachtig geschenk van de natuur. Ik maak ze het liefst klaar door ze gewoon in plakjes te snijden en met wat knoflook, peterselie en soms fijngehakte chilipeper in boter of olijfolie te bakken.

A-Z VAN PADDESTOELEN

LINKS: AGARICO DELIZIOSO

AGARICO DELIZIOSO

SMAKELIJKE MELKZWAM

Lactarius deliciosus

De smakelijke melkzwam is een van de mooiste plaatjeszwammen; hij behoort tot de groep van de melkzwammen. Bij beschadiging scheidt de paddestoel een melkgele vloeistof af; vandaar de naam. De smakelijke melkzwam wordt 4-6 cm hoog en heeft een tamelijk dikke, vlezige, oranje-tot-groene hoed, die uit concentrische cirkels bestaat en een holte in het midden vertoont. De randen van de hoed zijn naar binnen gevouwen. De lamellen aan de onderkant zitten heel dicht op elkaar en hebben dezelfde saffraanachtige kleur als de rechte, holle steel. In Calabrië heet de paddestoel *sanguinello* of *fungosanguigno*, vanwege de roodachtige tint van de melk. Het verrukkelijke vruchtvlees smaakt een beetje naar noten en hars. Zorg bij het plukken of bij aankoop dat ze vrij van maden zijn; dat kunt u zien door ze doormidden te snijden. Melkzwammen zijn alleen volledig gaar verteerbaar. Ze zijn niet geschikt voor invriezen, maar wel voor drogen. De beste bereidingswijze is bakken in olijfolie met wat knoflook, peterselie en chilipeper.

De smakelijke melkzwam wordt vaak verward met zijn giftige familielid de baardige melkzwam (*Lactarius torminosus*), die er een beetje op lijkt, maar witte lamellen, een witte steel en wit vlees heeft en witte melk afscheidt. Rond de overgang van zomer naar herfst groeit deze melkzwam in heel Italië; alleen, of in kleine groepjes bij pijnbomen en gras. In Nederland groeit hij in de buurt van berken.

AGARICO NUDO

PAARSE SCHIJNRIDDERZWAM

Lepista nuda

Deze soort is een tamelijk veel voorkomend en mooi lid van de plaatjeszwammen. U vindt schijnridderzwammen in de herfst en aan het begin van de winter in loofbossen en aangrenzende velden. Meestal groeien ze alleen, soms in kleine groepjes.

De heel jonge paddestoel is meestal violet, maar wordt mettertijd bruin. De ronde, platte hoed kan een doorsnee van 12 cm hebben en heeft naar binnen gevouwen, onregelmatige randen. Het vlees is stevig, smaakt naar noten en heeft een fijne geur. De paddestoelen zijn rauw een ietsje giftig, maar gaar perfect eetbaar. Stoof ze b.v. in boter tot hun vocht is verdampt, doe er bieslook, zout en peper bij en eet ze bij vlees of vis.
De paarse schijnridderzwam leent zich niet voor drogen, maar wel voor pekelen en invriezen.

LINKS: OVOLI

AMANITA

AMANIET

Dit beroemdste paddestoelengeslacht omvat een hele reeks soorten: van de verrukkelijkste (de keizersamaniet of *Amanita Caesarea*, zie verderop), tot de meest giftige – waaronder de groene knolamaniet (*Amanita phalloides*), de kleverige knolamaniet (*A. virosa*), de panteramaniet (*A. pantherina*) en de vroege knolamaniet (*A. verna*). Dat zijn allemaal dodelijke paddestoelen waartegen geen tegengif bestaat. Tot het geslacht hoort ook de prachtige vliegenzwam (*A. muscaria*) met zijn rode hoed met witte stippen. Deze paddestoel wordt vaak als hallucinogeen beschouwd, maar kan waarschijnlijk ook de dood veroorzaken.

AMANITA CAESAREA, OVOLO, COCCO, FUNGO IMPERIALE

KEIZERSAMANIET

Amanita Caesarea

Keizersamanieten zijn genoemd naar de Romeinse veldheer Caesar, die er dol op was. In Italië zijn ze razend populair, omdat ze nog fijner smaken en mooiere kleuren hebben dan de bijzonder geliefde *porcino* (boleet). Ze groeien onder eiken- en kastanjebomen in heel warme, droge streken (vooral in het zuiden), maar zijn vooral in Noord-Italië geliefd, waar ze in gespecialiseerde winkels te koop zijn.

Een keizersamaniet kan tot 8½ cm hoog worden en heeft een oranje hoed van maximaal 20 cm doorsnee. De lamellen en het vlees zijn wat lichter oranjegeel. Als de keizersamaniet volgroeid raakt, verschijnt een gele ring of rok rond de steel en gaat hij op een ei lijken waaruit de gele 'dooier' van de paddestoel breekt; vandaar de Italiaanse naam *ovolo* of *cocco* ('ei'). Zorg bij het plukken dat u de goede paddestoel hebt, want kleine, onvolgroeide exemplaren lijken veel op de hoogst giftige paddestoelen van hetzelfde geslacht (zie Amanita).

De Italianen eten deze paddestoel graag rauw, b.v. in dunne plakjes in salades met geschaafde truffel en een sausje van de beste olijfolie en een paar druppels citroensap.

ARRICCIATA

GROTE SPONSZWAM

Sparassis crispa

De grote sponszwam lijkt helemaal niet op een paddestoel. Hij groeit in de herfst aan de voet van oude dennenbomen, krijgt een doorsnee van meer dan 50 cm en weegt verscheidene kilo's. De paddestoel groeit uit één dikke, korte steel die aan de voet van de boom verborgen is, en ontwikkelt een heleboel dicht opeengepakte 'takken' met bijna witte lobben aan het uiteinde, waardoor hij lijkt op een stel hersenen of een enorme bloemkool. De *arricciata* is in Italië moeilijk verkrijgbaar, behalve op lokale markten zoals die in Trente, waar in de herfst op één dag wel 60 verschillende soorten te krijgen zijn. In het midden en oosten van Nederland is de grote sponszwam niet zeldzaam; jammer genoeg wordt hij vaak geplukt door liefhebbers die de smaak ervan weten te waarderen.

Maak een *arricciata* heel voorzichtig schoon. Een heel groot exemplaar kunt u het beste in stukjes snijden en die controleren op insecten, dennennaalden en steentjes. Als ze van zandgrond komen, moet u ze ook wassen. Blancheer ze voor het klaarmaken even in kokend water met zout. Bak ze dan in boter, al dan niet samen met andere paddestoelen, of haal ze door losgeklopt ei en frituur ze. U kunt een *arricciata* ook in stukjes snijden, afgewisseld met stukjes kip aan pennen steken en boven houtskool roosteren.

Boleto Baio
Kastanjeboleet
Boletus badius

Veel Italianen betwijfelen ten onrechte de eetbaarheid van dit lid van het boletengeslacht (onder de hoed zitten gele buisjes in plaats van lamellen), omdat het vlees na het aansnijden bij contact met de lucht grijsblauw wordt. Voor de rest ziet de paddestoel er heel normaal uit. Hij wordt soms met andere boleten verward, waarvan sommige eetbaar en andere giftig zijn. Ook worden kastanjeboleten soms voor *porcini* versleten; anders dan *porcini* groeit de kastanjeboleet echter in de zomer en herfst in Noord- en Midden-Italië onder beuken en dennen, op plekken waar gras of mos groeit. Het droge oppervlak lijkt bruin fluweel of leer. Als het regent, wordt dit glibberig en kleverig. Omdat de *boleto baio* altijd in grote groepen groeit, hebt u er dus altijd genoeg om mee naar huis te nemen.

De hoed wordt tot 15 cm doorsnee en is bij jonge exemplaren stevig en vlezig, maar sponsachtig bij een volgroeide paddestoel. Nog niet ontwikkelde buisjes zijn stevig en crèmekleurig, maar worden mettertijd diepgroen. De tamelijk stevige, eetbare steel is lichtbruin gestreept en kan 12 cm hoog worden.

Gooi bij het schoonmaken alle delen weg die door maden zijn aangetast. Eet slechts volmaakte exemplaren. U kunt ze goed drogen, maar alleen in plakken. Hoewel ze niet zo intens als *porcini* smaken, zijn het uitstekende smaakgevers in soep, sauzen e.d. Jonge boleten kunt u goed diepvriezen en inleggen. U kunt ze ook pureren, in boter of olie bakken, of door losgeklopt ei en paneermeel halen en dan bakken. Vraag bij de aankoop van deze soort altijd naar de herkomst; meer dan andere paddestoelen absorberen ze vervuiling en straling, vooral van het radioactieve strontium.

Boleto Elegante, Laricino
Gele ringboleet
Suillus grevillei

Elegantes lijken veel op andere boleten; hun uiterlijk is echter beter dan hun smaak. Ze behoren niet tot de populairste paddestoelen, maar hebben zo hun eigen verdiensten. Op de eerste plaats hun overvloed; in Italië vindt u ze in zomer en herfst onder lariks- en dennenbomen op plekken zonder braam- en andere dichte struiken. (Omdat in ons land de lariks van nature niet veel voorkomt, is de gele ringboleet in Nederland tamelijk zeldzaam - red.) Ongeacht het weer zijn ze altijd een beetje vochtig, maar volgroeide exemplaren raken bij regen doorweekt. Pluk die dus niet.

De geeloranje hoed wordt tot 15 cm in doorsnee en de steel 12-15 cm hoog. De ring rond de steel is een restant van het velum en onder de hoed zitten lichtgele poriën. Verwar de *elegante* niet met sommige soorten van de hoogst giftige *Cortinarius*, en als u ze zelf gaat plukken, neem dan een beroepsmycoloog mee. De *elegante* groeit in de Alpen en Apennijnen, waar weilanden aan lariks- en dennenbossen grenzen. Ook op de Sila-vlakte van Calabrië komt hij veel voor.

Ik dacht altijd dat paddestoelen een korte bereidingstijd hadden, maar een recept van boswachter Rosetta bewees mijn ongelijk. Ze verwijderde de slijmerige huid, hakte ze fijn en bakte ze een half uur in de allerbeste olijfolie met knoflook, chilipeper en peterselie, totdat al het vocht verdampt was. Ze waren heerlijk. Voeg overigens altijd pas aan het einde van de baktijd zout toe, zodat de paddestoelen niet te veel zweten.

Boleto Giallo, Pinaiolo
Bruine ringboleet
Suillus luteus

Zelfs bij droog weer is het oppervlak van deze paddestoel altijd nat en slijmerig. Hij groeit vooral in de lente en herfst in dennenbossen vrij in het rond en vaak in grote groepen. De vochtige huid is bruinpaars en moet bij het schoonmaken verwijderd worden. De hoed is ca. 12 cm in doorsnee en heeft gele poriën aan de onderkant. De buisvormige steel is 8-10 cm hoog en witachtig van kleur. Ook deze paddestoel heeft een ring om zijn steel als overblijfsel van het velum. Verwerk hem zoals de *boleto elegante*, maar hij is ook gebakken en in soep lekker.

Rechts: wintercantarellen

Bule, Brisa, zie Porcino

Cantarello
Cantharel
Cantharellus cibarius

Deze paddestoel heet in Italië ook *galletto*, *gallinaccio*, *gialletto*, *finferlo*, *margherita* en *garitula* (*girolle* in het Frans). Het feit dat bijna elke Italiaanse streek er een andere naam voor heeft, bewijst hoe populair cantharellen zijn. En niet alleen in Italië. Net als *porcini* zijn cantharellen in de zomer en herfst bij de meeste goede groentewinkels te koop, maar ze zijn duur. De cantharel is geliefd vanwege zijn subtiele smaak en zijn mooie, licht- of donkergele kleur, zijn omvang, zijn aantrekkelijke vorm en zijn stevige vlees. Het is net een trechter met een onregelmatig gevormde hoed. De nogal losse lamellen lopen door tot de korte steel, die maar een paar centimeter hoog is. Hij komt vrij veel voor en groeit in grote groepen op mosgrond in vochtige bossen.

Het geurige, geelwitte vlees van de cantharel is verrukkelijk. Bak de paddestoelen gewoon in wat boter met een paar fijngehakte sjalotjes en kervel of peterselie. Sommigen doen er ook room bij, maar volgens mij wordt de fijne smaak dan verdrongen. Ze zijn lekker in roerei of omelet, maar ook bij gestoomde vis en vleesgerechten. U kunt cantharellen op veel manieren conserveren. Ingelegd dienen ze als *antipasto*, en ze kunnen ook worden ingevroren en gedroogd, hoewel ze dan meer hun vorm en kleur behouden dan hun smaak. Ik heb een manier ontdekt om ze zoet te conserveren, zodat ze als garnering voor exotische desserts kunnen dienen (zie het recept voor Finferli al Liquore op blz. 201).

Cardoncello, Cardarello, Fungo di Ferola

Soort oesterzwam

Pleurotus fuscus

Deze bijzonder populaire paddestoel groeit alleen in Zuid-Italië in het wild, vooral in Basilicata en Puglia. Hij komt tot op hoogtes van rond de 2000 meter voor en staat het liefst tussen de afgevallen naalden van de parasolden. Deze onregelmatig gevormde paddestoel uit het geslacht Pleurotus groeit in groten getale op dikke boomstronken of op hout dat ondergronds ligt te rotten. Onder de vlezige hoed, die in kleur varieert van lichtbruin tot grijs, zitten losse, bijna witte lamellen die naar de top van de steel lopen.

Net als andere soorten oesterzwammen (zie Pleuroto) wordt hij commercieel gekweekt in zakken met sporen geïnjecteerd houtschaafsel, die in ruimtes met een zorgvuldig beheerste temperatuur en luchtvochtigheid worden gelegd. Het gekweekte product verschilt weinig van het wilde, want de belangrijkste kenmerken zijn eerder het dikke, stevige vlees en de knapperige textuur dan de geur of smaak.

Juist door die textuur zijn *cardoncelli* ideaal voor conservering. In Puglia worden ze in witte wijn gekookt, *alla brace* (op houtskool) geroosterd en dan in potten gedaan met extra vergine olijfolie uit Puglia en knoflook, peterselie en chilipeper. Maar ze worden in Puglia ook graag met vers broodkruim, peterselie, zout en peper bestrooid, met veel extra vergine olijfolie bedropen en een halfuur in een tamelijk hete oven gezet.

Ceppatello, zie Porcino

Chiodino, Famigliola Buona

Honingzwam

Armillaria mellea

In de herfst is deze paddestoel voor een bescheiden prijs op elke Italiaanse markt te koop. Houtvesters en fruittelers zijn als de dood voor deze parasiet, die zich niet alleen voedt met rottend hout, maar ook met het sap van levende bomen en dus hun voortbestaan bedreigt.

De Italiaanse namen *chiodino* en *famigliola* slaan op hun vorm. *Chiodo* betekent 'spijker' en een *famigliola* is een klein gezin, wat verwijst naar hun groei in dichte bosjes. De Latijnse naam *mellea* betekent 'honing', maar dat slaat eerder op hun kleur dan op hun smaak.

De kleine hoedjes van de paddestoel groeien dicht bijeen op een heel lange steel en zijn in het begin rond en honingkleurig. Honingzwammen maken dikke schimmeldraden die als zwarte schoenveters onder loszittend boomschors te zien zijn. De zwamvlok van de honingzwam geeft tijdens warme zomernachten een zachtgroen, betoverend schijnsel. De lamellen zijn aanvankelijk wit, maar worden crèmebruin als de hoed opengaat. U kunt ze het beste plukken als ze nog dicht zijn, anders breken ze makkelijk.

Als u ze vindt, vindt u ze in overvloed. Een vriend en ik hebben ooit in een paar uur tijd, van de 3-4 m² grote stronk van een enorme beuk, 150 kg paddestoelen gehaald! Die massa paddestoelen liet wél een erg onprettige geur in mijn auto achter. Zorg vooral dat u niet het sterk gelijkende, maar hoogst giftige zwavelkopje (*Psilocybe fascicularis*) plukt. Deze groeit in dezelfde omgeving als de honingzwam en vaak zelfs vlak ernaast, maar is te onderscheiden door zijn zwavelgele kleur en de lamellen, die van groen tot donkerbruin gekleurd zijn.

De honingzwam is alleen gaar eetbaar; rauw is ook deze paddestoel giftig. Desondanks zijn *chiodini* uitstekende en veelzijdige paddestoelen, die u heel goed in azijn of extra vergine olijfolie, met wat specerijen voor de smaak, kunt inmaken. Mits grondig schoongemaakt, kunt u ze ook invriezen, maar haal dan wel tweederde van de steel weg.

Links: chiodini

Kook de honingzwam voor verdere verwerking eerst een paar minuten in water met wat zout. Gooi het kookwater weg, want dit kan giftige stoffen bevatten. Voeg de paddestoelen dan toe aan tomatensauzen voor polenta, aan fijne risotto's en als smaakgever aan pasta. Ik bak de honingzwammen na het blancheren graag in extra vergine olijfolie met knoflook en chilipe-

LINGUA DI BUE

per en geef ze dan met citroensap, zout, peper en peterselie als koude salade.

COLOMBINA MAGGIORE

REGENBOOGRUSSULA

Russula cyanoxantha

Er zijn letterlijk honderden soorten in een oneindige verscheidenheid aan kleuren van dit bijzonder mooie geslacht Russula. Het wordt makkelijk met andere, zowel giftige als eetbare geslachten verward. Zelfs deskundigen hebben het er soms moeilijk mee. Ik raad u dus aan om deze paddestoelen alleen met een echte kenner samen te gaan zoeken.

Russula's zijn brosse paddestoelen met een hoed die rood, geel, groen of zelfs lichtblauw en purper kan zijn. Ze verschijnen meestal in augustus en september in loofbossen. Op velden zijn ze meestal wit en hebben ze een rechte, holle steel die wit, geel of roze kan zijn. Als u ze in een Italiaanse winkel tegenkomt, vraag dan of ze door de overheid op eetbaarheid gecontroleerd zijn. Maak ze klaar zoals *agarico delizioso*.

COPRINO CHIOMATO

GESCHUBDE INKTZWAM

Coprinus comatus

Dit merkwaardige, maar vrij veel voorkomende lid van de plaatjeszwammen groeit van de lente tot de herfst in grote groepen op vruchtbare grond en langs landwegen. In Nederland kun je ze zelfs in steden tussen stoeptegels aantreffen. De inktzwam heeft een holle steel en een rafelige, ovale hoed die met een stel bruine stippels is bedekt. Hij is heerlijk, maar u kunt hem alleen eten als hij nog dicht is. Bij het opengaan worden de lamellen zwart en is de paddestoel oneetbaar. U kunt dit verhinderen door de stelen na het plukken weg te gooien; die zijn toch al niet erg lekker.

Geschubde inktzwammen zijn op de markt moeilijk te vinden, maar in heel Italië groeien ze in weilanden en op heuvels. In boter gestoofd zijn ze heerlijk met roerei en peterselie, maar drink er geen alcohol bij, want daar kunt u behoorlijk ziek van worden.

ELATA, ZIE SPUGNOLA

FAMIGLIOLA BUONA, ZIE CHIODINO

FUNGO DI FEROLA, ZIE CARDONCELLO

FUNGO IMPERIALE, ZIE AMANITA CAESAREA

FUNGO OSTRICA, ZIE PLEUROTO

GELONE, ZIE PLEUROTO

GIALLA, ZIE SPUGNOLA

LARICINO, ZIE BOLETO ELEGANTE

LEPIOTA BRUNA, ZIE MAZZA DI TAMBURO

LINGUA DI BUE

BIEFSTUKZWAM

Fistulina hepatica

In elk land heet deze paddestoel naar de indruk die men daar van hem heeft: de Latijnse naam verwijst naar de lever, de Italiaanse naam betekent 'ossentong' en de Nederlandse naam is duidelijk. Hoe dan ook, de paddestoel staat in brede kring bekend als 'armeluisvlees'.

De *lingua di bue* behoort tot de gaatjeszwammen, wat betekent dat de onderkant van de hoed uit talrijke poriën bestaat. Deze paddestoel groeit als een soort kastplank op oude eiken, en soms op oude kastanjebomen. Hij onttrekt voedsel aan de boom, maar geeft er in het geval van de eik een harsachtige vloeistof voor terug, waarmee het hout een roodachtige tint krijgt en daardoor bij de meubelindustrie bijzonder in trek is.

De biefstukzwam groeit rond de overgang van zomer naar herfst en wordt 25-30 cm in doorsnee. Het vlees is dicht, vochtig en heel zwaar; sommige paddestoelen wegen wel 2 kg. Het oppervlak van de hoed is kleverig en donkerrood en de onderkant roze. Bij het aansnijden scheidt hij een bloedachtige vloeistof af die elke saus direct rood kleurt.

Jonge exemplaren zijn het lekkerst. Maak ze goed schoon (ze hebben maar zelden last van maden) en snijd ze in dunne plakken. Bestrijk een pan met een halve teen knoflook en verhit wat boter en olie op een middelhoog vuur. Voeg de plakken paddestoel toe en bak ze 5 minuten. Doe er dan een paar eetlepels slagroom en wat zout en fijngehakte verse dille bij.

LOFFA, ZIE VESCIA MAGGIORE

MAZZA DI TAMBURO, LEPIOTA BRUNA

GROTE PARASOLZWAM

Macrolepiota procera

De Italiaanse naam van deze paddestoel betekent 'trommelstok', want een jong exemplaar is net een balletje aan een lange stok. Eenmaal volgroeid kan de hoed 20 cm in doorsnee en zijn dunne steel 30 cm hoog worden. Vandaar de Nederlandse naam.

De *mazza di tamburo* behoort tot het geslacht

RECHTS: MAZZE DI TAMBURO

Lepiota en heeft dus heel dikke, roomwitte lamellen die mettertijd roze worden. De hoed kan rond of ovaal zijn en ligt op een dunne, bruinige steel. Als de paddestoel groeit en de hoed opengaat, begint de bovenkant van het wollige oppervlak te schilferen, zodat witte vlekken ontstaan. De paddestoel komt aan het einde van de zomer en in de herfst veel voor, hetzij alleen, hetzij in heel kleine groepjes onder dennen, in velden in de buurt van een bos of soms op grote gazons. Een veel kleinere paddestoel die erop lijkt, is giftig – zorg dus dat u de goede plukt.

De grote parasolzwam moet met zorg op maden gecontroleerd worden, voordat u hem in plakken snijdt en bakt, of op een van de vele andere manieren klaarmaakt. Een van de beste manieren komt uit de Veneto, waar deze paddestoel bijzonder populair is. Klop een ei los met wat fijngehakte peterselie en haal de open hoeden van de stelen. Haal ze door het ei, bak ze aan beide kanten in een royale hoeveelheid olie en dien ze met wat zout en een paar druppels citroensap op. Er bestaat een ongewone manier om de vezelrijke stelen te verwerken: droog ze en maal ze tot een geurig poeder.

ORECCHIETTA / JUDASOOR

Hirneola auricula-judae

Deze paddestoel ontleent zijn Nederlandse naam aan het feit dat hij op oudere vlierbomen groeit, en dat is de boom waaraan Judas Iskariot zich (volgens de Europese legende) verhing. De Italiaanse naam slaat op het feit dat hij de vorm heeft van een menselijk oor. De paddestoelen hebben een bruin, fluwelig oppervlak en een glanzende binnenkant. Ze groeien het hele jaar door in steeds nieuwe rijen boven elkaar, bij vochtig en zacht weer zelfs 's winters. Ze hebben geen poriën of lamellen, maar vormen hun sporen aan de binnenzijde van het 'oor'. In China is deze paddestoel erg gezocht en vanwege zijn gelatineuze consistentie een belangrijk ingrediënt in allerlei roergebakken gerechten. In Italië is hij veel minder populair, maar hij wordt wel *in trifolato* gebakken, d.w.z. in boter met knoflook, chilipeper en peterselie. Bak judasoren echter altijd op laag vuur: anders kan zich binnen de paddestoel een bel hete damp vormen, die ontploft en u met heet vet bespat.

Gecombineerd met de honingzwam heb ik in mijn restaurant veel succes met deze paddestoel. Ik maak er met boter, bouillon en cognac een saus voor gestoomde tarbot van. Als u er veel tegelijk plukt, kunt u ze drogen voor later gebruik. Week ze dan in water tot ze weer hun oorspronkelijke omvang hebben. Ze zijn onder de naam Kuping Tikus, wat 'muizenoortjes' betekent, bij Indonesische en Chinese toko's in gedroogde vorm te koop.

LINKS: ORECCHIETTE

OVOLO, ZIE AMANITA CAESAREA

PINAIOLO, ZIE BOLETO GIALLO

PIOPPARELLO, PIOPPINO

POPULIERLEEMHOED

Agrocybe cylindracea

Deze paddestoel is even wijd verbreid als de honingzwam en in heel Italië geliefd, vooral in het zuiden. Tussen het begin van de lente en het einde van de herfst verschijnt hij op alle soorten boomstronken, maar vooral op populieren en wilgen. De platte hoed verandert van bruin in beige, maar heeft in het midden wat meer kleur. Hij ligt op een lange, dunne steel met een witte ring eromheen. De beige lamellen liggen dicht opeen en worden mettertijd donkerder. *Piopparelli* groeien in bundels die *famigliole* (gezinnetjes) heten en zijn dus makkelijk te plukken. U kunt ze ter plaatse schoonmaken door driekwart van de vezelige steel weg te snijden. Ze worden sinds kort ook gekweekt en zijn dus het hele jaar te koop. Met hun donkerbruine, nog dichte hoedjes zien ze er op de markt heel aantrekkelijk uit, maar ze hebben minder smaak dan wilde.

In Italië wordt de *piopparello* al minstens sinds de Romeinen gegeten. De beste bereidingswijze is onveranderd gebleven. In het zuiden wordt er met tomaten een pastasaus van gemaakt, maar ze worden ook *in trifolato* gebakken, d.w.z. met olie, knoflook, chilipeper en peterselie. U kunt ze ook net zo klaarmaken als de honingzwam.

PLEUROTO

PLEUROTO, GELONE, FUNGO OSTRICA

OESTERZWAM

Pleurotus ostreatus

De oesterzwam wordt tegenwoordig industrieel gekweekt en is het hele jaar in hygiënisch plastic verpakt op de schappen van de supermarkt te vinden – ver van zijn natuurlijke omgeving van rottende boomstronken, die er een heerlijk aroma en een veel sterkere smaak aan geven.

Net als de *cardoncello* behoort hij tot het grote geslacht *Pleurotus*. Het meest voorkomende lid daarvan is de *ostreatus*, die op een oester lijkt. Oesterzwammen hechten zich in talrijke, platte rijen boven elkaar aan beuken, populieren, wilgen en berken, die daaraan kunnen bezwijken. Als het weer warm en vochtig genoeg is, groeien ze het hele jaar door, zelfs 's winters. Ze zijn plat en hebben aan de zijkant een korte steel, waarmee ze zich aan de boom hechten. Die steel is even lekker als de hoed. De kleur varieert van donker-, bijna blauwgrijs tot grijswit.

Een bepaalde soort, die *cornucopioide* heet, is trechtervormig en roomwit. De lamellen onder de vlakke hoed zijn grijzig en neigen tot geel of crèmekleurig.

Pleuroti zijn uitstekende paddestoelen. Haal ze b.v. door ei en paneermeel en frituur ze; of bestrijk ze met olijfolie en rooster ze op houtskool; of bak ze met olijfolie, knoflook, peterselie en citroensap en geef ze in een salade. U kunt oesterzwammen ook op tal van manieren conserveren: van inleggen tot diepvriezen.

POLIPORO SOLFOROSO, POLLO DEL BOSCO

ZWAVELZWAM

Laetiporus sulphureus

Deze schitterende paddestoel groeit uit de bast van eiken en wilgen en wordt verbazingwekkend groot en zwaar. Hij is schitterend zwavelgeel aan de onderkant, en geeloranje bovenop. De paddestoel is heel vlezig en groeit in rijen van drie. De bovenste kan tot 40 cm in doorsnee worden; de hele groep samen kan diverse kilo's wegen.

De paddestoel behoort tot de gaatjeszwammen, wat betekent dat de onderkant van de hoed myriaden poriën vertoont. In die poriën zitten de sporen, die een witte vlek op de bast van de boom geven als de zwavelzwam volgroeid raakt en houtig wordt.

Sommigen denken dat *polipori* oneetbaar zijn, maar in mijn restaurant dien ik ze geregeld, gebakken met andere paddestoelen, op. Ze zijn alleen kersvers, liefst nog druipend van het bleke vocht, eetbaar. Ze smaken weliswaar iets zurig, maar het kipachtige, malse vlees is zeer smakelijk. Tot dezelfde groep behoort ook de eikhaas (*Grifola frondosa*), die u alleen heel jong en mals kunt eten.

PORCINELLO GRIGIO, PORCINELLO ROSSO

BERKENBOLETEN *Leccinum scabrum, L. versipelle*

De *porcinello rosso* (oranje berkenboleet – *Leccinum versipelle*) duikt tussen juli en het begin van de herfst op en leeft in symbiose met berken; vandaar de naam. Er zijn een paar op elkaar lijkende soorten die allemaal eetbaar zijn, maar een iets andere kleur hebben. Alle leden van het geslacht zijn dik en vezelrijk. Ze hebben een witte steel met bruinzwarte tinten. De hoed is oranjerood; alleen de *porcinello grigio* (gewone berkenboleet of *Leccinum scabrum*) neigt naar een donkerder grijsbruin. Die *grigio* is overigens minder stevig en smakelijk dan de *rosso*.

Porcinelli rossi hebben, vooral als ze rond de boomwortels recht uit de grond groeien, de vorm van een fallus. Hun steel is 5 cm dik en 20 cm hoog en heeft een witgeschubd oppervlak, dat door een ronde, compacte, lichtrode hoed omringd wordt. Die hoed groeit later uit tot een grote, stevige bol die tot 20 cm in doorsnee kan worden. De compacte, donkergrijze poriën vervalen mettertijd.

RECHTS: PORCINI

De berkenboleet is geliefd om zijn heel compacte en stevige vlees, dat bij aansnijden blauwroze, en bij het koken zwart wordt. Deze eetbare paddestoelen hebben een heerlijk knapperige textuur. Ze worden in Noord-Italië, waar ze overvloedig in de bossen op de eerste Alpenhellingen groeien, veel gegeten. Ze zijn net zo'n lekkernij als *porcini* (maar rauw niet eetbaar).

PORCINO, CEPPATELLO, BULE, BRISA / EEKHOORNTJESBROOD

Boletus edulis

'Paddestoel' is in Italië praktisch identiek aan *porcino*; de koning van alle eetbare paddestoelen. Dat komt zowel door zijn uiterlijk, als door zijn culinaire nut. Het geslacht *Boletus* omvat talrijke soorten, die op een paar na allemaal heerlijk zijn. De belangrijkste soorten die u mijden moet, zijn de oneetbare bittere boleet (*Tylopilus felleus*) en de satansboleet (*Boletus satanas*). De aanbevolen soorten zijn:

B. reticulatus ofwel vroeg eekhoorntjesbrood: groeit van begin mei tot juni en daarna weer van augustus tot september. Te herkennen aan het netpatroon op de steel.

B. pinophilus ofwel dennen-eekhoorntjesbrood: volgens mij de beste van alle *porcini* vanwege zijn chocoladebruine kleur, uiterst vlezige hoed en massieve steel. De paddestoel groeit van het einde van de zomer tot het einde van de herfst in naaldbossen rond dennen.

B. aureus ofwel bronskleurig eekhoorntjesbrood wordt vaak verward met de uitstekende *pinophilus* en is even heerlijk. Hij groeit vooral in het zuiden. De beste komen uit Calabrië, Sardinië en Campanië, waar het warm is en veel eiken groeien. Het diepere roodbruin van de hoed onderscheidt deze soort van andere boletensoorten.

Deze drie soorten hebben gemeen dat de sporen aanvankelijk roomwit zijn en naarmate de paddestoel volgroeid raakt, eerst licht- en dan donkergeel worden. De hoed kan een doorsnee van 30 cm bereiken. Zelfs kleine exemplaren hebben een dikke steel – vandaar de Italiaanse naam *porcino*, wat 'varkentje' betekent.

Vanwege de enorme vraag naar deze paddestoel is een hele industrie van grote ondernemingen en piepkleine bedrijfjes ontstaan – allemaal dicht bij de groeigebieden, zodat het transport zo kort mogelijk is. De beste vindplaatsen zijn de heuvels

Gedroogde paddestoelen

Hoewel de meeste paddestoelen en truffels vers gegeten worden – bereid op een van de honderden traditionele of lokale manieren – zijn ze buiten het seizoen in geconserveerde vorm verkrijgbaar. Gedroogde paddestoelen worden meestal gebruikt voor sauzen, maar ook om de smaak van geteelde paddestoelen een opkikker te geven. In olie geconserveerde paddestoelen worden traditioneel als *antipasto* gegeten. De meest recente conserveringsmethode is het invriezen. Een groot deel van de smaak blijft hierbij bewaard, hoewel de textuur in het proces verloren gaat. Ingevroren paddestoelen kunt u echter heel goed in sauzen, soepen en stoofschotels verwerken.

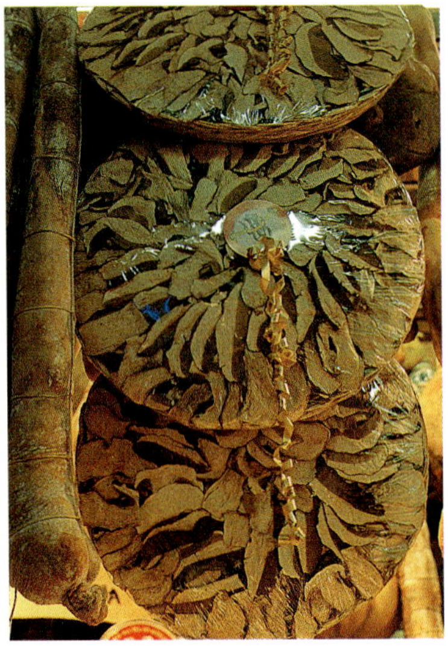

LINKS: GEDROOGDE PADDESTOELEN

van Emilia-Romagna, maar ook in heel Piemonte, Lombardije, de Veneto, Trentino, Toscane, Umbrië, Lazio, Campanië, de Marche, de Abruzzen, Calabrië, de hoogvlakte van Sila, Basilicata, Puglia en Sicilië zijn ze makkelijk te vinden. Dat geldt ook, zij het minder overvloedig, voor (de vlakke gedeelten van) Emilia-Romagna en Sardinië. In al die streken zijn industrieën ontstaan waar de paddestoelen geconserveerd worden, hetzij door ze in olie in te leggen, hetzij door ze te drogen.

Omdat de vraag zo groot is, worden *porcini* ook geïmporteerd uit landen als Polen, Rusland, Turkije, Roemenië en voormalig Joegoslavië – zelfs uit Marokko en Tunesië. Deze buitenlandse paddestoelen zijn echter lang niet zo geurig en smakelijk als de binnenlandse. Italiaanse gezinnen maken dus graag hun eigen paddestoelen in, zodat de kwaliteit gewaarborgd is.

De *porcino* heeft in de keuken een ereplaats. In het seizoen bieden gespecialiseerde restaurants ze op veel verschillende manieren aan. De grote, maar nog steeds jonge hoeden worden altijd op houtskool geroosterd of in plakken gesneden, door losgeklopt ei en paneermeel gehaald en dan gefrituurd. Dit is waarschijnlijk de enige paddestoel die ook na het klaarmaken nog steeds crèmewit is, en zijn smaak en textuur zijn ongeëvenaard. *Porcini trifolati* (zie het recept voor Orecchiette Trifolate op blz. 198) is een fantastisch gerecht, maar *porcini* zijn ook heerlijk in soep of stoofgerechten, in pastasauzen, als bijgerecht bij polenta, in risotto's en als bijgerecht bij vlees of soms vis.

Van de kleinste en stevigste *porcini* kunt u een heerlijke salade maken. Maak ze eerst schoon, snijd ze in dunne plakjes, schik ze op een schaal, besprenkel ze met extra vergine olijfolie en citroensap, bestrooi ze met zout en peper en geef er *grissini* bij. Als u ze in de diepvries wilt bewaren, kunt u ze het beste in plakken van ca. 5 mm dik snijden en 10 minuten met een beetje fijngehakte ui en veel boter bakken. Doe het gerecht in kleine bakjes, laat het afkoelen en vries het in. Eenmaal ingevroren beschermt de boter de paddestoelen tegen het ijs.

Prataiolo

WEIDE-CHAMPIGNON

Agaricus campester

De in het wild voorkomende *prataiolo* (weidechampignon), die de Fransen *rose de pré* (veldroos) noemen, is heel fijn en verrukkelijk. Hij verschijnt van augustus tot november dicht bij de grond tussen het korte gras van weilanden, vooral als daar paarden staan.

De *prataiolo* is lid van het *Agaricus*-geslacht, dat veel andere eetbare soorten bevat die onder sterk vergelijkbare omstandigheden voorkomen. Een paar van de beste zijn de slanke anijschampignon (*A. silvicola*), die tussen dennen groeit, en de zilverwitte grootsporige champignon (*A. macrosporus*). Deze laatste staat graag op hooggelegen weidegrond, heeft een ring of rok rond zijn steel en vertoont roze lamellen die mettertijd donkerder worden. De meest bekende soort is de gekweekte champignon (*A. bisporus*, ook wel kastanje- of mergelchampignon genoemd). Deze wordt industrieel gekweekt in donkere ruimtes met een zorgvuldig beheerste temperatuur en luchtvochtigheid. De sporen worden met steriel stro en mest gemengd en over grote bakken verdeeld. Na 2-3 dagen beginnen ze op te komen en als ze de gewenste grootte hebben, worden ze met de hand geoogst. Dat gaat het hele jaar door, ongeacht het seizoen. De gekweekte champignons hebben weinig smaak, maar zijn niettemin in de keuken op veel manieren nuttig. De grootste van de groep is *A. arvensis* (anijschampignon) – een echte reus met een hoed tot 30 cm in doorsnee, dezelfde ring rond de steel als de grootsporige champignon, en ook dezelfde roze lamellen, die bij deze soort mettertijd bijna zwart worden.

PRATAIOLI

Als u zelf champignons gaat zoeken, mijd dan de sterk gelijkende karbolchampignon *A. xanthoderma*, die dezelfde witte kleur, dezelfde ring en dezelfde roze lamellen heeft, maar bij aanraking diep citroengeel verkleurt. U herkent hem ook aan de gele vlek bij de voet van de steel. Dat soort details ziet u als u de paddestoelen niet afsnijdt, maar ze voorzichtig losdraait zonder het myce lium (de 'wortel') omhoog te trekken.

Weidechampignons zijn in de keuken op veel manieren bruikbaar: van rauw in salades tot gebakken in boter, in een omelet of *al funghetto* (gebakken met knoflook en peterselie). Schil ze alleen nooit, want dan verdwijnt alle smaak. Veeg ze met een vochtig doekje schoon en snijd de voet vol aarde of zand weg.

RECHTS: SPUGNOLI

PRUGNOLO

VOORJAARSPRONKRIDDERZWAM *Calocybe gambosa*

Dit is een van de eerste paddestoelen die uit de grond komt; hij verschijnt meestal rond 23 april. Deze zwam groeit op oude weilanden die in geen jaren verzorgd zijn en staat, net als de *gambe secche* (weidekringzwammetjes – *Marasmius oreades*), graag in een cirkel. In feite staan ze zelfs vaak in dezelfde kring, want hun mycelium ('wortel') spreidt zich cirkelvormig onder de grond uit en wordt dus elk jaar groter.

Gambosa ('als een dik been') verwijst naar zijn dikke, compacte steel die naar boven toe taps toeloopt en een gedrongen hoed draagt. De *prugnolo* is bijna wit, heeft compact vlees, verspreidt een lichte bloemengeur en smaakt heel subtiel. Het is een voortreffelijke paddestoel, die u bovendien in groten getale kunt aantreffen.

Als u ze wilt plukken, let dan op donkergroene cirkels. Dat is een van de beste aanwijzingen dat de paddestoelen in het gras zijn verborgen, en u ziet ze al van verre. Ze groeien vooral op de eerste Alpenhellingen of grazige weilanden en worden vooral in Noord-Italië gegeten. Bak ze in boter met wat knoflook en peterselie of bieslook, verwerk ze in een tomatensaus voor pasta of blancheer ze en maak er met extra vergine olijfolie en citroensap of pruimen *aspretto* (azijn) een salade van.

SPUGNOLA, GIALLA, ELATA

MORIELJES *Morchella elata, M. esculenta*

Dit is een tamelijk verfijnde paddestoel. Hij is in familiekeukens niet zo populair als veel andere, maar staat bij chef-koks en fijnproevers hoog in aanzien. Alleen in Emilia-Romagna bestaat die tegenstelling niet. Misschien voelen veel mensen zich onzeker over zijn herkomst, want de morielje hoort tot een paddestoelengeslacht dat ook giftige soorten omvat. Twee ervan zijn rauw giftig, maar gaar volstrekt eetbaar; een derde (*Gyromitra esculenta* of voorjaarskluifzwam) is zelfs gekookt hoogst giftig.

Door zijn merkwaardige, sponzige structuur en ongewone smaak wordt de morielje hogelijk geprezen, vooral in Frankrijk. Er worden verschillende soorten onderscheiden, zoals de *Morchella elata* (kegelmorielje), met een kleine, taps toelopende hoed die uit een donkerbruin, honingraat- of sponsvormig vlees bestaat. De witte steel kan 5-15 cm lang worden. De paddestoel groeit in gemengd kreupelhout of op heuvels bij dennenbossen met een tamelijk kale grond. Omdat de morielje hol is, komen er bij zijn groei soms steentjes en dennennaalden in terecht. Aangezien deze paddestoel tot de *Ascomycetes* behoort, heten de sporen die in de sponzige cellen ontstaan *asci*.

Een tweede soort is de *M. esculenta* of gewone morielje, die veel op de *elata* lijkt, maar een iets lichter gekleurde hoed heeft en daardoor in de keuken hoger gewaardeerd wordt. De al eerder genoemde giftige voorjaarskluifzwam (*Gyromitra esculenta*) verschilt van de twee andere door zijn onregelmatig gevormde, donkerbruine hoed. Omdat ze alledrie zo op elkaar lijken, hebt u het advies van een deskundige nodig om te voorkomen dat u de giftige plukt.

Maak morieljes extra goed schoon en verwijder alle steentjes en aarde in hun hoeden. U kunt ze het beste een minuutje in kokend water blancheren. Daarmee verdwijnen niet alleen het vuil, maar ook eventueel aanwezige giftige stoffen. Morieljes zijn hol en dus ideaal om te vullen, maar ook heerlijk in pastasauzen, risotto's en roerei, of als bijgerecht bij wild en gevogelte. Een van de nuttigste eigenschappen van deze paddestoelen is dat u ze heel goed kunt drogen; na weken in water krijgen ze hun oude vorm en omvang terug.

STECCHERINO DORATO

GELE STEKELZWAM *Hydnum repandum*

Deze paddestoel is een wonderlijke speling van de natuur: hij heeft noch lamellen, noch poriën en hoort evenmin tot de *Ascomycetes*. In plaats daarvan heeft hij stekeltjes onder zijn hoed waarop de sporen gevormd worden. Vandaar de Italiaanse naam, want *stecchi* betekent 'stekels'. *Dorato* betekent 'verguld' en dat verwijst natuurlijk naar zijn kleur.

Steccherini groeien in de zomer en herfst op vochtige, schaduwrijke plekken onder bomen, in bossen waar ook kort gras of mos groeit. Ze zijn in Noord- en Midden-Italië op de markt te koop. De onregelmatig gevormde hoed is lichtoranje en heel vlezig. Ook de steel is onregelmatig en van boven tot onder met stevige, kwetsbare stekels bedekt. Ze zitten heel los en vallen er bij aanraking af. Het vlees is iets lichter van kleur dan de buitenkant, lijkt op dat van cantharellen en kan op dezelfde manier worden klaargemaakt.

TARTUFO / TRUFFEL

Tuber aestivum, T. melanosporum, T. magnatum

De Romeinen plachten te denken dat deze ondergrondse paddestoel de vrucht was van de bliksem, omdat hij onder of vlak bij bomen groeide. Ze konden geen andere verklaring vinden voor iets dat zo heerlijk was dat zelfs varkens erdoor beneveld raakten.

Nog eeuwen daarna werden truffels beschouwd als voedsel dat alleen beschaafde mensen konden waarderen, niet als gewone paddestoelen. Er kwam zelfs zo'n verheven aura rond deze paddestoelen te hangen, dat het een elitair voedingsmiddel werd voor mensen met veel geld. Maar in Italië eet bijna iedereen ongeacht de prijs minstens één keer per jaar truffels, al is het maar in de vorm van wat schaafsel over de pasta.
Er zijn drie soorten truffels:

Tartufo bianco *Tuber magnatum* (Witte of Piemonte-truffel)
De Langhe-heuvels van Piemonte zijn het centrum van de witte truffel of *alba*. Ze groeien ook in Emilia-Romagna, de Marche, Umbrië, Toscane en Calabrië, maar die halen het niet bij de Piemontese *alba*, met zijn intense, doordringende geur.

Dit is de beste en meest gezochte truffel, maar ook de duurste; hij kan wel 5 miljoen lire (ca. 6000 gulden) per kg kosten.

Ze worden alleen rauw gegeten, dun geschaafd met een speciaal apparaatje dat *mandolino* heet, en over een gerecht gestrooid dat daarmee de verrukkelijke geur overneemt. Die geur is zo intens dat een truffel in de koelkast al het andere voedsel met zijn geur doordringt. Ik bewaar truffels in de kelder met verse scharreleieren. Die smaken dan na een paar dagen naar truffel.

Er bestaan heel veel truffelrecepten. In Piemonte, waar de truffel victorie kraait, is b.v. het kaasgerecht *fonduta* ontwikkeld: een warm, romig mengsel van eieren, melk en fontina, bestrooid met geschaafde truffel en, als bij een Zwitserse fondue, met brood opgeschept. Andere klassieke gerechten zijn risotto's met truffel, pasta (o.a. *tagliolini*) met truffel, gebakken of gefrituurd ei met truffel, salades van rauw rundvlees en *porcini*salades. Truffels worden ook gebruikt om smaak te geven aan olie (blz. 217) of boter, om een smeersel voor *crostini* te maken en voor elk ander hartig gerecht dat u graag zou willen proberen.

Tartufo nero di Norcia of **Tartufo Invernale** *Tuber melanosporum* (Echte, Zwarte of Périgord-truffel)
Deze truffel groeit in de winter en lente in Umbrië, vooral rond de stad Norcia, maar ook in Piemonte, Emilia-Romagna en Calabrië. Een soortgelijke truffel groeit in Campanië rond Bagnoli Irpimia, maar is, omdat hij naar carbol ruikt, minder gezocht (hoewel de plaatselijke bevolking ervan smult).

De *melanosporum* heeft een veel gladdere huid dan de witte zomertruffel, maar wordt gewaardeerd om zijn smaak en geur. Hij wordt met afgerichte honden (vooral bastaarden) gezocht; de dieren krijgen koekjes als beloning, om te verhinderen dat ze hun buit zelf opeten. Vroeger werden er varkens voor gebruikt, maar die dieren waren zo dol op truffels dat ze moeilijk waren over te halen de paddestoelen niet zelf op te eten.

LINKS: INGELEGDE WITTE TRUFFELS

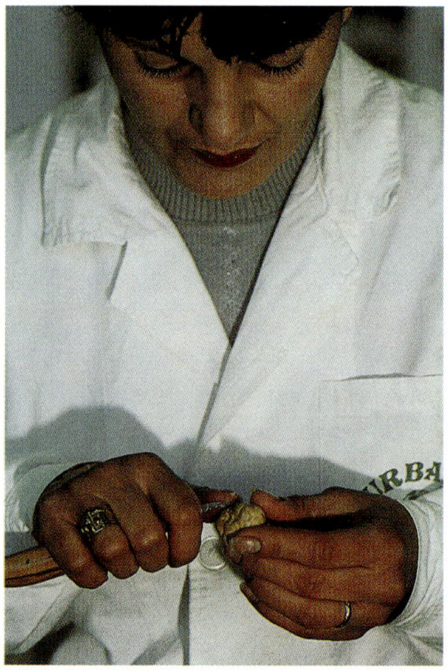

DORIANA MAAKT TRUFFELS SCHOON.

LINKS: TARTUFI BIANCHI D'ALBA

Kort geleden is ontdekt dat de teelt van truffels bevorderd kan worden door de wortels van geselecteerde jonge eiken met sporen te impregneren. Het duurt dan echter nog 10-12 jaar voordat ze geoogst kunnen worden, en na zo'n lange tijd is het moeilijk te onthouden waar die bomen precies stonden. Ondanks deze nieuwe vorm van schaalvergroting blijven de prijzen hoog, want de vraag is veel groter dan het aanbod van de natuur.

De zwarte truffel wordt net zo geschaafd als de witte, maar vooral in sauzen, patés en gerechten in een deegkorst gebruikt, zodat de smaak zo goed mogelijk bewaard wordt. De Umbriërs bakken fijngehakte truffel in boter als pastasaus.

Scorzone *Tuber aestivum*
(Zomertruffel)
De Italianen noemen deze truffel *scorzone* ('schorsachtig') vanwege zijn taaie, wrattige huid. Hij groeit in volmaakte harmonie op de wortels van bomen als kastanjes, beuken en hazelaars. Hij verschijnt aan het begin van de zomer en blijft tot laat in de winter. Net als alle andere truffels is ook deze heel moeilijk en alleen met honden te vinden, maar soms groeit hij zo dicht onder het oppervlak dat zijn huidknobbels en andere uitsteeksels zichtbaar zijn. De huid vertoont piramidevormige wratten, maar het vlees is roomwit, hoewel het mettertijd bruin wordt en witte aderen krijgt. Door zijn povere geur en smaak heeft hij niet veel commerciële waarde. Deze arme neef van de truffelfamilie wordt vaak samen met truffelolie gebruikt om zijn smaak op te halen.

Trombetta dei Morti, Craterello

HOORN-VAN-OVERVLOED
Cratarellus cornucopioides
De lugubere Italiaanse naam ('trompetter van de doden') doet de schoonheid en smaak van deze trechtervormige, dunne en kwetsbare paddestoel geen recht. Hij is zwart aan de binnenkant en zwartgrijs van buiten, is heel teer en wordt maar een paar centimeter hoog. Maar hij is makkelijk te vinden, want hij groeit in de zomer en herfst overvloedig in groepjes op bijna kale grond en in gemengde bossen.

Snijd bij het schoonmaken zo'n groot stuk van de voet, dat u door de trechter heen kunt kijken; verwijder eventuele blaadjes en insecten. Bak de paddestoelen op laag vuur in boter en geef ze bij gestoomde vis; vooral bij gepocheerde tongfilet contrasteren hun zwarte kleur en delicate geur en smaak fel met de witte vis. Chef-koks verwerken ze graag en u kunt ze net zo klaarmaken als cantharellen.

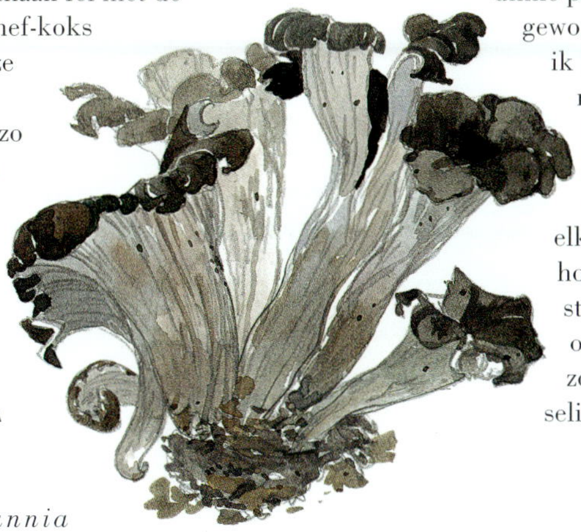

RECHTS: TROMBETTA DEI MORTI

Vescia Maggiore, Loffa

REUZENBOVIST
Langermannia gigantea
Dit is misschien wel de grootste van alle paddestoelen. Een reuzenbovist kan wel 60 cm in doorsnee worden en is van al zijn soortgenoten – waaronder de peervormige stuifzwam (*Lycoperdon pyriforme*) en veel andere (de meeste zijn eetbaar) – de prettigste, want het stevige, witte vlees is, mits in goede staat, genoeg voor een heel gezin.

Reuzenbovisten vindt u tussen netels, in weilanden, soms in bossen en zelfs in bloemborders – ik vond een keer een exemplaar tussen de bloeiende struiken van het Londense Hyde Park. Ze groeien in de zomer en herfst, afhankelijk van het weer. Ze zitten meestal maar aan één wortel vast, dus pas op dat u die niet beschadigt als u ze plukt. Een heel jong en vers exemplaar maakt een aangenaam, diep geluid, als u er met uw vingers op tikt. Mijd de oneetbare gele aardappelbovist (*Scleroderma citrinum*), die u vaak op wandelpaden vindt.

Een reuzenbovist is op veel manieren bruikbaar. Snijd hem b.v. in blokjes en bak die in boter, of snijd hem in plakjes, haal die door losgeklopt ei en paneermeel en frituur ze. Zelf snijd ik hem graag in dikke plakken of gewoon doormidden; ik bestrijk ze dan met olijfolie en knoflook, rooster ze een paar minuten aan elke kant op houtskool en bestrooi ze voor het opdienen met zout en peterselie.

GECONSERVEERDE ZWARTE TRUFFELS VOOR DE VOEDINGSINDUSTRIE

Tajarin al Tartufo

TAGLIERINI MET TRUFFEL

Voor 8 personen

800 g verse of droge taglierini (smalle linten van ca. 3 mm breed)
125 g boter
85 g witte truffel uit Alba, dun geschaafd
85 g Parmezaanse kaas, versgeraspt
½ teen knoflook
zout

Hoe simpeler, hoe beter, luidt een zegswijze. Dit gerecht is niet alleen beter, maar het is ook de eenvoud én het raffinement zelve.

Kook de *taglierini* in kokend water met zou *al dente*. Wrijf intussen een koekenpan in met de halve teen knoflook. Doe boter en wat plakjes truffel in de pan en laat ze zachtjes warm worden.

Giet de taglierini af, maar bewaar iets van het kookwater. Roer de pasta grondig door de boter met truffel en voeg zout naar smaak toe. Voeg wat kookvocht toe als het mengsel te droog is. Roer de kaas door het gerecht, bestrooi het met de rest van de truffel en dien het direct op.

Porcini sott'Olio

PORCINI IN OLIE

Voor 2 potten van 500 g

1½ kg heel verse, stevige, jonge porcini
2 liter sterke (6%), goede wittewijnazijn
1 liter water
60 g zout
10 verse blaadjes laurier
10 kruidnagels
20 zwarte peperkorrels
1 chilipepertje
goede olijfolie (geen vergine)

Heel veel Italianen leggen paddestoelen in, zodat ze die ook buiten het seizoen kunnen eten. Bijna elk gezin maakt minstens één pot als antipasto *voor bijzondere gelegenheden als Kerstmis. Men laat zich niet afschrikken door de azijn, die een groot deel van de paddestoelensmaak wegneemt.*

Bij het inleggen van paddestoelen moet ik wijzen op het belang van voorzorgsmaatregelen tegen de Botulinus*: een bacterie die zich kan ontwikkelen tussen voedingsmiddelen die niet goed zijn gekookt of geconserveerd. Azijn en zout zijn ideale conserveringsmiddelen en die gebruik ik dan ook in dit recept. Maar zelf inleggen is een proces dat aan variaties onderhevig is; voor kleine ongelukjes acht ik me dus niet verantwoordelijk. Mijn vrienden en ik leven echter nog steeds en we genieten nog steeds van paddestoelen!*

Maak de weckflessen grondig schoon en droog ze in een lauwe oven. Haal met grote zorg alle ongerechtigheden van de paddestoelen (blz. 185). Snijd ze open en kijk of er geen larven in zitten. Snijd grote *porcini* doormidden, zodat ze allemaal dezelfde maat hebben.

Doe azijn, water, zout, laurier, kruidnagel, peper en chilipeper in een pan en breng het geheel aan de kook. Voeg de paddestoelen toe en kook ze 20 minuten. Giet ze af. Leg de paddestoelen op een heel schone linnen doek en raak ze onder geen beding met uw handen aan. Leg de paddestoelen (zonder laurier e.d.) met een steriele lepel in steriele potten; leg ze dicht op elkaar, maar druk ze niet aan. Doe er zoveel olie bij dat het vochtpeil tot 1 cm boven de paddestoelen komt, en zorg dat de olie alle oppervlakken van de paddestoelen bereikt. Sluit de potten goed af. De paddestoelen zijn op deze manier een maand houdbaar, maar moeten na opening in de koelkast bewaard worden.

Tajarin al Tartufo

FUNGHI CONCIATI

GEBAKKEN PADDESTOELEN

VOOR 4 PERSONEN

- 600 G GEMENGDE WILDE PADDESTOELEN
- 4 EETLEPELS WITTE-WIJNAZIJN
- 1¼ DL OLIJFOLIE (EXTRA VERGINE)
- 2 TENEN KNOFLOOK, IN PLAKJES
- 1 CHILIPEPERTJE, FIJNGEHAKT
- 2 EETLEPELS BLADPETERSELIE, FIJNGEHAKT
- ZOUT

Voor dit recept is elke combinatie van paddestoelen geschikt. Neem ervoor wat u op de markt tegenkomt – of wat u in het bos ziet staan als u er verstand van hebt. Cantharellen, weidechampignons, boleten, oesterzwammen... Alles is goed.

Maak de paddestoelen zorgvuldig schoon (blz. 185) en snijd grote doormidden. Breng een grote pan water aan de kook met de azijn en 15 g zout per liter. Kook de paddestoelen 8-10 minuten, giet ze af en laat ze afkoelen.

Verhit de olie in een pan en fruit de knoflook en chilipeper een paar minuten zonder de knoflook bruin te laten worden. Voeg de paddestoelen toe, roer goed en doe er peterselie en zout naar smaak bij. Geef ze koud als salade of voorgerecht, of als bijgerecht bij koud vlees.

CAPRETTO AI CARDONCELLI

GEITENVLEES MET CARDONCELLI

VOOR 6 PERSONEN

- 500 G CARDONCELLI
- 1¼ DL OLIJFOLIE (EXTRA VERGINE)
- 1 GROTE UI, IN DUNNE PLAKJES
- 1 CHILIPEPERTJE, GROF GEHAKT
- 1 GEITENBOUT VAN CA. 1½ KG, IN STUKKEN
- 400 G RIJPE KERSTOMAATJES OF POLPA DI POMODORO (BLZ. 117)
- TAKJE ROZEMARIJN
- KLEIN TAKJE OREGANO
- ZOUT
- BLOEM

Dit recept komt uit Apulië, waar in het seizoen veel geitenvlees en cardoncelli *te koop zijn. Vervang de* cardoncelli *zo nodig door oesterzwammen of shiitake.*

Verwarm de oven voor tot 180 °C (stand 4). Maak de paddestoelen zorgvuldig schoon (blz.185) en snijd grote doormidden. Verhit de olie in een stoofpan en fruit de ui en chilipeper tot de ui doorschijnend is. Bestuif het vlees met bloem en bak het in de olie aan alle kanten bruin. Roer er de paddestoelen door en fruit ze zachtjes 10 minuten mee. Voeg tomaten, rozemarijn, oregano en wat zout toe. Doe het deksel op de pan en zet het gerecht 45 minuten in de oven of tot het vlees gaar is.

ORECCHIETTE TRIFOLATE

GEBAKKEN JUDASOREN MET KNOFLOOK EN PETERSELIE

VOOR 4 PERSONEN

- 400 G VERSE JUDASOREN
- 60 G BOTER
- 1 TEEN KNOFLOOK, FIJNGEHAKT
- 1 KLEIN CHILIPEPERTJE, FIJNGEHAKT
- 1¼ DL KIPPENBOUILLON
- 2 EETLEPELS BLADPETERSELIE, GROF GEHAKT
- ZOUT

Judasoren zijn opmerkelijk gelatinerijke paddestoelen, die vooral op oudere bomen groeien. Als u geen verse kunt krijgen, week dan gedroogde exemplaren. Die zijn onder de naam Kuping Tikus *in Chinese en Indonesische toko's te koop.*

Maak de paddestoelen zorgvuldig schoon (blz. 185) en snijd grote doormidden. Doe de boter met de knoflook en chilipeper in een pan, laat de boter smelten en voeg de paddestoelen toe. Roerbak 1 minuut, giet er de bouillon bij en laat alles 15 minuten pruttelen tot de meeste vloeistof verdampt is. Roer er peterselie en zout door en geef de paddestoelen als voorgerecht, of als bijgerecht bij kip, vlees of wild.

CAPPELLE DI FUNGHI ALLA GRIGLIA

GEGRILLEERDE PORCINI MET KNOFLOOK

- 1 GROTE PORCINO PER PERSOON
- KNOFLOOK, IN DUNNE REEPJES
- OLIJFOLIE
- ZOUT
- GARNEREN MET FIJNGEHAKTE BLADPETERSELIE

Haal de stelen van de paddestoelen en gooi ze weg. Maak kleine insneden in de hoeden en steek er reepjes knoflook in. Bedruip ze met olijfolie en leg ze ca. 10 minuten onder de hete grill of tot ze gaar zijn. Bestrooi ze met zout en peterselie en dien ze op.

Insalata di due Tuberi

AARDSE SALADE

Voor 4 personen

600 g droogkokende aardappelen
45 g witte truffel
zout en peper
olijfolie (extra vergine)

De truffel is eigenlijk een zwam, maar wordt in Italië vaak een 'knol' ('tubero') genoemd. Hier wordt de magnatum pico *gebruikt; de witte truffel uit Alba.*

Schil de aardappelen en kook ze gaar maar stevig. Leg ze, in dunne plakjes gesneden, op een platte schaal. Bedruip ze met wat olijfolie, bestrooi ze met zout en peper en schaaf er de truffel over. Dien het gerecht direct op.

Ovoli in Insalata con Tartufo

SALADE VAN KEIZERSAMANIET MET TRUFFEL

Voor 4 personen

- 6 nog dichte (eivormige) ovolo-hoeden (zie Amanita Caesarea, blz. 186)
- 50 g Parmezaanse kaas, aan één stuk
- 6 eetlepels olijfolie (extra vergine)
- sap van ½ citroen
- 45 g witte truffel uit Alba, schoongeborsteld en klaar om aan te snijden
- zout en peper

Ik neem dit recept op, wel wetend dat de twee hoofdingrediënten buiten Italië moeilijk te krijgen zijn. De ovolo *(*Amanita Caesarea*) en de witte truffel zijn in september-oktober in Italië verkrijgbaar; dit luxe, maar niettemin hoogst simpele gerecht, is dan alleen in toprestaurants te vinden. Geef het met* grissini *als voorgerecht.*

Haal met een mesje de aarde van de paddestoelen en verwijder met een vochtig doekje de laatste resten vuil. Snijd ze in heel dunne plakjes en leg ze op borden, zodat hun mooie oranje kleur goed zichtbaar is. Schaaf er heel dun Parmezaanse kaas over. Meng olie, citroensap, zout en peper en giet het sausje over de salade. Schaaf er ten slotte de truffel over, en dan hebt u een koningsmaal! (Caesar was verzot op *ovoli*.)

Finferli al Liquore

CANTHARELLEN IN VERMOUT

Voor een pot van 500 g

- 1 kg verse cantharellen
- 1 liter zoete vermout
- stukje kaneelstok
- mespunt zout
- 2 eetlepels kristalsuiker
- abrikozenlikeur

Dit is een gerecht voor paddestoelenfanaten die zelfs paddestoelen als nagerecht willen. Hier volgt een idee voor de garnering van panna cotta, tiramisù *en andere op room gebaseerde nagerechten. De beste cantharellen voor dit gerecht zijn heel stevig en niet te groot. Maar houd er rekening mee dat ze bij het klaarmaken tot de helft slinken.*

Maak de paddestoelen zorgvuldig schoon (blz. 185). Doe de vermout met kaneel, zout en suiker in een pan en breng het geheel aan de kook. Voeg de paddestoelen toe en houd ze met een houten lepel ondergedompeld. Kook ze 15 minuten of (als ze groot zijn) iets langer. Ze moeten helemaal gaar zijn; proef er een om te controleren of ook het midden gaar is.

Giet de paddestoelen af (de vermout moet u helaas weggooien) en laat ze op een heel schone doek afkoelen en drogen. Probeer ze niet met uw handen aan te raken (bacteriën!). Doe ze met een steriele lepel in een steriele weckfles en druk ze met de lepel voorzichtig aan. Giet er zoveel abrikozenlikeur over dat alle paddestoelen onderstaan en maak de fles dicht. Houd ze na opening altijd in de koelkast en altijd onder het vocht. Garneer puddingen e.d. met een paar paddestoelen.

Crostini ai Funghi

Crostini met paddestoelen

Voor 4 personen

500 g paddestoelen
60 g boter
1 teen knoflook, geplet
4 blaadjes salie
2 eetlepels vin santo of soortgelijke wijn (niet te zoet)
1 eetlepel bladpeterselie, grof gehakt
8 sneden pane di campagna (wit boerenbrood), geroosterd
zout en peper

Voor dit gerecht kunt u het beste porcini *of andere eetbare boleten nemen, maar ook een mengsel is erg lekker. Of neem anders gekweekte paddestoelen met wat gedroogde* porcini *voor de smaak.*

Maak de paddestoelen zorgvuldig schoon (blz. 185) en hak ze fijn. Smelt de boter in een pan en bak de knoflook en salie 2 minuten op laag vuur. Voeg de paddestoelen toe en bak ze tot ze gaar zijn en het meeste vocht is verdampt; roer af en toe. Doe er wijn, zout en peper bij en roerbak nog een paar minuten. Roer er de peterselie door en geef het mengsel op geroosterd brood.

Zuppa di Finferli con Canederli

Cantharellensoep met knoedels

Voor 4 personen

150 g kleine, versgeplukte cantharellen
1 sjalotje, fijngehakt
30 g boter
1½ liter kippenbouillon
klein bosje bieslook

Voor de knoedels:
150 g vers wit broodkruim
3 eierdooiers
2 eetlepels bladpeterselie, fijngehakt
60 g Parmezaanse kaas, versgeraspt
1 plak speck (blz. 84), eerst in reepjes, dan in blokjes gesneden
zout en peper

Dit is een typisch recept uit Zuid-Tirol/ Alto Adige, waaruit de invloed van de Oostenrijkse keuken blijkt. De knoedels worden meestal van oud broodkruim en ei gemaakt. In deze verfijnde soep worden ze gecombineerd met cantharellen.

Maak eerst de knoedels. Kneed broodkruim, dooiers, peterselie, kaas, spek, zout en peper tot een soepel mengsel. Maak er balletje van ter grootte van een grote olijf.

Maak de paddestoelen zorgvuldig schoon (blz. 185) en snijd grote exemplaren doormidden. Bak de sjalot in boter en voeg de cantharellen toe, zodra de stukjes sjalot kleur gaan krijgen. Bak ze vijf minuten mee, voeg de bouillon toe en breng de vloeistof aan de kook. Laat de knoedels 5 minuten meepruttelen en dien de soep op met in kleine stukjes geknipt bieslook.

Funghi in Tegame

GEBAKKEN WILDE PADDESTOELEN

Voor 4 personen

800 g gemengde wilde paddestoelen (b.v. porcini, cantharellen, bruine boleten, oesterzwammen)
3 eetlepels boter
2 eetlepels olijfolie (extra vergine)
1 teen knoflook, fijngehakt
1 klein chilipepertje, fijngehakt
2 eetlepels bladpeterselie, grof gehakt
zout

Voor dit gerecht zijn alle soorten wilde paddestoelen bruikbaar. Als u deskundig genoeg bent, kunt u ze zelf zoeken; anders zult u ervoor naar gespecialiseerde winkels moeten. Zelf neem ik soms wel tien verschillende soorten, en elke combinatie is altijd heerlijk. Dien gebakken paddestoelen op als voorgerecht, geef er roerei bij, of geef ze als bijgerecht bij vlees of gevogelte.

Maak de paddestoelen met een zacht borsteltje schoon; was en schil ze alleen als dat absoluut nodig is. Snijd ze in beetgrote stukken.

Verhit boter en olie in een grote koekenpan en fruit de knoflook en chilipeper kort. Voeg de paddestoelen toe en roerbak ze op hoog vuur. Doe er de peterselie en wat zout bij als ze gaar beginnen te worden en dien ze direct op.

Olie, azijn, kruiden, specerijen en smaakgevers

Oli, aceti, erbe, spezie e sapori

Als ik in het buitenland ben, ga ik in elke stad of dorp eerst naar de markt, want daar leer ik veel over het gastronomische leven van die streek of cultuur. In sommige landen die ik bezocht heb, zoals India, Indonesië, Turkije, Egypte en Marokko, zijn de specerijenmarkten gescheiden van de andere. Ik begrijp niet alle subtiliteiten van de specerijencombinaties in die landen, maar er zijn klaarblijkelijk smaken die overheersen. In de Indiase keuken moet dat komijn zijn, in de Chinese keuken overheersen sojasaus en gember en in de Thaise keuken citroengras, korianderblad en chilipeper. Als ik de centrale smaken van de Italiaanse keuken op dezelfde manier moest definiëren, zou ik knoflook en basilicum noemen, plus rozemarijn en oregano.

Specerijen heetten in Italië vroeger *droghe* (vgl. ons woord 'drogisterij'), omdat ook geneesmiddelen van zaden, bloemen en bessen werden gemaakt. Een *drogherie* verkocht dan ook tevens kruidenierswaren en *coloniali*, d.w.z. producten uit de koloniën. De eerste specerijen kwamen vele eeuwen geleden uit China en India naar Europa, maar blijkbaar heeft de Italiaanse keuken zich altijd meer op kruiden en specerijen uit eigen land gericht, hoewel kaneel, nootmuskaat en kruidnagels daarop een uitzondering zijn. Specerijen als saffraan zijn aangepast aan het Italiaanse klimaat en worden in eigen land verbouwd, hoewel ze niet inheems zijn.

Zout is in de keuken waarschijnlijk de beroemdste smaakversterker en conserveringsstof. Voor bijna iedereen is het een essentieel ingrediënt. Het was ooit zo waardevol dat de Italiaanse regering er een monopolie op had: het mocht alleen in tabakswinkels verkocht worden, naast tabak en kinine (er kwam toen nog veel malaria voor). Het woord 'salaris' – van het Latijnse 'sal' (zout) – hangt samen met de oude Romeinse praktijk om soldaten in zout uit te betalen. Zout wordt vooral in het Siciliaanse Trapani gemaakt door zeewater te laten verdampen. Het wordt nog steeds in zijn traditionele, grove vorm verkocht, maar er zijn ook fijnere soorten die

aan voedsel toegevoegd kunnen worden, zonder de grote kristallen eerst te moeten malen.

Zout gaat natuurlijk bijna altijd vergezeld van peper. In gemalen vorm doen we dat in bijna alles wat we eten, maar we gebruiken ook hele of gestampte peperkorrels. Tegenwoordig zijn ook roze en groene peperkorrels in de mode, maar de zwarte zijn nog steeds een van de meest gewaardeerde specerijen in de Italiaanse keuken.

Ook rozemarijn en salie worden in heel Italië veel gebruikt en door sommige slagers zelfs bij bepaalde vleessoorten verkocht (of cadeau gedaan). In het Napolitaanse courgettegerecht *zucchini alla scapece* is verse munt (met knoflook) onontbeerlijk. In de lente produceert Sicilië veel wilde venkel, die vooral verwerkt wordt in Pasta con le Sarde (zie het recept op blz. 166). Ook venkelzaad wordt in heel Zuid-Italië veel gebruikt. In Toscane wordt het toegevoegd aan de salamisoort *finocchiona* en in het zuiden maakt men er met goede olijfolie *taralli* van: ronde, hartige, knapperige koekjes die in plaats van brood bij *antipasti* worden gegeven.

Chilipeper (*peperoncino*) is een populaire specerij in Zuid-Italië en vooral in Calabrië, b.v. in de simpele maar heerlijke *pasta all'arrabbiata* (met tomaten, chilipeper en knoflook) en *aglio, olio e peperoncino* (met knoflook, olie en chilipeper), in stoofgerechten, worsten en salami's – een traditie die ook in Campanië en Puglia bestaat.

De klassieke Italiaanse smaakgevers zijn echter knoflook en basilicum – met pijnboompitten, Parmezaanse kaas en extra vergine olijfolie de hoofdingrediënten van de beroemde pestosaus. De combinatie van basilicum en rauwe of gekookte tomaten is moeilijk te verslaan. Van de andere kruiden wordt peterselie het meest gebruikt, b.v. als hoofdrolspeler in Salsa Verde (blz. 224): een saus die in het buitenland heel populair is geworden. Dat geldt ook voor de *rucola* (raketkruid), die in groene salades tegenwoordig een centrale plaats inneemt, maar ook zonder andere groenten of met tomaten wordt gegeten en een ingrediënt is in allerlei soorten *carpaccio. Foglie di sedano* (selderijblad) geeft een heerlijke geur aan kippen- of runderbouillon en aan allerlei zomerse salades.

De oregano wordt buiten Italië misschien het vaakst misbruikt. Hoewel dit kruid vaak wordt geassocieerd met de Italiaanse keuken, wordt het buiten Italië bijna altijd in andere gerechten gebruikt. Italianen gebruiken hun kruiden en specerijen om de natuurlijke smaak van goede ingrediënten tot zijn recht te laten komen, maar in landen waar de ingrediënten niet zo'n hoge kwaliteit hebben, dient de kracht van oregano vaak om andere smaken te verdoezelen of op te vijzelen.

Olie en azijn zijn de belangrijkste andere smaakgevers in de Italiaanse keuken, en de olijfolie is er zelfs het symbool van. De olijfboom is zo'n 5000 geleden voor het eerst in Iran gekweekt en kwam van daaruit in Italië terecht. Dankzij het klimaat produceert Italië bijzonder fijne olijfolie en is het na Spanje de grootste producent ervan. De Italiaan-

LINKSBOVEN: EEN OLIJFBOOMGAARD IN LIGURIË

MARIA UIT CALABRIË HANGT HAAR CHILIPEPEROOGST IN DE ZON TE DROGEN.

DUIZEND JAAR OUDE OLIJFBOMEN OP DE MASSERIA-TERREINEN IN SAN DOMENICO (PUGLIA)

se olie wordt strikt op zijn zuiverheid en kwaliteit gecontroleerd, en de internationale status van olijfolie is kort geleden officieel bevestigd door de erkenning als een van de gezondste vetsoorten; het helpt zelfs het cholesterolgehalte in het bloed te verlagen.

Olijfolie is een belangrijk onderdeel van het 'mediterrane dieet'; het wordt in Zuid-Europese landen gebruikt zoals boter in Noord-Europa. De Italianen hebben minstens twee soorten olijfolie in hun voorraadkast: *vergine* voor salades en gewone olijfolie voor sauzen en andere toepassingen – naast andere plantaardige olie om te bakken.

Een andere onmisbare smaakgever is azijn; vooral van wijn, maar de laatste tijd ook van allerlei andere alcoholische stoffen als cider en bier. Dat alles is mogelijk dankzij de bacterie *Acetobacter aceti*, die alcohol omzet in azijnzuur. Azijn is niet alleen lekker in vinaigrettes, maar geeft ook een opvallende smaak aan marinades. Net als zout, suiker en alcohol is het bovendien een uitstekend conserveringsmiddel. Met azijn kunt u tal van groenten – b.v. artisjokken, paddestoelen, aubergines, courgettes, (zongedroogde) tomaten, paprika's of asperges – inmaken, die een heerlijk onderdeel van een klassiek-Italiaanse *antipasti*schotel vormen.

A–Z van olie, azijn, kruiden, specerijen en smaakgevers

Aceto / Azijn

Azijn ontstaat door de bacterie *Acetobacter aceti*, die alcohol omzet in azijnzuur. Dat proces vereist veel zuurstof, en daarom verandert de wijn in een open fles al snel in azijn. Een goede Italiaanse azijn moet wettelijk minimaal 6% azijnzuur en maximaal 1½% restalcohol bevatten. Azijn wordt ook gemaakt met behulp van bacteriële schimmels, die zich als een gelatineuze massa ('azijnmoer') op de bodem van azijnvaten verzamelen.

Azijn wordt in de keuken op allerlei manieren gebruikt. Azijn met een zuurgraad van 6% is sterk genoeg om groenten en fruit in te maken, maar heeft het nadeel dat een sterke smaak achterblijft, die moet worden weggewassen of met water verdund. Na koken in azijn kunnen de ingrediënten echter ook in olie worden bewaard. Een scheutje azijn kan sauzen een pittiger smaak geven en worden gebruikt in marinades. In sommige delen van Italië bestaat het ongewone gebruik om azijn over aardbeien en suiker te gieten, of er met water en suiker een verfrissende zomerdrank van te maken.

Aceto Balsamico

Balsamico-azijn

Deze bijzondere azijn werd ooit als geneesmiddel gebruikt; vandaar de naam *balsamico* (als balsem). Het is waarschijnlijk de duurste azijn ter wereld, deels omdat het fabricage- en rijpingsproces ingewikkeld en duur is, en deels omdat er elk jaar maar een kleine hoeveelheid gemaakt wordt. De enige echte balsamico-azijn heet *aceto balsamico tradizionale di Modena*. Door 30-40 gezinnen in de streek rond Modena wordt slechts 8000 liter per jaar geproduceerd. Die families vormen samen de *Consorzio*: een bijzondere vereniging die de kwaliteit van het product garandeert. De azijn wordt voor veel geld in speciaal ontworpen flesjes van 1 dl verkocht en moet minstens 30 jaar gerijpt hebben.

Links: aceto balsamico tradizionale di Modena ligt te rijpen in een 'batteria' van houten fusten op de prachtige zolder van Signora Giacobazzi in Spilamberto, Modena.

Balsamico-azijn wordt gemaakt door de most van witte Trebbianodruiven in te koken tot een diepbruine, stroperige vloeistof die *saba* heet. Deze wordt in open, eikenhouten vaten gedaan om te rijpen op goed geventileerde zolders, waar de kou en hitte van de seizoenen de verdamping bevorderen, zodat de smaken geconcentreerd worden. De indikkende vloeistof wordt met een systeem dat *solera* heet, elk jaar in steeds kleinere vaten overgestoken. Het eerste is van kastanjehout, het iets kleinere van kersenhout, het derde van essenhout, het vierde van moerbeienhout. Deze cyclus wordt herhaald, totdat de azijn de vereiste tijd gerijpt heeft. Sommige rijpen wel 50 jaar waardoor ze heel vol van smaak en stroperig worden. De rijen gebruikte vaten, die een waardevol onderdeel van de inboedel van de producenten vormen, worden traditioneel nagelaten aan de oudste zoon.

Vanwege de explosief gestegen vraag naar balsamico-azijn is ook een minder goed product op de markt gekomen dat *aceto balsamico di Modena* heet, dus zonder het belangrijke woord *tradizionale*. Deze azijn is niettemin heel lekker; hij moet minimaal 5 jaar gerijpt hebben en is soms wel 10, 15 of 20 (dat is de beste) jaar oud. Een goede kwaliteitsindicatie is de prijs: de goedkoopste kan niet meer zijn dan gewone azijn met wat karamelsiroop voor de kleur.

Balsamico-azijn kunt u gebruiken in marinades, vinaigrettes of andere sauzen, maar u kunt er ook ingrediënten mee bestrijken die op de grill gaan. Zelf sprenkel ik graag een paar druppels op een stuk verse Parmezaanse kaas, gekookte groente of gestoomde kreeft.

Aceto di Frutta, Aspretto di Frutta / Vruchtenazijn

Moderne koks hebben veel belangstelling voor exotische azijnen van gefermenteerde vruchten als pruimen en bessen. Die zijn echter duur, omdat van de gefermenteerde vruchten eerst wijn moet worden gemaakt. Pas daarna kan de azijn geproduceerd worden, die vervolgens nog tot 6 maanden moet rijpen. Dat gebeurt in vaten in kelders die uit de rotsen zijn gehakt. De lage temperatuur zorgt dat maar een zuurgraad van 4-5% wordt bereikt. De toevoeging van vruchtenessences versterkt de smaak.

Vruchtenazijn geeft extra smaak aan salades, maar kies wel de juiste soort. Frambozenazijn is b.v. heerlijk op een salade van bittere groenten. Vruchtenazijnen komen het best tot hun recht als vergezellers van wild. Probeer ook eens vruchtenazijn over gegrilleerd vlees te gieten of te combineren met gesmolten boter bij vis.

Proeverij van aceto balsamico tradizionale di Modena

ACETO DI VINO / WIJNAZIJN

Bijna alle wijnazijn komt tegenwoordig uit grote fabrieken en gaat voor het merendeel naar de conservenindustrie. Er kan zowel witte als rode wijn voor zijn gebruikt, en dan heet de azijn *aceto di vino bianco* resp. *aceto di vino rosso*. Er zijn ook wijnazijnen van slechts één druivenras te koop, maar die zijn eerder een truc om de prijs te kunnen verhogen, dan een kwestie van kwaliteit. Als de azijn goed gemaakt is en de wijn tot een zuurgraad van 6% geoxideerd is, doet de soort wijn er niet toe.

Wijnazijn wordt veel in vinaigrettes gebruikt. Italianen veranderen hun azijn graag in *aceti aromatici* door er kruiden of andere smaakgevers in te laten trekken, b.v. rozemarijn, dille, basilicum, dragon, laurier, knoflook, sjalotten of chilipeper.

ETIKET VAN EEN FLES ACETO BALSAMICO TRADIZIONALE DI MODENA

ACQUA DI ROSA

ROZENWATER

De bloemblaadjes van de sterk geurende, wilde *Rosa canina* (hondsroos) worden helemaal uit het Midden-Oosten, Roemenië en Bulgarije geïmporteerd om er rozenwater van te maken. Het wordt in koekjes en gebak verwerkt, maar vormt ook een essentieel onderdeel van Rosolio: een milde, ouderwetse likeur die de laatste tijd weer in de mode raakt.

AGRODOLCE / ZOETZUUR

Deze term slaat op een bereidingswijze die aan bepaalde ingrediënten een zoetzure smaak geeft. Het zoete element is meestal suiker of honing, het zure element azijn of citroensap; alles in combinatie met andere ingrediënten als knoflook, kruiden en specerijen. Op die manier worden b.v. vaak uien, aubergines, artisjokken (zie Carciofi in Agrodolce, blz. 129), courgettes en bloemkool klaargemaakt, maar ook sommige sauzen voor vlees en wild.

ALLORO, LAURO

LAURIER

De aromatische bladeren van de altijdgroene laurierboom (*Laurus nobilis*) zijn in de keuken altijd graag gebruikt en spelen een belangrijke rol in *aromi* (de Italiaanse versie van het bouquet garni, zie verderop), court-bouillon en soep. Mijn moeder stak altijd een lauriertakje in lever, voordat ze die in darmnet wikkelde en bakte. Zelf gebruik ik laurier bij het koken van kastanjes en in vlees- en vismarinades. Verse bladeren smaken sterker dan gedroogde.

ANETO / DILLE

Dille is een betrekkelijke nieuwkomer in de Italiaanse keuken. Het kruid lijkt op venkelgroen en heet in Italië dan ook wel *finocchio fetido* of *bastardo*. Dille heeft heel kleine, sterk geveerde blaadjes, geurt zowel vers als gedroogd heel intens en geeft een opvallende smaak aan vis- en groentesauzen en aan ingemaakte augurken. Fijngehakte dille vind ik lekker in een salade van geschilde, in dunne plakjes gesneden komkommer, een beetje zout en peper, wat olijfolie en een beetje melk.

ANICE / ANIJS

Anijs komt van een plant (*Pimpinella anisum*) die trossen geelgroenige bloemen heeft die na rijping het zaad produceren. In het wild is deze plant moeilijk van de venkelplant te onderscheiden. De essentiële olie van het zaad (*anetolo*) smaakt heel intens en wordt zowel voor likeur en zoetigheid, als medicinaal gebruikt. De zaadjes worden veel in gebak verwerkt, b.v. in de beroemde Sardijnse *anicini* (blz. 288) en in Campanië en Puglia ook in gedroogde vijgen uit de oven. Bovendien geven ze smaak aan een paar hartige gerechten, vooral salades en gegrilleerde vis.

ANICE STELLATO

STERANIJS

De stervormige vrucht van deze oosterse plant, die geen familie van de anijs is, bevat zaadjes met een intense anijssmaak – ca. 20 maal zo sterk als anijs zelf. Steranijs wordt dan ook geïmporteerd voor likeuren als Sambuca en voor de zoetwaren- en geneesmiddelenindustrie. Het gemalen zaad is onderdeel van het Chinese vijfkruidenpoeder, dat graag in Aziatische gerechten met eend en varkensvlees wordt verwerkt.

AROMI / BOUQUET GARNI

De combinatie van een paar kruiden- en specerijensmaken heet in Italië *aromi*; het is het equivalent van een bouquet garni. Een *mazzetto di aromi* of *mazzetto odoroso* bestaat meestal uit een samengebonden, gemengd bosje peterselie, rozemarijn, salie, tijm, laurier en soms majoraan. Na het koken is het gemakkelijk te verwijderen. *Aromi* worden vaak in groente- en fruitwinkels verkocht en worden in soep, sauzen, marinade en stoofgerechten gebruikt.

ASCOLANA, ZIE OLIVA

BASILICO / BASILICUM

Ik vind basilicum het lekkerste kruid dat er bestaat. Het komt uit India, de Romeinen namen het mee uit Griekenland en het heeft een centrale plaats in de Italiaanse keuken gekregen. De blaadjes groeien tot 50 cm hoog dicht opeen aan de lange steel van een eenjarige plant. Om de begroeiing dicht en de smaak mild te houden, moet de bloem aan de top van de plant afgeknipt worden. Gebruik basilicum altijd vers of geconserveerd, want de gedroogde versie verliest veel van haar karakter. U kunt basilicum conserveren door de ongewassen en kurkdroge blaadjes in een luchtdichte pot vol olijfolie te doen. Mijn vader placht daaraan ook zout en chilipeper toe te

RECHTS: BASILICUM UIT LIGURIË

LINKS: LIGURISCHE BASILICUM WORDT GEKWEEKT VOOR DE PRODUCTIE VAN PESTO IN FINALE.

voegen. U kunt basilicumblaadjes in extra vergine olijfolie laten trekken en er vervolgens een vinaigrette voor salades van maken.

Basilicum wordt in heel Italië verbouwd, maar vooral in Ligurië, de bakermat van de beroemde pestosaus (zie blz. 228). Er zijn twee soorten: de ene heeft kleine, heel intens smakende blaadjes, de andere heeft grotere bladeren en wordt in de zomer gekweekt (in Campanië ook onder glas). Basilicum wordt vooral in tomatensauzen, op pizza's en in salades verwerkt.

LINKS: BASILICUM WORDT VERPAKT BIJ EEN TELER IN LIGURIË.

BORRAGINE, BORAGINE, BORRANA

BORAGIE

Deze ongewone plant met zijn mooie, lichtblauwe en gele bloemen (als garnering van salades en nagerechten gebruikt) en grote, diepgroene, harige bladeren is in twee Italiaanse streken heel populair: Campanië en Ligurië. In Campanië is het een groente als spinazie. Ik kook de blaadjes graag gaar, bak ze even in extra vergine olijfolie met knoflook en wat chilipeper, en bedruppel ze vlak voor het opdienen met wat citroensap. In Ligurië wordt het kruid, dat daar in overvloed groeit, op dezelfde manier klaargemaakt. Voorts is het er een essentieel ingrediënt van *preboggion*, een mengsel van wilde kruiden als vulling voor Pansôti (blz. 167).

CACAO

CACAO

De Spaanse conquistador Cortés bracht aan het begin van de 16de eeuw de Zuid-Amerikaanse cacaoboon mee naar Europa. De vrucht die deze zaden bevat, groeit aan bomen die tegenwoordig vooral in Midden- en Zuid-Amerika en in tropisch Afrika worden aangetroffen. De zaden zitten groepsgewijs in peulen, ingebed in een gele pulp. Voordat ze eruit worden gehaald, laat men die pulp fermenteren om de smaak te ontwikkelen. De zaden drogen in de zon en gaan dan naar chocoladefabrieken, waar ze geroosterd en gemalen worden. Daarbij ontstaat een dikke, donkerbruine pasta, klaar voor verdere verwerking; tot chocolade, of voor een bewerking met alkalische stoffen waarbij een groot deel van het vet (cacaoboter) verwijderd wordt en de rest wordt vermalen tot een oplosbaar poeder dat we cacao noemen. Cacao wordt veel gebruikt als smaakgever in gebak, maar ook in zoetigheid en dranken.

CAFFÈ / KOFFIE

Een van de opmerkelijkste gebeurtenissen aan het begin van de Russische perestrojka was het feit dat in Moskou koffiehuizen in westerse stijl geopend mochten worden. Gorbatsjov benadrukte dat door persoonlijk een espresso uit een Gaggia-apparaat te komen drinken. Dat het koffiehuis een politiek symbool van de westerse cultuur kon worden, is inderdaad opmerkelijk. Deze opwindende drank, die in Italië op grote schaal gedronken wordt, wordt gemaakt van het poeder van een geroosterde boon, die van een altijdgroene plant komt. Koffie werd in de 16de eeuw door de Turken in Italië geïntroduceerd, en het eerste koffiehuis werd in 1640 in Venetië geopend. Daar werd koffie in Turkse stijl verkocht. De Italiaanse term *caffè* slaat zowel op de drank als op het lokaal.

De koffieplant is tropisch en komt oorspronkelijk uit Oost-Afrika, maar wordt nu ook geteeld in Costa Rica, Honduras, Colombia en vooral Brazilië, waar de plant door Europese kolonisten geïntroduceerd werd. Brazilië is tegenwoordig de grootste producent ter wereld. Verschillende soorten bonen moeten gemengd worden om de juiste smaak te krijgen, en bijna elke koffie is een mengsel van de soorten arabica en robusta. De manier waarop de bonen gebrand worden, bepaalt de onderlinge stijlverschillen. Amerikanen houden van licht gebrande koffie, die een lichtbruine drank geeft met een licht aroma en veel cafeïne (een krachtig stimulerend middel dat in overmaat giftig kan zijn). Europese koffie is in het algemeen donkerder gebrand, wat een betere geur en een lager cafeinegehalte geeft. Italianen houden van heel donkerbruin, bijna zwart gebrande bonen met een geconcentreerde smaak en een zekere bitterheid die met extra suiker in evenwicht wordt gehouden. Die donkere Italiaanse koffie bevat minder cafeïne, omdat die stof tijdens het langere en hetere brandingsproces deels verdwijnt.

Er zijn allerlei manieren om koffie te zetten: in een pot zoals

BICERIN-CHOCOLADE EN KOFFIE BIJ BARATTI E MILANO CAFFÈ IN TURIJN

Een fantastische percolator (koffiepot), ontworpen door Riccardo d'Alisi voor een tentoonstelling van Napolitaanse koffiepotten

thee, met heet water door gemalen koffie in een filter, onder druk van kokend water in een *caffettiera* (ofwel percolator) met schroefdeksel, of onder heel hoge stoomdruk in speciale, moderne machines.

Koffie wordt in de keuken op diverse manieren gebruikt, vooral in gebak en zoetigheid. Als u 's zomers in een Zuid-Italiaanse bar b.v. zo'n verrukkelijke *granita di caffè* bestelt, krijgt u een smal glas vol ijskoffie. In geconcentreerde vorm wordt koffie in likeur verwerkt, als bonbonvulling gebruikt en in poedervorm in sommige gebaksoorten verwerkt, zoals in de Siciliaanse Cannoli (blz. 256). Poederkoffie wordt in Italië niet veel gedronken. Men drinkt er verse espresso of cappuccino als ontbijt en op elk moment van de dag, maar vooral na de maaltijd – niet zelden *corretto*: met een scheutje grappa in het noorden, of anis in het zuiden.

Rechts: percolator

Camomilla / Kamille

Dit kruid vindt u veel op open velden. Van de middelste delen van de bloemetjes wordt een thee getrokken die kalmerend werkt, de slaap opwekt en de spijsvertering bevordert. Italianen drinken vaak een kopje kamillethee na de maaltijd.

Cannella, Cinnamomo

Kaneel

De Italiaanse naam van deze specerij komt van *canna*, wat 'riet' betekent. Kaneel komt namelijk van een stuk bast. De specerij is uit India, Sri Lanka en China afkomstig. De Chinese soort ruikt en smaakt het sterkst en wordt vaak als de beste beschouwd. Reizigers namen al vele eeuwen geleden de eerste kaneel uit het Verre Oosten mee naar Europa. Het wordt in heel Italië in hartige gerechten gebruikt, b.v. in sauzen voor vlees en wild en zelfs in risotto's (zie het recept voor Risotto all'Isolana op blz. 226). Het is een bekend ingrediënt in bisschopswijn en wordt verwerkt in zoetigheid als Cannoli (blz. 256) en roomvullingen voor zoete flans. Gemalen kaneel wordt ook over vers fruit gestrooid.

Cappero / Kappertje

Kappertjes zijn bloemknoppen van een struik met heel mooie, dikke ronde of ovale blaadjes. Op Sicilië begint de oogst aan het einde van de lente, als het al heet is. De eilandjes Lipari en Pantelleria produceren zoveel uitmuntende kappertjes dat een deel zelfs geëxporteerd wordt. De kleinste kappertjes zijn het gewildst vanwege hun zachtheid en doordringende smaak. Hoe groter ze worden, des te minder smakelijk ze zijn.

Net als olijven zijn rauwe kappertjes bitter en oneetbaar en moeten ze eerst geconserveerd worden. Dat kan in azijn, in pekel of in droog zout. Gepekeld en droog gezouten vind ik ze het lekkerst. Als u pekel gebruikt, maak dan een oplossing van 20% zout, laat de kappertjes er een paar dagen in liggen, giet ze af en leg ze laag om laag met grof zout in een pot; eindig met een laag zout. Ontzout ze voor het gebruik 15 minuten in een kom water.

Voeg hele of fijngehakte kappertjes liefst pas tegen het einde van de bereidingstijd aan een gerecht toe, zodat ze hun smaak behouden en niet bitter worden. U geeft er extra smaak mee aan salades, tomatensauzen, pasta of gekookte groenten, b.v. artisjokken of tuinbonen. Ze geven iets extra pittigs aan tonijnsauzen, zoals voor Vitello Tonnato (zie blz. 87) en vormen met boter en citroensap een saus voor gestoomde vis.

Capsico, zie Peperoncino

Cardamomo / Kardemom

Deze verfijnde specerij wordt vooral in de Indiase en oosterse keuken gebruikt, maar was in de tijd van de doges ook in Amalfi, Pisa, Genua en Venetië populair. De smaak van de kardemom is afkomstig van de zwarte zaadjes in de lichtgroene, ovale zaaddoos. In Italië wordt kardemom tegenwoordig vooral gebruikt in de vorm van een olieachtig extract voor de fabricage van likeur en zoetigheid, maar ook in het streekgerecht Panforte (zie blz. 281 en 296), dat uit de Middeleeuwen dateert. Zelf maak ik vaak roomijs met kardemom.

Cerfoglio / Kervel

De blaadjes van deze tere plant lijken net bladpeterselie, maar zijn veel kleiner en lichter van kleur. De plant groeit 's zomers in heel Italië overvloedig en wordt dan veel gebruikt. Verse kervel is heel geurig en vooral lekker bij gestoomde groenten, in salades, in fijne soepen als *stracciatella* (bouillon met losgeklopt ei) en in andere eiergerechten, met name roerei. Voeg het in warme gerechten altijd pas vlak voor het opdienen toe.

Chiodo di Garofano

Kruidnagel

Kruidnagels zijn in de tijd van de kruistochten in Italië terechtgekomen en populair gebleven. De kruidnagel ('nagel' betekent in dit

Rechts: kappertjes op Lipari

geval 'spijker', net als het Italiaanse *chiodo*) is een ongeopende bloemknop van de *Eugenia carophillata*, een altijdgroene boom die wel 15 meter hoog kan worden. De bloemknoppen worden geplukt en in de zon gedroogd, zodat ze hun intense geur behouden. Ze worden in veel gerechten gebruikt, o.a. in *vino brûlé* (bisschopswijn), gebraden vlees, wildsauzen, marinades, bouillon, gekookt fruit en ingemaakte paddestoelen en augurken. In gemalen vorm en als olie worden ze ook op grote schaal verwerkt in zowel de banketbakkerij als de farmaceutische industrie (vanwege hun pijnstillende eigenschappen).

CINNAMOMO, ZIE CANNELLA

CIOCCOLATO / CHOCOLADE

Chocolade, de stof die zowel kinderen als volwassenen gelukkig maakt, is afkomstig van de cacaoboon (zie Cacao). Aan de fabrieksmatige of ambachtelijke bewerking komt veel raffinage en mengen te pas en er kan van alles aan worden toegevoegd: melk, room, suiker, vanille-essence en extra cacaoboter (het vet van de cacaoboon). Italië staat bekend om zijn goede chocolade. In alle streken staan fabrieken en ambachtelijke bedrijven, en die gebruiken de beste cacaobonen uit Ecuador, Ivoorkust en Ghana. Het Turijnse bedrijf Peyrano importeert de bonen nog steeds zelf en verzorgt het hele proces van boon tot repen *cioccolato* of *cioccolatini* (kleine chocolaatjes) met alle mogelijke toevoegingen, b.v. sinaasappel, munt, vanille en nog veel meer. De chocolade wordt met de hand in klassieke vormen gegoten en na afkoelen in kleurige folie verpakt. Voor bijzondere vormen als paaseieren, paashazen of kerstmannen wordt alleen de beste pure chocolade gebruikt, zodat ze niet te makkelijk breken of smelten.

Chocolade wordt niet alleen in zoetigheid verwerkt, maar ook in nagerechten en gebak. In het zuiden overgiet men er vijgen uit de oven, of gekonfijte vruchten als clementines, kersen, walnoten en hazelnoten mee. De daarvoor gebruikte chocolade – *copertura* (couverture) – wordt in grote blokken verkocht en naar behoefte gesmolten. Gezoete drinkchocolade (*cioccolata*) is in Italië heel populair – het allerlekkerst in een van die mooie, oude bars van Turijn.

CORIANDOLO / KORIANDER

Italianen eten alleen het zaad van deze plant en niet de heerlijk geurende blaadjes, die in de keuken van Zuidoost-Azië zo populair zijn. Korianderzaad wordt toegevoegd aan worsten als mortadella; koriandersiropen gaan naar de likeur- en gebaksindustrie.

CREN, RAFANO
MIERIKSWORTEL

Deze merkwaardige plant (*Armoracia rusticana*) komt 's zomers in heel Italië in het wild voor. Laat in het seizoen wordt hij geoogst om zijn doordringend smakende penwortel, die dan de hele winter houdbaar is. De dikke blaadjes zijn moeilijk van zuring te onderscheiden en de dikke wortel (die tot 35 cm lang kan worden) moet voorzichtig worden uitgegraven om te voorkomen dat hij breekt. Hij is heel hard en moet voor het gebruik geraspt worden. Zet bij het raspen een bril op, want het sap van de wortel is heel doordringend en irriteert de ogen als het erin terechtkomt.

Mierikswortel wordt vooral in de Veneto, Trentino en Alto Adige gegeten, waar de kooktraditie is beïnvloed door het aangrenzende deel van Tirol in Oostenrijk. U kunt de wortel verwerken in sauzen bij gekookt vlees, b.v. varkensvlees, kip, kalfs- en rundvlees, bij vis (vooral gerookte) en in salades, maar mierikswortel wordt ook vaak met slagroom door aardappelpuree geroerd.

Zelf houd ik van versgeraspte mierikswortel op de halfrauwe T-bone steaks die *bistecca alla Fiorentina* heten (zie blz. 70).

CRESCIONE / WATERKERS

Waterkers groeit aan de oevers van kleine rivieren, maar wordt vooral commercieel gekweekt. Het seizoen loopt bij mild weer van de lente tot de herfst. Het kruid, met een peperige smaak die heerlijk is in soep en salades, is pas sinds kort tot de Italiaanse keuken doorgedrongen.

CUMINO / KOMIJN

Komijn is het bijzonder geurige zaad van een plant die *Carum carvi* heet en op anijs lijkt. De plant groeit 's zomers langs de rand van velden en wordt voor brood, aardappelgerechten en zuurkool gebruikt. Dat gebeurt alleen in de noordoostelijke streken Trentino, Friuli en de Veneto.

DIAVOLILLO, ZIE PEPERONCINO

DRAGONCELLO, SERPENTARIA, ESTRAGONE / DRAGON

Dit heel geurige, zomerse kruid met zijn lange, smalle blaadjes wordt tegenwoordig veel in de Italiaanse keuken gebruikt, waarschijnlijk onder Franse invloed. Het gaat vooral in sauzen voor vis, eieren en gevogelte, maar wordt ook in salades en als garnering gebruikt. Een saus van gesmolten boter, citroensap en fijngehakte dragon is heerlijk bij gepocheerde forel of kip. Met dragon op smaak gebrachte azijn geeft ook een opvallende toets aan een salade. Op basis van een Frans idee heb ik een

LINKS EN BOVEN: TRADITIONELE CHOCOLADEVERPAKKINGEN

Hoe chocolade wordt gemaakt

In de Peyrano-fabriek in Turijn worden de beste rauwe, gedroogde cacaobonen uitgezocht en op olijfhout geroosterd. De geroosterde bonen worden dan tussen enorme ronddraaiende cilindrische stenen gemalen. De substantie die daaruit ontstaat, wordt gekoeld om er stevige blokken ruwe chocolade van te maken.

Deze worden vervolgens aan een lange serie verdere zuiverings- en mengprocessen onderworpen, waarbij suiker en andere smaakstoffen worden toegevoegd, inclusief hazelnoten uit Piemonte als de getoonde *gianduiotti* op het programma staan.

De chocolade wordt met de hand in klassieke vormen gegoten en, als ze gestold is, wederom met de hand ingepakt en verpakt.

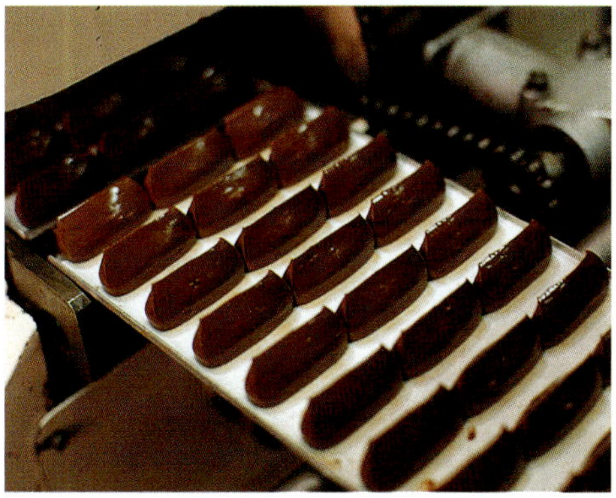

LINKS: WILDE VENKEL OP SICILIË

sorbet gecreëerd van citroensap, water, suiker en veel fijngehakte verse dragon.

ERBA CIPOLLINA

BIESLOOK

Bieslook is al vele eeuwen bekend, doch pas de laatste tijd door de moderne Italiaanse keuken herontdekt. Dit energieke kruid groeit in dikke bossen en heeft lange, dunne, donkergroene, holle stelen die wel 30 cm hoog kunnen worden. Ze worden met mooie paarse bloemen bekroond. Hun milde smaak ligt ergens tussen ui en knoflook, waardoor bieslook op tal van manieren bruikbaar is. De fijngehakte stelen worden toegevoegd aan eiergerechten, zachte kaas, salades, consommés en *crostini* met tomaten.

LINKS: DRAGONCELLO

FINOCCHIO

VENKEL

De knol van deze plant, die in het zuiden langs landwegen groeit, wordt natuurlijk als groente (blz. 111) gegeten, maar ook het groen en de zaden worden in heel Italië veel gebruikt. Venkelzaad smaakt minder zoet dan het heel vergelijkbare en verwante anijszaad. De zaadjes zijn langer en krijgen na drogen een opvallend groene kleur.
In de keuken van Toscane en in het zuiden is venkel geliefd bij varkensvlees en in de beroemde Toscaanse salami *finocchiona*, maar ook in verse en geconserveerde worst. In Puglia en in het zuiden wordt venkelzaad veel gebruikt voor *taralli* (de plaatselijke hartige koekjes), brood en zoete koekjes.

GIANDUIOTTO

HAZELNOOTCHOCOLADE

Deze driehoekige chocolaatjes behoren tot de beste van Italië. Ze bevatten veel hazelnootpasta van Piemontese hazelnoten, die erom bekendstaan dat ze niet gauw ranzig worden. De chocolade smelt direct in de mond en smaakt bijzonder fijn. *Gianduiotto* is bedacht ter ere van Gianduja: iemand uit de plaatselijke folklore, die bij carnavals en andere feesten Turijn placht te vertegenwoordigen. Gianduja heeft een driehoekige hoed; vandaar de vorm van de chocolaatjes. De beroemde plaatselijke *bicerin* – naar men zegt de favoriete drank van Cavour, de held van de Italiaanse eenwording – kunt u proeven in een van de prachtige, klassiek-Turijnse bars. Daar doet men een *gianduiotto* in een kopje hete espresso; een overheerlijk en rijk drankje.

GINEPRO

JENEVERBES

Deze veel voorkomende plant, die op een den lijkt maar veel stekeliger is, groeit vooral langs de Italiaanse kust, maar ook in de Toscaanse Apennijnen, op Sardinië en op de eerste Alpenhellingen. Jeneverbessen zijn groen, maar worden bij rijping zwart. Ze hebben een iets harsige smaak en zijn vers het lekkerst. Kneus ze vlak voor het gebruik. Ze zijn beroemd als ingrediënt van jenever en gin, maar worden ook in marinades en vlees- en wildgerechten gebruikt.

LAURO, ZIE ALLORO

LIQUIRIZIA / ZOETHOUT

In Italië groeit deze overblijvende plant vooral in het zuiden. Op Sicilië en in Calabrië wordt hij na 4-5 jaar geoogst en heeft dan een hoogte van ca. 1 meter. De smaakstoffen worden er fabrieksmatig aan onttrokken door de wortel te koken tot een dikke, zwarte siroop. Gemengd met suiker en zetmeel ontstaat op die manier zoete drop. Toen ik nog heel jong was, kocht ik altijd kleine staafjes zoethout, waaraan ik al kauwend het zoete vocht onttrok.

BOSJES WILDE VENKEL HANGEN OP DE MARKT IN FLORENCE TE DROGEN.

MACIS, ZIE NOCE MOSCATA

MAGGIORANA

MAJORAAN

Majoraan is nauw verwant aan oregano en wordt in de meeste Italiaanse streken vanwege zijn muntachtige geur graag gegeten, maar is vooral in Ligurië populair, waar de plant in overvloed voorkomt. Majoraan wordt gebruikt in de beroemde *cima alla genovese* (gevulde kalfsborst) en Torta Pasqualina (zie recept op blz. 301), maar ook bij gebraden vlees, in stoofgerechten (vooral konijn) en in salades. Majoraan is voorts een belangrijk ingrediënt in *preboggion* (de kruidenvulling voor Pansôti; zie recept op blz. 167). Majoraan is makkelijk te kweken en groeit vaak in potten op de vensterbank of op het balkon.

MENTA, MENTUCCIA, NEPITELLA, NEPETELLA / MUNT

Omdat de Italianen drie van de vele bestaande muntsoorten gebruiken en daarbij dezelfde naam gebruikt wordt voor twee soorten munt die in verschillende streken groeien, ontstaat er verwarring. De meest voorkomende soort is de pepermunt (*Mentha piperita*): een woekerplant die tot 1 meter hoog kan worden en donkergroene, ovale, puntige blaadjes heeft. Pepermunt plant zich niet voort via zaadjes, maar via de wortels, die zich zo snel door de grond verspreiden dat zijn groei beperkt moet worden door een gebied met diep in de grond gestoken stenen af te zetten. De andere veelgebruikte soort is de kleinbladige *mentuccia* (*M. romana*), die vaak verward wordt met *nepitella* (*Calamintha nepeta*). Deze laatste is een iets minder populaire muntsoort en de wilde versie ervan heet *nepetella*. Alleen in Toscane en Umbrië wordt *nepitella* in de keuken gebruikt, vooral bij paddestoelen en stoofgerechten.

Muntolie wordt gebruikt bij de fabricage van snoepgoed, siropen, zoetigheid en kauwgum. Met muntsiroop en ijs krijgt u een bijzonder verfrissende granité. U kunt muntblaadjes ook laten trekken in water of melk; u krijgt zo een verfrissende drank. Mijn moeder legde muntblaadjes vaak een paar dagen in alcohol van 95% en maakte dan een heerlijk drankje van 2 delen suiker, 1 deel muntlikeur en 1 deel water. Hoewel we daar als kinderen altijd maar een vingerhoed vol van kregen en er voor ons nog extra water bij werd gedaan, bleef het toch heerlijk.

Munt wordt niet alleen in zoetigheid en dranken verwerkt, maar ook in salades (vooral met vis), in pensgerechten, met gebakken courgettes (zie het recept voor Zucchini alla Scapece op blz. 124) of met artisjokken, zoals *carciofi alla giudea*. De huidige Romeinen zijn er even verzot op als die uit de oudheid. Ze vullen er kip mee en brengen er gekookte bonen of (zoals in Umbrië) bladgroente mee op smaak.

MIELE / HONING

Zoals iedereen weet, maken bijen honing van de nectar uit een grote verscheidenheid aan bloemen. Honing is de oudste zoetstof die de mensheid kent. De meeste honing komt van de nectar van alle bloemen binnen het bereik van de korven, en zulke honing heet *millefiori* (duizend bloemen). Soms wordt de honing echter gemaakt door bijen die nectar van maar één soort verzameld hebben. Deze honingsoorten zijn meestal duurder dan gewone, hebben een fijnere smaak en geur en ze weerspiegelen de eigenschappen van de betrokken bloem.

De meest voorkomende honing van één bloem is acaciahoning en die vindt u veel in de Veneto. Acaciahoning kristalliseert niet en wordt niet troebel bij het gebruik. De zoetwarenindustrie maakt er graag gebruik van, maar hij is ook lekker op brood met boter. *Fior d'arancio* (oranjebloesemhoning) is een specialiteit uit Calabrië en Sicilië en heeft een intense, bitterzoete smaak. Men maakt er op Sicilië graag een zoetigheid mee die nauw verwant is aan Turks fruit.

Castagno (kastanjehoning) is een heel donkere honing met een zware geur en licht bittere smaak, die in heel Italië wordt gemaakt als de kastanjebomen in bloei staan. Het heuvelachtige Piemonte produceert veel kastanjehoning en daar maakt men de heerlijke Croccante di Nocciole (blz. 280) van.

RECHTS: BIJENKORVEN IN PIEMONTE

Lavanda (lavendelhoning) is een heel tere en geurige honing die vooral uit Ligurië komt, waar een overvloed aan wilde en gekweekte lavendel groeit. In Toscane wordt *rosmarino* (rozemarijnhoning) gemaakt. De imkers verplaatsen hun korven voortdurend naar plaatsen waar veel rozemarijn bloeit. Voorts bestaat er honing van amandelbloesem, tijm en klaver, maar alleen in kleine hoeveelheden.

Honing is makkelijk verteerbaar en bevat veel waardevolle sporenelementen en eiwitten. Het wordt veel gebruikt bij de fabricage van koekjes en crèmes en om drankjes mee te zoeten. Ik doe het in zuurkool en bestrijk er gebraden varkensvlees mee om de bovenkant te karamelliseren. Het allerlekkerst is honing echter in het Napolitaanse gerecht Struffoli (zie recept op blz. 306).

NEPETELLA, NEPITELLA, ZIE MENTA

NOCE MOSCATA, MACIS

NOOTMUSKAAT, FOELIE

Nootmuskaat is het zaad van de tropische boom *Myristica fragrans*, die tot 12 meter hoog kan worden. De boom is inheems op de Molukken, maar wordt tegenwoordig vooral in West-Indië gekweekt. De vruchten zijn geel en lijken op abrikozen. Het bruine zaad is net een ovale noot en wordt in de zon gedroogd. De buitenste schil verschrompelt tot een oranje, kantachtig vlies. Dat is foelie. Het wordt meestal gemalen en net zo gebruikt als nootmuskaat, maar heeft een iets andere smaak.

De eigenlijk donkerbruine nootmuskaat wordt vaak gemalen verkocht, maar is veel lekkerder als u hem zelf vers over een gerecht raspt. Dan komt de intense geur het beste tot zijn recht. Nootmuskaat is in de Romeinse tijd door de Arabieren geïntroduceerd en in de Italiaanse keuken altijd gebruikt, vooral in het noorden, waar men er gebraden vlees, stoofgerechten, sauzen, aardappelpuree en *ravioli*vullingen mee op smaak brengt.

OLIO / OLIE

Olie wordt gemaakt door vruchten, zaden en noten uit te persen of met een chemisch extractieproces te bewerken. Vroeger werd in Italië bijna alleen olijfolie gemaakt en het land werd dan ook beroemd om zijn uitmuntende olijfolie. Tegenwoordig worden er echter ook veel andere oliën gemaakt, zoals *arachidi* (van pinda's), *semi di girasole* (van zonnebloemzaad), *semi di soya* (van sojabonen), *mandorle* (van amandelen), *noci* (van walnoten), *nocciole* (van hazelnoten), *ravizzone* (van raapzaad) en *vinacciole* (van druivenpitten). *Olio di arachide* (arachide- of pinda-olie) wordt in Italië gebruikt sinds uit Amerika de margarine overwaaide. Deze olie wordt gebruikt voor het bakken, want hij verdraagt hoge temperaturen en is goedkoper dan olijfolie. Ook *olio di mais* (maïsolie) is in Italië een goedkoop alternatief voor olijfolie als bakmiddel.

Links: traditionele Napolitaanse olijfoliekan die wordt gebruikt bij het maken van pizza's.

Olio d'Oliva / Olijfolie

Dit wonderbaarlijke product ontstaat door het malen en persen van olijven, die zelf al de vrucht van een wonderbaarlijke boom zijn. De olijfboom is in het Middellandse-Zeegebied inheems en in de laatste 2000 jaar is olijfolie het symbool van de grote Italiaanse agrarische kennis en bekwaamheid geworden. Het gaat daarbij niet zozeer om de hoeveelheid olie, hoewel Italië na Spanje de grootste producent is, maar om de unieke eigenschappen van deze olie, die de bekendste ter wereld is. Behalve in Piemonte en Lombardije, waar de grond en het klimaat ongeschikt zijn, staan in alle andere 18 Italiaanse streken olijfbomen. Daar komen miljoenen tonnen olijven vandaan, waarvan ca. 824.000 ton olijfolie wordt gemaakt. De helft daarvan is extra vergine.

De olijfboom kan dit soort hoeveelheden alleen voortbrengen als hij goed verzorgd wordt; deze extra aandacht is vooral nodig omdat 85% van het bijna 1,2 miljoen hectare grote areaal heuvelachtig is. Ligurië is een van de moeilijkste provincies voor de olijfbouw. De bomen moeten hoog in de heuvels op terrassen worden geplant en zijn alleen te voet te bereiken. De Ligurische olie is een van de lichtste en wordt van maar één ras gemaakt: de Taggiasca, een tamelijk kleine olijf die in december-januari geoogst wordt, als de olijf bijna rijp is.

Ze worden direct naar de *frantoio* (olijvenpers) gebracht, waarvan Italië er zo'n 9000 kent. Daar worden ze tussen twee enorme draaiende molenstenen vermalen. De pulp wordt gelijkmatig uitgespreid over ronde matten, die als een enorme sandwich op elkaar worden gelegd. Daarna gaan ze onder reusachtige hydraulische persen, totdat de laatste druppel eruit is gehaald. De vloeistof gaat in grote bakken en de koude, groene olie komt automatisch bovendrijven (ca. 30% van die vloeistof is olie; de rest is water uit de olijven). De olie wordt van het water gescheiden en gefilterd om ongerechtigheden te verwijderen. Omdat olijfolie gevoelig is voor zonlicht, dat de kwaliteit kan aantasten, wordt het tot aan de botteling (meestal in donkergroene flessen) in volledige duisternis gehouden.

Olio di oliva extra vergine (extra maagdelijke olijfolie)

Wettelijk mag een olie alleen zo heten als hij een zuurgraad van minder dan ½ procent bevat. Dat kan alleen gegarandeerd worden als de nog onrijpe olijven met de hand worden geplukt om beschadiging te voorkomen. Anders zouden de aderen die de olie bevatten namelijk aan de lucht worden blootgesteld en dat zou oxidatie veroorzaken. Om dat te voorkomen, moeten de olijven in de kortst mogelijke tijd koud geperst worden. Die zorgvuldige behandeling verklaart voor een deel de hoge prijs van extra vergine olijfolie. Verhitting tast de eiwitten in extra vergine olijfolie aan en u kunt hem dus beter koud in sauzen verwerken of b.v. in gerechten als Pinzimonio, Fettunta en Bruschetta (blz. 223, 226 en 224).

Toscaanse olie wordt gemaakt van Frantoio-, Lecino-, Maurino- en Puntino-olijven en is heel anders dan Ligurische olie. De Toscanen houden van een pittige, kruidige olie. De olijven worden al in oktober geoogst, als ze nog heel groen zijn en een lage zuurgraad hebben. Maar omdat ze zo jong zijn, hebben ze niet hun volle omvang en dus is de opbrengst van Toscaanse olijven

Extra vergine olijfolie uit Toscane, Umbrië, Ligurië en Puglia

lager dan die uit andere streken. Ook de hoeveelheid olie is dus laag, wat de prijs verhoogt maar ook gezorgd heeft dat de uitzonderlijke kwaliteit ervan over de hele wereld beroemd is. In een poging om hun olie wat agressiever op de markt te brengen, heeft een groep producenten er een speciale fles voor gecreëerd: de *laudemio*. Hun olie is inderdaad uitstekend, maar volgens mij niet beter dan andere.

Toscane was de eerste gastheer voor Oleum: het mondiale congres van olijfolieproducenten, waar des-

Links: een uithangbord van een winkel in Norcia, Umbrië

Rechts: citroen-olijfolie en olijfolie uit Puglia

kundigen van over de hele wereld hun problemen en prestaties kwamen bespreken. Er worden ook veel professionele olieproeverijen georganiseerd om te ontdekken welke olie de beste is. Puglia, de grootste olieproducent van Italië, is een beetje jaloers op de Toscaanse initiatieven, maar is blij dat er nu algemene richtlijnen zijn opgesteld tegen dubieuze procédés en producten.

Pugliese olie komt van Corantina-, Frantoio-, Oliarola Barese- en Leccino-olijven, maar is niet altijd een combinatie van alle vier de rassen – soms maar van twee of drie. Ongeacht de combinatie heeft olie uit Puglia meestal een pittige, fruitige smaak. Dat komt door de volledig rijpe olijven met de hoogst toegestane zuurgraad. Ze worden namelijk pas in januari geplukt.

Op Sicilië wordt olijfolie gemaakt van de Nocella Etnea-, Tonda Iblea- en Bianco Lilla-olijven. De olie lijkt sterk op die uit Puglia. In de Marche daarentegen mengt men de eigen olie uit een groot aantal rassen: Frantoio, Moraiolo, Leccino, Rosciale, Maurino, Pendalino en Carbonella. Dat levert een bijzondere olie op die als een van de beste in Italië geldt.

Olio vergine di oliva (maagdelijke olijfolie)
Maagdelijke olijfolie komt uit dezelfde streken als extra maagdelijke. Men gebruikt er extra rijpe olijven voor die een hogere opbrengst geven. De olie heeft een hogere zuurgraad en is goedkoper. Hij is bruikbaar voor bereidingswijzen waarbij de temperatuur niet te hoog wordt, en voor mayonaises en vinaigrettes. Het is een voortreffelijke olie, die u met extra vergine kunt mengen voor een vollere kleur en smaak.

Olio d'oliva (olijfolie)
Dit is de simpelste olie, meestal verkregen door de olijven warm uit te persen. Soms wordt ook het pulpresidu van koudgeperste extra vergine olijfolie gebruikt. De olie wordt in de keuken veel gebruikt. Hij is niet alleen geschikt voor de inmaak, maar ook om in te bakken, want hij behoudt zijn eigenschappen ook bij hoge temperaturen. *Fritto misto alla piemontese* en *fritto misto di mare* worden altijd in gewone olijfolie gefrituurd om de gerechten extra smaak te geven. De rest van het residu, dat na de warme persing *sansa* heet, gaat naar fabrieken die er chemisch de resterende 5-10% olie uithalen voor cosmetische en andere doeleinden.

De laatste paar jaar is er een groeiende vraag naar olie die met truffels op smaak is gebracht. Deze *olio al tartufo* wordt gebruikt voor koude vleesgerechten, vis en eieren. Aan olijfolie worden echter ook andere smaakgevers toegevoegd, b.v. chilipeper (*olio al peperoncino*), knoflook (*olio all'aglio*), rozemarijn (*olio al rosmarino*) en gemengde kruiden (*olio alle erbe*). Behalve truffelolie kunt u al die oliën thuis zelf maken door de betreffende smaakgever in een fles olijfolie te doen. Pas alleen op met knoflook, want die moet na een dag of twee worden weggegooid.

Oliva / Olijf

Als u een olijf rechtstreeks van de boom eet, zult u merken dat hij heel bitter is, of hij nu rijp (zwart) of onrijp (groen) is. Pas na pekelen is een olijf genietbaar.
Consumptie-olijven zijn bijna altijd andere rassen dan die voor de olieproductie gebruikt worden, met uitzondering van de Taggiasca, die in Ligurië groeit en voor beide gebruikt wordt.

Tafelolijven (*olive da tavola*) komen vooral uit het zuiden. Dat zijn b.v. rassen als de tamelijk grote, groene Ascolana uit de Marche, de Cerignola, Maiatica en Molellara uit Puglia, en de van oorsprong Spaanse Bella di Spagna, Santa Agostino en Santa Caterina uit Sicilië. Ze worden allemaal groen en onrijp geplukt, maar worden na rijping donkerpaars tot zwart.

Olijven worden geconserveerd door fermentatie, die normaal plaatsvindt dankzij micro-organismen in de schil. Deze melkzuurbacteriën verhinderen dat de olijf bederft. De oudste conserveringsmethode voor kleine groene olijven is tien dagen weken in water, het water dagelijks verversen, en ze dan op een koele plek bewaren in zout water. Grotere olijven als de Ascolana en Cerignola worden vóór het pekelen met natronloog en kalk behandeld om de bittere smaak weg te nemen.

De Siciliaanse olijvensoort Olive Bianche ondergaat een langdurige bewerking met een heel sterke zoutoplossing, die de kleur uit de olijven loogt. Daarna worden ze meermalen gewassen om al het zout te verwijderen en in een lichte pekel bewaard. Olijven uit de fabriek worden eerst gepasteuriseerd of zelfs gesteriliseerd, voordat ze voor een lage prijs in grote blikken worden verkocht. Dit soort olijven is ofwel heel, ofwel ontpit, ofwel met paprika of chilipeper gevuld. Ook de zwarte Baresane-

Rechts: olijven in Puglia

olijven krijgen een mildere smaak door natronloog en kalk, voordat ze gesteriliseerd en ingeblikt worden.

Beroemd om zijn pittige smaak en in de Italiaanse keuken heel veel gebruikt is de *oliva di gaeta*; een zwarte olijf die 1 dag is geweekt en 1 dag gepekeld, daarna 40 dagen in water is geweekt en ten slotte in een milde pekel geconserveerd wordt. Deze olijven zijn uitmuntend als *antipasto*. Een van mijn lievelingsolijven is een kleine, zwarte, geconserveerde soort die in de oven wordt gelegd of gedroogd om de smaak te concentreren.

Op Italiaanse markten vindt u een enorme verscheidenheid aan hele en gevulde olijven, soms wel meer dan 20 verschillende soorten. De meeste worden als *antipasto* met brood gegeten, maar sommige zijn alleen geschikt voor verwerking in een van de talloze Italiaanse olijvengerechten, vooral uit Sicilië, waar de olijf niet is weg te denken uit beroemde gerechten als Caponata (zie recept op blz. 135). Sommige olijven kunt u zelf vullen, b.v. met gehakt, met tonijn en kappertjes, of met peterselie, broodkruim en losgeklopt ei. Haal ze daarna door losgeklopt ei, rol ze door paneermeel en frituur ze goudbruin (zie het recept voor Olive Ascolane op blz. 223). De laatste tijd zijn gerechten als olijvenpasta ontwikkeld; daarmee kunt u de smaak van sauzen ophalen en *bruschetta* of toost bestrijken.

ORIGANO

OREGANO, WILDE MAJORAAN

Dit kruid met kleine blaadjes en een lange steel kan tot 70 cm hoog worden en vertoont bij rijping dichte trossen roze bloemen. Deze typisch mediterrane plant vindt u in het wild op heuvels, maar oregano wordt tegenwoordig ook veel commercieel gekweekt. Het ruikt sterk naar munt en is een van de weinige kruiden die baat hebben bij drogen. De meeste gerechten met oregano komen uit Sicilië, waar het kruid bijna even populair is als basilicum. Het past bijzonder goed bij aubergines (vooral geconserveerde) en tomaten als ingrediënt in de beroemde Pizzaiolasaus (blz. 57). Voorts wordt het in brood en koek gedaan, over pizza's gestrooid en gebruikt om olie op smaak te brengen. Buiten Italië denkt men vaak dat oregano een Bolognesesaus meer 'mediterraan' maakt, maar dat is absoluut niet zo!

PANPEPATO / PEPERBROOD

Panpepato is zoet brood dat in een aantal Italiaanse streken wordt gemaakt; het is de voorganger van de Toscaanse *panforte*. De naam komt van de overvloedige hoeveelheid gemalen zwarte peper die, samen met de meer gebruikelijke ingrediënten als amandelen, hazelnoten, walnoten, pijnboompitten, gekonfijte sinaasappel- en citroenschil, bloem en honing, wordt toegevoegd. Het brood wordt dan in een middelhete oven 40 minuten gebakken. Soms wordt Panpepato ook geheel bedekt met een laag donkere chocolade (zie recept op blz. 230).

PAPRICA, PAPRIKA, ZIE PEPERONCINO

PEPE / PEPER

Geen andere exotische specerij is in Italië zo geestdriftig ontvangen als peper. Men denkt dat Alexander de Grote de peper heeft meegebracht uit India, waar de plant nog steeds gekweekt wordt. De korrels zijn de vruchten van een klimplant die 10 meter hoog kan worden, hoewel hij meestal op een hoogte van 4 meter wordt gehouden om de oogst te vergemakkelijken. De plant produceert dichte trossen van elk 70-80 peperkorrels. Peper komt o.a. uit India, Pakistan en Indonesië.

Witte peper wordt vooral gebruikt in lichtgekleurde sauzen en in gerechten waar de bijzondere smaak vereist is. Om de korrels wit te maken, worden ze van de boom gehaald en in water geweekt om de velletjes los te maken. Zodra die zacht zijn, worden ze verwijderd en worden de korrels in de zon gedroogd. Om de korrels zwart te maken, worden ze met velletje en al gefermenteerd en na uitlekken in de zon gedroogd. Groene peperkorrels zijn gewoon verse of geconserveerde peperkorrels en hebben minder smaak dan gedroogde. Roze peperkorrels zijn eigenlijk helemaal geen peper, maar komen van een andere boom en missen de doordringende scherpte van echte peper.

Peper is het lekkerst als u de korrels pas maalt als u ze nodig hebt. Kant-en-klaar gemalen peper verliest namelijk zijn verfijnde geur en pikante smaak. Koop alleen de beste kwaliteit peperkorrels en bewaar ze op de juiste manier. De beste witte peper komt uit Madras in India, de beste zwarte uit de Molukken, de beste groene uit Madagaskar.

In Italië geven hele peperkorrels smaak aan salami's, en aan hammen als de *pancetta arrotolata*: opgerold buikspek dat met grof gemalen peper wordt bestrooid. Ze gaan ook in bouillon en soep, waar het lange koken van de hele korrel de smaak helpt ontwikkelen. Gemalen peper wordt in veel sauzen verwerkt en is heerlijk op plakjes *lardo di arnaz*: gezouten varkensvet dat gegrilleerd wordt tot het doorschijnend is en dan op een stuk brood wordt gelegd. Peper is het hoofdingrediënt van de saus Peverada (blz. 228) uit Treviso, en het speelt een heldenrol in Panpepato (zie recept op blz. 230).

LINKS: OLIJVEN UIT PUGLIA OP DE MARKT IN FLORENCE

RECHTS: VERSCHILLENDE CHILIPEPERS IN STRENGEN OM TE KUNNEN DROGEN.

PEPERONCINO, CAPSICO, DIAVOLILLO, PEPE DI CAYENNA

CHILIPEPER, CAYENNEPEPER

Men denkt dat Christoffel Columbus de chilipeper heeft meegebracht uit Amerika. De specerij raakte al snel bekend als *la droga dei poveri* (specerij van de armen), omdat elk gerecht, hoe saai ook, er een overweldigende smaak mee kreeg. Bovendien bevordert chilipeper de spijsvertering en heeft het een desinfecterende werking. In Italië is chilipeper vooral in het zuiden populair. Daar wordt het veel gebruikt en staat het naast het zout en de peper op restauranttafels.

Peperoncini zijn, net als de paprika, lid van het *Capsicum*-geslacht. De plant geeft echter geen grote, milde vruchten, maar kleine, groene of vuurrode in de vorm van hoorntjes. De kleinste chilipepers, die in de Abruzzen *diavolilli* (duiveltjes) heten, zijn het heetst. Andere soorten zijn o.a. de ronde, kersvormige, rode chili's, de lange, dikke chili's (*sigarette*) en de veel voorkomende, kleine, puntige chili's, die gedroogd en tot cayennepeper (*pepe di Cayenna* of *pepe d'India*) gemalen worden. Dat product lijkt veel op het pikante Hongaarse paprikapoeder, maar is veel heter.

Chilipeper wordt in een aantal Italiaanse gerechten gebruikt, zoals *spaghetti aglio, olio e peperoncini* (spaghetti met olijfolie, knoflook en chilipeper) en *penne all'arrabbiata* (penne met 'boze saus'). Tot voor kort werd chilipeper traditioneel alleen in het zuiden en op de eilanden gebruikt, maar tegenwoordig hebben koks in elke Italiaanse streek deze specerij meer of minder geestdriftig omhelsd. Piemonte gebruikt het in Tumin (Tomino): een klein, vers kaasje dat geconserveerd wordt met olie, azijn en veel chilipeper. Het gerecht is zelfs zo pikant dat het soms *Tomino elettrico* heet, omdat het aanvoelt als een elektrische schok op de tong. Nóg heter is de versie die *atomici* heet!

Chilipeper wordt ook gebruikt in *tofeja*, een gerecht van bonen en varkensvlees met chilipeper, dat in een bijzondere pan wordt klaargemaakt, en voorts in Salsa Verde (groene saus; zie recept op blz. 224). Hoe verder zuidwaarts u komt, hoe meer deze specerij wordt gebruikt. Vaak ziet u de pepers in lange strengen aan balkons en ramen hangen, klaar om met gulle hand in sauzen, salami's, worst, stoofgerechten en groenten te worden gedaan.

PEPERONCINI

PREZZEMOLO / PETERSELIE

De twee bestaande soorten peterselie worden in elke Italiaanse keuken veel gebruikt, maar vooral aan de kust, omdat dit kruid zo goed bij vis past. Krulpeterselie dient meestal als garnering, maar de gewone *gigante d'Italia* met zijn kleine, platte blaadjes dient in tal van gerechten als kruid.

Peterselie is vaak samen met knoflook de basis voor pasta-, schaal- en schelpdiersauzen. Het kruid gaat ook in salades van zeedieren, in gebakken niertjes, gefrituurde zwezeriken, soep, bouillon en groenten als gesmoorde artisjokken, worteltjes en gebakken paddestoelen. Peterselie is het hoofdingrediënt in de Piemontese Salsa Verde (blz. 224) en onmisbaar in *al funghetto* gebakken aubergine.

ROSMARINO / ROZEMARIJN

Deze overblijvende plant groeit in alle Italiaanse kuststreken, en de meeste gezinnen met een tuin of balkon hebben een kleine struik voor eigen gebruik. De geurige naalden met hun fluweelgrijze onderkant zitten aan houtige stelen en de plant heeft 's zomers aantrekkelijke bloemen.

Het kruid past bijzonder goed bij gebraden vlees. Fijngehakt kunt u het ook in marinades gebruiken, maar pas op, want de smaak overheerst gauw. Op houtskool geroosterd geeft rozemarijn een heerlijke rookgeur aan vlees en vis. Gebruik het het liefst vers, want gedroogde rozemarijn smaakt iets anders.

RAFANO, ZIE CREN

RUTA / WIJNRUIT

Dit dichte, kleine plantje (*Ruta graveolens*) heeft mooie, grijsblauwe blaadjes die u in salades kunt gebruiken, maar pas op, want ze zijn scherp en bitter. Een takje wijnruit wordt soms in een fles grappa gedaan om de digestieve eigenschappen te versterken.

SALE / ZOUT

Zout was het eerste conserveringsmiddel dat de mensheid kende; het is dus bijzonder waardevol. Het woord 'salaris' komt zelfs van *salario*: het deel van iemands loon dat in zout werd uitbetaald. Zout wordt veel gebruikt bij de conservering van vis (kabeljauw, ansjovis, haring), kappertjes en niet te vergeten allerlei varkensvleesproducten.

Er zijn drie soorten zout: het

geraffineerde fabriekszout, het grove maar bewerkte zeezout en het nog grovere en onbewerkte zeezout. Zeezout wordt in Trapani (Sicilië) en op Sardinië nog steeds gewonnen door vlakke stukken grond met zeewater te laten vollopen en dat in de zon te laten verdampen. Het aldus verkregen zout wordt bewerkt en geraffineerd om het eetbaar te maken. Sommige Italianen gebruiken grof zeezout bij het koken van pasta, maar ik vind het het lekkerst op *focaccia*, dat er iets knapperigs van krijgt.

LINKS: ROSMARINO

SALVIA / SALIE

Samen met basilicum, oregano, rozemarijn en peterselie is salie een van de populairste kruiden in de Italiaanse keuken; het wordt in elke streek gebruikt. Salie is een overblijvende, altijdgroene plant met grijsgroene, ovale blaadjes, die fluweelzacht aanvoelen. Ze bevatten een aromatische olie die heerlijk is bij wit vlees (kalfsvlees, varkensvlees, kip). Bijzonder geliefd is salie met in boter gebakken kalfslever en in *ravioli* of *tortellini*, samen met vlees, groenten en Parmezaanse kaas.

SENAPE / MOSTERD

In mei-juni bloeien de mosterdplanten en worden de mosterdvelden donkergeel. Daarna vormen zich de zaaddozen, die vol witte of zwarte zaadjes zitten. Ze worden tot een geel of bruin poeder gemalen, dat gemengd wordt met azijn, wijn en soms knoflook en ansjovis. Dat mengsel eet u in de keuken bij vlees, salami's en vis. Mosterd krijgt soms extra smaak met dragon of andere pittige kruiden en wordt in sauzen voor wild verwerkt. Zelf kook ik de broccoli-achtige, ongeopende bloemtrossen van de mosterdplant graag even in water, om ze dan met olijfolie en citroensap op te dienen.

TIMO / TIJM

Dit zeer populaire, altijdgroene kruid groeit wild in het hele Middellandse-Zeegebied. In Italië vindt u het in het wild bijna nog makkelijker dan in de winkels. De piepkleine blaadjes hebben een heel intense geur. Tijm is geschikt voor alle vleesgerechten en ook voor marinades waarmee vlees mals wordt gemaakt, maar vooral voor lamsvlees, varkensvlees en wild. Het kruid is een onderdeel van de *aromi* maar moet daarin, vanwege zijn sterke smaak, altijd spaarzaam gebruikt worden. Tijm is voorts een ingrediënt van likeuren als Strega en Cent'erbe.

LINKS: SALVIA

VANIGLIA / VANILLE

Vanille komt vooral uit de tropische regenwouden van Mexico en Midden-Amerika en bestaat uit de dunne peulen van een overblijvende klimplant, die tot 30 meter hoog in bomen kan groeien. De peulen worden zo'n 15 cm lang en bevatten een kleverige, bruinige stof met miljoenen kleine zaadjes. Ze ontwikkelen hun geur en smaak pas als ze zes maanden lang bewerkt en gefermenteerd zijn, maar ruiken daarna heel zoet en sterk.

De smaak komt het beste vrij als u de peul in de lengte splijt, de zaadjes eruit schraapt en die gebruikt. Als u geen vanillestokjes kunt krijgen, probeer dan een goede kwaliteit vanille-essence te vinden. Die is heel duur en sterk en moet spaarzaam gebruikt worden. Er bestaat vanillepoeder voor gerechten waarin de zaadjes en de kleur van de vanille niet gewenst zijn. Synthetische vanille-essence en -poeders zijn veel slapper dan echte.

Vanille wordt bijna alleen gebruikt voor zoetigheid, crèmes, roomijs, eiersauzen en gebak. U kunt suiker een vanillesmaak geven door die met één of twee vanillestokjes in een luchtdichte pot te doen, totdat de suiker de smaak heeft overgenomen. Deze vanillesuiker is bruikbaar voor eiersauzen, *panna cotta* en allerlei puddingen en taarten.

TIMO

ZAFFERANO, ZAFFERANONE
SAFFRAAN

Saffraan staat al sinds de oude Egyptenaren als de koning van de specerijen bekend; het werd door de Venetiaanse doges zelfs als valuta gebruikt. Voor één kilo saffraan moeten handmatig een half miljoen stempels van de *Crocus sativus* (die maar twee weken per jaar bloeit)

PINUCCIA, EIGENARES EN CHEFKOK VAN RISTORANTE S. GIOVANNI IN CASARZA, LIGURIË, MET HAAR EIGEN MENGSEL VAN GEDROOGDE KRUIDEN

geplukt worden: daarom is saffraan zo duur. Na het plukken worden de stempels bij een milde warmte gedroogd en verliezen ze 80% van hun gewicht. Ze worden ook veel in geneesmiddelen en als kleurstof gebruikt en zijn daarom heel zeldzaam en heel kostbaar.

De saffraanstempels worden verkocht in pakjes van 1 gram of tot een poeder gemalen. Koop liefst de draden, want die geven de beste smaak en kleur. Week ze in water om de kleur vrij te maken en proef ze, voordat u ze met het weekwater bij een gerecht doet. Saffraan wordt in de Italiaanse keuken heel spaarzaam gebruikt. Het beroemdst is de Milanese Risotto alla Zafferano (blz. 178), maar er zijn ook vissauzen en -soepen waarin de warme smaak en kleur van de saffraan werkelijk verrukkelijk is. Ter ere van de doges van Venetië heb ik saffraanijs ontwikkeld (zie recept op blz. 231).

De meeste saffraan komt uit La Mancha in Spanje, maar ook de saffraan uit de Abruzzen en tegenwoordig zelfs uit Sardinië produceert heel lange draadjes van een uitmuntende kleur en kwaliteit. Een veel goedkopere saffraanversie heet *zafferanone*; dat heeft nauwelijks de geur van echte, maar geeft wel dezelfde kleur.

ZENZERO / GEMBER

De Romeinen probeerden deze, oorspronkelijk Aziatische, wortel tevergeefs uit het Midden-Oosten in Europa te introduceren. In de Middeleeuwen werd het echter in Toscane weer gebruikt, samen met andere exotische specerijen als kardemom, nootmuskaat, koriander en kaneel. Er werd *panpepato* mee gemaakt en dit oude recept wordt nog steeds gebruikt om *panforte* te maken. De gemberplant heeft weinig bladeren, maar wel mooie roze of rode bloemen aan een rietachtige steel. In de keuken wordt echter alleen de wortel gebruikt. De specerij wordt veel gekweekt in Afrika, China, India, Jamaica en Japan, maar de beste komt uit Australië.

ZUCCHERO / SUIKER

In bijna elk voedingsmiddel zit van nature suiker, maar in enkele is dat gehalte zo hoog dat die suiker eruit wordt gehaald. Suikerriet, een overblijvende grassoort uit het geslacht *Saccharum officinarum*, heeft zich vanuit India over de hele wereld verspreid en wordt nu vooral in West-Indië en Zuidoost-Azië gekweekt. Een andere belangrijke bron van suiker is de suikerbiet, die tegenwoordig in heel Europa verbouwd wordt en veel suiker oplevert.

SUIKER IN BAR PFATISCH IN TURIJN

Karamel maken van suiker is een wetenschap op zich en vereist een goed gevoel voor de temperaturen en verhittingstijd. U gebruikt het voor b.v. het zoete Croccante di Nocciole (zie recept op blz. 280) of voor *crema caramello* (crème caramel).

GESUIKERDE AMANDELEN IN BARATTI E MILANO CAFFÈ TE TURIJN

Pinzimonio

CRUDITÉS MET OLIJFOLIE

Voor 4 personen

- 2 bosjes lente-uitjes, bijgesneden
- 4 kleine, malse artisjokken, zonder buitenbladeren, in achten
- 2 jonge venkelknollen, in de lengte in achten
- 4 jonge stengels bleekselderij uit het binnenste van de struik
- 8 nieuwe worteltjes
- 1 grote schaal of een aantal kleine schaaltjes vol olijfolie (extra vergine)
- zout en peper

Pinzimonio *is de verrassing die u in een goede Toscaanse trattoria krijgt voorgezet als de eerste malse lentegroenten te koop zijn en de net geperste olijfolie nog zijn volle kracht heeft. In Rome heet het gerecht* cazzimperio.

Doe de groenten in een grote kom met ijsklontjes en een beetje water en zet hem midden op tafel. Doe in elk schaaltje olijfolie, een theelepel zout en een theelepel peper, die naar de bodem zakken.

Elke eter neemt een stuk groente, doopt het in de olie, probeert wat zout en peper mee te nemen en eet er goed brood bij.

Olive Ascolane

GEVULDE OLIJVEN

Voor 4 personen

- 4 eetlepels boter
- 300 g varkensgehakt
- 300 g rundergehakt
- geraspte schil van ½ citroen
- 1 glas droge witte wijn
- 1 eetlepel tomatenpuree
- 100 g salami, heel fijn gehakt
- 50 g mortadella, heel fijn gehakt
- desgewenst: 55 g zwarte truffel, heel dun geschaafd
- 50 g Parmezaanse kaas, versgeraspt
- 2 eetlepels bladpeterselie, fijngehakt
- 5 eieren
- 48-50 heel grote, groene olijven (het liefst uit Ascolane; blz. 218)
- zout en peper
- nootmuskaat, versgeraspt
- bloem
- broodkruim
- olijfolie
- desgewenst opdienen met citroensap

Dit gerecht vergt nogal wat voorbereiding, maar het resultaat is bijzonder smakelijk en het is heel handig als borrelhapje of antipasto.

Verhit de boter in een pan en bak al het gehakt een paar minuten met citroenrasp, wat nootmuskaat, zout en peper. Roer er de witte wijn en tomatenpuree door en bak het geheel op laag vuur 30-40 minuten. Laat het afkoelen en roer er salami, mortadella, desgewenst truffel, kaas, peterselie en 2 eieren door. Draai er in een blender een tamelijk zacht mengsel van dat nog een beetje structuur heeft.

Snijd met een heel scherp, gebogen mesje het vruchtvlees van elke olijf in een spiraal van de pit; de olijf moet zich openen als een reep schil. Doe in elke olijf een beetje vulling en geef hem zijn oude vorm terug.

Klop de rest van de eieren los. Haal de olijven eerst door de bloem, dan door het ei en ten slotte door broodkruim. Frituur ze in olie; als u daarvoor een klein pannetje gebruikt en de olijven in gedeelten frituurt, is daarvoor niet veel olie nodig. Besprenkel ze met citroensap als u ze warm opdient; zonder citroensap kunt u ze ook koud opdienen.

BRUSCHETTA

Dit basisgerecht, oorspronkelijk afkomstig uit Abruzzo, heeft geheel Italië veroverd en het zou heel goed kunnen dat zijn heerschappij zich over de hele wereld aan het uitstrekken is. De naam komt van bruscare, *een dialectwoord dat 'grilleren' of 'roosteren' betekent.*

VOOR 6 STUKS

1 CIABATTABROOD, IN SNEDEN VAN 5 CM DIK
2 GROTE TENEN KNOFLOOK, GESCHILD
8 EETLEPELS OLIJFOLIE (EXTRA VERGINE)
2 GROTE, RIJPE VLEESTOMATEN, FIJNGEHAKT
BLAADJES BASILICUM
ZOUT EN PEPER

Verwarm de oven voor tot 200 °C (stand 6). Leg de sneden brood op een bakplaat en laat ze in ca. 10 minuten in de oven goudbruin worden.

Haal ze eruit en wrijf ze onmiddellijk met de tenen knoflook in. De knoflook moet in het brood smelten. Sprenkel er ca. de helft van de olie over, leg er de tomaten op en garneer met een blaadje verse basilicum. Voeg peper en zout toe en sprenkel er de rest van de olie over.

Dien het gerecht warm op of maak het van tevoren en geef het als borrelhapje.

SALSA VERDE

GROENE SAUS

Deze ongebruikelijke salsa verde *komt uit de Trattoria Italia in Castelletto Stura in Piemonte. Dat is een van die trattorias die je altijd hoopt te vinden: zo eentje met moeder (Ghibaudo Marianna) achter het fornuis, waar ze de heerlijkste streekgerechten kookt. Vader en zoon bedienen in het restaurant en de rest van het gezin werkt achter de schermen. Deze trattoria is overigens de enige die ik ken, waar een enorme schaal vlekkeloos schoongemaakte groenten met een mes op tafel wordt gezet, zodat u uw eigen salade kunt maken!*

VOOR 4-6 PERSONEN

6 GEZOUTEN ANSJOVISFILETS, 10 MINUTEN IN WATER GEWEEKT EN UITGELEKT
25 G GEZOUTEN KAPPERTJES, 10 MINUTEN IN WATER GEWEEKT EN UITGELEKT
2 TENEN KNOFLOOK
GROTE BOS BLADPETERSELIE
4 BLAADJES BASILICUM
OLIJFOLIE (EXTRA VERGINE)

Hak de ansjovis, kappertjes, knoflook, peterselie en basilicum met een mes heel fijn. Roer er zoveel olie door dat een heel stevige saus ontstaat.

Eet hem met beboterd brood of *grissini* als *antipasto,* of geef hem bij Bollito Misto (blz. 92), een gerecht uit diezelfde streek.

FRITTELLE DI BORRAGGINE

GEBAKKEN BORAGIE

VOOR 4-6 PERSONEN

300 G BLAADJES EN STELEN BORAGIE (OOK DE BLOEMEN)
100 G BLOEM
MESPUNT ZOUT
2 EIEREN, LOSGEKLOPT
BEETJE MELK
OLIJFOLIE

Boragie wordt in Italië niet veel gegeten. In Napels wordt er soep van gemaakt en elders wordt het kruid met bonen meegekookt. Hier volgt echter een nieuwe manier van klaarmaken. Gebakken boragie smaakt opmerkelijk verfijnd en is een uitstekend borrelhapje.

Blancheer de boragie 3 minuten in kokend water met zout, giet het kruid grondig af en laat het afkoelen. Zeef bloem en zout in een kom. Roer er de eieren door en zoveel melk dat een tamelijk dun beslag ontstaat. Doop steeds een paar blaadjes boragie tegelijk in het beslag en bak ze in een royale hoeveelheid olie goudbruin. Laat ze op keukenpapier uitlekken.

SALMORIGLIO

SAUS VOOR GARE VIS

Meng 3 delen olijfolie (extra vergine) en 1 deel citroensap. Voeg wat fijngehakte bladpeterselie toe en giet de saus over de gare vis.

Risotto all'Isolana

RISOTTO OP DE WIJZE VAN ISOLA

Voor 4 personen

- 300 g luganega (blz. 77)
- 1 ui, fijngehakt
- 85 g ongezouten boter
- 400 g rijst (Vialone Nano of Arborio)
- 1 liter kippenbouillon
- 1 theelepel kaneel
- 60 g Parmezaanse kaas, versgeraspt
- zout en royaal versgemalen zwarte peper

Deze opmerkelijke risotto komt uit Isola, ten zuiden van Verona. In het unieke gebruik van kaneel blijkt de invloed van het naburige Venetië, dat tijdens de Middeleeuwen oosterse specerijen importeerde.

Haal het worstvlees uit het vel en verkruimel het. Bak vlees en ui op laag vuur in 50 g boter tot de ui doorschijnend is en het vlees iets is aangebruind.

Maak op de gewone wijze risotto (blz. 175), haal de pan van het vuur, voeg kaneel en de rest van de boter toe en roer alles goed dooreen. Dien het bestrooid met kaas op.

Fettunta

TOSCAANS GEROOSTERD BROOD

Voor 4 personen

- 8 sneden Toscaans, ongezouten boerenbrood
- 1 teen knoflook, geschild
- 6 eetlepels Toscaanse olijfolie (extra vergine)
- zout en peper

De naam komt van fetta *(plak) en* unta *(ingeolied), en dat is precies wat het is. De Toscanen eten het als hapje of met* antipasti. *In Lazio en andere delen van het zuiden heet het gerecht* bruschetta, *maar verwar die niet met de versie met tomaten op blz. 224.*

Rooster het brood aan beide kanten en besmeer het licht met knoflook. Druppel er olie over, bestrooi het met zout en peper en eet het warm.

Paté di Olive Nere

ITALIAANSE TAPENADE

Voor 400 g

- 500 g stevige zwarte olijven
- 25 g gezouten kappertjes, 10 minuten in water geweekt en uitgelekt
- 4 ansjovisfilets
- 1 theelepel zwarte peper, versgemalen
- desgewenst: 1 chilipepertje, fijngehakt
- desgewenst: mespunt verse of gedroogde organo
- $1\frac{1}{4}$ dl olijfolie (extra vergine)

Een lekker smeersel voor crostini *of met brood als* antipasto. *U kunt er ook groene olijven voor nemen, maar vervang de ansjovis dan door gemalen amandelen.*

Ontpit de olijven en verwijder harde stukjes.

Doe alle ingrediënten behalve de olie in een foodprocessor. Voeg met draaiende motor beetje bij beetje de olie toe, totdat een smeerbaar mengsel is ontstaan. U hebt geen zout nodig, omdat de olijven, ansjovis en kappertjes ook al zout bevatten. Als u chilipeper gebruikt, neem dan wat minder zwarte peper.

Penne all'Arrabbiata

Penne met woedende (hete) saus

Voor 4 personen

- 6 eetlepels olijfolie (extra vergine)
- 1 uitje, in dunne plakjes
- verse of gedroogde chilipeper naar smaak
- 1 teen knoflook, grof gehakt
- 600 g tomaten, ontveld, ontpit en fijngehakt, of evenveel polpa di pomodoro (blz. 117)
- 6 blaadjes basilicum of 3 eetlepels bladpeterselie, grof gehakt
- 400 g penne rigate
- zout

Deze saus is dankzij de talloze Italiaanse restaurants en trattoria's over de hele wereld populair geworden en wordt ook overal in Italië gegeten. 'Arrabbiata' betekent 'woedend'; de saus heet zo vanwege de overvloed aan chilipepers die erin gaat. De saus wordt meestal bij penne *gegeven.*

Verhit de olie in een pan en bak de ui, knoflook en chilipeper 1 minuut. Roer er de tomaten door, kook ze 6-8 minuten op niet te hoog vuur en voeg dan basilicum of peterselie en wat zout toe. Kook de penne in kokend water met zout *al dente*, giet ze af, roer ze door de saus en laat ze eventjes de smaak overnemen. Geef er vooral geen Parmezaanse kaas bij!

Peverada di Treviso

PEPERSAUS UIT TREVISO

Voor 4-6 personen

4 eetlepels olijfolie (extra vergine)
1 ui, heel fijn gehakt
1 wortel, in kleine blokjes
100 g speck (blz. 84), eerst in reepjes, daarna in blokjes gesneden
3 ansjovisfilets, fijngehakt
schil van $\frac{1}{4}$ citroen, geraspt
300 g heel verse kippenlevers, schoongemaakt en heel fijn gehakt
5 eetlepels droge witte wijn
1 eetlepel witte-wijnazijn
1-2 theelepels zwarte peper, niet te fijn gemalen
1 dl kippenbouillon
2 eetlepels bladpeterselie, fijngehakt
zout

In en rond de Noord-Italiaanse stad Treviso is deze saus – niet te verwarren met de heel andere peara *uit Verona – onontbeerlijk bij kip, parelhoen, duif en de meeste soorten wild. Er bestaan veel varianten van, maar het belangrijkste kenmerk is de royale hoeveelheid zwarte peper. Als u de saus zo lang laat pruttelen dat al het vocht verdampt is, kunt u er ook* crostini *mee besmeren.*

Verhit de olie in een pan en bak ui, wortel en spek een paar minuten tot de ui doorschijnend wordt. Voeg de ansjovis, citroenrasp en kippenlevers toe, roerbak 5 minuten, doe er de wijn, azijn, zwarte peper en wat zout bij en laat alles 5 minuten pruttelen; roer af en toe. Voeg de bouillon toe, zet het vuur lager en laat de saus nog 5 minuten pruttelen.

Roer er vlak voor het opdienen de peterselie door en voeg zo nodig nog wat zout en peper toe.

Pesto alla Genovese con Trofie

PASTA MET PESTO

Voor 4 personen

400 g trofie

Voor de pesto:
50 g versgeplukte blaadjes basilicum (liefst de kleinbladige, Ligurische soort)
10 g grof zeezout
25 g pijnboompitten, geroosterd
2 tenen knoflook, grof gehakt
50 g Parmezaanse kaas, versgeraspt (of neem pecorino als u liever een pittiger smaak hebt)
$1\frac{1}{4}$ dl Ligurische olijfolie (extra vergine)

Pesto is een van de beroemdste Italiaanse sauzen en wordt bij pasta, minestrone en andere gerechten gegeven. In dit geval gaat de saus over trofie, *een soort gedraaide pasta die in Ligurië nog steeds met de hand wordt gemaakt (zie blz. 153). De fabrieksversie uit andere streken is echter heel goed. Een andere, typisch Ligurische pastasoort –* trenette *– wordt soms gekookt met wat aardappelen en sperziebonen en met pesto aangemaakt. Er bestaan veel varianten van deze saus, maar de nu volgende is representatief voor allemaal.*

U kunt alle ingrediënten voor de pesto in een foodprocessor doen; dan bent u in een paar tellen klaar. Maar de smaak van echte pesto krijgt u alleen uit een vijzel. Doe basilicum, zout, pijnboompitten en knoflook in een vijzel. Wrijf alles fijn (het zout versnelt dat proces). Laat een soort pulp ontstaan en voeg dan al wrijvend beetje bij beetje de kaas toe. Nu moet een dikke pasta zijn ontstaan. Voeg dan al wrijvend beetje bij beetje de olie toe en maak er een homogene massa van.

Kook de *trofie* in kokend water met zout *al dente*, giet ze af en bewaar 2 eetlepels van het kookvocht. Doe de pesto in een pan, verdun hem met het kookvocht en laat hem warm worden. Roer er de *trofie* door en dien het gerecht direct op.

FEGATO AL BALSAMICO

KALFSLEVER MET BALSAMICO-AZIJN

VOOR 4 PERSONEN

8 DUNNE PLAKKEN KALFSLEVER
50 G BOTER
4 EETLEPELS BALSAMICO-AZIJN
ZOUT EN PEPER
BLOEM

Dit verrukkelijke gerecht is heel populair in het noorden, vooral in Emilia-Romagna, waar de balsamico-azijn vandaan komt.

Bestuif de plakken lever met bloem en schud de overtollige bloem eraf. Smelt de boter in een grote pan, zet dan het vuur hoog en bak de lever heel kort (1½ minuut per kant). Voeg de azijn toe en schraap de aanbaksels van de bodem. Bestrooi de plakken met zout en peper en dien ze direct op.

PATATE AL ROSMARINO

AARDAPPELEN MET ROZEMARIJN

VOOR 6-8 PERSONEN

1½ KG DROOGKOKENDE AARDAPPELEN
PAAR TAKJES ROZEMARIJN
4 BLAADJES SALIE
ROYAAL TOSCAANSE EXTRA VERGINE OLIJFOLIE OM IN TE BAKKEN
ZOUT

Rozemarijn smaakt zo intens dat u het spaarzaam moet gebruiken. Aardappelen kunnen sterke smaken echter verdragen, vooral in combinatie met de pittige Toscaanse olijfolie, zoals in dit recept. Geef deze aardappelen bij een vleesgerecht.

Schil de aardappelen en kook ze 10 minuten in water met een beetje zout. Giet ze af en snijd ze in blokjes van 2 cm.

Giet een flinke laag olijfolie in een grote koekenpan op middelhoog vuur en bak de aardappelen gaar en bruin. Roer vaak, zodat ze aan alle kanten bruin worden. Voeg halverwege de baktijd rozemarijn en salie toe en bestrooi ze vlak voor het opdienen met zout.

PANPEPATO

PEPERBROOD

VOOR 1 BROOD (6-8 PERSONEN)

85 G AMANDELEN, GEBLANCHEERD, ONTVELD, GEROOSTERD EN GEHAKT
85 G HAZELNOTEN, GEROOSTERD EN ONTVELD
85 G HALVE WALNOTEN
50 G PIJNBOOMPITTEN
50 G MUSKAATROZIJNEN, 30 MINUTEN IN VIN SANTO GEWEEKT EN UITGELEKT
60 G ONGEZOETE CACAO
100 G GEMENGDE GEKONFIJTE SCHILLETJES, IN STUKJES
½ THEELEPEL KANEEL
½ THEELEPEL GEMALEN KORIANDERZAAD
½ THEELEPEL VERSGERASPTE NOOTMUSKAAT
1 THEELEPEL VERSGEMALEN PEPER
125 G ACACIAHONING
BLOEM

Ook dit is een oud, op specerijen gebaseerd gerecht. De naam komt van de overheersende rol van de zwarte peper. In allerlei streken bestaan allerlei versies, maar de Toscaners zijn nog steeds de grootste consumenten van dit heerlijke gebak. Het recept komt van een banketbakkerij in Gobbio.

Verwarm de oven voor tot 160 °C (stand 3). Meng alle ingrediënten in een kom en voeg zo veel bloem toe dat een tamelijk stijve massa ontstaat. Vorm er met natte handen een rond brood van en leg het op een beboterde bakplaat. Zet het 30 minuten in de oven en laat het voor het opdienen afkoelen.

GELATO ALLO ZAFFERANO

SAFFRAANIJS

VOOR 6 PERSONEN

5 DL VOLLE MELK
MESPUNT GOED SAFFRAANPOEDER
6 EIERDOOIERS
150 G FIJNE KRISTALSUIKER
1½ DL SLAGROOM

Saffraan is een van de duurste specerijen; het diende zelfs als geld bij de Venetianen, die het honderden jaren geleden vanuit het Midden-Oosten in Italië introduceerden. Saffraan is zijn status als duurste en nobelste specerij nooit kwijtgeraakt. Ik wilde een oud ingrediënt op een moderne manier gebruiken en kwam toen op het volgende idee.

Breng de melk in een pan aan de kook en voeg de saffraan toe. Klop de dooiers en suiker in een kom schuimig en roer er beetje bij beetje de saffraanmelk door tot een fluweelachtig mengsel ontstaat.

Giet het mengsel in een kom boven een pan heel heet water; zorg dat de bodem van de kom niet in het water hangt. Verhit het mengsel al roerend 15 minuten of tot het gebonden is.

Voeg de slagroom toe, roer goed, en doe het mengsel in een ijsmachine. Als u die niet hebt, doe het dan in een ondiepe schaal en zet die 1 uur in de diepvries, tot de randen beginnen op te stijven. Roer het met een vork goed door en zet het weer in de diepvries. Herhaal dat driemaal en laat het dan bevriezen.

Melk en melk-producten

LATTE E DERIVATI

Melk is het eerste voedsel dat zoogdieren na hun geboorte krijgen; het verschaft warmte en voeding, totdat het jonge dier vast voedsel verdraagt. Als ik iets kalmerends wil eten, doop ik nog steeds brood in een kom melk. De verbazingwekkende transformatie van melk tot kaas is bijna zo oud als de mensheid zelf. Dat wonder komt tot stand dankzij stremsel; een stof die uit de maag van een spenend kalf komt, maar ook chemisch gemaakt wordt en afkomstig kan zijn uit de bloemen van kardoens, uit het sap van de vijgenboom en zelfs van sommige paddestoelen. Als dat stremsel bij melk wordt gedaan, scheidt de wei zich van de wrongel, en ontstaat er een massa die men kan zeven, pasteuriseren, fermenteren of laten rijpen tot het product dat wij kaas noemen.

Elke Italiaan consumeert dagelijks veel melk. Kinderen ontbijten met *scodella di latte* (een soepbord melk) met koekjes, en volwassenen ontbijten thuis of, onderweg naar het werk, in een bar met een kopje cappuccino en een *brioche* (zoet broodje). Een deel van de melk wordt vers gedronken, van een ander deel wordt yoghurt gemaakt, en de rest verandert in boter, room en kaas. De laatste tijd is room in de keuken heel populair. Hoewel het prettig is om te eten, vind ik dat alles er een identiek smaakje mee krijgt. In mijn restaurant gebruik ik het niet veel. Het is echter wél belangrijk in de banketbakkerij en onmisbaar bij de fabricage van roomijs, waarvan de Italianen veel houden en weten. Een Italiaanse zachte kaas als *mascarpone* bevat meer dan 60% vet en wordt veel in nagerechten verwerkt.

Elke Italiaanse streek maakt eigen zuivelproducten die in andere streken nauwelijks bekend zijn. Ten oosten van de Italiaanse Rivièra wordt van gestremde melk b.v. *quagliata* (of, zoals het in het Ligurisch heet, *prescinsoeua*) gemaakt; een soort kwark, die vaak met pesto wordt gemengd, of met suiker als zodanig gegeten wordt. In andere delen van Italië eet men *cagliata* (een soort ongefermenteerde yoghurt) met fruit.

Een van de beelden uit mijn kinderjaren in Piemonte, is de uittocht van de koeien naar de bergen, zodra de sneeuw gesmolten was. De kuddes werden vergezeld door een glimlachend en bruinverbrand jongetje of meisje. In de herfst kwamen de koeien, na een zeer productieve zomer, terug. Door de reusachtige bellen om hun nek, kon je ze in het dal al van heel ver horen. Iedereen in het dorp kwam naar buiten om het spektakel van de honderden koeien te zien. Ze werden geleid door de *reine* (koningin) en de sterkste stier, die beide met bloemen en kransen in de kleuren van de Italiaanse

GRAZENDE SCHAPEN OP SICILIË

vlag versierd waren. Ze zagen er werkelijk uit alsof ze op vakantie waren geweest! Nog steeds ruik ik de sterke geur van hun vlaaien op de weg, die de mensen opraapten om ze in hun geraniumpotten te doen.

De bewoners van het Aostadal hebben gelukkig nog steeds veel gevoel voor traditie; naast andere feesten vieren ze elk jaar *La Bataille des Reines*: een gevecht tussen de strijdlustigste koeien (geen stieren). Deze demonstratie van hun vastberadenheid is geen wreed schouwspel; de boeren sluiten weddenschappen af op de winnende koe, en de verliezer druipt gewoon af.

Als u toevallig een keer in het Aosta-dal, in Valle di Champoluc, bent, neem dan de kabelbaan naar de top en bezoek mijn heel goede vriendin Nina Burgai. U kunt haar niet over het hoofd zien, want ze is een van de drie mensen die deze heerlijk rustige plek bewonen, en ze leidt er een hotel. Zodra u aankomt, biedt ze u waarschijnlijk een kopje koffie aan, waarin ze dan misschien een klontje zelfgemaakte boter doet (voor mij doet ze dat altijd). Die boter is ter plaatse, waar Nina's koeien op 2000 meter hoogte tevreden lopen te gra-

zen, gemaakt. De romige melk wordt, in een grote koperen schaal, in een kleine schuur gezet, die boven een kabbelende, koude bergbeek staat. De boter heeft een unieke geur en wordt in de koffie een lichte, schuimige room; deze is niet zo vet als u misschien denkt. Al die heerlijke grassen en kruiden van de hoge bergweide zijn in de smaak en geur van het schuim gaan zitten: een unieke ervaring.

De belangrijkste zuivelcategorie is natuurlijk kaas. Afhankelijk van de soort melk die gebruikt wordt en van het vereiste resultaat, wordt de wrongel tijdens het fabricageproces in geperforeerde manden van wilgentenen, van plastic of van roestvrij staal gedaan en daarna geperst. Daarna kan de kaas gepekeld worden (als er nog geen zout aan de wrongel was toegevoegd), en ten slotte kan men de kaas laten rijpen.

Door zijn geografische ligging en grote verscheidenheid aan landschappen heeft Italië een lange kaasgeschiedenis. Als we in het weelderige noorden beginnen, zien we dat sommige Alpenhellingen met de sappigste en geurigst denkbare weilanden zijn bedekt. Iets zuidelijker, in de richting van de Po ligt Emilia-Romagna; de bakermat van de kaas met misschien de meest prestigieuze en zeker de meest beroemde Italiaanse kazen: de Parmezaanse. Tussen Ligurië en de Apennijnen, waar de begroeiing spaarzamer wordt, en in Puglia en Calabrië, op Sicilië en Sardinië, is het boerenbedrijf totaal anders; geiten- en schapenmelk verdringen daar geleidelijk de koemelk in de kaasmakerij. De meeste kaas is hard en dus geschikt om te raspen, maar u vindt er ook zachte kazen als *ricotta*, *caciotta* en vele andere.

Even ten zuiden van Rome en in de streek rond Napels ligt het oude buffelgebied. Hier vindt u honderden ambachtelijke makers van buffelmelkproducten. Tegenwoordig wordt echter in heel Zuid-Italië heerlijke buffel*mozzarella* geproduceerd; industriële versies van koemelk komen uit het noorden.

RECHTSBOVEN (VAN LINKS NAAR RECHTS): BELEGEN PECORINO SARDO, VERSE PECORINO, PECORINO MET PEPERS, EN BONEN

RECHTS: GEITEN OP WEG NAAR DE MARKT OP SICILIË

UITERST LINKS: KAAS EN BOTER UIT DE LANGHE IN PIEMONTE: CASTELMAGNO, TOMA, RASCHERA, BIANCO SOTTO BOSCO, TOMINI EN CAPRINI

LINKS: KAZEN UIT BATTIPAGLIA IN CAMPANIË: BURRINO, PROVOLETA, SCAMORZA, MOZZARELLA, RICOTTA SALATA, RICOTTA FRESCA, MOZZARELLA FARCITA, BOCCONCINO EN MASCARPONE

Naarmate de Italiaanse zuivelindustrie groeide, werden wetten noodzakelijk om de kwaliteit en herkomst van de beste kazen te waarborgen. *Consorzi* (coöperaties of bureaus van producenten van dezelfde kaassoort) zorgen, door hun vrijwillig aanvaarde systemen van productiecontrole, dat elk lid alleen de beste melk verwerkt en de kaas op de traditionele manier maakt; soms volgens methoden die al eeuwen bestaan. Deze kazen hebben een DOC (*Denominazione di Origine Controllata*) en worden net zo beschermd als goede wijnen.

DOC-kazen hebben meestal hun eigen etiket of stempel op de korst. In veel gevallen zijn de kazen ook genummerd en gedateerd, zodat hun echtheid nog beter kan worden nagegaan. Bij zulke kazen moet ook de melk van een bepaald koeienras afkomstig zijn. Het bruine koeienras dat al heel lang de melk voor de Parmezaanse kaas levert, mag bijvoorbeeld alleen met de hand gemolken worden. Dat is een van de vele redenen waarom Parmezaanse kaas zo duur is.

Italiaanse kazen worden eerst naar melksoort, dan naar hun hardheid en soms ook naar hun fabricagemethoden ingedeeld. Als we kijken naar de melksoort, onderscheiden we vier soorten:

Koemelk: is het meest verkrijgbaar in het noorden en wordt gebruikt voor de meeste bekende zachte en harde kazen, zoals *mascarpone*, *gorgonzola* en Parmezaanse.

Buffelmelk: wordt vrijwel alleen gemaakt in de streken Lazio, Campania, Puglia en Calabrië. Bijna alles wordt gebruikt voor de *mozzarella*. De beroemdste, *mozzarella di bufalo*, komt uit de Battipaglia bij Salerno. Tegenwoordig wordt buffelmelk in de grote fabrieken echter geheel of gedeeltelijk vervangen door koemelk. Die *mozzarella* is goedkoper, maar niet noodzakelijk beter.

Geiten- en schapenmelk: is vooral afkomstig uit Toscane, Lazio en heel Zuid-Italië, inclusief de eilanden Sicilië en Sardinië. Vanwege de groeiende vraag naar *pecorino* en *caprino* is de productie weer opgebloeid.

De belangrijkste hardheidsgraden zijn:

Formaggi a pasta molle (zachte kazen): hiertoe behoren alle verse kazen. Ze bevatten meer dan 40% water en moeten snel na de productie gegeten worden, want dan zijn ze het lekkerst. Tot deze groep behoren o.a. *mascarpone*, *mozzarella*, *formaggella* en *robiola*.

Schapen worden bijeengedreven om te gaan grazen op de bergen in Piemonte.

Formaggi a pasta dura (harde kazen): deze omvatten de **stagionati** (gerijpte kazen) die minder dan 40% water bevatten. Hoe langer kaas rijpt, hoe meer vocht er verdampt en hoe harder hij wordt. Deze kazen, o.a. Parmezaanse en *pecorino*, kunnen geraspt worden.

Naar fabricagemethode worden de kazen onderscheiden in:

Formaggi magri (vetarme kazen) met een vetgehalte van minder dan 20%; **formaggi semi grassi** (halfvette kazen) met een vetgehalte tussen 20 en 42%; **formaggi grassi** (vette kazen) met een vetgehalte van meer dan 42%. Het vetgehalte wordt bepaald door de de gebruikte melk: deze is *scremato* (afgeroomd), *parzialmente scremato* (halfafgeroomd), *intero* (vol) of *con aggiunta di panna* (met extra room).

Schapen worden met de hand gemolken in Piemonte.

Kaas kan voorts gepasteuriseerd zijn, hetgeen betekent dat het een hittebehandeling heeft gekregen om bacteriën te doden. Van de ongepasteuriseerde versie wordt *pasta cruda* gemaakt: kaas die zich tijdens de rijping blijft ontwikkelen. Tot de *formaggi fermentati* (gefermenteerde kazen) behoren b.v. *caciocavallo* en *provolone*, die allebei van deels gepasteuriseerde melk zijn gemaakt.

Sommige kazen worden gemaakt om zo te eten (*formaggio da tavola* – tafelkaas); andere zijn voor de keuken bestemd en heten *formaggio per cucina*. Koop tafelkaas altijd in de allerbeste winkel, zodat kwaliteit verzekerd is. Als u aarzelt, vraag dan hoe u de kaas moet bewaren en opdienen. Dien tijdens een formele lunch ofwel één uitzonderlijk goede, ofwel zes verschillende kaassoorten op, waarvan er drie zacht en drie halfhard zijn en ten minste één blauw.

Dien kaas op die net zijn hoogtepunt heeft bereikt, geef er een sortering brood en *grissini* bij, plus wat krullen boter, gebrande hazelnoten, walnoten, kleine trosjes blauwe druiven, stukjes verse peer en bleekselderij. Bewaar de kaas in het minst koude gedeelte van de koelkast en haal hem er minstens anderhalf uur voor het opdienen uit. Zelf bewaar ik alleen heel verse kazen als *ricotta* en *mozzarella* in de koelkast.

A-Z VAN MELK EN MELKPRODUCTEN

ASIAGO

Deze kaas wordt al sinds de Middeleeuwen gemaakt, maar pas sinds het begin van deze eeuw in heel Italië gegeten. Er zijn drie soorten:

Asiago d'allevo is een halfvette, harde, koemelkse kaas met een gladde korst. Het is een compacte gatenkaas met een lichte strokleur en een zoete smaak. De melk komt van koeien die grazen op de hoogvlakte van Asiago, de Alpenweiden van de Veneto. Deze kazen, die tot de interessantste van de streek behoren, zijn rond met een doorsnee van ca. 30-36 cm, een hoogte van 9-12 cm en een gewicht van 8-12 kg. De rijpingsperiode wisselt: na 6 maanden zijn ze *mezzo anello*; na 12 maanden *vecchio* (oud); na 18 maanden *stravecchio* (zeer oud) en na 2 jaar *vecchio di montagna*. Alleen *mezzo anello* wordt aan tafel gegeten; de rest wordt in de keuken gebruikt en geraspt, vooral bij polenta, *pasticciata*, *raviolini* en *sopa acquada*.

Asiago pressato (de tweede soort) wordt gemaakt van halfgekookte, volle koemelk. De kazen bevatten 44% vet en hebben een trommelvorm van 30-40 cm doorsnee en een gewicht van 11-15 kg. Ze rijpen in 20-40 dagen en worden vooral aan tafel gegeten. Ze komen uit de hele Veneto en vallen dus niet onder de garantie van een DOC.

Asiago grasso di monte ten slotte, is een volvette, zachte kaas die alleen tussen juni en september op de hoogvlakte van Asiago gemaakt wordt, en wel van de volle melk van koeien die 1000 m boven de zeespiegel grazen.

BAGOSSO, BAGOSS, BAGOLINO

In het Caffarodal, in de Lombardische provincie Brescia, wordt koemelk gebruikt voor de productie van deze halfvette, ronde kazen, die 14-16 kg wegen. U kunt ze na 3 maanden vers eten, of tot 2 jaar laten rijpen en dan raspen of in plakken grilleren. Het is in hoge mate de plaatselijke *formaggio di tavola*.

BEL PAESE

Dit is waarschijnlijk de eerste kaas die op grote schaal op de markt is gebracht. *Bel paese* ('mooi landschap') werd rond de eeuwwisseling door het bedrijf Egidio Galbani gemaakt; het is een zachte, koemelkse kaas met een roomgele kleur en een vetgehalte van 45%. Hoewel aanvankelijk een tafelkaas, wordt *bel paese* nu op grote schaal in de keuken gebruikt vanwege zijn smelteigenschappen, vooral in pastatimbalen en in de moderne *toast al formaggio e prosciutto* (tosti met ham en kaas). Vanwege de groeiende populariteit van andere kazen, verdwijnt de *bel paese* steeds meer van de Italiaanse kaasplanken en uit de restaurants.

BITTO

Deze bekende, halfvette kaas van gekookte melk komt uit het Lombardische Sondrio en wordt, afhankelijk van zijn leeftijd (tot 1 jaar), vooral in de keuken en als raspkaas gebruikt. De milde en geurige kazen wegen 18-25 kg. *Bitto* wordt gebruikt voor het gerecht Pizzoccheri (blz. 181), maar ook als tafelkaas bij beroemde lokale wijnen als *sassella* en *grumello*.

LINKS: BEL PAESE

BOCCONCINO

Dit verkleinwoord van *boccone* (mondvol) kan van alles betekenen, maar hangt altijd samen met voedsel. Het woord wordt tegenwoordig algemeen gebruikt voor kleine *mozzarelle*, ter grootte van een walnoot, die als borrelhapje of in een tomatensalade worden gebruikt.

BRA

Deze halfharde, halfvette (32%) kaas van half-afgeroomde koemelk komt uit de stad Cuneo in de provincie Piemonte. De naam komt van het stadje Bra, dat faam geniet als handels- en productiecentrum van deze kaas. De kazen hebben kleine gaten, zijn zoet, mild en smakelijk, en in het midden wit. Er bestaan twee versies: een verse, die 45 dagen rijpt en als tafelkaas en in de keuken gebruikt wordt, en een 1 jaar gerijpte, halfharde kaas, die u goed kunt raspen. *Bra* is rond en heeft een doorsnee van 30-40 cm, een hoogte van 7-9 cm en een gewicht van 6-8 kg.

BRANZI

Deze plattelandskaas uit het Brembanadal bij het Lombardische Bergamo is gemaakt van koemelk en bestaat in twee soorten: de ene van deels volle, deels afgeroomde melk; de andere van alleen volle melk. De beste worden tussen juni en juli gemaakt, als de koeien het welige berggras gegeten hebben.

De wrongel wordt tweemaal tot 45°C verwarmd, gesneden, in houten vormen van 40-45 cm doorsnee en 9-12 cm hoogte gelegd, en geperst om de wei af te voeren. De vormen worden dan bijgevuld en 3-4 dagen in de pekel gelegd. Het rijpingsproces vindt plaats in een ruimte waar de temperatuur op 10-13°C wordt gehouden en de kazen worden 3-6 maanden lang, elke twee dagen gekeerd.

Branzi is een uitzonderlijk goede, halfharde kaas. Hij wordt vooral aan tafel gegeten, maar ook in heel verfijnde gerechten verwerkt.

BRIS, BRÖS, BRÜS, BRUSSU

Deze Piemontese specialiteit bestaat uit een mengsel van kazen die, in stukjes gesneden, in een pot worden gedaan om een paar dagen te fermenteren. Daarna wordt er grappa bij gegoten en blijft het geheel een paar weken staan, waarna een romige massa ontstaat die u op polenta of

BOTER WORDT OP EEN TRADITIONELE MANIER GEVORMD.

brood kunt smeren (zie Formaggio Conciato, op blz. 252). Omdat het een typisch thuisgerecht is, bestaan er tal van variaties, b.v. olie, peper, wijn en chilipeper. Volgens mij wordt deze kaas met opzet pittig gemaakt, zodat hij met veel plaatselijke *barolo* of *barbera* weggespoeld moet worden.

BURRATA

Dit is een van de verrukkelijkste verse kazen van de laatste 80 jaar. Hij is door één gezin in Puglia bedacht, maar tegenwoordig is er een hele huisindustrie omheen ontstaan. *Burrata*, een bal van lagen volvette, koemelkse kaas, lijkt op *mozzarella*, maar is iets romiger. Eet hem – binnen 24 uur na productie – als nagerecht, opgediend met een beetje zout, peper en soms wat extra vergine olijfolie.

BURRINO, BUTIRRO

Deze oude conserveringsmethode van boter is vanwege de hitte in Zuid-Italië ontstaan. Het principe van *burrino* (of *butirro*, zoals ze in Avellino en Sorrento zeggen) is dat boter luchtdicht wordt ingesloten in kaas.

Men maakt een rond omhulsel van een *pasta filata* van koemelk, zoals bij *provolone* en *mozzarella*. De wrongel wordt, net als bij *mozzarella*, aanvankelijk met de hand bewerkt om er draden van te maken, die uiteindelijk de lagen kaas worden. Als de peervormige kaas gemaakt wordt, laat men bovenin een gat zitten dat groot genoeg is om een balletje boter van 3-4 cm door te laten. Nadat het gat is dichtgemaakt, worden de kazen paarsgewijs aan een rietstengel te drogen gehangen. Na een week is de buitenkant iets harder geworden en heeft de boter een heerlijke smaak aan het binnenste gegeven.

Elk kaasje weegt 200-400 g en is een maand of twee houdbaar. Het wordt in plakken gesneden met brood gegeten, en de boter wordt op de normale manier gebruikt.

BURRO / BOTER

Boter wordt verkregen door room van de melk te scheppen. Die room ondergaat een korte, natuurlijke fermentatie om de smaak te ontwikkelen, wordt in een draaiend vat gedaan en gekarnd tot een dikke massa vet ontstaat. Het overtollige water wordt afgevoerd. De massa wordt in rechthoekige vormen geperst en verpakt.

Italiaanse boter is meestal ongezouten en bijzonder smakelijk, vooral die van Alpenmelk. Veel boter wordt gebruikt bij de fabricage van gebak, koek en taarten; de culinaire toepassingen beperken zich vooral tot Noord-Italië. Ook daar dringt echter de olijfolie uit het zuiden, om gezondheidsredenen, steeds meer door. Boter is het vetste zuivelproduct (vetgehalte 82%) en bovendien sterk verzadigd.

CACIO

Cacio is een algemene term voor kaas. Het woord komt van het Latijnse *caseum* en wordt vooral in Toscane gebruikt. U vindt het terug in allerlei namen van kazen, b.v.

RECHTS: EEN ZUIVELHANDEL IN COCCONATO

caciotta, *caciocavallo*, of *cacioricotta* (zie verderop), als aanduiding voor een iets gerijpte *ricotta* die al bijna kaas is geworden.

CACIOCAVALLO

Caciocavallo komt oorspronkelijk uit Napels en is een rauwmelkse kaas van koemelk. Met de *pasta filata*-methode (blz. 244) wordt van de wrongel een draderige massa gemaakt, die met de hand een peervorm krijgt en te drogen wordt gehangen. Ook deze kaas wordt, net als de *burrino*, in paren over een stok gebonden en 3-12 maanden aan het plafond gehangen. De jongste kunt u vers eten, de oudste en dus droogste en langst gerijpte kunt u raspen. Uiteindelijk weegt de kaas 1-2 kg.

Caciocavallo is een specialiteit van zuidelijke provincies als Campanië, de Abruzzen, Puglia (Apulië), Calabrië en Sicilië, hoewel de kaas ook in het noorden wordt gemaakt. Uit Ragusa op Sicilië komt een bijzondere soort van koe- en schapenmelk, die gezouten wordt en tot 1 jaar rijpt. Deze soort wordt geraspt gebruikt, als vervanging van Parmezaanse kaas.

CACIOFIORE

Deze kaas uit Midden-Italië is gemaakt van volvette schapenmelk en een plantaardig stremsel van wilde artisjokken. Het is een zachte, verse kaas, die soms met saffraan wordt gekleurd en na 2 weken gegeten kan worden, maar ook in de keuken wordt gebruikt.

CACIORICOTTA, RICOTTA SALATA

GEZOUTEN RICOTTA

Deze gezouten ricotta is een specialiteit uit Puglia voor bij de gerechten uit die streek. Het is een harde, compacte kaas die in plaats van Parmezaanse over pastagerechten wordt geraspt, maar ook in gerechten als *calzone di cipolle*, een uien*calzone*, gebruikt wordt.

CACIOTTA

Caciotta is een halfharde kaas die in diverse Italiaanse streken gemaakt wordt van geiten-, schapen- of koemelk. Een *caciotta* is rond en weegt ca. 1 kg. De jonge, verse kaas heeft een heel milde smaak, die vooral voor kinderen erg geschikt is. Na rijping van ongeveer een maand vergeelt de buitenkant een beetje. De kaas blijft echter wit, hoewel de smaak sterker wordt.

De belangrijkste productiecentra zijn Toscane, de Marche, Lazio, Umbrië en Puglia. De Toscaanse is het bekendst en gewildst. Veel streken duiden overigens met deze naam een andere kaas aan, maar dit is altijd een heel jonge kaas voor aan tafel of in de keuken. *Caciotta* is heerlijk bij verse tuinbonen, met goed brood en een glas rode wijn.

CAGLIATA, ZIE QUAGLIATA

CANESTRATO

Canestro betekent 'mand', en deze kaas is genoemd naar de mand die gebruikt werd om de wrongel te laten uitlekken. Duizenden jaren lang was dat een mand van gevlochten stro of biezen, maar tegenwoordig helaas van plastic. *Canestrato* komt voornamelijk uit Puglia, Sicilië en Sardinië; het is een ronde, halfrauwe kaas van koe- en schapenmelk, met een gewicht van 2-3 kg, die met de hand in de mand wordt gedrukt, waardoor het patroon daarvan in de kaas verschijnt. Na het pekelen rijpt de kaas 2-6 maanden of nog langer. De jonge kaas kunt u vers eten, de oude dient om te raspen. Hij wordt net zo gebruikt als *caciotta* en heeft een milde smaak, die mettertijd sterker wordt.

CAPRINO / GEITENKAAS

Italiaanse geitenkaas kan van rauwe, of halfrauwe melk zijn gemaakt. De halfrauwe rijpt 2-3 maanden en wordt dan als zodanig gegeten. In Ligurië, en vooral in Piemonte is het echter gebruikelijk om de kaas in azijn en olie te leggen, soms samen met chilipeper. In Alba worden de kleine, ronde kaasjes van 4 cm doorsnee en 2 cm dikte tegenwoordig zelfs in olie met truffel geconserveerd.

Er is ook een belegen *caprino*-versie met een iets gelere buitenkant, maar hetzelfde witte binnenste en dezelfde verfijnde smaak. In Zuid-Italië en op Sardinië, waar het taaie, droge gras ideaal is voor geiten en een heel pittige, smakelijke melk oplevert, bestaat een versie die *meridionale* heet. Deze kazen hebben een trommelvorm met een doorsnee van 8-18 cm en een dikte van 4-13 cm. Ze wegen 1,3-5 kg en rijpen maar 20-30 dagen. Het zijn witte kazen met kleine gaatjes en een harde korst. *Formaggini* of *robiolini* zijn geitenkaasjes uit de streek rond Como in Lombardije, maar de beroemdste komen uit Valsassina en Montevecchio in het Lombardische Lambro-dal.

CASTELMAGNO

Deze blauwe kaas, een van de populairste van Piemonte, komt uit de streek rond de stad Castelmagno in de provincie Cuneo. Het is een halfharde kaas met maar 34% vet; hij wordt gemaakt van koemelk en een beetje, deels afgeroomde schapenmelk. De wrongel wordt 24 uur in een doek gehangen, zodat de wei eruit loopt. De massa gaat dan 4-5 dagen in een grote, houten bak, en vervolgens in vormen om te rijpen. Elke kaas weegt 3-7 kg bij een doorsnee van 15-25 cm en een hoogte van 12-20 cm. Ze worden 4-6 maanden in stenen kisten gelegd en ontwikkelen dan, bij een constante temperatuur van 10-12°C, een unieke, nootachtige smaak. Het is een uitstekende witte kaas met hier en daar wat groene schimmel, die vooral als tafelkaas gegeten wordt.

CASUMARZU

SARDIJNSE MADENKAAS

De Sardijnse *casumarzu* heeft veel weg van *pecorino bucato*. U hebt er beslist een sterke maag voor nodig, want zijn belangrijkste eigenschap is dat hij kleine witte maden bevat, die als een delicatesse gelden. De maden worden via een gat boven in een rijpe *pecorino*kaas gestopt, gevolgd door een paar druppels verse melk. De kaas blijft op kamertemperatuur liggen; uiteindelijk kunt u er de naar *pecorino* smakende maden met brood uitscheppen.

CRESCENZA

Er is 100 liter volle, gepasteuriseerde koemelk nodig voor 15-17 kg volvette (48%) *crescenza*kaas, afhankelijk van hoe goed de wrongel is uitgelekt.

Deze typisch Lombardische, zachte kaas werd vroeger alleen 's winters gemaakt, omdat hij gauw zuur werd. Dankzij de huidige technologie kan hij echter het hele jaar geproduceerd worden. Het ingewikkelde bereidingsprocédé vindt strikt op kamertemperatuur plaats. De vierkante (18-20 cm) kaas is 4-6 cm hoog en weegt 1,8-2 kg, hoewel u ook stukken van 200 g in speciaal, waterbestendig papier kunt krijgen. Eet de kaas 5-8 dagen na productie.

Crescenza wordt in de keuken op allerlei manieren gebruikt, vooral in *focaccia al formaggio*: een verrukkelijk, dun brood uit het Ligurische Camogli, dat met gesmolten *crescenza* wordt gevuld. Het is ook een uitstekende dessertkaas.

LINKS: EEN PIEMONTESE GEIT WORDT MET DE HAND GEMOLKEN.

DOLCELATTE

ZACHTE, BLAUWE KAAS

Letterlijk vertaald betekent *dolcelatte* 'zoete melk'. Deze kaas is gewoon een veel mildere versie van *gorgonzola*, ontwikkeld door een Italiaanse kaasfabriek. De kaas heeft geen officiële klasseaanduiding, maar is in het buitenland een van de bekendste Italiaanse kazen.

FIOR DI LATTE

MOZZARELLA-ACHTIGE KAAS

Deze op *mozzarella* lijkende kaas komt uit Noord-Italiaanse fabrieken, terwijl echte *mozzarella* in het zuiden wordt gemaakt. Het belangrijkste verschil is dat *fior di latte* van koemelk, en *mozzarella* van buffelmelk wordt gemaakt. *Fior di latte* wordt verkocht in plastic pakjes van 150-200 g, samen met een beetje wei om de kaas vers en vochtig te houden. Eet hem zodra u hem uit de wei hebt gehaald; niet alleen rauw in salades (zoals *mozzarella*), maar ook op pizza's en in pasta.

VERSE GEITENKAAS MET KRUIDEN, PEPER EN AS

GELATI MISTI IN CAFFÈ GAMBRINUS IN NAPELS

FONTAL

Deze fabriekskopie van *fontina* (zie hierna) heeft ongeveer diens vorm en technische kenmerken, maar slechts de helft van diens smaak. Hij kan van overal buiten het Aostadal afkomstig zijn en uit koemelk uit elke willekeurige streek bestaan.

FONTINA

Fontina is synoniem met het Piemontese Aosta-dal en wordt al sinds de 12de eeuw gemaakt. De streek is bijzonder trots op dit product, dat letterlijk de geur van het weiland op tafel brengt. De productie geschiedt door een coöperatie van *fontina*-makers uit 74 plaatsen in het dal.

De koeien die de melk leveren, grazen in de streek zelf en worden zorgvuldig gecontroleerd, zodat de hoge kwaliteit van de kaas gewaarborgd is. Omdat de melk van die kudden direct moet worden verwerkt – hoogstens 2 uur na het melken – wordt de melk van koeien hoog in de Alpen voor distributie naar een centrale opslagplaats in Aosta gebracht.

Na persing rijpen de kazen in kelders met een zorgvuldige temperatuurbeheersing. Daar liggen ze op latten en worden ze elke dag gekeerd. De witte schimmel op het oppervlak wordt met een doek weggeveegd en de kazen gaan om de dag in een pekelbad.

Deze volvette, halfzachte kaas wordt verkocht in wielen met een doorsnee van 35-45 cm, een dikte van 8-10 cm en een gewicht van 8-18 kg. De sterke korst is oranje-bruin, terwijl de kaas zelf zacht, elastisch en lichtgeel is en een ruime hoeveelheid gaten bezit. Afhankelijk van de maker rijpt *fontina* 2-6 maanden. Het is door zijn milde smaak een uitstekende keukenkaas, en door zijn smelteigenschappen ideaal voor fondue; de kaas kan echter ook rauw gegeten worden. Het vetgehalte bedraagt 45% – een van de hoogste in Italië.

GELATO

IJS

Het bewaren van sneeuw in grotten was een praktijk die door de Arabieren op Sicilië is geïntroduceerd. Daar werd ook pulp van citrusvruchten gemengd met sneeuw voor de allereerste sorbets. De Romeinen ontwikkelden vervolgens de mengtechnieken van sneeuw en ijs met fruit en honing. In 1533 nam Catharina de Medici deze kennis, samen met andere culinaire noviteiten, mee naar Frankrijk toen ze met Henri II trouwde.

Het was echter een Siciliaan, Francesco Procopio, die in Parijs een café opende waar met nieuwe technieken ijs werd gemaakt van room, eieren en suiker. De uitvinding van dit product – in 1650 -– wordt echter toegeschreven aan de Franse chef-kok van de Engelse koning Charles I.

Tegenwoordig is ijs synoniem met Italië. Het beste ambachtelijke ijs wordt hier geproduceerd; de beroemdste *gelaterie* (ijssalons) zijn nog steeds gevestigd in Campanië en op Sicilië. En net als pizzeria's, kunt u ze over de gehele wereld vinden.

RECHTS: GORGONZOLA

GORGONZOLA

BLAUWE KAAS

Deze blauwe (*erborinato*) koemelkse kaas, die al duizenden jaren wordt gemaakt, komt oorspronkelijk uit de Lombardische stad Gorgonzola, maar mag tegenwoordig ook in Novara, Vercelli, Pavia, Cuneo Mortara, Milaan, Brescia, Como, Cremona en Bergamo gemaakt worden. De kaas is volvet (48%) en heeft een trommelvorm met een doorsnee van 25-30 cm, een hoogte van 16-20 cm en een gewicht van 6-13 kg. De melk komt van koeien die in de Alpen grazen. De plaatselijke bevolking maakte hem vroeger van ongepasteuriseerde melk, maar de fabrieken gebruiken gepasteuriseerde melk met fermentatiemiddelen en een geselecteerde schimmel die *Penicillium glaucum* heet. Die schimmel geeft de kenmerkende, blauwe marmering en de unieke smaak. De kaas rijpt 2-4 maanden in grotten waar de temperatuur op 4-5°C wordt gehouden.

Gorgonzola is een voortreffelijke tafelkaas, maar wordt ook in sauzen bij pasta en *gnocchi*, en bij polenta gegeten. De variant *torta di san gaudenzio* bestaat uit afwisselende lagen *gorgonzola* en *mascarpone* (deze is bij ons te koop onder de naam *magor*).

GRANA PADANO, PARMIGIANO REGGIANO

ITALIAANSE HARDE KAAS

Deze twee kazen zijn moeilijk uit elkaar te houden en toch zijn er veel verschillen. Hoewel ze technisch op bijna precies dezelfde manier worden gemaakt, bestaat er een merkbaar smaakverschil. De geschiedenis van de *parmigiano* en *grana* gaat terug tot de 12de eeuw, toen het zompige Po-dal veranderde in vruchtbare grond, waar koeien en schapen konden grazen.

Parmigiano reggiano werd vroeger alleen tussen 1 april en 11 november gemaakt, maar beide kazen worden tegenwoordig het hele jaar geproduceerd. De koeien die de melk voor *parmigiano reggiano* leveren, mogen alleen gras en hooi eten, terwijl ze voor *grana padano* ook veel andere soorten voer mogen hebben. De rijping van *parmigiano reggiano* duurt meestal langer dan van *grana padano*, en er mag niets aan worden toegevoegd dat de fermentatie bevordert.

Parmigiano reggiano mag alleen gemaakt worden in de streken rond Parma, Reggio Emilia, Modena, Mantova ten oosten van de Po, en in Bologna westelijk van de Reno. *Grana padano* komt uit de gebieden rond Alessandria, Asti, Cuneo, Novara, Torino Vercelli, Bergamo, Brescia, Como, Cremona en Mantova ten westen van de Po, Milaan, Pavia, Sondrio, Varese, Trento, Padova, Rovigo, Venetië, Verona, Vicenza, Bologna oostelijk van de Reno, Ferrara, Forlì, Piacenza en Ravenna. Met andere woorden: *parmigiano reggiano* komt alleen uit Emilia-Romagna; streken als Piemonte, Lombardije, de Veneto, Trentino en delen van Romagna zelf, mogen *grana padano* maken.

Omdat *parmigiano reggiano* en *grana padano* zo compact zijn, kunt u ze niet snijden, maar moeten ze met een speciaal mes gebroken worden. Als de kaas goed gemaakt is, geeft een lijn het exacte breukvlak aan. Parmezaanse kaas gaat niet alleen geraspt over de meeste Italiaanse pastagerechten (behalve die met vis), maar ook door omeletten, met andere ingrediënten in vullingen, over de *carpaccio* en in salades. De kaas is ook verrukkelijk met b.v. peren, druiven, vijgen, walnoten en hazelnoten, of aangemaakt met een paar druppels *balsamico*-azijn.

Manteca

Deze *butirro*-versie uit Puglia (Apulië) is een *scamorza*-kaas gevuld met boter. Zie Burrino.

Mantecare

Deze term wordt m.n. in de Veneto en Lombardije gebruikt voor de toevoeging van een klontje boter en wat geraspte Parmezaanse kaas aan het einde van de bereiding van een *risotto*, om deze romig en glanzend te maken. Waarschijnlijk komt het woord van het Spaanse *mantequilla* (boter).

Marzolino

Deze verse, zachte, op *caciotta* lijkende kaas werd vroeger in de streek rond Siena gemaakt door Sardijnse schaapherders, die traditioneel naar Toscane trokken. *Marzolino* kwam ooit van de melk die ooien gaven, als ze in maart het eerste verse gras hadden gegeten. Toen werd ook een plantaardig stremsel van een wilde distel gebruikt; tegenwoordig gebeurt dat met stremsel van schapen. De kaas is nog steeds ovaal, weegt 500-600 g, heeft een volle smaak en geur en wordt vooral als tafelkaas gegeten. De vergelijkbare *baccellone* komt uit de streek rond Pisa en wordt in de lente gemaakt als de tuinbonen, waarmee hij traditioneel gegeten wordt, jong en mild zijn (zie ook Pecorino).

Mascarpone, Mascherpone

Soort roomkaas

Mascarpone kwam vroeger alleen uit het Lombardische Lodi, maar wordt tegenwoordig in diverse Italiaanse streken geproduceerd. Hij wordt binnen 24 uur gemaakt van gepasteuriseerde room en stremt door citroen- of 5% wijnsteenzuur. Het is een heel zachte kaas die direct gegeten moet worden. Van 100 liter room komt 40-50 kg *mascarpone* met een vetgehalte van 50% of hoger.

Mascarpone wordt zelden als kaas gebruikt, maar is heel nuttig als ingrediënt van zoetigheid en nagerechten; niet in de laatste plaats van *tiramisù*. Samen met kruiden kan *mascarpone* echter ook dienen als vulling voor *ravioli* en als bindmiddel voor saus. Vroeger werd de kaas in textiel verkocht; tegenwoordig in potten en plastic bakjes.

Montasio

Deze DOC-kaas uit Friuli, in de noordoostelijke punt van Italië, wordt ook in Belluno, Treviso, Padova, Venetië (met als belangrijkste productiecentrum de streek rond Pordenone), Gorizia en Triëst gemaakt. De naam is ontleend aan het Montasio-gebergte bij het Roccolone-dal. De kaas wordt gemaakt van melk van de rode en bruine koeien, die in dat gebied in smetteloze omheiningen op de steile hellingen staan, ver weg van wegen en vervuiling.

Deze kaas kunt u al na 2 uur rijping vers eten, maar er zijn ook halfrijpe (4 maanden) en harde versies (12 maanden). Het is een gladde, roomgele kaas met middelgrote gaten en de vorm van een kleine, ronde trommel van 30-40 cm in doorsnee, een hoogte van 6-10 cm en een gewicht van 5-7 kg. Hij wordt als tafelkaas gegeten, maar speelt ook een belangrijke rol in de Friulische keuken, waar hij over gerechten als polenta en *carpaccio* wordt geraspt.

LINKS: DE PROVINCIE EMILIA-ROMAGNA GEEFT DEZE KWALITEITSGARANTIE ALLEEN AAN PERFECTE PARMEZAANSE KAAS DIE MINIMAAL 18 MAANDEN GERIJPT HEEFT.

Mozzarella

Soort buffelkaas

Deze Zuid-Italiaanse kaas ontleent zijn naam aan de manier waarop de wrongel met de vingers wordt afgescheurd of afgebroken (*mozzare*) om ballen te vormen. Hij wordt vooral gemaakt in Battipaglia (in de buurt van Salerno), maar ook in Caserta en Napels, en in de provincies Puglia (Apulië) en Lazio. Echte buffelkaas wordt traditioneel door weinig specialisten gemaakt, omdat er niet genoeg buffelmelk is voor een fabrieksmatige productie.

Mozzarella is zo bijzonder vanwege zijn lage vetgehalte (7-7½ %). Het speciale aroma van de buffelmelk geeft *mozzarella* zijn speciale smaak. De kaas wordt al sinds de 13de eeuw gemaakt en de technieken zijn onveranderd gebleven. Men zegt dat de buffels vroeger één voor één onder het zingen van een wiegeliedje werden gemolken en dat ze elk

Hoe Parmigiano Reggiano wordt gemaakt

De melk wordt gefilterd, in vaten gedaan en daar een nacht gelaten, zodat de bovengedreven room kan worden afgeschept. De afgeroomde melk (vetgehalte 1,8-2,1%) wordt gemengd met de volle melk van die ochtend en in enorme, dubbelwandige koperen ketels gegoten. In die dubbele wand circuleert stoom, die de temperatuur constant houdt. De melk bereikt een temperatuur van 32-33 °C, wordt bij de toevoeging van het stremsel voortdurend geroerd en is binnen 10 minuten gestremd. Elke ketel bevat 1000 liter melk en produceert 60-70 kg wrongel.

De wrongel wordt eerst in korreltjes gesneden en dan nog verder afgebroken. Intussen worden de wrongel en de wei voortdurend door een mechanische arm geroerd. Ze worden dan een paar minuten tot 43-44 °C verhit, waarna de temperatuur tot 54-56 °C wordt verhoogd. Dat proces duurt 45-50 minuten. Het mengsel wordt daarna opnieuw 45 minuten verhit, waarna de wrongel in een grote linnen doek wordt gedaan, maar in de wei blijft hangen. Daarna wordt de wrongel in twee even grote koeken verdeeld, die elk gewikkeld in een schone doek in een metalen vorm gelegd worden. Een rond, houten deksel van 10 kg perst alle nog aanwezige vloeistof eruit.

Een uur later worden de doeken gewisseld, de kazen gekeerd en opnieuw in de vorm gelegd. Dit proces wordt elke 2 uur, vier- of vijfmaal herhaald, totdat een korst ontstaat. Dan gaan de kazen in een pekelbad, waar ze per kilo gewicht 1 dag blijven liggen. Ze worden elke dag gekeerd. Na een dag of drie worden ze op latten gelegd om te drogen. Ze worden van schimmel ontdaan en blijven liggen, totdat de korst ontwikkeld is. Daarna gaan ze 6-7 dagen naar een ruimte waar de temperatuur op 22 °C wordt gehouden. De kazen worden dan met houten planken ertussen gestapeld en rijpen 6-7 maanden in grote, luchtige, hoge ruimtes ('kathedralen' genaamd). In die tijd wordt elke kaas om de 4-5 dagen gekeerd. In de 6-7 maanden daarna worden ze na elke 10-12 dagen gekeerd.

Dit langdurige rijpingsproces verklaart voor een groot deel waarom deze kaas zo duur is.

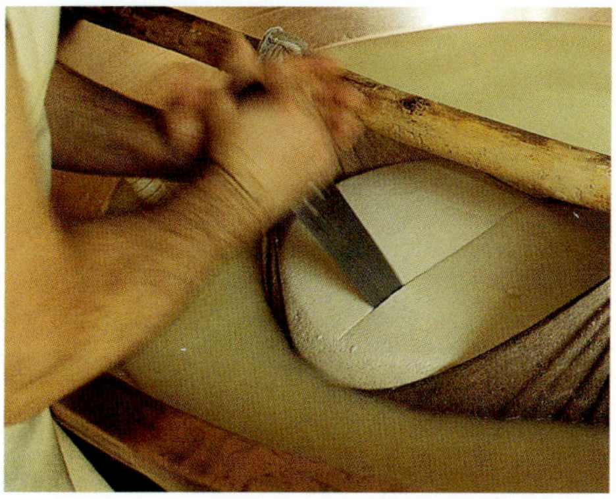

HOE MOZZARELLA WORDT GEMAAKT

Mozzarella is een verse, zachte kaas die 3-4 dagen na de productie gegeten moet worden. De melk wordt tot 33-34 °C verhit. Dan gaat het stremsel erbij, zodat de melk uiteenvalt in wrongel en wei. De wrongel rust 20 minuten en wordt dan met een mes in vieren gehakt. Na nog eens 10 minuten wordt de wrongel verder gesneden tot walnootgrote stukjes, die in de warme wei blijven rijpen. Als een stukje wrongel in bijna kokend water in draden uiteenvalt, is de wrongel klaar voor het spinnen.
De wrongel wordt uit de wei gehaald en lekt op een speciale tafel uit. Hij wordt in reepjes gesneden en in water van 90 °C gelegd. Dan wordt hij met de hand gesponnen en gevormd tot individuele porties van allerlei gewichten: *bocconcini* (hapjes) van 30 g en *ciliegine* (kersjes), maar ook schijven en vlechten van 600 g.

Na het vormen gaan de mozzarella's in koud water om af te koelen en op te stijven, voordat ze 30 minuten gepekeld worden. Elk stuk kaas wordt dan waterdicht verpakt met wat gezouten water of een beetje melk met water, zodat het vochtig blijft. Een gerookte versie (*scamorza*) heeft een hardere, geelbruine buitenkant. Van het melkresidu dat na de fabricage overblijft, wordt heerlijke *ricotta* gemaakt.

een eigen naam hadden – allemaal om de melkproductie te verhogen.

Verse *mozzarella* smaakt mild, notig en hartig en is spierwit. Hij moet een paar gaten vertonen; daar zijn druppels wei uitgelopen toen de kaas gesneden werd. Uit Lazio, m.n. de streek rond Rome, komt een andere *mozzarella*soort; deze *provatura* is een mengsel van volle koemelk en gepasteuriseerde schapenmelk. Hij lijkt op de oorspronkelijke kaas, maar is harder en geler. Een gerookte versie (*scamorza*) komt uit Campanië, de Abruzzen en Molise. Deze wordt ook gebruikt om *burrino* te maken (blz. 239).

Mozzarella is verrukkelijk in Mozzarella Caprese (blz. 137): in plakjes gesneden, aangemaakt met wat zout, peper en een scheutje extra vergine olijfolie, met plakjes tomaat en een paar blaadjes basilicum. Of eet het op pizza's en in pastatimbalen.

RECHTS: BUFFEL UIT CAMPANIË

MURAZZANO

SOORT SCHAPENKAAS

Deze smakelijke, zachte, verse, volvette (50-56%) kaas van vooral schapenmelk komt uit de streek rond Murazzano in de provincie Piemonte. Hij heeft een cilindervorm van 10-15 cm doorsnee bij een dikte van 3-4 cm en een gewicht van 300-400 g. De kaas is wit en heeft geen korst, omdat hij tot aan de consumptie (6-10 dagen na de productie) in de pekel blijft. Het is een verrukkelijke tafelkaas, die u kunt opdienen met olijfolie, zout en peper, maar ook in warme sauzen.

PAGLIERINA

Deze zachte, volvette kaas uit de streek rond Turijn (Piemonte) wordt van koemelk gemaakt en heeft een schijfvorm van 10-20 cm doorsnee en 1-2 cm dikte. De schijven rijpen kort op strooien matjes of *paglie*; vandaar de naam. Eet *paglierina* direct na de productie. Het is een heerlijke tafelkaas, vooral met wat olijfolie en azijn.

PANNARONE, PANNERONE, PANERONE

Deze volvette, milde, zachte kaas uit de Lodigiano-streek in Lombardije heet ook wel 'witte gorgonzola', omdat hij dezelfde vorm en smaak heeft als de beroemde blauwe kaas en ongeveer op dezelfde manier gemaakt wordt, hoewel zonder schimmel. De kaas ontleent zijn naam aan het woord *panera*, wat Lombardisch is voor de bovenlaag

van de melk waarvan hij gemaakt is.

De kaas heeft een trommelvorm met een doorsnee van 25-30 cm, een hoogte van 18-20 cm en een gewicht van 8-12 kg. Hij heeft een gladde, dunne, gelige korst en een roomwit binnenste. Het is een van de weinige ongezouten kazen en moet direct na rijping (ca. 8-10 dagen) gegeten worden. *Pannarone* is een uitmuntende tafelkaas die echter bijna alleen plaatselijk geconsumeerd wordt.

PARMIGIANO REGGIANO, ZIE GRANA PADANO

PECORINO

SOORT SCHAPENKAAS

Deze kaas is zo populair dat bijna elke streek zijn eigen versie maakt, steeds aangepast aan de plaatselijke ingrediënten en culinaire tradities. Hij wordt echter altijd op dezelfde manier bereid. De smaakverschillen hangen samen met de kwaliteit van de plaatselijke melk en het rijpingsproces.

Pecorino is een halfrauwe, harde kaas van volvette melk. De kazen hebben een doorsnee van 20-30 cm, een hoogte van 14-22 cm en een gewicht van 6-22 kg. Het zijn compacte, witte kazen, die minstens 8 maanden rijpen voordat ze aan tafel worden gegeten, of geraspt als Parmezaanse.

Op grond van de wet mag *pecorino Romano* alleen gemaakt worden in Rome, Frosinone, Grosseto, Latina en Viterbo, in de provincie Lazio. Bij wijze van uitzondering mag het echter ook in Cagliari, Sassari en Moro op Sardinië, waar driekwart van alle *pecorino Romano* vandaan komt.

Sardiniës eigen *pecorino* (*fiore Sardo* of *cacio fiore*) wordt net zo gemaakt als de andere; de kazen zijn echter veel kleiner en wegen maar 1½-5 kg. Deze soort is al na 2-3 maanden rijping gereed voor consumptie, maar moet 6 maanden rijpen om geraspt te kunnen worden. Sardijnse *pecorino* is heel populair in Ligurië, ondanks het feit dat die streek zijn eigen versie maakt, die in de *pesto* verwerkt wordt. De *pecorino* uit Ragusa bevat hele peperkorrels.

PRESCINSOEUA, ZIE QUAGLIATA

PRIMO SALE

SOORT VERSE KAAS

Evenals *caciotta* is *primo sale* (letterlijk: 'eerste zout') een verse koemelkse kaas die in diverse Italiaanse streken gemaakt wordt, waaronder Savona in Ligurië. Hij moet uiterst vers en vlak na het pekelen gegeten worden. Op Sicilië en elders in het zuiden wordt een verse kaas met dezelfde naam gemaakt, maar die is van schapenmelk.

PROVATURA

Deze grote, *mozzarella*-achtige kaas moet minstens een paar dagen rijpen om een pittiger smaak en een steviger structuur te krijgen. Hij wordt soms gerookt en als tafelkaas gebruikt, maar verschijnt ook in de keuken. Zie Mozzarella.

PROVOLONE, PROVOLETTA, PROVOLONCINO

Deze bijzondere kaas komt oorspronkelijk uit Potenza in de provincie Basilicata en heeft zich van daaruit over heel Zuid-Italië en geleidelijk ook over het noorden verspreid, waar hij nu bijzonder populair is.

Het is een compacte, volvette kaas van koemelk. Als het stremsel en de fermentatiemiddelen zijn toegevoegd, wordt de wrongel net als bij *caciocavallo* in heet water gesponnen en tot een grote, peervormige of cilindrische kaas verwerkt, die minstens 6 kg weegt. *Provolone* kan echter wel 1,4 meter hoog en 60-100 kg zwaar worden. Als ze hun vorm hebben gekregen, worden ze in enorme bakken gepekeld. Daarna worden ze opgehangen en op een speciale manier met touw omwonden, waarmee ze hun opvallende vorm krijgen.

Het rijpingsproces kan ca. 12 maanden duren; het hangt af van hoe de kaas gegeten moet worden: vers (*tipo dolce*) of hard om te raspen (*piccante*). De rijpe kaas wordt met een dun waslaagje bedekt om bacteriële besmetting te voorkomen. De kaas heet ook wel *provoloncino* of *provoletta*, of heeft weer andere namen, afhankelijk van de streek.

Provolone wordt als tafelkaas gegeten, maar ook in de keuken gebruikt: in kleine blokjes als vulling voor groente en pastatimbalen of geraspt over pasta. De kaas heeft een aparte structuur en een opvallende smaak; de *tipo piccante* kan vrij scherp zijn.

Quagliata, Prescinsoeua

Deze kwarkachtige, gestremde melk is ten oosten van de Italaanse Rivièra populair; de Ligurische naam is *prescinsoeua*. *Quagliata* wordt vaak door *pesto* geroerd, maar ook met suiker als zodanig gegeten. In andere delen van Italië bestaat *cagliata*: een soort ongefermenteerde yoghurt, die met fruit gegeten wordt. Ik weet nog dat mijn grootmoeder melk met een beetje citroensap in de zon zette en zo haar eigen versie maakte.

Quartirolo

Deze zachte, volvette kaas wordt alleen in Lombardije gemaakt, en wel in de streken rond Como, Milaan, Bergamo, Brescia en Pavia. De beste, *quartirolo di monte*, komen uit Valsassina en Quartirolo en zijn vierkant, net als *taleggio*.

De melk komt van koeien die grazen op de geurige bergweiden van Quartirolo. De ongepasteuriseerde melk stremt in kleine, koperen ketels met stremsel en melkenzymen. De wrongel gaat in vierkante vormen, waar de wei weglekt. Na een paar dagen wordt, als een witte schimmel is gevormd, de kaas gezouten. De volgende 6-8 dagen wordt de kaas herhaaldelijk met zout ingewreven, en dan is hij klaar voor consumptie. Hij weegt ca. 1½ kg en wordt in kwarten verkocht. *Quartirolo* heeft een aangename smaak die aan paddestoelen doet denken.

Ricotta

SOORT ZACHTE KAAS

Het woord *ricotta* betekent 'opnieuw gekookt'; deze kaas wordt dan ook gemaakt van het residu dat andere kazen achterlaten als de wrongel uit de wei is gehaald. Aan dat residu wordt verse melk toegevoegd om de hoeveelheid te vergroten en het mengsel wordt aan de kook gebracht. Een zure substantie als citroensap of stremsel wordt toegevoegd, en aan het oppervlak ontstaat een schuim van caseïne, dat wordt weggeschept. Dat is de *ricotta*, die men eerst laat uitlekken. In heel Italië worden allerlei soorten gemaakt.

Ricotta forte komt uit Bari, in de provincie Puglia. Deze wordt vervaardigd volgens de basismanier, maar krijgt zout toegevoegd voordat hij in houten bakken afkoelt en droogt. In de loop van enkele maanden verhuist deze *ricotta* van de ene bak naar de andere en wordt daarbij steeds met de hand bewerkt, totdat alle overtollige vloeistof verdwenen is. De kaas heeft een opvallend pittige smaak en is geel van kleur. Hij wordt op allerlei manieren gebruikt, o.a. met uien in *calzone*.

Ricotta Romana wordt iets langer gekookt dan normaal. Daarmee ontstaat een compactere en fijnere *ricotta* die in veel zoete en hartige gerechten bruikbaar is.

Fior di ricotta wordt van volle schapenmelk, en niet van kaasresidu gemaakt. Het is een voller smakende, vettere *ricotta*, die rauw gegeten kan worden, maar die vooral gebakken wordt in Pastiera di Grano (blz. 177) of als vulling voor andere nagerechten dient.

Ricotta marzotica uit Foggia, in de provincie Puglia, heet naar de maand maart, omdat hij in die maand wordt gemaakt. Hij wordt gepekeld en rijpt 15-30 dagen. Omdat het gras in de lente nog fris is, is deze *ricotta* bijzonder fijn en heel geschikt als vulling voor *ravioli* of als dessertkaas.

Ricotta Calabrese condita is een variant van de uitstekende Calabrische *ricotta*. Hij wordt op de gebruikelijke manier gemaakt, behalve dan dat hij met zout en chilipeper in een oven wordt gedroogd. Daarmee ontstaat een heel *piccante* smaak.

Ricotta infornata uit Sicilië lijkt op de Calabrische *condita*. Hij wordt eveneens gedroogd en gezouten, maar daarna gaat er een laag gemalen zwarte peper overheen.

Ricotta salata is een gezouten *ricotta* die rijpt tot hij hard wordt en geraspt in allerlei gerechten kan worden verwerkt.

Robiola

Deze zachte kaas werd traditioneel van ongepasteuriseerde melk gemaakt, maar in de huidige commerciële productie wordt de melk eerst behandeld. Hoewel het een Lombardische specialiteit is, wordt *robiola* ook in Piemonte gemaakt, waar de kaas extra geurig en pittig is. De uitgelekte wrongel gaat in een pekelbad en rijpt 20-30 dagen. Hij moet dan direct als tafelkaas gegeten

UMBRISCHE RICOTTA IN EEN TARWE-OMHULSEL

LINKS: VERSE RICOTTA

worden. Kleinere versies van deze kaas heten *robioline*.

Robiola delle Langhe is een versie die van koe- en geitenmelk is gemaakt; deze heeft een heel eigen smaak. De variant *robiola di Roccaverano* werd vroeger alleen van geitenmelk gemaakt, maar tegenwoordig alleen van koemelk. *Robiola* is een van de kazen voor het gerecht Brôss (blz. 252).

Scamorza

Deze kaas wordt net zo gemaakt als *mozzarella*, maar komt uit de fabriek en bestaat meestal uit koemelk. Hij heeft een steviger structuur dan *mozzarella* en een vorm die het mogelijk maakt om hem aan een stuk raffia op te hangen. *Scamorza* wordt altijd in paren gemaakt, opgehangen en soms gerookt. Hij wordt 1-3 dagen na de productie als verse tafelkaas gegeten. *Scamorza* wordt vaak met boter gevuld om te rijpen (zie Burrino).

Hoe Tomini worden gemaakt

Men snijdt de wrongel en laat hem uitlekken. Vervolgens worden de tomini met de hand tot rondjes van 4 cm doorsnee en 2 cm dikte gevormd. Ze kunnen met wijnazijn op smaak gebracht worden, voordat ze in olie – eventueel met kruiden, chilipepers of truffels – gebotteld worden.

Taleggio

Dit is een van de bekendste Italiaanse kazen die zowel binnen als buiten Italië overal wordt gegeten. Hij komt van de eerste Alpenhellingen in het Taleggio-dal ten noorden van Bergamo, waar het gras bijzonder sappig en geurig is. In Savoye bestaat een consortium van producenten dat de kwaliteit van de kaas garandeert. Deze volvette kaas (48%) wordt echter ook in Brescia, Como, Cremona, Milaan, Pavia, Novara en Treviso gemaakt.

Hij rijpt 40-45 dagen en krijgt in die tijd een roze korst. Daarna wordt hij in vierkanten van 20-30 cm en ca. 6 cm dik verkocht. De roomwitte kaas is heel zacht en bevat veel kleine gaatjes. Eet hem heel vers, want mettertijd wordt hij zuurder.

Toma, Tometta, Tomino

Deze harde kaas van ongepasteuriseerde volle of half-afgeroomde koemelk komt uit Piemonte, het Aosta-dal en Ligurië. De kazen hebben een cilindrische vorm van 10-20 cm doorsnee, en een hoogte van 4-8 cm. Ze wegen 2-4 kg. Na een pekelbad rijpen ze 30-70 dagen.

Toma is in wezen een tafelkaas met de smaak van Alpenweiden. De verse heet *tometta*. Deze soort heeft ongeveer dezelfde vorm als de *toma* en, als de *paglierina*, een doorsnee van 12-15 cm en een dikte van 2-3 cm. De beroemdste zijn de *carmagnola* uit Pratonevoso en de *caprella* van geitenmelk.

Tomino is eveneens verse *toma*, die verkocht wordt in rondjes van 4 cm doorsnee en 2 cm dikte. Ze worden soms met wijnazijn op smaak gebracht en in olie met kruiden of chilipeper gedaan. Dan heten ze vanwege hun sterke smaak *tomini elettrici*. Ook in de Langhe gaan *tomini* in olie, maar daar worden ze op smaak gebracht met truffel; een heel verfijnd product. De beroemdste geconserveerde *tomini* komen uit Chiaverano bij Ivrea.

FONDUTA CON TARTUFO

KAASFONDUE MET TRUFFEL

VOOR 4 PERSONEN

400 G FONTINA, IN BLOKJES
CA. 2½ DL MELK
6 EIERDOOIERS
30 G BOTER
45-55 G WITTE TRUFFEL
ZOUT EN PEPER

Piemontese boeren plachten brood te dopen in deze hemelse saus van plaatselijke ingrediënten: fontina-*kaas uit het Aosta-dal (in dit gerecht onvervangbaar) en witte truffels. Omdat die witte truffels tegenwoordig zo ongelooflijk duur zijn, is het gerecht alleen nog in de sjiekste Piemontese restaurants te vinden. Het is een bijzonder elegant en lekker voorgerecht, dat heel makkelijk te maken is, maar wel veel zorg vraagt.*

Leg de kaasblokjes in een kom, giet er zoveel melk bij dat ze onderstaan en laat ze 2-3 uur weken.

Zet de kom op een pan met heet, maar niet kokend water, en zorg dat de bodem van de kom niet in het water hangt. Roer de kaas en melk voorzichtig tot een gladde massa. Voeg dan dooiers, boter, een mespunt zout en wat peper toe. Blijf roeren tot het mengsel tot een roomdikke massa bindt.

Verdeel het over vier kommen, schaaf er wat truffel boven en eet het met reepjes geroosterd brood.

ASPARAGI ALLA EMILIANA

ASPERGES OP DE WIJZE VAN EMILIA

VOOR 4 PERSONEN

800 G GROENE ASPERGES (IK NEEM LIEVER GROENE DAN WITTE)
100 G PARMEZAANSE KAAS, VERSGERASPT
6 EETLEPELS BOTER, GESMOLTEN
ZOUT EN PEPER

Asperges zijn prachtige groenten die bijzonder goed passen bij zuivelproducten. In Emilia-Romagna, en met name in Parma, moet je wel de lokale producten als boter en Parmezaanse kaas gebruiken. Dit gerecht kondigt de zomer aan.

Schil het onderste deel van de asperges en gooi alle houtige delen weg. Kook ze in water met zout tot de stengels net gaar, maar nog *al dente* zijn; zorg dat de punten heel blijven.

Laat ze uitlekken, schik ze met de punten naar dezelfde kant op borden en bestrooi ze met Parmezaanse kaas. Doe er zout en peper naar smaak bij, giet de gesmolten boter over de punten en dien het gerecht direct op.

FONDUTA CON TARTUFO

Torta Rustica di Ricotta

HARTIGE RICOTTATAART

Voor 6 personen

- 25 g boter
- 3 eetlepels broodkruim
- 500 g heel verse ricotta, liefst van schapenmelk
- 4 eieren, gesplitst
- 50 g Parmezaanse kaas, geraspt
- 55 g bloem
- 100 g gemengde, goed smeltende kazen, b.v. provolone, pecorino, scamorza enz., in heel kleine blokjes
- 100 g Parmaham, salami, speck enz., heel fijn gehakt
- zout en peper

Ricotta *past wonderwel bij zowel zoete als hartige smaken. Bovendien is deze kaas tamelijk vetarm en kan er met eieren een uitstekende, heerlijke en niet te zware vulling van geroerd worden. Mijn moeder verstopte altijd restjes salami en kaas in deze hartige taart: ons lievelingsgerecht!*

Verwarm de oven voor tot 200 °C (stand 6). Vet met de boter een ovenschaal van 20 cm doorsnee in en strooi er het broodkruim over.

Doe de *ricotta* in een kom. Klop de dooiers los met Parmezaanse kaas, bloem, wat zout en veel versgemalen zwarte peper. Spatel het mengsel door de *ricotta* en roer er kaas en ham door.

Klop de eiwitten stijf en spatel ze voorzichtig door het *ricotta*mengsel; u moet een glad, licht beslag krijgen. Giet het in de ovenschaal, strijk de bovenkant glad en zet het gerecht 30-40 minuten in de oven of tot een mooie korst is ontstaan. Stort de taart op een schaal en dien hem warm op. Koud is hij echter ook lekker.

Gnocchi alla Bava

GNOCCHI OP DE WIJZE VAN PIEMONTE

Voor 6 personen

- 300 g 00-bloem (doppio zero)
- 300 g boekweitmeel
- 2 eieren
- ca. 3 eetlepels melk
- 150 g fontina, in dunne plakjes
- 150 g verse toma, in dunne plakjes
- 50 g Parmezaanse kaas, geraspt
- 4 eetlepels boter
- zout en peper

Er zijn veel variaties op dit gerecht; de meeste komen uit Piemonte. 'Alla bava' betekent dat de gnocchi *draden van gesmolten kaas moeten trekken als u ze uit de schaal schept.* Gnocchi *worden meestal van bloem of aardappelen gemaakt; het ongewone aan deze is dat ze uit twee soorten meel bestaan.*

Verwarm de oven voor tot 200 °C (stand 6). Doe de twee meelsoorten in een kom, roer er de eieren door en genoeg melk om een stevig deeg te krijgen. Rol steeds een klein deel van het deeg tot een sigaar. Snijd die in stukjes van 3 cm en haal ze licht over de tanden van een vork, zodat ze een patroon achterlaten. Rol ze van de vork op een schone doek en laat ze afgedekt 30 minuten liggen.

Kook de *gnocchi* in een grote pan water (ca. 5 liter). Ze zijn gaar als ze, na ca. 2 minuten, boven komen drijven. Haal ze er met een schuimspaan uit en schik ze laag om laag met *fontina, toma* en een beetje Parmezaanse kaas in een ovenschaal. Strooi de rest van de Parmezaanse kaas er overheen, leg er klontjes boter op en zet de schaal 10 minuten in de oven. Dien direct op.

Mozzarella in Carrozza

Per persoon

- 2 dikke sneden pane di campagna (wit boerenbrood)
- 1 grote plak buffelmozzarella
- melk
- 2 eieren, losgeklopt
- zout
- bloem (voor het bestuiven)
- olijfolie (voor het frituren)

Dit gerecht komt oorspronkelijk uit Napels en, meer algemeen, uit Campanië. Het wordt nu echter in heel Italië gegeten; meestal in bars als lunchhapje. Vers en knapperig is het verrukkelijk.

Doop de sneden brood een paar tellen in de melk; zorg dat ze niet doorweekt raken. Laat ze uitlekken en leg de mozzarella tussen twee sneden brood. Haal deze sandwich door de bloem, en daarna door het ei. Frituur hem in een flinke laag olie in ca. 5 minuten goudbruin en keer hem halverwege. Dien direct op.

Formaggio al Tartufo

TRUFFELKAAS

Voor 6 personen

- 200 g ricotta, liefst van schapenmelk
- 55 g Parmezaanse kaas, geraspt
- 200 g mascarpone
- 25 g verse witte truffel, geraspt (of neem verse zwarte en wat druppels truffelolie)
- zout en peper

Als u geen truffelkaas kunt krijgen, is het gemakkelijk zelf maken, mits u het allerbelangrijkste ingrediënt hebt: de truffel.

Meng alle ingrediënten grondig, voeg een klein beetje zout en peper toe en laat het mengsel een paar uur staan om de smaken op elkaar te laten inwerken.

Formaggio Conciato (Bros)

GECONSERVEERDE KAAS

Genoeg voor een pot van 1 kg

- 800 g gemengde kaas, b.v. robiola, verse toma, geitenkaas, verse pecorino of zelfs gorgonzola
- 1 chilipepertje, heel fijn gehakt
- 4 eetlepels grappa
- 1½ theelepel versgemalen zwarte peper
- 1 dl olijfolie (extra vergine)
- 2 eetlepels rode-wijnazijn

Dit is een Piemontees streekgerecht dat meestal thuis wordt gemaakt. Het aantal combinaties is eindeloos, maar het idee is de verwerking van restjes kaas, die een tijdje marineren in olie, grappa en specerijen. Dan krijgt u 'een verrekt lekkere kaas', zoals ik altijd zeg, die meestal op toost of met plakken polenta wordt gegeten. In Puglia (Apulië) bestaat een soortgelijk gerecht met ricotta, *onder de naam* ricotta forte.

Breek of snijd alle kazen in kleine stukjes en doe die in een kom. Roer er grondig alle andere ingrediënten door. Doe het mengsel in een pot en sluit deze luchtdicht af. Bewaar hem op een koele plaats en roer elke 2-3 dagen. Houd dat een paar maanden vol, totdat een pittige kaaspasta ontstaat die heel lang houdbaar is. Veel succes!

Crocchette di Patate

AARDAPPELKROKETJES

Voor 4 personen

- 800 g bloemige aardappelen
- 4 eetlepels Parmezaanse kaas, versgeraspt
- 3 eierdooiers
- 1 eetlepel bladpeterselie, fijngehakt
- 300 g buffelmozzarella, in vingerlange reepjes
- olijfolie om te frituren
- 1 eiwit, losgeklopt
- zout en peper
- paneermeel

Deze kroketjes worden gevuld met mozzarella. *In een soortgelijk gerecht wordt rijst gebruikt, in plaats van aardappelen:* suppli *of* arancini *(blz. 179).*

Kook de aardappelen in de schil gaar. Giet ze af en verwijder de schil, terwijl ze nog warm zijn. Pureer ze door een zeef en voeg Parmezaanse kaas, dooiers, peterselie en zout en peper naar smaak toe. Meng alles tot een zacht deeg.

Bedek uw handpalm met wat van het aardappelmengsel. Leg een reepje *mozzarella* in het midden en bedek het volledig met nog meer van het mengsel. Maak er een cilinder van met de *mozzarella* precies in het midden. Doe hetzelfde met de rest van het mengsel en de *mozzarella*. Haal de kroketten door eiwit en paneermeel en frituur ze in een paar minuten knapperig en bruin. Dien ze warm op.

Ravioli Fritti Sardi con Miele

GEFRITUURDE SARDIJNSE PECORINO-RAVIOLI

Voor 8 stuks

200 G PECORINO, IN DUNNE PLAKJES
OLIJFOLIE (VOOR HET FRITUREN)
KASTANJE- OF ANDERE HONING

Voor het gebak:

300 G BLOEM, LIEFST 00 (DOPPIO ZERO)
3 EIEREN
100 G KRISTALSUIKER

Deze kleine gebakjes met pecorino *zijn een Sardijnse specialiteit; ze worden met honing opgediend. Na een lichte maaltijd zijn ze heerlijk.*

Zeef de bloem, maak een kuiltje in het midden en doe er de eieren en suiker in. Trek beetje bij beetje de bloem naar binnen en maak er een glad deeg van, zoals een pastadeeg. Rol het tot 3 mm dikte uit en steek er 16 rondjes van 12½ cm doorsnee uit. Verdeel de kaas over de helft van de rondjes. Bestrijk de randen van het deeg met water, leg er de lege rondjes op en druk de randen goed aan.

Verhit een royale hoeveelheid olijfolie in een grote frituur- of koekenpan en bak de *ravioli* aan beide kanten goudbruin. Serveer ze warm met honing.

Panna Cotta

Gekookte room

Voor 4 tot 6 personen

1 blaadje gelatine
5 dl koffieroom
45 g suiker
1 vanillestokje
1 theelepel vanille-essence
1 eetlepel donkere rum
gekonfijte reepjes sinaasappelschil of verse bessen

Dit is een van de meest modieuze desserts, zowel in Italië als daarbuiten.

Week het gelatineblaadje in wat koud water tot het zacht is.

Meng de room met de suiker, het vanillestokje en de -essence in een pan met dikke bodem. Breng dit aan de kook. Haal van het vuur en voeg het uitgeknepen gelatineblaadje en de rum toe. Roer net zolang tot de gelatine is opgelost. Verwijder het vanillestokje. Giet het mengsel door een fijne zeef en vul er 4-6 puddingvormpjes mee. Laat deze in de koelkast opstijven.

Versier de *panna cotta* voor het opdienen met de gekonfijte sinaasappelschilreepjes of met de bessen.

Marroni al Mascarpone

Gekonfijte kastanjes met mascarpone

Voor 4 personen

2 eierdooiers
100 g kristalsuiker
1 theelepel vanillesuiker
2 eetlepels whisky
4 eetlepels koffieroom
400 g mascarpone
12 hele kastanjes op siroop, of marrons glacés
12 verse laurierblaadjes

Een nagerecht propvol calorieën. Geef het dus liefst in de winter, na een heel lichte maaltijd.

Klop de dooiers met suiker, vanillesuiker en whisky tot een gladde crème. Roer de room door de *mascarpone* en spatel er dan het dooiermengsel door. Doe alles in een spuitzak en spuit op elk bord drie gelijke toefjes. Leg er de kastanjes op en garneer met de laurierblaadjes.

Parmigiano con le Pere e Noci

Parmezaanse kaas met peren en walnoten

Voor 4 personen

200 g Parmezaanse kaas
4 rijpe Williams-peren
100 g verse walnoten, geschild
opdienen met goede pane di campagna (wit boerenbrood)

Deze combinatie is het allerlekkerst met walnoten van de nieuwe oogst, die vers genoeg zijn om te schillen. Het is eigenlijk geen recept; meer een idee voor een dessert dat heel populair is in Emilia-Romagna, waar de kaas vandaan komt.

Brokkel de Parmezaanse kaas grondig. Schil de peren, verwijder het klokhuis en snijd ze in plakjes. Verdeel kaas, peren en walnoten over vier borden en geef er brood bij.

Tiramisu

Voor 6 personen

3 eierdooiers
100 g kristalsuiker
1 theelepel vanillesuiker, of een paar druppels vanille-essence
1 dl koffieroom
500 g mascarpone
6 kopjes koude, sterke espresso
4 eetlepels koffielikeur, b.v. Kahlua
20 savoiardi-koekjes (blz. 298)
cacaopoeder

Ook deze specialiteit is naar Italiaanse restaurants over de hele wereld geëmigreerd. Dit gerecht is in een paar minuten klaar, hoeft niet gekookt te worden en is toch heel verfijnd en aantrekkelijk. De naam betekent 'trek me op', en het aantal calorieën in deze pudding is inderdaad heel hoog. De uitvinder had kennelijk een snelle energiestoot nodig. Er zijn veel versies van tiramisu, maar ik eet het liefst deze heel simpele.

Klop de dooiers met suiker en vanillesuiker tot een dikke, luchtige massa. Roer de koffieroom door de *mascarpone* en spatel er het dooiermengsel door.

Strijk de helft van het mengsel over de bodem van een ondiepe schaal. Meng koffie en likeur in een schaaltje, doop er één voor één alle koekjes in, leg ze direct op de laag *mascarpone* en bedek ze volledig met de rest van het *mascarpone*-mengsel. Laat het gerecht in de koelkast koud worden en bestuif de *tiramisu* voor het opdienen royaal met cacaopoeder. U kunt ook individuele porties maken in glazen, coupes of bakjes.

CASSATA

VOOR 4 PERSONEN

250 G MARSEPEIN (BLZ. 279, OF NEEM KANT-EN-KLARE)
1 PLAK PAN DI SPAGNA (BLZ. 294) VAN CA. 20 CM DOORSNEE EN 5 MM DIK
2 EETLEPELS MARSALA
375 G RICOTTA
100 G KRISTALSUIKER
½ THEELEPEL VANILLE-ESSENCE
25 G GEKONFIJTE SINAASAPPELSCHIL, FIJNGEHAKT
25 G GEKONFIJTE SUKADE, FIJNGEHAKT
25 G BITTERE CHOCOLADE, FIJNGEHAKT
POEDERSUIKER
GARNEREN MET ENGELWORTEL EN NOG WAT GEKONFIJTE SINAASAPPELSCHIL

VOOR HET GLAZUUR:

125 G POEDERSUIKER
1 EIWIT
1 THEELEPEL CITROENSAP
15 G BLOEM

Er zijn twee cassataversies, die allebei uit Sicilië komen. De ene is een gebak met marsepein, ricotta *en gekonfijte vruchten; de andere is een gerecht van recentere datum met roomijs.* Cassata *komt van het Arabische woord 'qas'at': een kommetje dat gebruikt werd om het nagerecht zijn vorm te geven. Dankzij de schuine zijkant van de vorm wordt het gerecht na storten een platte kegel. Oorspronkelijk werd dit gerecht gemaakt door nonnen in de Goede Week, maar tegenwoordig is* cassata *het hele jaar te koop. Met Kerstmis krijgt het vaak een hartvorm. Kleine* cassata's *komt u onder de naam* cassatine *veel tegen in Siciliaanse bars, cafés en banketbakkerijen.*

Bestuif een pasteiblik met schuine zijkant van 20 cm doorsnee met poedersuiker. Verdeel de marsepein in tweeën. Kneed het ene stuk glad en rol het uit tot 5 mm dik. Bekleed daarmee de zijkanten van het blik en snijd de overtollige marsepein weg. Leg de *pan di Spagna* op de bodem en snijd het zo nodig aan de randen bij. Besprenkel het met marsala.

Doe de *ricotta* in een kom en verkruimel hem met een vork. Voeg kristalsuiker en vanille-essence toe en roer het tot een iets vochtige, goed samenhangende massa. Werk het mengsel door een zeef, roer er gekonfijte schillen en chocolade door en spreid het gelijkmatig over de *pan di Spagna* uit.

Kneed de rest van de marsepein, rol dit uit en maak er een deksel van. Stort de *cassata* op een schaal, zodat het gebak nu aan de bovenkant komt te liggen.

Zeef voor het glazuur de poedersuiker in een kom en roer er eiwit en citroensap door. Voeg in gedeelten de bloem toe en laat het mengsel iets dikker worden. Giet het direct over de boven- en zijkant van de *cassata*. Garneer met gekonfijte schilletjes en engelwortel en laat het geheel een paar uur staan, zodat het glazuur kan opstijven.

CANNOLI

SICILIAANSE RICOTTAGEBAKJES

VOOR 15 STUKS

15 STUKKEN RIET VAN 2½ CM DIK EN 15 CM LANG
15 G REUZEL OF BOTER
1 EETLEPEL SUIKER
3 EETLEPELS DROGE WITTE WIJN
1 THEELEPEL WITTE-WIJNAZIJN
150 G 00-BLOEM (DOPPIO ZERO)
1 EETLEPEL CACAO

Cannoli *zijn waarschijnlijk het bekendste Siciliaanse nagerecht. Vroeger werd het alleen tijdens het carnaval en vooral op de feestdag van San Carlo gemaakt, maar tegenwoordig worden ze het hele jaar door gegeten; niet alleen na de maaltijd maar ook als hapje. Het gebak zelf wordt rond een stuk riet ('canna') gerold en gefrituurd; vandaar de naam* cannoli. *Het riet wordt na het frituren verwijderd, waarna het gebak wordt gevuld met een mengsel van* ricotta, *suiker, gekonfijte vruchten en chocolade.*

Klop reuzel of boter met suiker tot een luchtige, romige massa en roer er de wijn en azijn door. Spatel er de bloem en cacao door en kneed er een deeg van. Dek

1 EI, LOSGEKLOPT
PLANTAARDIGE FRITUUROLIE

VOOR DE VULLING:
600 G RICOTTA
300 G KRISTALSUIKER
55 G GEKONFIJTE CITRUSSCHIL, FIJNGEHAKT
55 G BITTERE CHOCOLADE, IN KLEINE STUKJES

dit met plasticfolie af en zet het 30 minuten in de koelkast.

Rol het tot een grote lap van ca. 2 mm dik uit en snijd er 15 rechthoeken van ca. 10 x 6 cm van. Wikkel elk stuk deeg rond een stuk riet en verzegel de naad met geklutst ei.

Verhit de olie in een grote, diepe pan; de *cannoli* moeten onderstaan. Laat de olie gloeiendheet worden en frituur steeds een paar *cannoli* tegelijk knapperig en goudbruin. Dat duurt normaal 1½-2 minuten. Laat ze op keukenpapier uitlekken en afkoelen. Haal de stukken riet weg, zodat het holle gebak overblijft.

Maak de vulling. Zeef de *ricotta* en roer er met een vork suiker, gekonfijte schil en chocolade door. Vul elke *cannolo* met het mengsel en serveer ze koel, doch niet koud.

EEN SELECTIE ZOETIGHEDEN UIT DE WINKEL VAN MARIA GRAMMATICO IN ERICE (SICILIË); KLOKSGEWIJS VANAF LINKSBOVEN: CANNOLI, MARSEPEINEN APPELS, AMANDELKOEKJES, CASSATA EN CASSATINE

FRUIT EN NOTEN

FRUTTA FRESCA E SECCA

Als kind vond ik het begin van de zomer een van de heerlijkste tijden van het jaar. Niet alleen was het dan vakantie, maar het was ook de tijd waarin werd uitgekeken naar het eerste rijpe zomerfruit. Na een hele winter van peren, appels en ingemaakt fruit in de vorm van *composta* (compote), was het eten van nieuwe kersen van het seizoen als dessert een aanlokkelijk vooruitzicht.

Tegenwoordig is veel fruit het hele jaar te koop. Het wordt uit alle landen ter wereld geïmporteerd, van Chili en Bolivia tot Zuid-Afrika aan toe. Helaas wordt dat fruit vaak nog onrijp geoogst om onderweg te rijpen. Dit betekent dat het vaak smaak mist en niet die zongerijpte geur heeft die u alleen ruikt als u het een dag na de pluk opeet.

In Italië wordt fruit dagelijks gekocht, want als het rijp is, gaat het naar de markt. Dat verklaart waarom marktkooplui hun waar zo graag uitverkopen: aan het eind van de dag moet alles weg zijn, want de volgende dag is het hoogtepunt gepasseerd. Italiaanse straatmarkten zijn heel kleurrijk. De kooplieden prijzen hun waren om het hardst aan om de concurrentie te overtroeven. Er heerst een geladen sfeer en de koper profiteert enorm van het ruime aanbod.

Italianen eten veel fruit in allerlei vormen: vers, ingemaakt of gedroogd. De meeste Italiaanse maaltijden eindigen met fruit als nagerecht. Gelukkig past de regelmatige consumptie van veel vers fruit goed bij moderne opvattingen over gezond eten. Ik heb soms het gevoel dat de Italianen bij dit dieet honderden jaren zouden moeten leven. Helaas werken factoren als stress en milieuvervuiling dat tegen, zodat het natuurlijk evenwicht in stand blijft. Maar misschien genieten de Italianen meer van het leven – en dat is al heel wat!

Als tiener werd ik meteen na school door mijn moeder weggestuurd om fruit voor het avondeten te kopen. Al voordat ik op de markt was, wist ik wat ik daar zou vinden, omdat de boeren ons altijd vertelden welk fruit bijna rijp was. Ik wist ook wie het beste fruit kweekte, dus bij ons op tafel stond altijd onberispelijk fruit. Als het niet tiptop was, kreeg ik klachten van de familie; dat was bepaald een stimulans om altijd het beste – voor de laagste prijs – uit te zoeken en te kopen.

Ook gekookt fruit in de vorm van jam is in Italië populair. Het wordt vaak met vers brood en boter tijdens de *merenda*, de tussenmaaltijd aan het einde van de middag, gegeten. Jam wordt voorts verwerkt in *crostate di frutta*: blind gebakken deegbodems met jam en een latwerk van deeg, die opnieuw de oven in gaan, totdat ook de deeg-'latjes' gaar zijn. Zo'n taart wordt tijdens de wintermaanden, als er weinig vers fruit is, tijdens de *merenda* of als nagerecht gegeven.

Tijdens filmopnames in Turkije ontdekte ik een manier om ongekookte jam te maken. Gezien het feit dat tijdens het

koken meestal alle vitamines in vers fruit verloren gaan, moet dit wel een uitstekende conserveringsmethode zijn. De voorwaarde dat de zon een paar dagen lang fel moet schijnen, kan echter een obstakel vormen. Neem heel rijp fruit, b.v. perziken of pruimen, weeg ze, pureer ze en roer er dan evenveel suiker door. Zet het mengsel in de zon en roer er een paar keer per dag doorheen, totdat de meeste vloeistof verdampt is en u zeker weet dat het suikergehalte hoog genoeg is om de 'zongekookte' jam houdbaar te maken. Volgens hetzelfde principe maakte mijn grootmoeder een zesvoudig concentraat van tomaten. Probeer deze jam eens te maken als u in een warm land bent; hij is heerlijk.

Frutta candita (gekonfijt fruit) wordt in Italië veel in gebak en zoetigheid gebruikt. Calabrië telt veel grote en kleine bedrijven waar allerlei soorten gekonfijte citrusschilletjes worden gemaakt. Dat kan omdat mandarijnen, sinaasappels en citroenen daar overvloedig voorkomen. Die *candite* zijn belangrijke ingrediënten in tal van traditionele gerechten; van de Milanese *panettone* tot de Toscaanse *panforte* en allerlei kruidige koekjes. Vooral in de Siciliaanse *cassata*, *cannoli* en veel andere zoete gerechten voeren ze de boventoon. In Lombardije, Emilia-Romagna en de Veneto bestaat een merkwaardige, maar heerlijke variant op het gekonfijte fruit. Daar worden namelijk allerlei vruchten gekookt in een zware, pittige, zoete mosterdsiroop. Deze *mostarda di Cremona* wordt opgediend bij gekookt vlees. In Piemonte ten slotte worden kastanjes gekonfijt. Ze krijgen een langdurige behandeling in een suikersiroop met vanille en worden dan *marroni canditi* (*marrons glacés*).

De productie van *frutta secca* (gedroogd fruit) was oorspronkelijk een manier om een overvloedige fruitoogst op te slaan. In alle streken van het moderne Italië is het echter een belangrijk element bij de herleving van ambachtelijke industrieën. Vruchten als abrikozen, peren, perziken, pruimen en vijgen worden in de zon of in ovens gedroogd, en als zodanig als voedzaam hapje gegeten, of door koken in water of vruchtensap geweld en met specerijen als kaneel tot smakelijke nagerechten verwerkt. Gedroogd fruit wordt ook in stukjes gesneden en in kruidig brood en gebak verwerkt.

Nog belangrijker zijn gedroogde noten, die veel vet en eiwitten bevatten en op veel verschillende manieren bruikbaar zijn. Piemonte en Campanië hebben b.v. de beste combinatie van bodem en klimaat voor de hooggewaardeerde hazelnoot. Die wordt op allerlei manieren in zoetwaren verwerkt, b.v. in *torrone* (noga gemaakt van eiwit, suiker en hazelnoten) of in het Piemontese chocolaatje *gianduiotto* (blz. 214).

Emilia-Romagna en Campanië zijn de grootste walnootproducenten. Die noten worden als zodanig gegeten, maar ook voor gebak en koekjes gebruikt. De unieke smaak ervan komt misschien het best tot

LINKS: DE NAPOLITAANSE TUINMAN ANGELO MET ZIJN CITROENEN

Citroenboomgaard in terrasvorm aan de kust bij Amalfi

zijn recht in Ligurië, waar er een pastasaus van gemaakt wordt (zie het recept voor Pansôti al Preboggion op blz. 167). Groen geplukt zijn ze een ingrediënt van nocino-likeur, een specialiteit uit Modena.

De amandel is de belangrijkste noot in het zuiden. Ze worden vooral op Sicilië verbouwd. Door de Arabische invloeden is daar een rijke gebruikstraditie op het gebied van deze bijzonder voedzame noten ontstaan. Ze worden natuurlijk zo gegeten, maar ook gemalen en met suiker en eiwit tot *pasta reale* ('koninklijke pasta' ofwel marsepein) verwerkt, waarvan dan weer de merkwaardige Siciliaanse *frutta di marturana* wordt gemaakt: marsepein in de vorm en kleur van allerlei soorten fruit. Amandelen gaan ook in koekjes, taartvullingen, *cassata*, *torrone* en *croccante* (noten in gesmolten suiker). Tot de bekendste amandelproducten behoren de inmiddels wereldberoemde *amaretti*-koekjes, en voorts *panforte di Siena*: een kruidig brood dat uit de Middeleeuwen dateert en het hele gamma aan noten en gedroogde vruchten bevat.

Tijdens Kerstmis blijkt pas echt hoeveel waarde men in Italië aan fruit en noten hecht: aan het einde van de lange en rijke feestmaaltijd verschijnen koekjes die minstens een paar weken voorbereiding hebben gekost, samen met mandarijnen, veel noten, walnoten, *torrone* en *marroni conditi*.

A - Z van fruit en noten

Actinidia / Kiwi

Italië heeft deze vrucht pas in de laatste 10 jaar ontdekt, maar is in die tijd de grootste kiwiproducent ter wereld geworden. Diverse Italiaanse streken hebben namelijk de ideale klimatologische omstandigheden (vorstvrije voor- en najaren) en een vruchtbare, goed geventileerde grond. De kiwiteelt heeft vooral succes in Piemonte, de Veneto, Emilia-Romagna (de grootste leverancier), Campanië, Lazio, Puglia (Apulië) en Basilicata.

Het populairste ras is de Hayward, maar ook de Bruno, Kovyorch en andere komen veel voor. Het snelle succes van deze vrucht hangt o.a. samen met zijn vitaminegehalte. Kiwi's bevatten zeven keer zoveel vitamine C dan een citroen en zijn zonder suiker eetbaar. De mooie vrucht heeft de vorm en het formaat van een groot ei, maar een ruig, bruin vel en glimmend groen vruchtvlees. Kiwi's worden vooral als tafelfruit gegeten of in vruchtensalades en -taarten verwerkt. Een groot deel van de oogst vindt echter ook zijn weg naar de drank- en zoetwarenindustrie.

Agrumi / Citrusvruchten

Dit is de term voor alle citrusvruchten: citroenen, limoenen, sinaasappelen, mandarijnen, grapefruits enz., die in de Italiaanse culinaire traditie een grote rol spelen. Veel soorten zijn door de Arabieren in het zuiden geïntroduceerd, waar ze nu op grote schaal geteeld worden.

Albicocca, Armellina

Abrikoos, Abrikozenpit

Abrikozen zijn door de Arabieren uit China naar Italië gebracht. Er zijn veel rassen, o.a. de Cafona en de Reale d'Imola. Afhankelijk van het ras rijpt de oranjegele vrucht met zijn grote pit tussen juni en september. Hij heeft een smaak die alleen de perzik kan evenaren. Italië produceert jaarlijks ca. 200.000 ton abrikozen en is daarmee een van de grootste leveranciers ter wereld. Ze groeien in de warme, zonnige provincies Emilia-Romagna en Campanië – twee van de vruchtbaarste gebieden van Italië – maar ook in Piemonte, Basilicata en op Sicilië.

Abrikozen worden meestal vers gegeten, maar ook tot een drank (Nektar) verwerkt en ingemaakt op alcohol of siroop. Abrikozenjam wordt als glazuur gebruikt in de banketbakkerij en als vulling van fruittaarten (zie Crostata di Cugna, blz. 277). In gedroogde vorm kunnen ze in een compote worden verwerkt. Het binnenste van de pit (*armellina*) ten slotte wordt vanwege zijn intense, bittere amandelsmaak in *amaretti* en marsepein verwerkt.

Amarena, Marasca, Visciola, Ciliegia Acida

Morel

Zelfs een rijpe morel smaakt zuur, hoewel hij een heerlijke smaak in de mond achterlaat. Diezelfde eigenschap maakt deze kersen ideaal voor het inmaken, voor de verwerking tot siropen en jams voor banketbakkerijgebruik, en voor allerlei drankjes en ijssoorten. De beroemde maraschinolikeur is gemaakt van het ras Marasca. Het beste ras is de Montmorency, die in de heuvels van Noord-Italië verbouwd wordt en naar Duitsland gaat voor de fabricage van *kirsch*.

Anguria, Cocomero

Watermeloen

Deze verfrissende zomervrucht heeft bijna geen voedingswaarde, want 95% van het vruchtvlees bestaat uit water en de rest is suiker. De vrucht komt uit het Egyptische Nijldal, en een paar rassen zijn met succes in Italië geïntroduceerd. De vorm varieert van rond tot ovaal en de kleur van donker- tot lichtgroen. Watermeloen wordt meestal gegeten als fris nagerecht of als hapje op het heetst van de dag. Maar er wordt ook (sorbet)ijs van gemaakt, of de vrucht wordt gepureerd en met ijsblokjes als drank gegeven.

Arachide / Pinda

In Italië groeien pinda's vooral in Puglia en Campanië. Ze worden geroosterd en gezouten bij drankjes gegeten, maar van de meeste Italiaanse pinda's wordt *arachide*-olie (aardnotenolie) gemaakt om te bakken/frituren. De pinda's die in de zoetwarenindustrie voor *torrone* worden gebruikt, komen uit Afrika, India en Amerika.

Arancia / Sinaasappel

De geschiedenis van de sinaasappel in het Middellandse-Zeegebied is

Sinaasappelen op Sicilië

tamelijk kort; de teelt begon pas zo'n 200 jaar geleden op Sicilië en in Campanië, tegenwoordig twee van de belangrijkste Italiaanse productiecentra. Een succesvolle teelt vereist subtropische temperaturen, een goed afwaterende grond met veel organische bestanddelen en een modern irrigatiesysteem.

De sinaasappel is een bijzonder veelzijdige vrucht; hij kan gewoon zo gegeten, of uitgeperst worden. Van sommige rassen wordt jam gemaakt en de schil wordt in de parfum- en essence-industrie gebruikt vanwege zijn hooggewaardeerde aromatische oliën. Bovendien wordt de gekonfijte schil in gebak en zoetigheid verwerkt. Het geurige oranjebloesemwater wordt voor gebak gebruikt, m.n. voor Pastiera di Grano (zie recept op blz. 177). Op

Links: albicocca

RECHTS: KASTANJES WORDEN MET LAURIERBLAD GEROOSTERD

Sicilië vormen sinaasappelen samen met gerookte haring (bokking) een interessante salade (zie het recept voor Insalata di Aringhe, Arance e Pompelmi op blz. 29).

De beste van de vele rassen zijn de Biondo Comune, Navel, Bella Donna en Valencia Late, die veel wordt gebruikt voor jam en gebak, hoewel de bittere Sevilla-sinaasappel daarvoor de beste is. De belangrijkste bloedsinaasappelrassen zijn de Tarocco, Sanguinello en Moro, die allemaal dieprood vruchtvlees hebben.

ARMELLINA, ZIE ALBICOCCA

AVELLANA, ZIE NOCCIOLA

BERGAMOTTO
BERGAMOTCITROEN

De bergamotcitroen is een citrusvrucht die eruitziet als een kleine, enigszins peervormige sinaasappel. De kleine boom groeit alleen in Calabrië en op Sicilië en geeft bittere vruchten. De schil wordt gekonfijt voor gebruik in de banketbakkerij; de oliën gaan naar de thee-, likeur- en parfumindustrie. Bergamotolie is zelfs het hoofdingrediënt van eau de cologne.

CACHI, KAKI, CACHI-MELA, LOTO / KAKI, SHARON

Ik ben dol op deze boom. Hij is met name te vinden in Campanië en Puglia, waar hij voor plaatselijk gebruik gekweekt wordt. De boom wordt tot 10 meter hoog en heeft dikke, ronde, donkergroene bladeren, die lichter worden naarmate het fruit rijpt. De ronde, groene, appelachtige vrucht wordt dan dieporanje en binnen de schil zit een gelatineus, maar heel sappig vruchtvlees met 2-3 grote, ovale pitten.

CACHI

Alleen heel rijpe vruchten zijn lekker, want eerder hebben ze een heel sterke smaak die druipt van de tannine. Ze zijn rijk aan plantaardige eiwitten, suikers en vitamine A, B1 en B2.

Een van de rassen heet Cachi-Mela, Loto of Legno Santo ('heilig hout'). Het wordt in Zuid-Italië gekweekt, maar komt eigenlijk uit Israël, waar het sharon heet. Anders dan de noordelijke soort is de sharon ook groen en hard eetbaar; hij wordt nooit zo zacht als de andere soort.

De *cachi* wordt bijna uitsluitend als rijpe vrucht gegeten. Sommige mensen maken er jam van, maar door zijn milde smaak wordt hij verder niet veel in de keuken gebruikt.

CANDITO / GEKONFIJTE VRUCHTEN EN SCHILLEN

De term *candito* slaat op alle vruchten en citrusschillen die geïmpregneerd zijn met een op smaak gebrachte suikersiroop. Tijdens dat langdurige en ingewikkelde proces wordt het vruchtwater langzamerhand door suiker vervangen, zodat een zoet, eetbaar hapje ontstaat.

Canditi worden in elke Italiaanse streek voor gebak gebruikt. In alle mogelijke vruchtenflans zit gekonfijt fruit, b.v. kersen, aardbeien, kastanjes, peren, abrikozen, hele mandarijnen en zelfs bepaalde soorten pompoen.

De belangrijkste gekonfijte vruchtenschillen komen van citrusvruchten als sinaasappels, mandarijnen, citroenen en vooral *cedri* (cedraten, ofwel sukade). Gekonfijt fruit (*frutta candita*) wordt vaak aan het einde van de maaltijd opgediend en weggespoeld met een beetje likeur.

CASTAGNA / KASTANJE

Geen bergwandeling in oktober of november is compleet zonder het verzamelen van een paar pond kastanjes. Deze noten groeien aan een hoge boom, die door de meubelindustrie hoog gewaardeerd wordt om zijn hout. De tamme kastanje komt in de Apennijnen en op de eerste Alpenhellingen veel voor. Als de noten rijp zijn, worden ze op grote schaal geroosterd of gepoft gegeten.

Naast de gewone kastanje bestaat

een soort die *marroni* heet; ook die wordt veel in de keuken gebruikt. *Marroni* hebben een stekelige schil en groeien afzonderlijk, terwijl gewone kastanjes in trosjes groeien. Ze worden verwerkt tot *marroni canditi* (*marrons glacés*), die heel populair zijn in de kersttijd. *Marroni canditi* zijn duur, omdat er tijdens de bereiding veel kapot gaan en alleen de onbeschadigde uiteindelijk verkocht worden.

Italiaanse boeren aten vroeger niet alleen kastanjes als hapje, maar ook als groente en in dagelijkse gerechten als soep. Vanwege hun neutrale smaak zijn ze inderdaad op veel manieren bruikbaar, b.v. gekookt en gepureerd als hartige vulling, of met suiker, melk en slagroom als dessert (de beroemde *montebianco*) waarin ook opgeklopte slagroom en zelfs alcohol verwerkt kan worden. Een van de klassieke kastanjegerechten is *caldallessa* of *ballotta*: versgekookte kastanjes met wijn, die Noord-Italiaanse trattoria's of *enoteche* (wijnbars) op 2 november (Allerzielen) opdienen. Kastanjes kunnen ook simpelweg met wat laurierblaadjes 40-45 minuten gekookt worden, en vervolgens gepeld worden opgegeten.

U kunt kastanjes ook poffen (*caldarroste*), hetzij in een pan boven houtskool, hetzij in de oven. Maak in beide gevallen eerst een kleine insnede in de schil om te voorkomen dat ze van de hitte ontploffen. Voor poffen in de pan hebt u een speciale pan met gaten in de bodem nodig. Draai de kastanjes tijdens het poffen af en toe om, zodat ze gelijkmatig gaar worden en niet verbranden (hoewel een paar zwarte vlekken juist extra smaak geven). Op houtskool gepofte kastanjes worden in de winter veel op straathoeken verkocht. Maakt u ze in de oven klaar, dan worden ze gelijkmatig bruin en zijn ze makkelijker te pellen. Pof ze hoogstens 30 minuten in de hete oven; anders worden ze hard en oneetbaar.

Gedroogde kastanjes moeten een dag weken. Daarna kunt u ze in melk gaarkoken en opdienen met zout als hartig bijgerecht, of met vanille, suiker en kaneel als dessert. Van gedroogde kastanjes wordt voorts meel gemalen voor een ongerezen gebak dat Castagnaccio (blz. 282) heet, maar het dient ook als bindmiddel voor soep. Soms wordt het met tarwebloem gemengd om er bepaalde soorten pasta van te maken. Met water, suiker en vanille gemengd wordt het *crema di castagne*: een vulling voor zoete *ravioli*.

CEDRO / CEDRAAT

Deze citrusvrucht lijkt net een grote citroen. Hij kan tot 1 kg wegen en de schil kan wel 3 cm dik zijn. Cedraat wordt in Calabrië, Campanië en op Sicilië om zijn schil verbouwd; die is rijk aan geurige oliën en gaat in gekonfijte vorm (sukade) vooral naar de zoetwarenindustrie. Sukade wordt verwerkt in beroemde Italiaanse gebaksoorten als *panettone* en *panforte*, in Cassata en Cannoli (zie de recepten op blz. 256), in vullingen van *ricotta* en korreltjes *pastiera di grano*, in taarten en als hoofdingrediënt van een drank die *cedrata* heet. De bloemen van het cedraat brengen een heel intense

essence voort die voor zoetigheid en parfums wordt gebruikt.

CILIEGA / KERS

Kersen worden vooral verbouwd in Campanië, Puglia (Apulië), Emilia-Romagna en de Veneto, die allemaal grote hoeveelheden naar Europa exporteren. De belangrijkste rassen zijn de Durone Nero, Durone Nero di Vignola, Durone Nero di Anella en Amarena. Omdat kersen een bijzonder goed afwaterende grond eisen en met de hand geplukt moeten worden, zijn ze erg duur. Ze worden natuurlijk zo uit de hand als fruit gegeten, maar ook ingemaakt in alcohol. Voorts worden ze gekonfijt en gekleurd voor gebruik in de banketbakkerij. Gekookte kersen zijn met suiker en vanille een nagerecht, maar worden ook in sauzen voor wild en gevogelte gebruikt.

CILIEGA ACIDA, ZIE AMARENA

CLEMENTINA, ZIE MANDARINO

COCOMERO, ZIE ANGURIA

CONFETTO

AMANDELDRAGEE

Deze snoepjes krijgen gasten aangeboden bij de viering van een doop, een eerste communie of een huwelijk. De bekendste soort bestaat uit amandelen in een ovale laag harde, witte suiker, maar *confetti* kunnen ook gemaakt zijn van hazelnoten of chocolade, en zelfs van anijszaadjes, die ronde dragees opleveren. Voorts kunnen ze roze, rood, zilver- of goudkleurig zijn.

CONFETTURA, MARMELLATA

JAM, MARMELADE

Net als de Britten maken de Italianen een jam van sinaasappels, citroenen, mandarijnen, clementines, grapefruits of limoenen, die op marmelade lijkt. Om *marmellata* te mogen heten, moet de jam gemaakt zijn van het vruchtvlees, het sap én de schil van de vrucht. *Confettura* daarentegen bestaat alleen uit vruchtvlees en sap. Die twee worden vaak door elkaar gehaald, en de verwarring wordt nog groter door het bestaan van een derde soort, die *gelatina* heet: een vruchtengelei met evenveel suiker als fruit.

Om volmaakte jams en marmelades te maken, moeten de hoeveelheid suiker en de rijpheid van de vrucht precies in evenwicht zijn. Neem dus de beste en rijpste vruchten die u kunt vinden. Als u minder suiker toevoegt dan de vrucht nodig heeft, wordt er tijdens het koken meer water aan onttrokken. Dat geeft een sterkere smaak, maar maakt de jam ook vatbaarder voor fermentatie en schimmel. Van vers geperst sap van blauwe druiven plus peren, pruimen, perziken, kweeperen en zelfs walnoten maakte mijn moeder altijd een jam die *mostarda* (in het Piemontees: *cugna*) heet. Alles werd met suiker en vanille gemengd en tot een dikke, donkerbruine jam ingekookt. De smaak was hemels en wij plachten de jam tijdens de *merenda* met gulle hand op beboterd brood en Crostata di Cugna (blz. 277) te smeren.

CORBEZZOLO

AARDBEIBOOM

Deze typisch mediterrane, altijdgroene boom groeit in het wild overal aan de Zuid-Italiaanse en Sardijnse kust. De ronde, prachtig

LINKS: HERFSTFRUIT

LINKS: CITROENEN DIE LANGS DE WEG IN AMALFI WORDEN VERKOCHT.

rode vruchten zijn met rode bultjes overdekt, waardoor ze er stekelig uitzien. Hoewel ze niet verhandeld worden, zijn ze aantrekkelijk en lekker. Ze worden meestal vers gegeten, maar soms ook voor jam gebruikt.

COTOGNA, CUGNA, MELA OF PERA, COTOGNATA

KWEEPEER, KWEEPERENGELEI

Vroeger werden kweeperen veel gebruikt, vooral voor het maken van sauzen bij gebraden vlees. Ze worden nog steeds verbouwd en zijn op de Italiaanse markten te koop, maar hebben in de keuken niet meer de belangrijke plaats van vroeger. De kleine kweepeerboom, met zijn regelmatig gevormde blaadjes, brengt appel- of peervormige vruchten voort (vandaar de naam *mela* of *pera*) met een donzige schil die u glimmend kunt opwrijven. Ze ruiken heerlijk, hoewel ze te zuur zijn om zo te kunnen eten. Na aansnijden verkleuren ze bovendien snel en u moet ze dus met wat citroensap bedruppelen.

In de winkel is kweeperengelei (*cotognata*) te koop, maar die kunt u ook zelf maken door de kweeperen te schillen, in vieren te snijden en met een beetje water en een citroenschilletje te koken tot al het vocht verdampt is en het fruit heel zacht is geworden. Pureer ze, doe er dezelfde hoeveelheid suiker bij en zet alles weer op het vuur tot het mooi roodbruin is geworden; roer vaak om aanbranden te voorkomen. Spreid de gelei op een vlak oppervlak uit en laat hem een paar dagen afkoelen en drogen. Snijd de plak dan in blokjes en rol ze door grove suiker. Met minder suiker, wat sinaasappelsap en kaneel kunt u er een jam of compote van koken. In de Veneto worden kweeperen gekookt met mosterdzaad en siroop en opgediend bij gekookte kip (zie Mostarda).

CROCCANTE, ZIE NOCCIOLA

DATTERO / DADEL

De dadelpalm komt oorspronkelijk uit Noord-Afrika en geeft alleen in een heel warm klimaat vruchten. De palmen in de Zuid-Italiaanse tuinen brengen slechts heel kleine vruchtjes voort die nooit rijpen. Dadels hebben een suikergehalte van 70% en zijn rijk aan de vitamines A en B; ze horen dan ook tot de voedzaamste vruchten.

Alhoewel dadels in Italië dus niet verbouwd worden, zijn ze wel in gedroogde vorm te koop; vooral rond Kerstmis, samen met noten, vijgen en andere gedroogde vruchten. Ze worden natuurlijk ook, zowel in verse als in gedroogde vorm, in de rest van het jaar gegeten. De oude Romeinen waren er dol op en aten ze, samen met andere exotische delicatessen, tijdens hun beroemde banketten. Ze brachten er echter ook vleesgerechten mee op smaak. Tegenwoordig worden ze, vaak met marsepein gevuld, gebruikt in de banketbakkerij, maar ze zijn ook een ingrediënt in kruidige Toscaanse broden als *panforte*.

RECHTS: VIJGEN OP DE MARKT IN PALERMO

FICO / VIJG

De beste vijgen komen rechtstreeks van de boom. Dat is tegenwoordig een zeldzaamheid, omdat veel fruit vanwege het lange transport onrijp geplukt wordt. Vooral bij vijgen is dat een belangrijk punt, want die gaan snel achteruit.

De vrucht, die oorspronkelijk uit Syrië komt en door de Romeinen over de gehele wereld werd verspreid, wordt tegenwoordig in Puglia, Calabrië en op Sicilië nog steeds verbouwd, hoewel men zich beperkt tot slechts een paar van de 700 bestaande soorten.

Vijgen worden zowel vers als gedroogd gegeten. Ze kunnen rond of peervormig zijn en sommige kunnen per stuk wel 55-60 g wegen. De schil is heel teer en het binnenste bestaat uit duizenden zaadjes, die een heel zoete, siroopachtige stof afscheiden. Dat maakt de vruchten heel sappig. De bekendste in Italië verbouwde rassen zijn de Gentile Bianco (een Genuees ras dat in Liguriё groeit), de Verdello, de Brogiotto Bianco en de Ottato. Verse vijgen worden graag als zodanig gegeten, maar ook met Parmaham (*prosciutto e fichi*) en in fruitsalades en vruchtentaarten.

De vitaminerijke vijg bevat in gedroogde vorm vijfmaal zoveel calorieën per eenheid gewicht als de verse; hij is bovendien makkelijker te vervoeren en te bewaren. Drogen gebeurt door het vocht van de rijpe vruchten in de zon of een (droog)oven te laten verdampen. Een andere manier van conserveren is koken in honingsiroop. Vooral met een toefje slagroom zijn ze dan uitzonderlijk lekker als nagerecht.

Ik leg gedroogde vijgen graag in de oven tot ze bruin zijn, snijd ze dan doormidden en serveer ze met ontvelde amandelen of andere noten. Ze zijn ook heerlijk als u ze door chocolade haalt, of weekt in een siroop van sinaasappelsap en honing en vervolgens ongeveer 5 minuten kookt.

FICO D'INDIA

CACTUSVRUCHT

Cactusvruchten komen oorspronkelijk uit Zuid-Amerika; u ziet ze vaak op ansichtkaarten uit Zuid-Italië of Sardinië. Het vruchtvlees is korrelig en licht geparfumeerd. Op de schil zitten tal van scherpe stekeltjes; schil cactusvruchten daarom altijd heel goed en altijd met handschoenen aan. Na het schillen is de hele vrucht eetbaar, ook de zaadjes.

De talrijke rassen variëren in kleur van geel en wit tot rood. Ze worden gewoon zo gegeten, maar zijn ook een ingrediënt van tequila.

LINKS: CACTUSVRUCHTEN OP SICILIË

FRAGOLA, FRAGOLA SELVATICA, FRAGOLA DI BOSCO

AARDBEI, WILDE BOSAARDBEI

Aardbeien van de koude grond groeien tussen de lente en de herfst, maar onder glas het hele jaar. Ze gaan snel achteruit en mogen niet te veel aangeraakt worden, omdat ze gemakkelijk beschadigen. De beste rassen zijn de Gorella (een kegelvormige soort die vanaf mei te koop is), de rondere Pocahontas, de lange en puntige Belruby en de Aliso, die vooral in het zuiden, Emilia-Romagna, Piemonte, de Veneto en Campanië groeit.

Wilde aardbeien (*fragole selvatiche* of *-di bosco*) groeien in bosrijke streken. Ze zijn veel kleiner dan de gekweekte soorten, maar smaken veel sterker. Ze zijn ook veel duurder dan de gewone, en ondanks pogingen om ze te kweken, gaat er nog steeds niets boven een wilde aardbei. U kunt ze met heel weinig suiker en een paar druppels citroensap of balsamico-azijn uit het vuistje eten. Ze zijn ook heerlijk in vruchtentaarten en alle andere producten die meestal met gekweekte aardbeien worden gemaakt, zoals zoetigheid, likeur, ingemaakt fruit, jam en gelei. Aardbeien kunnen in gekonfijte vorm ook dienen als vulling en garnering voor tal van taarten, zoetigheden en nagerechten.

LINKS: AARDBEIEN OP DE MARKT IN TURIJN

FRUTTA SECCA

GEDROOGD FRUIT

Dit is de algemene term voor alle gedroogde vruchten, b.v. pruimen, perziken, peren, appelen, abrikozen en vijgen. Ook de noten vallen eronder: hazelnoten, walnoten, pinda's, amandelen e.d.

GELSO, ZIE MORA DI GELSO

KAKI, ZIE CACHI

LAMPONE / FRAMBOOS

De ruige frambozenplant heeft een koel klimaat nodig; hij groeit op de Italiaanse heuvels tot 1500 meter hoogte. Net als aardbeien zijn ze heel kwetsbaar, en kunnen dus beter zo weinig mogelijk aangeraakt worden. Ze bestaan uit een tros zaaddoosjes, die allemaal een zaadje bevatten. De vruchten zitten aan een taps toelopende, witte steel, waar ze netjes kunnen worden afgetrokken als ze heel rijp zijn.

Frambozen geuren zo intens dat ze vooral gebruikt worden in siropen en geleien voor de zoetwarenindustrie; ze zijn echter ook heerlijk op taarten, meringues en in vruchtensalades. Het allerlekkerst zijn ze echter gewoon zo. U kunt er met suiker een heerlijke saus voor ijs of romige nagerechten van koken en er lekkere sorbets van maken.

LINKS: LAMPONE

De vooruitgang van de landbouwtechnologie heeft de commerciële teelt van deze vrucht sterk vergemakkelijkt; een groot deel van de tegenwoordig overvloedige oogst wordt ingevroren voor de fabricage van sauzen, siropen en geleien.

LIMA, LIMETTA / LIMOEN

Deze citrusvruchten zijn pas sinds kort in Italië doorgedrongen; vooral op Sicilië, waar ze experimenteel verbouwd worden. Limoenen zijn kleiner dan citroenen. De schil is glad, donkergroen en heel geurig en wordt daarom veel in drankjes en vissauzen gebruikt. Het sap smaakt minder doordringend dan dat van een citroen en wordt voor verfijnde gerechten gebruikt, alweer vooral vis. Sinds kort bestaat er een likeur, waarin de sterk geparfumeerde oliën uit de schil verwerkt zijn.

LIMONE

CITROEN

De citroen, oorspronkelijk afkomstig uit Azië, kwam via het Midden-Oosten in Italië terecht en is waarschijnlijk door de Arabieren geïntroduceerd. Sicilië produceert 90% van de Italiaanse oogst (650.000 ton per jaar). De rest komt uit Calabrië en Sardinië; maar ook van de kust bij Amalfi komen uitmuntende citroenen. De rassen hebben namen als Femminello, Femminello di Santa Teresa, Monachello en Interdonato.

Iedereen weet dat citroenen veel vitamine C bevatten. Ze zijn zo zuur dat hun sap zelfs ijzer aantast en als desinfectiemiddel bruikbaar is. In de keuken gaat het echter om de smaak, de zuurgraad en de anti-oxiderende werking van de citroen. Citroensap haalt de smaak van zoete en hartige sauzen op en schept een goed evenwicht tussen vet en zuur. Het wordt in plaats van azijn in salades gebruikt en bijna altijd over gegrilleerde, gebakken en gepocheerde vis gedruppeld om de smaak van de vis tot zijn recht te laten komen. Het is een onmisbaar zuur element in rauw voedsel als biefstuk tartaar (zie Carne all'Albese, blz. 86) en in marinades voor vis.

De schil van de citroen smaakt en ruikt het sterkst. Het drank-, zoetwaren- en bakkerijbedrijf gebruikt de oliën uit de schil veel in sappen, jams en essences. Ik laat citroenschil vaak in heet water trekken om *canarino* te maken: een heerlijk, versterkend drankje.

Loto, zie Cachi

Macedonia di Frutta
FRUITSALADE

Deze term slaat op salades van vers fruit, dat in stukjes gesneden gemarineerd wordt in sinaasappel- of citroensap, wat suiker en b.v. een scheutje likeur (meestal maraschino). Een *macedonia* kan ook uit rauwe of gare groenten bestaan, aangemaakt met vinaigrette of mayonaise.

Mandarino, Mandarancio, Clementina, Mandarinetto
MANDARIJN, SATSUMA, CLEMENTINE

De mandarijn heeft tegenwoordig gezelschap gekregen van twee heel nauw verwante vruchten: de satsuma en de clementine. Die zijn echter geen van beide zo lekker en sappig als de pitloze, dunschillige echte mandarijn. Deze populaire citrusvrucht komt uit China en wordt nu met groot succes in Calabrië en op Sicilië verbouwd. Samen produceren ze 75% van de Italiaanse opbrengst. De rest groeit in Campanië, Basilicata, Puglia (Apulië) en op Sardinië, hoewel ze tegenwoordig deels door de nieuwe hybriden vervangen worden.

De clementine is kleiner, de satsuma groter dan de mandarijn. Allebei hebben ze een prachtige, dieporanje schil en zijn ze ronder dan de mandarijn. De bekendste mandarijnrassen zijn Avena, Tardivo di Ciaculli en Tardivo della Conca d'Oro; de bekendste clementinerassen zijn Comuni, Clementine Monreales, Clementine di Nules en Clementine Orovales. De satsuma, een pitloos ras met compacter vruchtvlees uit Japan, wordt op dezelfde manier gebruikt als de mandarijn. In Italië is de teelt ervan vrij recent.

Mandarijnbomen worden permanent besproeid door middel van druppelirrigatie. De oogst is tussen november en januari; een maand later is het fruit rijp voor consumptie. Er is een hele industrie omheen gegroeid voor de vervaardiging van sap, geurige oliën, pulp en gekonfijte schil, die in drankjes, zoetwaren en cosmetica worden verwerkt. De vrucht zelf wordt meestal in de wintermaanden gegeten, vooral rond Kerstmis.

RECHTS: FLESSEN LEMONCELLO; EEN LIKEUR MET CITROENEN UIT AMALFI

De kleinste soort mandarijn (*mandarinetto*) werd altijd in zijn geheel gekonfijt: een heerlijk snoepje met een iets veerkrachtige schil en een heel zoet binnenste.

Mandorla / Amandel

De amandel komt in Azië en overal rond de Middellandse Zee veel voor en is samen met de wijnstok en de vijgenboom door de oude Grieken geïntroduceerd. Een amandelboom lijkt veel op een perzikboom; hij heeft dezelfde bladvorm en houtsoort. De noot zit tijdens zijn groei in een ovale, puntige pit, die op zijn beurt door een dikke, groene buitenschil (*mallo*) wordt omgeven. Vanwege zijn rijkdom aan eiwitten, mineralen en vet (50%) is de amandel al duizenden jaren een waardevol voedingsmiddel. Een aantal rassen, waaronder de Tuono, Filippo Ceo en Ferrangnes, wordt in de Veneto, Puglia, Campanië, op Sicilië en Sardinië verbouwd.

Er zijn twee soorten amandelen: zoete en bittere. Bittere amandelen zijn kleiner en hebben een sterke amandelsmaak, waarmee de smaak van alle zoete-amandelproducten wordt opgehaald. Ze ondergaan echter eerst een hittebehandeling, anders zijn ze giftig.

Een van de bekendste amandelproducten is marsepein (zie Pasta di Mandorle, blz. 279 en 296), dat in het zuiden veel gegeten wordt. De amandel heeft op Sicilië een ereplaats; hij wordt daar verwerkt in de beroemde Siciliaanse Cassata (blz. 256), maar ook in koekjes en *torrone*.

De bijzonder kostbare amandelolie wordt in de banketbakkerij in zoetigheid verwerkt, en gaat wegens zijn verzachtende eigenschappen ook naar de cosmetische en farmaceutische industrie. Er bestaat ook een soort melk die uit de amandel gewonnen wordt en als drank dient (*latte di mandorle*). Deze op kokosmelk lijkende vloeistof is verrukkelijk.

Amandelen zijn voorts een ingrediënt van de beroemde amarettolikeur en de amarettokoekjes (Amaretti, zie blz. 279). Beide producten vragen veel bittere amandelen; het tegenwicht van de zoete is van minder belang. In de keuken worden amandelen vaak met forel gecombineerd. Ik maal ze soms en gebruik ze dan als bindmiddel in plaats van bloem. De term *mandorlato* slaat op de aanwezigheid van amandelen in een product, zoals in *torrone mandorlato*.

Marasca, Amarena

Marmellata, zie Confettura

Marroni, zie Castagna

Marzapane, Pasta Reale
MARSEPEIN

Deze massa van suiker, gemalen amandelen en eiwit wordt op Sicilië veel gebruikt voor *cassata Siciliana* en allerlei koekjes, maar ook als vulling voor taarten en dadels. Marsepein smaakt zoet, maar heeft soms een vleugje bitterheid vanwege de bittere amandelen of *armelline* waarmee de amandelsmaak versterkt

LINKS: HART VAN MARSEPEIN VOOR KERSTMIS IN ERICE (SICILIË)

wordt. In sommige delen van het zuiden heet marsepein *pasta reale* (koninklijke pasta) en daaruit blijkt al hoe hoog het in aanzien staat. Een Siciliaanse variant (*frutta di marturana*) bestaat uit allerlei marsepeinen vruchten, beschilderd in hun oorspronkelijke kleur.

MELA / APPEL

In Italië – en waarschijnlijk ook in Europa – is de appel verreweg het meest gegeten fruit. Elke Italiaan eet gemiddeld 100 kg fruit per jaar en ten minste de helft daarvan bestaat uit appels. Er zijn minstens 250 appelrassen; ze gelden met hun rijkdom aan vezels, vitamine C en zuur als een van de gezondste vruchten.

LINKS: IMPERATORE-APPELS

De helft van de Italiaanse appels komt uit Trentino-Alto Adige; de andere helft uit Emilia-Romagna, de Veneto, Piemonte, Lombardije en Campanië. Appelbomen eisen koelte en weinig wind, en daarom worden ze in de rustige dalen en op de vlakten van het noorden verbouwd. De Italiaanse rassen zijn vooral voor plaatselijke consumptie bestemd en kunnen dus heel anders zijn dan die in andere delen van de wereld.

De eerste oogst in juli betreft rassen als de Gravenstein, de Ozark Gold en de sappige Golden Red. Daarna komen in de herfst de Golden Delicious, Red Delicious, de heel rode Stayman, de uitzonderlijk groene Granny Smith en de enorme Imperatore. Mijn eigen favoriet is de Reneste of Reveste; een roestbruingele appel met geelachtig vruchtvlees en een heel uitgesproken smaak, die de hele winter sappig en stevig blijft. De meeste appels zijn wel een maand houdbaar, mits ze worden bewaard in een goed geventileerde ruimte met temperatuurbeheersing.

LINKS: GIPSEN VORMEN VOOR PAASLAMMETJES VAN MARSEPEIN

Appels worden zo gegeten, maar ook in sauzen, compotes, taarten en ander gebak, sap en sterke drank verwerkt.

MELA COTOGNA, ZIE COTOGNA

MELAGRANA, GRANATA

GRANAATAPPEL

De granaatappelboom, met zijn mooie rode bloemen en vruchten, dient tegenwoordig vooral als sierplant. In de Middeleeuwen werden granaatappels echter gebruikt voor sauzen en als vulling voor wild. Ze golden als heilig, omdat ze de vruchtbaarheid symboliseerden. De boom staat nog steeds overal in Italië, maar heeft alleen enig commercieel belang op Sicilië, waar hij voor de siroopindustrie verbouwd wordt. Vooral tijdens de Renaissance werden wild- en gevogeltegerechten in Toscane met granaatappels op smaak gebracht. Tegenwoordig worden ze vooral als tafelfruit gegeten; soms wordt hun sap echter gebruikt voor het maken van sorbets en als toevoeging aan vruchtensalades.

De granaatappel is rond en heeft een taaie, oranjerode schil en een kroontje op de plek waar de steelaanzet heeft gezeten. Het vruchtvlees is door een groot aantal gele vliezen in segmenten verdeeld. Elk segment bevat een zaadje plus veel doorschijnende bolletjes met sap. Hij is dan ook vrij moeilijk te eten; ik doe dat meestal met een lepel.

Maak eerst met een mes vier insneden in de schil, alsof u een appel in vieren snijdt. Maak de segmenten los en vang het sap en de pitjes in een kom op; gooi de bittere, gele vliezen weg. Het roze, korrelige vruchtvlees is zoet met een iets zure nasmaak.

MELONE, POPONE

MELOEN

De meloen, afkomstig uit Zuid-Azië en tropisch Afrika, behoort tot hetzelfde plantengeslacht als de pompoen en courgette. De plant verspreidt zijn ranken over een groot gebied en voorziet zo de ronde of ovale vrucht van het benodigde vocht om tot 1 kg zwaar te kunnen worden. Er zijn veel soorten; sommige rijpen in de zomer, andere in de herfst. De laatst geoogste vruchten kunnen voor de wintermaanden worden bewaard. Tot die categorie horen de Invernale Giallo- en Verdesoorten. Dat zijn ovale meloenen met de vorm van rugbyballen, een heel dikke gele of groene schil en

MELAGRANE

RECHTS: MIRTILLI

RECHTS: MOSTARDA DI CREMONA

wit, niet al te zoet vruchtvlees. Ze worden vooral in Emilia-Romagna, Lazio, Puglia, Campanië en op Sicilië verbouwd en zijn maandenlang houdbaar.

Zomermeloenen zijn vaak rond en hebben een oranje schil, die glad of ruw kan zijn, met een reliëf van groene aderen. De zomervariëteiten van de Cantaloupe en Retato zijn rond; de eerste is glad en groengrijs, de tweede is geelachtig en vertoont een net. Beide hebben ze heel sappig en smakelijk, donkeroranje vruchtvlees. Ze worden in Emilia-Romagna, Campanië en Puglia verbouwd.

Een rijpe meloen kiezen is soms lastig. De beste manier is nagaan of het midden van de boven- en onderkant een beetje meegeeft en duidelijk geurt. Ook het gewicht is een aanwijzing: hoe zwaarder, des te sappiger en rijper.

Meloen wordt bijna altijd als zodanig, of in een vruchtensalade gegeten. Men maakt er echter ook sorbets of verfrissende drankjes van. Koud is dat sap, met wat citroensap, zout, peper en bieslook, een heerlijke zomersoep. Maar het allerlekkerst is meloen met een paar plakjes Parmaham en goede witte wijn onder een pergola – dan is het pas écht zomer!

MIRTILLO / BOSBES

Door de vervuiling zijn wilde bosbessen al bijna niet meer te vinden en voor de paar laatste die er zijn, bestaat weinig belangstelling. De enige bosbessen die u krijgen kunt, zijn dus de grote gekweekte. Ze zijn er het hele jaar door, maar hebben veel minder smaak dan wilde.

Wilde bosbessen groeien van de zomer tot de herfst boven de 1500 meter in de bergen. De blauwzwarte bessen zijn heel klein; ze worden met een speciale houten kam geplukt om de plant niet te beschadigen.

De gekweekte bosbes uit Amerika is veel groter, heeft een blauwere kleur en lichter vruchtvlees. U kunt ze als zodanig, of gecombineerd met andere wilde vruchten eten in een vruchtensalade die *sottobosco* heet. Ze kunnen echter ook als vulling voor taarten dienen. Voorts worden ze verwerkt tot sauzen voor wild en gevogelte, tot jam (*confettura di mirtilli*), een zoete saus voor gebak en, tot slot, tot likeur.

MORA DI GELSO

MOERBEI

De uit China afkomstige moerbeiboom wordt vooral gekweekt om zijn bladeren, waaraan zijdewormen zich te goed doen. De vruchten kunnen wit of zwart zijn. Beide soorten bestaan uit een dichte tros vruchtjes; de zwarte moerbei is langer en heeft een dieprood sap dat iets zuur is, maar heerlijk smaakt.

Moerbeibomen staan vooral op de vlaktes van Noord-Italië. De vruchten worden alleen plaatselijk genuttigd en komen niet in de handel. Ze kunnen als zodanig, of in vruchtensalades gegeten worden, maar ook tot siroop en jam verwerkt worden.

MORA DI ROVO

BRAAM

In de zomer ziet u Italianen zich vaak een weg door doornstruiken banen om wilde bramen te plukken. Dankzij de vooruitgang in de landbouw, zijn tegenwoordig gekweekte bramen verkrijgbaar die voor het gemak van de oogst aan doornloze struiken groeien. Hoewel deze minder smakelijk dan de wilde zijn, zijn ze nog steeds lekker in vruchtensalades en fruittaarten. Voorts worden er heerlijke jams, compotes, sappen en siropen van gemaakt en gaan ze naar likeurfabrieken, banketbakkerijen en snoepfabrieken. Bramen zijn heel kwetsbaar en moeten eigenlijk direct na de pluk gegeten worden.

MOSTARDA DI CREMONA

FRUIT MET MOSTERD

Deze specialiteit uit de Lombardische stad Cremona bestaat uit fruit (b.v. kersen, peren, vijgen en abrikozen) dat heel lang gekookt wordt in een zware, met mosterdessence op smaak gebrachte suikersiroop. Dit heel pikante fruitgerecht placht als bijgerecht bij gekookt vlees te dienen, b.v. bij kapoen en Bollito Misto (blz. 92).

In de Veneto bestaat een *mostarda*-variant waarvoor alle vruchten samen gepureerd worden; die pasta wordt op dezelfde manier gegeten. De Piemontese *mostarda* wordt heel anders gebruikt en gemaakt (zie Cotogna, blz. 265).

NESPOLA COMUNE

MISPEL

De mispel is een ronde, roestbruine vrucht ter grootte van een walnoot, die eind oktober/begin november aan een oeroude plant rijpt. De vruchten, die uiterlijk wat van abrikozen weghebben, zijn na de oogst nog niet eetbaar; ze moeten tamelijk lang in een goed geventileerde ruimte 'rotten' en worden dan heel zoet en sappig. Er kan heerlijke, stijve gelei of 'kaas' van gemaakt worden (zie Cotogna).
Mispels worden niet commercieel verbouwd, maar staan vaak, net als de granaatappel, voor de sier in Italiaanse tuinen.

Links: nespole comune

Nespola del Giappone

Japanse mispel, Loquat

De in Italië zeer populaire loquat is in de lente en zomer te koop. De boom heeft lange, opvallend donkergroene bladeren en wordt daarom in de kuststreken graag in de tuin gezet. In Campanië, Calabrië, Puglia, op Sicilië en Sardinië worden loquats op kleine schaal gekweekt.

Afhankelijk van het ras kunnen de vruchten rond of ovaal zijn. De schil is heel glad, dik en licht oranje, en bij een rijpe vrucht makkelijk weg te halen. Het vruchtvlees is heel sappig en zoet, maar zuur genoeg om smakelijk te zijn. Loquats zijn lekker om zo te eten, maar u kunt er ook jam en sorbet van maken.

Nocciola, Avellana

Hazelnoot

Avellino in Campanië ontleent zijn naam aan het product waaraan deze stad haar faam dankt: de hazelnoot. De hazelaar komt uit Turkije, maar is in diverse delen van Italië met succes aangeplant. Meer dan de helft van de totale jaarlijkse productie (100.000 ton) komt uit Campanië; de rest uit Lazio, Piemonte en Sicilië, waar de noten bijzonder goed zijn. Het ras Tonda Gentile delle Langhe groeit in hetzelfde gebied als de witte truffel, en men zegt dat witte truffels die naast een hazelaar groeien, de beste zijn. Andere rassen zijn b.v. Mortarelle, Gentile Romana en Nostrale di Sicilia.

Hazelnoten rijpen in de herfst. De ronde kern zit in een taaie, houten dop en is dus lang houdbaar, hoewel ze – net als alle voedingsmiddelen die vet bevatten – ranzig zullen worden als ze niet goed zijn opgeslagen. Hazelnoten zijn heel voedzaam en hebben een goed evenwicht van vetten (600 calorieën per 100 g), eiwitten, vitamines en mineralen.

In Piemonte worden de beste hazelnoten gebrand en heel fijn gemalen voor de productie van noga en *gianduiotti*-chocolade; in Campanië wordt er Croccante di Nocciole (blz. 280) van gemaakt. Ze worden in het hele land ook in ontelbare koeken gebaksoorten verwerkt.

Links: hazelnoten, groene en gedroogde walnoten

Noce

Walnoot

De beste Italiaanse walnoten komen uit de streek rond Sorrento in Campanië; het beste ras heet dan ook Sorrento: een grote, heel smakelijke noot met een dunne, makkelijk breekbare dop. Andere goede rassen zijn de laat rijpende Sorrento Giovanni en het Franse ras Franquette.

De noten groeien in trossen aan hoge bomen die oorspronkelijk uit Azië komen en even gewild zijn om hun hout als om hun vruchten. De noot ontstaat binnen een vlezige, groene buitenschil (*mallo*), die opengaat als de noot in september-oktober rijp is. De noot valt dan, beschermd door zijn harde, gerimpelde dop, op de grond. De noot zelf is verdeeld in vier segmenten, die *gherigli* heten.

Verse walnoten zijn verrukkelijk, mits het bittere, gele schilletje eromheen verwijderd wordt. De volle smaak komt echter het best tot zijn recht als de walnoot helemaal droog, en in de dop gekrompen is, waarbij het gele vlies bruin en papierdun wordt. De beste walnoten zijn die van de laatste oogst, voordat de olie in de noten ranzig wordt.

Rond Modena in Emilia-Romagna wordt van onrijpe noten de specialiteit *nocino* gemaakt. Ze worden geplukt als de noot nog niet gevormd is, meestal rond 23 juni, het feest van San Giovanni. Ze worden dan in vieren gesneden, in een glazen pot onder pure alcohol met kaneel gedaan, en 40 dagen in de zon gezet om te marineren. De vloeistof, die mettertijd donkerbruin wordt, wordt met water en suiker verdund tot een alcoholpercentage van 30-40%, en als digestief gedronken. *Nocino* is in de winkel te koop, maar zelf maken is veel leuker.

Walnoten zijn ook een ingrediënt in koekjes, taarten en zoetigheid. In Ligurië bestaat een pastasaus op basis van olijfolie, gemalen walnoten, knoflook en Parmezaanse kaas (zie het recept voor Pansôti al Preboggion op blz. 167). Ze worden in de kersttijd ook opgediend met gedroogde vruchten als dadels, hazelnoten en abrikozen. Walnotenolie ten slotte, wordt gebruikt voor lekkere vinaigrettes.

Pasta Reale, zie Marzapane

Pera / Peer

De peer komt uit de streek rond de Kaspische Zee en is zo'n 2000 jaar geleden in Europa geïntroduceerd. Tegenwoordig zijn er ongeveer 5000 rassen, en Italië is met zijn tien rassen een van de grootste producenten ter wereld. Bijna tweederde van alle in Italië verbouwde peren komt uit

Emilia-Romagna; de rest uit Campanië, de Veneto, Lazio, Lombardije, Piemonte en Sicilië.

Vroege rassen, die al rond juli rijpen, zijn b.v. Coscia, Butirra Morettini en Guyot, allemaal met sappig vruchtvlees en een gele schil. In augustus rijpt de rode of gele Williams, gevolgd door winterrassen als de Abate, de geeloranje Kaiser en de grote Decana del Comizio of Comice, en ten slotte de allergrootste en langst houdbare groengele Passa Crassana. Ook de niet-geteelde kleine, verrukkelijke, roestbruine San Martino uit Piemonte is echter de moeite van het zoeken waard. Winterrassen zijn, mits goed opgeslagen, een paar maanden houdbaar; zomerperen moeten echter rijp gegeten worden.

Kleine peertjes

Peren worden meestal als tafelfruit of in fruitsalades gegeten, maar ze kunnen ook in rode of witte wijn met specerijen, citroenschil en suiker, of met alleen suiker en water gekookt worden, of met wijn en suiker in de oven gezet worden. Ze kunnen gekonfijt of gedroogd worden, en er kan jam, siroop en zoetigheid van gemaakt worden. Van de Williams wordt zelfs een likeur, en naar beste Duitse traditie een *schnapps* gemaakt, gebaseerd op een distillaat van uiteraard Williamsperen. Deze drankjes komen uit Trentino-Alto Adige, maar zijn als digestieven in heel Italië populair.

Een oud Italiaans spreekwoord zegt: *Al contadin non far sapere como e'buono il cacio con le pere* (verklap de boer niet hoe lekker peren met kaas zijn). En inderdaad is er geen lekkerder manier om een maaltijd te beëindigen!

Pera Cotogna, zie Cotogna

Pesca, Pescanoce

Perzik, Nectarine

Het Middellandse-Zeegebied en vooral Italië, lijken geschapen voor de teelt van perziken en hun broertjes, de nectarines. Alexander de Grote bracht de boom uit Perzië mee, en tegenwoordig produceert Italië 80% van de hele Europese oogst. Ook de Italianen zelf eten de vrucht met overgave. Er zijn veel perzikrassen, doch slechts twee hoofdsoorten. De eerste is de Pesca Comune di Pasta Bianca: de gewone perzik ter grootte van een appel met een donzige schil en een wit, sappig, heerlijk geurig vruchtvlees. De tweede soort lijkt daar op, maar heeft geel vruchtvlees en een geelrode schil.

Andere perziksoorten zijn b.v. de Percoca, een perzik uit het zuiden met een geelgroene schil en stevig vruchtvlees, die in de conservenindustrie veel gebruikt wordt, en de wilde Pesca di Vigna, die in de Italiaanse wijngaarden groeit. Deze laatste smaakt heel intens en heeft meestal wit vruchtvlees onder een groenrode schil. Deze heerlijke perzik kan, in tweeën gebroken, meteen in de mond gestoken worden, want hij is heel klein. Wijnboeren houden deze perzikbomen met hun geurige, roze bloemen graag een beetje verstopt, zodat ze de vruchten zelf op kunnen eten, al dan niet ingemaakt voor Kerstmis.

De nectarine is een spontane mutant, die al in de 18de eeuw in Frankrijk bestond. Hij lijkt veel op een perzik, maar heeft een geheel gladde en glanzende schil. Ook hier bestaan twee hoofdsoorten: een met wit, en een met geel vruchtvlees. Voorts zijn er talrijke rassen, die tussen mei en september rijpen. Een perzik heeft echter veel meer smaak dan een nectarine.

Rechts: pesca

Perziken en nectarines worden vooral zo uit de hand, of in vruchtensalades gegeten; perziken worden in de keuken echter vaker gebruikt. In Piemonte worden ze in plakjes gesneden, in rode wijn gedoopt en met een beetje suiker bestrooid gegeten. Ze kunnen ook gehalveerd, en met een mengsel van losgeklopt ei, verkruimelde *amaretti*, cacao en suiker gevuld worden, en dan in de oven worden gezet. Perziken worden gepureerd tot *succo di pesca* en met champagne gemengd: de beroemde Bellini-cocktail. Voorts wordt er jam, of een dikke pasta (*pasta di frutta*) – ongeveer als *cotognata* – van gemaakt, en worden ze gedroogd om ze lang te kunnen bewaren.

Pinolo / Pijnboompit

Pijnboompitten zijn de zaden van de parasolden (*Pinus pinea*). Ze zitten in de bekende dennenappels, die uit een serie houten tongen bestaan. De roomwitte pitten zijn ca. 1 cm lang en aan één kant enigszins puntig. Omdat ze alleen geoogst kunnen worden uit dennenappels van minstens 70 jaar oude bomen, worden ze niet op grote schaal geteeld. De bomen zelf vormen een opvallend element in het kustlandschap van Toscane, Campanië en Sicilië. U krijgt de pitten alleen te pakken als de dennenappel helemaal open is; dit kan geforceerd worden door die even in een hete oven te leggen.

Pijnboompitten bevatten veel vet, maar ook veel eiwitten, vitamines en mineralen. Koop altijd verse pitten, want het vet kan ranzig worden, en dan zijn ze oneetbaar. Pijnboompitten, die al sinds bijbelse tijden populair zijn, worden vaak met rozijnen in vleesgerechten, of in vullingen voor vlees en gevogelte verwerkt. Dat herinnert aan de Arabische invloed op de Zuid-Italiaanse keuken. In Ligurië zijn pijnboompitten onmisbaar in de beroemde pestosaus (zie recept blz. 228); ze worden ook gebruikt voor gebak (zie het recept voor Panpepato op blz. 230), andere bakkerijproducten en zoetigheid.

PISTACCHIO
PISTACHENOOT
De pistachenoot komt van een prachtig boompje dat typisch is voor het zuiden van het Middellandse-Zeegebied. In Italië komt het alleen op Sicilië voor; alleen daar heerst het juiste klimaat.

De noten groeien in trossen binnen vlezige, rode zaaddozen. Als die openbarsten, wordt de in zijn houtige dop opgesloten noot zichtbaar. Met hun lichtgroene kleur zijn pistachenoten ideaal als garnering voor gebak, koek en andere zoetigheden. Ze dienen ook als vleesvulling en worden zelfs in *mortadella* verwerkt. In gemalen vorm zijn ze de basis voor een heel smakelijke soort roomijs, maar de hele noten worden ook gezouten en bij de borrel gegeten.

POMPELMO
GRAPEFRUIT
Grapefruits zijn de grootste citrusvruchten. Ze zijn heel sappig en zitten vol vitamine C, maar bevatten weinig suiker en geen eiwitten of vet. Ze worden vooral op Sicilië, in Calabrië en Ligurië geteeld vanwege het milde klimaat aldaar. De licht bittere geur en smaak van de gele Pompelmo Giallo is ideaal voor marinades en sap. De roze en rode soorten zijn veel zoeter en dus heerlijk als tafelvrucht. Bij grapefruits is het gewicht een goede kwaliteitsindicatie: hoe zwaarder hoe beter. Ik serveer graag roze grapefruitpartjes zonder velletjes, overgoten met sinaasappelsap.

POPONE, ZIE MELONE

PRUGNA, SUSINA, PRUGNA SECCA / PRUIM, GEDROOGDE PRUIM
De Italiaanse woorden *prugna* en *susina* slaan allebei op verse pruimen; de gedroogde heten *prugne secche*. De pruim is uit Azië afkomstig, maar groeit in heel Europa en veel andere delen van de wereld uitstekend. Italië produceert zo'n 150.000 ton per jaar en richt zich op de Regina Claudia (de Reine-Claude, met zijn zoete vruchtvlees en groene schil mijn favoriet), Prugna d'Italia, Precoce di Guignao, Formosa, Dane Aubert, Santarosa Stanley, Blue Gestetter en California Blue. De belangrijkste centra voor de pruimenteelt zijn Emilia-Romagna, Campanië, Morele, Alto Adige en Piemonte.

Pruimen eet u gewoon uit de hand, maar u kunt ze ook in gebak verwerken of er met suiker jam van koken. Gedroogde pruimen worden in de zoetwarenindustrie en de bakkerij gebruikt. Ze zijn heerlijk in brandewijn, b.v. bij roomijs of romige nagerechten, of gewoon in water geweekt bij varkensvlees- en wildgerechten. Voorts wordt er de beroemde *slivovitsj* van gemaakt.

RIBES / ZWARTE BES, RODE BES, WITTE BES
Deze zachte zomervruchten komen van een dichte plant die ook in het wild te vinden is. De doorschijnende, zwarte, rode of witte bessen worden in trosjes geoogst. De drankenindustrie maakt van zwarte bessen een siroop die niet alleen met water, maar ook met *spumante* (kir!) verdund kan worden. Vanwege hun hoge pectinegehalte worden zwarte bessen vaak bij het jam maken toegevoegd aan pectinearme vruchten als aardbeien, kersen en perziken. In de banketbakkerij worden ze als taartgarnering en in zoetigheden gebruikt. Samen met andere bessen worden ze ook verwerkt in de zomerse vruchtensalades *macedonia sottobosco* of *frutti di bosco*.

PRUGNE

ROVO, ZIE MORA DI RROVO

SORBO / SORBE, LIJSTERBES
Dit boompje, dat overal in de Italiaanse heuvels (vooral op Sardinië) voorkomt, produceert een appelachtig vruchtje dat geel begint en bij rijping rood wordt en dan eetbaar is.

Sorben worden niet commercieel gekweekt en zijn alleen in het wild te vinden, hoewel ze misschien in gespecialiseerde fruitwinkels tegen het einde van de zomer te koop zijn.

SOTTOBOSCO
WILDE VRUCHTEN
Deze tamelijk recente term slaat op al het wilde, zachte fruit dat in bossen te vinden is: wilde aardbeien, wilde frambozen, wilde bramen enz. Het woord slaat ook op een salade van deze vruchten, en op sauzen van wilde vruchten voor gebak en taarten. De term is zelfs doorgedrongen tot de taal van de wijnproeverij; als beschrijving van smaken die aan een bos doen denken (mos, schimmel).

LINKS: DENNENAPPELS MET PIJNBOOMPITTEN UIT CAMPANIË

SULTANINA, ZIE UVA

SUSINA, ZIE PRUGNA

TAMARINDO / TAMARINDE
De tamarindeboom, oorspronkelijk afkomstig uit India, geeft mooie bruine vruchten. Hoewel deze niet in Italië groeit, worden de vruchten veel gebruikt voor frisdrank, siroop en zoetigheid.

Uva, Uva da Tavola, Uvetta, Sultanina

Druif, Rozijn, Sultana

De wereld kent een ongelooflijk aantal druivenrassen. Sommige dienen alleen voor de wijnproductie, andere alleen als tafelfruit (*uva da tavola*). Wijndruiven kunnen ook aan tafel gegeten worden, maar van tafeldruiven kan geen wijn gemaakt worden (met uitzondering van de muskaatdruif uiteraard).

De wijnrank is een klimplant die duizenden jaren geleden vanuit de streek rond de Kaspische Zee in Italië terecht is gekomen. De Romeinen hadden deze vitale plant altijd bij zich; daarom kwam hij met de Romeinse verovering overal in Europa terecht. Italië is tegenwoordig de grootste druivenproducent ter wereld, gevolgd door Spanje en Frankrijk. Van het grootste deel wordt wijn gemaakt; op een doodenkele uitzondering na altijd van de dunschillige witte, roze of blauwe soort die *Vitis vinifera* heet. Het bekendste en succesvolste ras voor tafeldruiven is de Italia, die – dankzij nieuwe vertragingstechnieken voor de oogst – van augustus tot december te koop is. Hij wordt in Italië hoog gewaardeerd en ook naar Duitsland en Frankrijk geëxporteerd. Andere rassen zijn b.v. de Uva Regina, de blauwe Cardinal, de Primus en de Baresana.

Sottobosco

Meer dan de helft van de Italiaanse druiven komt uit het vruchtbare Puglia, de rest uit Sicilië, de Abruzzen, Lazio, Basilicata, Calabrië en Sardinië. Samen produceren ze jaarlijks 1,4 miljoen ton, waarvan 450.000 ton geëxporteerd wordt. In Piemonte, de Veneto en de meeste andere wijndruifstreken worden heerlijk rijpe druiven als de Uva Americana, Fragola (met aardbeiengeur) en de heel zoete Moscato vaak plaatselijk verkocht. Het enige echt lekkere ras is voor mij die Moscato (muskaat). Ze worden in trossen aan sterk touw gehangen tot hun goudgele kleur in gerimpeld bruin verandert; dan zijn ze intens en heerlijk zoet. In Italië brengt het geluk om op oudejaarsavond druiven te eten, en hoewel ik niet bijgelovig ben, doe ik dat nog steeds (helaas niet dezelfde topkwaliteit druiven).

Steeds meer buitenlandse rassen dringen tot Italië door, zoals de populaire, pitloze Thompson. De grote hoeveelheid winterdruiven die verkocht wordt, mist smaak. Tafeldruiven worden op diverse manieren gegeten: uit de hand, in fruitsalades of als vulling van vruchtentaarten. Sommige druiven worden op alcohol gezet en in een kommetje met iets van de drank opgediend.

Gedroogde druiven zijn *uvette* (rozijnen) of *sultanine* (sultana's), die vaak van pitloze druiven gemaakt worden. De grootste zijn de lichtgekleurde Malaga's (met weinig pitjes); de kleinste de pitloze, blauwzwarte krenten, die uit het Midden-Oosten komen. Rozijnen en sultana's worden veel in de banketbakkerij, maar ook in tal van gerechten gebruikt, van Panettone tot Panpepato (blz. 296 en 230). Voorts dienen ze met *ricotta* als vulling voor taarten en gebak. In Napels, Ligurië en op Sicilië worden ze ook samen met pijnboompitten als vlees- en wildvulling gebruikt. Geweekt in rum of cognac zijn ze voorts een heerlijk hapje.

De gewildste rozijn om zo te eten wordt gemaakt van de zibibbo-druif. Die rozijnen worden in trossen gedroogd en verkocht.

Uva Spina / Kruisbes

Deze stekelige struikplant is verwant aan de rode bes. Kruisbessen zijn heerlijk als ze goudgeel en rijp zijn, maar in Italië worden ze alleen door particulieren gekweekt. Ze kunnen in taarten en vla verwerkt worden, of gekookt en gepureerd met suiker als nagerecht worden geserveerd.

Visciola, zie Amarena

Uve da tavola

Melecotogne in Composta

MELECOTOGNE IN COMPOSTA

KWEEPERENCOMPOTE

VOOR 10 PERSONEN

- 1 KG KWEEPEREN, IN VIEREN, GESCHILD EN ONTPIT
- 1 CITROEN, LIEFST ORGANISCH GEKWEEKT
- 400 G KRISTALSUIKER
- DESGEWENST 1 KANEELSTOKJE

Omdat de kweepeer niet rijp genoeg wordt, moet er bij het conserveren veel suiker aan toegevoegd worden.

Zet de kweeperen tot eenderde onder water in een grote pan. Voeg suiker toe, pers de citroen erboven uit en doe er de uitgeperste citroenschillen en desgewenst het kaneelstokje bij. Breng het geheel aan de kook en laat het afgedekt 15 minuten pruttelen, of totdat de kweeperen gaar zijn maar nog niet uit elkaar vallen. Controleer dat door er af en toe een mes in te steken. Verwijder de citroenschillen en laat het gerecht afkoelen. Dien het gekoeld met wat slagroom, *mascarpone* of zelfs gewone yoghurt op.

CONFETTURA

JAM

Alle Italiaanse jams heetten vroeger marmellata, *totdat de Europese Unie kort geleden bepaalde dat ze* confetture *moeten heten – behalve jams van citrusfruit die, overeenkomstig de Britse terminologie,* marmellata *blijven. Hier volgen drie van mijn favoriete jams.*

CONFETTURA DI PERE COTOGNE

PIEMONTESE JAM VAN GEMENGD FRUIT

VOOR 5 KG

- 2 LITER VERS SAP VAN BLAUWE DRUIVEN
- 1 KG KWEEPEREN, GESCHILD, ZONDER KLOKHUIS EN FIJNGEHAKT
- 1 KG RIJPE PRUIMEN, ONTPIT EN FIJNGEHAKT
- 500 G PEREN, GESCHILD, ZONDER KLOKHUIS EN FIJNGEHAKT
- 1 KANEELSTOKJE
- FIJNGERASPTE SCHIL VAN 2 CITROENEN
- 200 G HALVE WALNOTEN
- 2 KG FIJNE KRISTALSUIKER

In diverse delen van Piemonte, waar ik ben opgegroeid, heette deze jam ook wel cugna *(van het woord* cotogna *ofwel kweepeer), hoewel er naast kweeperen ook allerlei andere vruchten in verwerkt werden. De jam werd in de herfst tijdens de druivenoogst gemaakt, zodat er vers geperst druivensap en ander herfstfruit voor gebruikt konden worden. Mijn moeder gaf ons vaak een snee wittebrood met deze verrukkelijke jam als middaghapje; ik proef het nog steeds. De jam wordt ook opgediend bij* bollito misto *(blz. 92) of verwerkt in* crostata di cugna *(blz. 277). Pers het sap liefst zelf van blauwe druiven.*

Doe druivensap, fruit, kaneel, citroenrasp en walnoten in een grote pan (liefst een koperen inmaakpan). Kook alles 1 uur op zacht vuur, voeg de suiker toe en laat het op zacht vuur nog een paar uur pruttelen; roer vaak om aanbranden te voorkomen. Laat het mengsel heel dik en bijna bruin worden; al het fruit moet opgelost zijn. Doe de jam in steriele potten en dek ze af met schijfjes waspapier. Laat alles volledig afkoelen en sluit dan de potten luchtdicht af.

CONFETTURA DI LAMPONI

FRAMBOZENJAM

VOOR 1 KG

700 G FRAMBOZEN
700 G FIJNE KRISTALSUIKER

Qua smaak en kleur is dit een van heerlijkste jams. In de bergstreken van Noord-Italië zijn nog steeds wilde frambozen te vinden, die met hun opmerkelijk intense smaak in deze jam goed tot hun recht komen. Op de markt kopen is natuurlijk makkelijker, maar daar zijn ze minder lekker.

Doe frambozen en suiker in een pan met dikke bodem, zet die op laag vuur en roer met een houten lepel om het fruit te breken. Zet het vuur iets hoger, laat het geheel aan de kook komen en schuim het af. Laat het 30 minuten pruttelen en doe de schotelproef: leg een druppeltje op een schoteltje en laat het afkoelen. Als de jam stolt, is hij gaar.

Doe de jam in steriele potten en dek ze af met schijfjes waspapier. Laat alles volledig afkoelen en sluit de potten luchtdicht af.

CONFETTURA DI CASTAGNE

KASTANJEJAM

VOOR 2 KG

1¼ KG VERSE KASTANJES
PAAR BLAADJES LAURIER
1¼ KG FIJNE KRISTALSUIKER
2 DL WATER
1 VANILLESTOKJE, IN DE LENGTE GESPLETEN

Mijn oma maakte deze jam altijd en wij kinderen aten die met lepels tegelijk. Soms werd hij met slagroom opgediend als een nogal calorierijk nagerecht.

Maak een insnede in de kastanjes, kook ze 5 minuten en schil ze, terwijl ze nog warm zijn; verwijder zowel de buiten- als de binnenschil. Kook ze met de laurier 30 minuten in lichtgezouten water, giet ze af en laat ze afkoelen. Verwijder met een mespunt alle nog aanwezige stukjes schil. Zeef de kastanjes, zodat u een nogal droge puree krijgt.

Doe suiker, water en vanille in een pan met dikke bodem en roer er op middelhoog vuur een bleke, doorschijnende siroop van. Verwijder het vanillestokje en doe de puree bij de siroop. Laat het geheel al roerend nog 30 minuten pruttelen.

Doe de jam in steriele potten en dek ze af met schijfjes waspapier. Laat alles volledig afkoelen en sluit de potten luchtdicht af.

SALSA DI NOCI

WALNOTENSAUS

In Genua, waar deze saus vandaan komt, heet hij *tocco de noxe*. Hij wordt vooral bij *pansôti* en andere pasta gegeven. Zie blz. 167 voor het recept.

Crostata di Cugna

Jamtaart van gemengd fruit

Voor 6-8 personen

500 g 00-bloem (doppio zero)
200 g zachte boter, in kleine stukjes
5 eierdooiers
200 g fijne kristalsuiker
1 eetlepel vanillesuiker
geraspte schil van ½ citroen
mespunt zout
350 g confettura di pere cotogne (blz. 275) of andere jam

Aan het einde van de middag, om een uur of 4-5, is het tijd voor de merenda*: een tussenmaaltijd waarbij de meeste kinderen een plak krijgen van wat elke Italiaanse moeder kan maken: jamtaart. Deze is meestal gevuld met een goede, zelfgemaakte jam van b.v. perziken, abrikozen, kersen of pruimen. In dit gerecht wordt* confettura di pere cotogne *(blz. 275), oftewel* cugna*, gebruikt. U kunt de taart ook maken van vers of gaar fruit op een blind gebakken deegbodem.*

Maak een berg van de bloem, maak er een kuiltje in en doe daar boter, 4 dooiers, suiker, vanillesuiker, citroenrasp en zout in. Trek beetje bij beetje de bloem naar binnen en kneed lichtjes met uw handpalm tot een gladde deegbal is ontstaan. Dek het deeg met plasticfolie af en leg het ca. 1 uur in de koelkast.

Verwarm de oven voor tot 180 °C (stand 4). Neem driekwart van het deeg en rol het op een met bloem bestoven werkvlak snel en licht uit, tot u genoeg hebt om er een taartvorm van 25 cm doorsnee, of rechthoekig bakblik mee te bekleden. Beboter het blik, bekleed het met deeg en snijd overtollig deeg weg. Doe er de jam in, rol de rest van het deeg uit, snijd het met een scherp deegwieltje in repen en maak daarmee een latwerk op de jam. Bestrijk het met de laatste dooier en zet de taart ca. 30 minuten in de oven. Dien hem afgekoeld op.

FICHI AL FORNO

VIJGEN UIT DE OVEN

VOOR 4 PERSONEN

- 12 GROTE, RIJPE, MAAR STEVIGE VERSE VIJGEN, GESCHILD
- 300 G KRISTALSUIKER
- SCHIL EN SAP VAN 1 CITROEN
- DESGEWENST OPDIENEN MET MASCARPONE OF LICHT OPGEKLOPTE SLAGROOM

De ingrediënten voor dit fantastische, klassieke dessert zijn erg simpel. De vijgen moeten wel volmaakt rijp en van excellente kwaliteit zijn.

Verwarm de oven voor tot 250 °C (stand 9). Leg de vijgen dicht naast elkaar op een kleine bakplaat en bedek ze gelijkmatig met suiker. Besprenkel ze met citroensap en bestrooi ze met een in dunne reepjes gesneden halve citroenschil. Hak de rest van de citroenschil heel fijn en houd het apart. Zet de vijgen 20 minuten in de oven, tot de suiker schuimt, schep een beetje gekarameliseerde suiker over elke vijg en bestrooi ze met de rest van de citroenschil. Zet ze nog 5 minuten in de oven. Schik ze op een mooie, porseleinen schaal, overgiet ze met bakvocht, laat ze afkoelen en zet ze in de koelkast. Serveer ze eventueel met een toef *mascarpone* of licht opgeklopte slagroom.

Pasta di Mandorle

MARSEPEIN

1 KG VERSE, ZOETE AMANDELEN
400 G POEDERSUIKER
½ THEELEPEL VANILLE-ESSENCE
MAÏZENA OM MEE TE BESTUIVEN

Deze zoete pasta, gebaseerd op gemalen amandelen, wordt door banketbakkers gebruikt voor taarten en petitfours. Het wordt vooral veel gegeten in Zuid-Italië en op Sicilië, waar een overvloed aan amandelen groeit. Pasta di mandorle *heet ook wel* marzapane *of* pasta reale. *Een andere soort marsepein* (marturana) *werd oorspronkelijk gemaakt door nonnen in een klooster in Marturana op Sicilië. Met deze soort worden allerlei vruchten, dieren enzovoorts gevormd, die daarna beschilderd worden.*

Ik hoef er niet op te wijzen dat de bijzonder calorierijke combinatie van amandelen en suiker niet bevorderlijk is voor de slanke lijn. Pasta di mandorle *is heel simpel te maken en zelfgemaakte is veel lekkerder dan kant-en-klare. Ik raad u aan om zelf uw amandelen te malen, want kant-en-klaar amandelpoeder droogt snel uit en verliest zijn smaak.*

Kook de amandelen 5 minuten in een grote pan water. Giet ze af, laat ze afkoelen en verwijder de velletjes; dat laatste moet gemakkelijk gaan. Draai er in de foodprocessor een enigszins grove massa van. Roer er suiker en vanille-essence door, leg de massa op een met maïzena bestoven werkvlak en kneed er een deeg van.

In deze fase kunt u de massa uitrollen en er figuren van maken; bestuif uw handen en werkvlak met poedersuiker om kleven te voorkomen. Of bewaar de marsepein tot gebruik luchtdicht verpakt in de koelkast. Wilt u de marsepein een kleur geven, neem dan een goede, niet-synthetische voedingskleurstof.

Amaretti

AMANDELKOEKJES

VOOR 40 STUKS

275 G AMANDELEN
30 G BITTERE AMANDELEN, GEBLANCHEERD, ONTVELD EN GEROOSTERD TOT ZE DROOG, MAAR NOG NIET VERKLEURD ZIJN
450 G POEDERSUIKER
4 EIWITTEN
55 G FIJNE KRISTALSUIKER

Er zijn twee versies van deze beroemde amandelkoekjes. De ene soort is zacht, maar dit is een recept voor de droge, kruimelige soort.

Verwarm de oven voor tot 220 °C (stand 7). Maal alle amandelen tot een grof meel, hetzij in de vijzel, hetzij met een foodprocessor. Roer er beetje bij beetje de poedersuiker en eiwitten door, tot een stevige massa ontstaat. Rol die met uw handen tot een worst van 3 cm doorsnee en snijd er plakken van 1 cm dik van. Leg deze ruim uit elkaar op een ingevette bakplaat. Bestrooi ze met suiker en zet ze ca. 15 minuten in de oven, tot ze lichtbruin en knapperig zijn. Laat ze op de bakplaat afkoelen.

Heel droge *amaretti* zijn luchtdicht afgesloten vrij lang houdbaar.

Croccante di Nocciole

HAZELNOOTKROKANTJES

Voor 1 kg

- 400 g kristalsuiker
- 100 g honing
- schil van 2 mandarijnen, in heel dunne reepjes en dan in blokjes gesneden
- 500 g hazelnoten, gebrand en ontveld
- paar vellen rijstpapier
- 1 citroen, doormidden

Dit is een geliefd snoepje bij elk dorpsfeest, vooral in het zuiden. Het kondigt bovendien het naderende kerstfeest aan. De koekjes kunnen van amandelen, pistachenoten of gemengde noten gemaakt worden, maar ik vind ze met gebrande hazelnoten het lekkerst.

Smelt suiker en honing in een pan met dikke bodem op laag vuur. Zet het vuur iets hoger, laat de suiker lichtbruin worden en voeg de mandarijnschillen toe. Roer een minuutje met een houten lepel en voeg de hazelnoten toe. Zorg al roerend dat ze allemaal met suikerstroop bedekt worden.

Giet het gloeiendhete mengsel op rijstpapier en spreid het met behulp van de halve citroenen tot een dikte van 2½ cm uit (citroenen zijn daar heel geschikt voor, omdat ze niet aan het mengsel kleven). Zodra het een beetje afgekoeld, maar nog steeds warm is, snijd u het met een groot mes in stukjes. Pas als de koekjes helemaal zijn afgekoeld, kunt u ze van elkaar losmaken. Bewaar ze in een luchtdichte pot. Met Kerstmis worden ze aan het eind van de maaltijd opgediend.

Torta di Nocciole e Cioccolato

HAZELNOOTTAART MET CHOCOLADE

Voor 6-8 personen

- 300 g hazelnoten, gebrand en ontveld
- 6 eieren
- 500 g fijne kristalsuiker
- 2 theelepels bakpoeder
- 300 g boter, gesmolten
- 1½ dl melk
- 375 g 00-bloem (doppio zero)
- 100 g pure chocolade (met minstens 70% vaste cacaobestanddelen), in kleine stukjes

Ik vind hazelnoottaart onweerstaanbaar. De smaak van hazelnoten, vooral als ze gebrand zijn, is volgens mij zeer aantrekkelijk. Ik hoop dat u het met me eens bent.

Verwarm de oven voor tot 180 °C (stand 4). Maal de hazelnoten in een foodprocessor tot een grof meel. Klop eieren, suiker en bakpoeder met een elektrische mixer tot een mousse-achtige massa die als een lint van de kloppers loopt. Spatel er voorzichtig, maar grondig achtereenvolgens gesmolten boter en melk, bloem en hazelnoten, en chocolade door.

Giet het beslag in een beboterde en met bloem bestoven taartvorm van 25 cm doorsnee en zet die 45 minuten in de oven, of tot een in het midden gestoken prikker er weer schoon uitkomt. Laat voor het opdienen afkoelen.

PANFORTE

TRADITIONELE TOSCAANSE KOEK

VOOR 10 PERSONEN

250 G AMANDELEN, GEBLANCHEERD, ONTVELD EN GEROOSTERD
150 G WALNOTEN OF PECANNOTEN
50 G SUKADE, IN REEPJES
250 G GEKONFIJTE POMPOEN, IN BLOKJES
2 THEELEPELS KANEEL
2 THEELEPELS GEMALEN KORIANDER
½ THEELEPEL VERSGERASPTE NOOTMUSKAAT
200 G BLOEM
200 G POEDERSUIKER
200 G HONING (LIEFST ACACIA)
PAAR VELLEN RIJSTPAPIER
2 EETLEPELS VANILLESUIKER

Dit Toscaanse gerecht wordt al sinds de Middeleeuwen gegeten, toen de eerste specerijen geïmporteerd werden. Siena beweert de bakermat van dit, inmiddels wereldberoemde 'sterke brood' te zijn. De in dit recept opgenomen gekonfijte pompoen is in Italië makkelijk te krijgen, maar elders niet. U kunt deze door gekonfijte citrusschil vervangen, hoewel de smaak dan anders is. Misschien vindt u gekonfijte pompoen in Turkse of oosterse winkels.

Verwarm de oven voor tot 160 °C (stand 3). Meng amandelen, noten, sukade, pompoen en specerijen in een kom. Roer er grondig de bloem door. Doe poedersuiker, honing en een eetlepel water in een pan met dikke bodem en laat alles voorzichtig oplossen. Zet het vuur hoger, laat het mengsel borrelen en roer er met een houten lepel een dikke, lichtbruine karamel van. Giet die bij het bloemmengsel en meng alles tot een gladde massa.

Bekleed een taartblik van 20 cm doorsnee en 4 cm diep met rijstpapier. Spreid het mengsel erin uit en strijk het glad. Zet het blik 30 minuten in de oven en laat het daarna buiten de oven afkoelen. Bestuif de koek met vanillesuiker. Het gebak is lang houdbaar, maar ik betwijfel of u er lang af kunt blijven!

CASTAGNACCIO

KASTANJETAART

VOOR 8-10 PERSONEN

750 G VERS KASTANJEMEEL
MESPUNT ZOUT
6 EETLEPELS KRISTALSUIKER
6 EETLEPELS OLIJFOLIE (VERGINE)
3-4 TAKJES ROZEMARIJN
150 G ZIBIBBO- (ZIE UVA OP BLZ. 273) OF GEWONE ROZIJNEN

Dit seizoensgebonden gerecht, gemaakt van het meel van nieuwe kastanjes, bestaat in allerlei versies. Kastanjemeel gaat vaak snel achteruit en moet daarom liefst vers zijn. Dit is een van de simpelste en smakelijkste manieren om het te verwerken.

Verwarm de oven voor tot 180 °C (stand 4). Meng meel, zout en suiker en voeg zoveel koud water toe dat een zachte, maar niet-vloeibare massa ontstaat. Spreid de olie gelijkmatig uit over een bakblik van 30 x 40 cm en giet er het beslag in. Bestrooi het met rozemarijn en rozijnen en zet het gebak 20 minuten in de oven, totdat het goudbruin is. Dien het in vierkantjes gesneden op. Ze zijn warm het lekkerst, maar u kunt ze ook koud eten.

ORZATA

AMANDELDRANK

VOOR 4 PERSONEN

165 G ZOETE AMANDELPASTA (BLZ. 267)
6 DL WATER

Deze heerlijk verfrissende zomerdrank werd vroeger van gerst gemaakt, maar tegenwoordig van een dikke, zoete amandelpasta. De drank heet ook wel latte di mandorle *(amandelmelk).*

Draai van de twee ingrediënten in een foodprocessor een witte, melkachtige vloeistof. Verdun die met een beetje water als de smaak te sterk is.

FRUTTA SCIROPPATA

VRUCHTEN OP SIROOP

GENOEG VOOR EEN POT VAN 1½ KG

1 KG FRUIT (ZIE HIERNAAST)
800 G KRISTALSUIKER
1 LITER WATER
1 VANILLESTOKJE

Dit gerecht is iets tussen een compote en gekonfijt fruit in. Het gaat erom het suikergehalte in de vloeistof zo hoog te maken, dat het een conserverende werking heeft. Het fruit moet zijn vorm behouden. Rijpe perziken, pruimen of kumquats zijn ideaal. Het gerecht wordt vaak met panna cotta *of ijs opgediend.*

[Als u perziken gebruikt, blancheer ze dan even in kokend water, schil ze, halveer ze en verwijder de pit.]

Doe suiker, water en vanille in een grote pan en laat de suiker op middelhoog vuur oplossen. Voeg de vruchten toe en laat ze net gaar pruttelen (25-40 minuten, afhankelijk van hoe zacht ze zijn). Haal ze er met een schuimspaan uit.

Zet het vuur hoger en kook de vloeistof met eenderde in. Zet het vuur lager, doe de vruchten weer in de pan en laat ze op heel laag vuur nog 30 minuten pruttelen. Doe ze in een gesteriliseerde pot, sluit deze af en bewaar hem op een koele plaats.

FRUTTA SOTTO SPIRITO

VRUCHTEN OP ALCOHOL

Gebruik voor dit gerecht liefst alcohol van 95%. In Italië is dat makkelijk te krijgen, maar daarbuiten niet altijd (blz. 310). Maak het altijd met rijp fruit dat niet groter is dan een kleine mandarijn. Druiven, kersen, abrikozen en gedroogde vruchten als rozijnen zijn ideaal. Zacht fruit, zoals bessen, is niet geschikt. Leg het fruit dicht opeen in een steriele weckpot, giet er de alcohol over en sluit de pot af. De rest is een kwestie van tijd: de vruchten moeten minstens drie maanden staan. Dien ze op in kleine glaasjes en geef er desgewenst room of roomijs bij. Houd ze uit de buurt van kinderen; dit is een zeer volwassen gerecht!

Brood en gebak

PANE E CIBI DA FORNO

Er wordt al minstens 4000 jaar (brood) gebakken; de Egyptenaren schijnen de eerste te zijn geweest die er ervaring mee hadden. Sindsdien heeft het brood zich over de hele wereld verspreid en is het na rijst het voornaamste voedingsmiddel voor de mens geworden. Elk land of volk heeft eigen bereidingswijzen en gebruikt de geschiktste plaatselijke granen en middelen. Maar in wezen is brood overal hetzelfde: meel van allerlei graansoorten wordt met water, een beetje zout en gist gemengd; het rijst dankzij de gist en wordt dan gebakken en direct geconsumeerd.

Toen ik als klein kind in Castelnuovo Belbo woonde, werd mijn broer Carlo altijd met een enorme mand van wilgentenen, die balanceerde op zijn fietsstuur, weggestuurd. De mand, bekleed met een smetteloze linnen doek, bevatte een enorm stuk vers brooddeeg, dat mijn moeder had gekneed. Dat moest naar de plaatselijke bakkerij, zodat die er broden voor ons gezin van kon bakken. Ze kneedde het deeg altijd heel lang, voordat ze het liet rijzen. Dan legde ze het voorzichtig in de mand en dekte het af. Carlo had de taak om het op de fiets naar de dorpsbakker te brengen, die het in grote stukken verdeelde en bakte. Het resultaat was verbluffend! Dit brood was met liefde gemaakt; het had een geur waarvan zelfs de bakker stond te kijken – hij wilde altijd een stuk voor zichzelf hebben.

De functie van een bakker, vooral die in een klein dorp, bestond niet alleen uit het bakken van brood. De dorpelingen brachten er allerlei liefdevol gemaakte gerechten – braadstukken, taarten, koek en b.v. sneden brood om te drogen (zie Frisella, blz. 292) – die de bakkersoven in gingen als al het brood voor die dag gebakken, maar de oven nog heet was. De geur van die gerechten, vermengd met de heerlijke rook van brandend hout, was iets ongelooflijks!

Dat was aan het eind van de oorlog, toen wij het geluk hadden over allerlei ingrediënten te beschikken, die anders heel schaars waren. Mijn vader had twee grote zakken zeezout gekregen in ruil voor andere dingen, zoals tarwe. Ik zal nooit de snee brood vergeten die we toen bij de *merenda* – de tussenmaaltijd aan het einde van de middag - kregen. Er zat *mostarda*-jam op; ook die had ze zelf gemaakt.

Het bakken gaat tegenwoordig heel anders. Nog maar heel weinig bakkers hebben een houtoven, die zo'n volle smaak aan het brood geeft. In naam van de vooruitgang is alles geïndustrialiseerd. Volgens mij gebeurt dat echter alleen in naam van de commercie, die niets van kwaliteit begrijpt. Wat dat betreft heb ik medelijden met de jongere generatie, want met elke bakker die zijn zaak sluit, verdwijnt een stuk ambachtelijke cultuur waarschijnlijk voorgoed.

Toch lijkt deze kunst weer een beetje te herleven. Sommige nostalgische mensen grijpen terug op oude manieren van brood bakken. Deze ambachtslieden maken alle mogelijke soorten brood van vroeger. Bijvoorbeeld *pane di segala*: een donker, hard roggebrood, dat vroeger in het Aosta-dal werd gemaakt om lang te bewaren en alleen in water of melk gedoopt eetbaar was. Ook brood gemaakt van volkorenmeel, als reactie op moderne voedingseisen, of brood van half maïs/half tarwe is weer te koop. Hiermee kunnen we sommige smaken en texturen van vroeger herontdekken.

Fabrieksbrood is werkelijk een uitvinding van de duivel. Het blijft maar een paar uur vers en knapperig, en smaakt vooral naar watten. Helaas hebben zelfs de Italianen – die altijd zo'n drukte maken over de kwaliteit van hun voedsel – dit soort brood blijkbaar gemakshalve geaccepteerd. Houtovens, die de wereld stormenderhand veroverd hebben, worden praktisch alleen nog voor pizza's gebruikt. Maar zelfs in die bedrijfstak is het hout in de minderheid, want de commercie schrijft goedkopere manieren voor.

VELDEN IN TOSCANE, IN DE BUURT VAN MONTALCINO, IN AFWACHTIG VAN HET KOREN

LINKS: VERSCHILLENDE SICILIAANSE BRODEN

A-Z VAN BROOD EN GEBAK

AMARETTO

AMANDELKOEKJE

Er zijn veel soorten van dit populaire koekje. De bekendste is de knapperige *amaretto di Saronno*; die zit met twee stuks in papier verpakt en wordt in bijna elk Italiaans restaurant of elke trattoria bij de koffie gegeven. De naam is ontleend aan de stad Saronno, waar ze al een eeuw door de heer Lazzaroni gemaakt worden. *Amaretti* zijn echter in heel Italië te vinden. Ze variëren van droog en knapperig tot zacht en vochtig, afhankelijk van het recept en de baktijd. De gewildste zijn die uit Mombaruzzo, een stadje in Piemonte. Deze zijn zacht en worden stuk voor stuk met de hand in kenmerkend oliepapier verpakt.

RECEPT VOOR ZACHTE AMARETTI

Meng 500 g gepelde en versgemalen zoete amandelen met 150 g gemalen bittere amandelen of *armelline* (gemalen abrikozenpitten, zie Albicocca, blz. 262). Spatel 500 g fijne kristalsuiker door 4 lichtjes losgeklopte eiwitten, en voeg de gemalen amandelen en de rasp van ½ citroen toe.
Doe dit beslag in een spuitzak en spuit rondjes op een beboterde bakplaat. Bestrooi die met wat grove suiker en bak ze in een op 190 °C (stand 5) voorverwarmde oven bruin.

(Op blz. 279 staat een recept voor de knapperige versie)

ANICINO

ANIJSKOEKJE

Deze Umbrische koekjes bewijzen de populariteit van anijszaad in Italië. Ze zijn een specialiteit uit Orvieto, maar worden ook op Sardinië gemaakt. Ze kunnen zo, of in wijn gedoopt worden gegeten, b.v. in *cantuccini*. Op Sardinië worden ze in de plaatselijke Monica di Sardegna-wijn gedoopt. De variant met olijfolie, in plaats van het gebruikelijke vet, is lekkerder en gezonder.

BABA

Men zegt dat deze typisch Napolitaanse zoetigheid tijdens de Franse bezetting is geïntroduceerd, maar de precieze herkomst is onduidelijk. Hoe dan ook, de Napolitanen zijn er dol op, vooral als het gebak gedrenkt is in rum. Het sponsachtige gebak kan ook met room en fruit worden geserveerd, maar het originele recept is het beste (zie blz. 309).

BACIO DI DAMA

'DAMESKUS'

Dit Piemontese koekje ontleent zijn naam aan de vorm: twee rondjes koek zijn als lippen met pure chocolade op elkaar geplakt. U kunt ze zelf maken. Meng daarvoor 150 g fijngemalen amandelen met 150 g 00-bloem, 150 g fijne kristalsuiker, 150 g zachte boter, wat citroen-, sinaasappel- of limoenrasp en 3 eierdooiers. Maak er balletjes van, leg die op een beboterde bakplaat en bak ze in een tot 190 °C (stand 5) voorverwarmde oven goudbruin. Laat ze afkoelen en plak ze met wat gesmolten chocolade op elkaar.

BARCHETTA / BARQUETTE

Dit zijn kleine, bootvormige koekjes van boterdeeg die met fruit, jam of *crema pasticcera* (banketbakkersroom) gevuld als nagerecht worden geven. Ze kunnen ook, met een vulling van garnalen, roerei en kaviaar, als hartig hapje dienen.

RECEPT VOOR BIGNOLE

Doe 5 dl water met een mespunt zout en 200 g boter in een pan op hoog vuur.
Haal de pan van het vuur zodra het mengsel aan de kook komt en voeg 300 g bloem toe. Roer goed, laat het mengsel afkoelen en roer er 6 hele eieren, 4 eierdooiers en 30 g suiker door. Roer opnieuw goed en doe het beslag in een spuitzak met een glad spuitje. Spuit kleine bolletjes op een beboterde bakplaat en zet die 20 minuten in een op 200 °C (stand 6) voorverwarmde oven. Haal ze eruit en laat ze afkoelen.
De koekjes moeten 3 tot 4 keer zo groot zijn geworden en van binnen hol zijn, zodat u ze met room of *zabaglione* (blz. 65) kunt vullen. Doop de *bignole* voor de helft in een citroenglazuur, laat dat opstijven en dien ze op.

BASTONE

STOKBROOD

Dit lange, witte stokbrood lijkt op de Franse *baguette* (zie Pane).

BIGNÈ, BIGNOLE

SOES

Het woord *bignè* verwijst naar gebak dat van soezenbeslag is gemaakt, b.v. de kleine soesjes van een *profiteroles*, en éclairs. Piemonte is nog dichter bij Frankrijk komen te liggen door de creatie van de *bignole*: deels in glazuur gedoopte soesjes gevuld met room of *zabaglione*.

BIOVA, BIOVETTA

PIEMONTEES BROOD

Dit Piemontese brood wordt tegenwoordig in het grootste deel van Noord-Italië gegeten. Het wordt gemaakt van *pasta dura:* een hard, ongerezen deeg dat goed gekneed is

BOVEN: BIGNOLE

LINKS: AMARETTI

om het zachter te maken en alle lucht te verwijderen. Het brood heeft een heel knapperige korst en is middenin wit en compact. Er worden vaak allerlei ongelooflijke vormen van gemaakt, maar het wordt ook als gewoon brood verkocht. De kleinere heten *biovette*, de grotere *biove*.

Biscotto

Beschuit, Biscuit

Een *biscotto* was oorspronkelijk een snee brood die tweemaal gebakken werd. Het was een manier om brood door droging te conserveren, om het later na toevoeging van water of melk te kunnen eten (zie Frisella).

Tegenwoordig lijkt *biscotto* meer op beschuit; het wordt gemaakt van eieren, bloem, suiker, honing, gist en andere ingrediënten, b.v. amandelen of chocolade, of een combinatie ervan. *Biscotti* kunnen ook hartig, zoals Taralli (zie aldaar), of een soort crackers zijn die in plaats van brood worden gegeten. Sommige worden voor direct gebruik gemaakt; andere zijn lang houdbaar. Voorbeelden zijn zachte (verse) en droge (knapperige) *amaretti*. Italianen eten allerlei *biscotti* in grote hoeveelheden; meestal zijn ze zoet en worden ze als ontbijt in *caffè latte* (koffie met veel melk) gedoopt.

Bomboloni, zie Krapfen

Verschillende koekjes van Pfatish uit Turijn: alumetti, cannoncini alla crema, baci di dama, biscottini da gelato, biscottini frollino ovale, lingue di gatto al ciocolatto, biscotto novara

Bruschetta

Bruschetta is een snee geroosterd brood met olie, vet of knoflook die als hapje tussendoor, of als *antipasto* wordt gegeten. Meestal wordt het bestreken met een teen knoflook en besprenkeld met wat extra vergine olijfolie opgediend. Maar het kan ook met wat goede reuzel of goed ganzenvet besmeerd worden. In Lazio en de Abruzzen gaat er olijfolie op en daarna wat fijngehakte tomaat en basilicum. In Toscane heet het gerecht *fettunta* of *panunto*, wat 'ingevette snee brood' betekent. Het wordt meestal gemaakt van een ongezouten brood dat *pane sciocco* heet (zie Pane).

Rechts: bruschetta

Buccellato Lucchese

Rozijnenbroodje uit Lucca

Dit eenvoudige gebak, dat eigenlijk meer op brood lijkt, is een specialiteit uit Lucca in Toscane; een ingewikkelder versie, gebaseerd op eieren en sukade, wordt echter op Sicilië gemaakt. Ze worden allebei op dezelfde manier gegeten: als nagerecht of, in melk gedoopt, als ontbijt. Luchtdicht bewaard zijn ze lang houdbaar.

Bugie, zie Cenci

Calzone

Opgevouwen pizza

Een calzone, afgeleid van het woord voor 'broek' (*calzoni*), is een van pizzadeeg gevouwen zak rond een vulling. De Napolitanen vullen hun *calzones* met in blokjes gesneden *provolone*, *mozzarella*, pikante Napolitaanse worst of salami, vermengd met losgeklopt ei. In een recept uit Puglia wordt hetzelfde gedaan met gestoofde plakjes ui, *ricotta forte*, eieren en Parmezaanse kaas. Weer een ander schrijft gare snijbiet of spinazie, met eieren en Parmezaanse kaas of *pecorino* voor.

Voor het maken van de 'zak' moet het deeg uitgerold op een pizzaschaal van 30 cm doorsnee gelegd worden. Leg de vulling (welke combinatie van ingrediënten dan ook) erop, vouw het deeg dicht en zet alles 40 minuten in een op 220 °C (stand 7) voorverwarmde oven. Kleine versies kunt u in olijfolie frituren; ze zijn zowel warm als koud lekker.

Canape

Canapé

Canapés zijn in vierkantjes, driehoekjes of rechthoekjes gesneden stukjes brood, die zijn besmeerd met boter of mayonaise en belegd met vlees, vis, salades of alle mogelijke combinaties ervan.

Canapés dienen meestal als borrelhapje en worden in heel Italië bij recepties of partijen opgediend. Ze zijn echter nooit te zwaar, omdat er nog een maaltijd op volgt. Het beleg kan uit alle mogelijke ingrediënten bestaan; het populairst zijn ansjovis,

Recept voor Buccellato Lucchese

Meng 500 g bloem met 175 g fijne kristalsuiker, 60 g zachte boter, 2 losgeklopte eieren (bewaar iets om het gebak mee te bestrijken) en een theekopje melk met 25 g verse biergist of de overeenkomstige hoeveelheid droge.

Maak er een tamelijk zacht deeg van en voeg 60 g rozijnen, 15 g anijszaad en een mespunt zout toe. Meng alles grondig en laat het 2 uur rijzen. Neem stukken deeg en maak er met uw handen worsten van. Maak daarin met een mes een paar schuine insneden, bestrijk de broodjes met losgeklopt ei en laat ze 1 uur rusten.

Zet ze 1 uur in een op 190 °C (stand 5) voorverwarmde oven.

gerookte zalm, salami en tomaat met *mozzarella*. Het gebruikte brood is *pane in cassetta*: een speciaal, vierkant brood met een heel dunne korst.

Cannolo

Zoet, gevuld buisgebak

Dit is waarschijnlijk het bekendste Siciliaanse nagerecht. *Cannoli* ontlenen hun naam aan het feit dat ze worden gefrituurd rond een stuk riet (*canna*). Vroeger werden ze alleen voor het carnaval en de feestdag van San Carlo gemaakt, maar tegenwoordig worden ze het hele jaar gegeten; niet alleen als nagerecht, maar ook als tussendoortje. Het speciale deeg is gevuld met een mengsel van *ricotta*, suiker, gekonfijt fruit en chocolade (zie het recept op blz. 256).

Cannoncino

Hoorntje

Dit in Italië zeer populaire 'kanonnetje' wordt gemaakt van een dun, rechthoekig lapje bladerdeeg van ca. 30 cm lang en 3-4 cm breed. Het wordt strak om een metalen kegel gewikkeld – om de vorm van een hoorn te krijgen – met losgeklopt ei bestreken en 20 minuten op een beboterde bakplaat in een hete oven gebakken. Na afkoelen wordt de metalen kegel verwijderd en het gebak gevuld met een gearomatiseerde crème of *zabaglione*.

Links: cantucci al miele

Cantucci, Cantuccini

Toscaanse amandelkoekjes

In Toscane is het gewoonte om de maaltijd te beëindigen met deze koekjes, die dan in een glaasje zoete vin santo worden gedoopt. Dat is zo'n aangenaam besluit van de maaltijd dat die gewoonte zich niet alleen over de rest van Italië, maar ook over andere landen heeft verspreid. De koekjes komen uit Prato en heten ook wel *cantucci di Prato*.

U kunt ze zelf maken. Klop daarvoor 300 g fijne kristalsuiker met 3 eieren en 3 eierdooiers tot een schuimige, egale massa. Voeg 500 g 00-bloem, 200 g lichtgeroosterde, ongepelde amandelen, een mespunt zout, 1 theelepel sinaasappelessence en 1 theelepel dubbelkoolzure soda of bakpoeder toe. Meng alles tot een zacht deeg. Maak daar lange worstjes van, leg die op een beboterde bakplaat en plet ze tot ca. 2 cm dik en 4 cm breed. Zorg dat ze ver genoeg uit elkaar liggen om in de oven te kunnen rijzen. Bestrijk ze met een beetje losgeklopt ei en zet ze 15 minuten in een op 190 °C (stand 5) voorverwarmde oven. Haal ze eruit, snijd ze schuin in 2 cm brede reepjes en zet ze terug in de oven tot ze helemaal gaar en droog zijn (ca. 10 minuten). Laat ze goed afkoelen en bewaar ze in een luchtdichte verpakking.

Links: carta di musica

Carta da Musica, Pane Carasau

Plat Sardijns brood

Dit flinterdunne, platte, knapperige brood lijkt op oud perkament of bladmuziek – vandaar de naam. Omdat het moeilijk te maken is, wordt het tegenwoordig meestal kant-en-klaar, in stapels van 10-20 stuks, gekocht.

Het deeg wordt gemaakt van tweederde harde bloem, eenderde gewone bloem, gist, water en wat zout. Alle ingrediënten worden heel grondig gemengd en tot een glad deeg gekneed, dat 6 uur rijst. Het wordt doorgeslagen en nogmaals gekneed, en rijst dan opnieuw. Dan worden er ballen van gemaakt die zo dun worden uitgerold dat ze op schotels van 2 mm diep passen. Al die schotels worden met linnen doeken ertussen op elkaar gezet. Met een gewicht erop blijft de stapel 2-3 uur rusten. Dan worden de schotels even in de oven (traditioneel met hout gestookt) gezet tot ze opzwellen.

Elke deegschijf wordt nog warm in twee dunnere schijven gesneden, en op nog ondiepere schotels gelegd. Die worden opnieuw gestapeld om ze plat te houden tot ze volledig zijn afgekoeld. Ze gaan dan één voor één opnieuw in de oven tot ze knapperig zijn geworden en een beetje kleur hebben. Ze zijn een maand houdbaar; daarom deden boeren en herders zoveel moeite om ze te bakken.

De Sardijnen eten dit brood hetzij geweekt in water met rijpe tomaten en geraspte *pecorino*, hetzij met olie bestreken en even in de hete oven verhit (ze zijn dan heel knapperig). Als ze in water geweekt zijn, kunnen ze – net als *lasagne* – laag om laag afgewisseld worden met tomatensaus, kaas en vlees*ragù*. Bestrooid met Parmezaanse kaas gaan ze dan de oven in.

Casatiello, Casatello

Napolitaans paasbrood

Dit speciale, hartige brood wordt in Napels met Pasen gemaakt, meestal met twee of drie tegelijk, zodat er altijd broden over zijn om aan vrienden te geven.

Cassata

Het woord *cassata* komt van *qus'at*: het Arabische woord voor de kegel waarin het nagerecht traditioneel bereid werd. Vroeger werd het alleen tijdens de Goede Week door nonnen bereid, maar tegenwoordig is het altijd te koop. Er zijn twee versies die allebei uit Sicilië, de bakermat van dit gerecht, komen. De eerste is van marsepein, *ricotta* en gekonfijt fruit; de andere en meest recente van roomijs. De kleinere uitvoering, *cassatina*, is in veel Siciliaanse bars en banketbakkerijen te koop.

Castagnaccio, zie blz. 282

Cenci, Chiacchere, Bugie

Gefrituurde linten

Het woord *cenci* betekent 'lorren'. Ze werden vroeger alleen voor het carnaval gemaakt, maar zijn tegenwoordig het hele jaar door verkrijgbaar. Ze worden gemaakt van *doppio zero*(00)-bloem, boter, suiker, eieren en een beetje vin santo. Het deeg wordt uitgerold, in linten gesneden en gefrituurd; liefst in reuzel, maar soms ook in olijfolie. Na afkoelen worden ze met poedersuiker bestrooid.

Chifel, zie Cornetto

Rechts: ciabatta

Ciabatta

Soort brood

Dit is zowel binnen als buiten Italië een van de populairste broodsoorten. Karakteristiek voor *ciabatta*, dat wordt gemaakt van 0-bloem, zijn de vochtige, zachte structuur en de grote luchtgaten die dankzij een rijstijd van 6 uur tot stand komen. De zachte korst ontstaat doordat men in de oven waar de broden staan te bakken, water laat verdampen (zie Pane).

Cialda

Wafel

Om wafels te maken hebt u een wafelijzer nodig. U bakt ze van een glad beslag dat *cialda* of *cialdone* heet en uit 350 g bloem, 1 ei, 2 eierdooiers, 100 g suiker, 60 g boter en een mespunt zout bestaat. Meng alles tot een tamelijk zacht beslag (voeg een beetje water toe als het niet soepel genoeg is). Laat het wafelijzer gloeiendheet worden, bestrijk het met wat vet of olie, giet een lepel beslag in één helft van het ijzer, druk de andere helft erop en bak de wafel aan beide kanten een paar minuten. Vorm van de nog warme wafel een hoorn, of laat hem plat afkoelen, afhankelijk van hoe u hem gebruiken wilt. Vul of bestrijk de wafels met crème, roomijs of wat dan ook, of eet ze gewoon zo.

Ciambella, Ciambellone, Ciambellina

Ringvormig gebak

Een Italiaans spreekwoord luidt: *Non tutte le ciambelle riescono con il buco* ('niet elke *ciambella* heeft een gat'), ofte wel: niet alles kan volmaakt zijn. *Ciambella* wordt gemaakt van een deeg dat in een ringvorm gebakken wordt, of gewoon als een ring wordt neergelegd. Het gebak kan hartig of zoet zijn, afhankelijk van wat aan het basisdeeg wordt toegevoegd. *Ciambellone* is een grote maat, *ciambelli na* een kleine.

Een van de meest gebruikte recepten luidt: maak van 350 g 00-bloem, 200 g fijne kristalsuiker, 3 eieren, 75 g zachte boter, 3 eetlepels donkere rum, de rasp van 1 citroenschil, een mespunt zout, 1 zakje gist en wat melk een zacht deeg. Meng alles grondig, leg het in een beboterde ringvorm en zet het 40-50 minuten in een tot 190 °C (stand 5) voorverwarmde oven.

Colomba

Paasduif

Dit paasgebak in de vorm van een duif symboliseert de vrede. Het wordt, net als *panettone*, tegenwoordig in heel Italië gegeten en daarbuiten in gespecialiseerde winkels verkocht. Anders dan *panettone* bevat *colomba* geen krenten; er zitten meer eieren en boter in en het bevat bovendien gekonfijte sinaasappelschil. Er gaat een glazuur van suiker en amandelen overheen en het wordt als nagerecht gegeten, liefst met een glaasje moscato of een andere mousserende dessertwijn.

Cornetto, Chifel

Hoornvormig broodje

Een *cornetto* heeft de vorm van een Franse croissant. Het deeg, gemaakt van 00-bloem, wordt net als bladerdeeg getoerd om laagjes te maken. Soms gebruikt men echter *pane all'olio*: een deeg met boter of olie, dat een kruimeliger resultaat geeft. *Chifel* is een soortgelijk broodje uit Trentino-Alto Adige.

Crostata, zie blz. 277

Crostini di Pane

Toscaans geroosterd brood

Crostini zijn de laatste tijd overal ter wereld erg in de mode. Ze komen eigenlijk uit Toscane en bestaan uit geroosterd, ongezouten Toscaans brood met kippenleverpaté, wild-zwijn*ragù* of groenten. De Toscanen eten deze canapé bij een aperitief, maar tegenwoordig wordt een hele sortering met allerlei beleg ook wel als voorgerecht opgediend. De lekkerste *crostini* zijn besmeerd met paté waarop een plakje truffel is gelegd.

Farinata

Ongerezen brood

Voor de oudste manier van brood maken wordt alleen meel en water gebruikt. Daarvoor zijn allerlei soorten meel geschikt, b.v. van tarwe, rogge of gerst. In Piemonte en Ligurië wordt dit brood zonder rijsmiddel nog steeds van kikkererwtenmeel gemaakt.

Dat gaat zo: maak van 1 deel fijn kikkererwtenmeel, 4 delen lauw water en een mespunt zout een heel dun beslag en laat dat ca. 1 uur staan. Besprenkel een bakplaat met wat uitstekende extra vergine olijfolie en giet er een 2 cm dikke laag beslag op. Roer het op de plaat om de olie gelijkmatig te verdelen en laat het in een op 230 °C (stand 8) voorverwarmde oven goudbruin worden. *Farinata* moet heet, in vierkantjes gesneden en bestrooid met versgemalen peper gegeten worden.

Een heerlijke variant komt uit Palermo. In deze *panella* wordt venkelzaad en fijngehakte peterselie bij het beslag gedaan. Het gare, zachte brood koelt op een ingeolied oppervlak af, wordt in rechthoeken en vierkanten gesneden en in olie gebakken. Met een soortgelijke, maar veel ingewikkelder methode wordt Castagnaccio (brood van kastanjemeel; blz. 282) gemaakt.

Fave dei Morti

SOORT AMANDELKOEKJES

Op 2 november is het Allerzielen. Dan eten de Italianen in Piemonte, Lombardije en veel andere streken *fave dei morti* ('tuinbonen van de doden'). Ze worden gemaakt van 250 g fijngemalen amandelen, 2 eieren, 125 g bloem, 60 g zachte boter, 100 g suiker, 2 eetlepels goede honing, een mespunt zout, 60 g grof gehakte pijnboompitten, geroosterde hazelnoten of amandelen, een mespunt kaneel en 2 eetlepels grappa. Meng alles tot een deeg. Snijd het in stukjes en vorm van elk stukje een tuinboon. Leg alle 'bonen' op een beboterde bakplaat en zet ze 20 minuten in een op 200 °C (stand 6) voorverwarmde oven. Luchtdicht bewaard zijn ze enige tijd houdbaar.

Focaccia

SOORT PLAT BROOD

Focaccia heet *pinza* in de Veneto, *pitta* in Calabrië, *pizza* in Napels, *pissalandrea* in Genua, *schiacciata* in Emilia-Romagna, *fitascetta* in Lombardije, *sardenaria* in Ligurië en *stiacciata* in Toscane. Maar hoe het brood ook heet, het heeft altijd dezelfde basiseigenschappen. Het is een plat brood van brooddeeg (zie het basisrecept op blz. 301) met olijfolie en zout. Een simpele versie werd al door de Romeinen gegeten, en in de loop van de eeuwen zijn allerlei zoete en hartige soorten ontwikkeld, afhankelijk van ieders smaak en van de beschikbaarheid van ingrediënten.

Voordat het deeg de oven ingaat, wordt het platgedrukt in het blik en worden er met de vingers kuiltjes in gemaakt, zodat de olijfolie waarmee het met gulle hand besprenkeld wordt, het deeg een heerlijke smaak kan geven. Daarna wordt er spaarzaam grof zout overheen gestrooid en wordt het goudbruin gebakken.

Focaccia wordt als hapje, maar ook als sandwich (vooral lekker met *mortadella*) gegeten. In Napels is er de pizza (blz. 297 en 303) uit ontstaan, en in de Veneto en Emilia-Romagna de *pinza*, die zoet of hartig kan zijn en van maïsmeel is gemaakt.

LINKS: VERSCHILLENDE SOORTEN FOCCACIA UIT CAMOGLI, WAARONDER FOCACCIA AL FORMAGGIO EN FOCCACIA BEZAAID MET OLIJVEN

De *focaccia* kent een enorm aantal varianten, waaronder de *smacafam* uit Trentino, waarin boekweitmeel is verwerkt. Het deeg bevat uien, wordt met worstvlees bedekt en gaat op een met reuzel ingevette bakplaat de oven in. De Calabrische *pitta* lijkt op het gelijknamige brood uit het Midden-Oosten, maar heeft de vorm van een ring. Die wordt opengesneden als hij nog warm is en gevuld met olie van *ciccioli* (zie blz. 73) en chilipeper of Parmezaanse kaas. In Lombardije (vooral rond Como) wordt *fitascetta* gemaakt: een *focaccia*soort met gestoofde rode uien en zout of suiker. De Toscaanse *stiacciata* is een gerezen deeg dat met suiker, eieren en specerijen wordt gemengd, voordat het de oven ingaat. De Ligurische specialiteit *pizzalandrea* of *pissadella* (in het Genuees: *sardenaria*) ten slotte is verwant aan de Franse uientaart *pissaladière*.

De allerlekkerste variant is misschien wel de *focaccia al formaggio* uit Camogli, een betoverend vissersplaatsje bij Genua. Met twee flinterdunne deeglagen van bloem, water, olie en gist wordt hetzelfde gedaan als bij een strudel. De lagen worden gevuld met veel *stracchino*kaas, daarna met olijfolie overgoten en in de oven gezet tot de kaas gesmolten is (zie foto).

Frisella, Fresella, Frisedda, Pan Biscotto

DUBBELGEBAKKEN BROOD

Frisella ontstond uit de behoefte aan een volmaakt droog brood dat niet kon schimmelen. Het werd aanvankelijk veel gebruikt door het leger en de marine, omdat het zo goed houdbaar was. Het deeg, grotendeels van harde bloem gemaakt, wordt voorgebakken in de oven, nog warm in dikke plakken gesneden (de *friselle* uit Campanië en Puglia hebben de vorm van een *ciambella* en worden doormidden gesneden). De sneden gaan dan weer de oven in, totdat al het vocht verdampt is en ze knapperig als beschuit zijn geworden. Vlak voor gebruik worden ze een paar tellen onder koud water gehouden, zodat ze niet te hard zijn om te eten. *Frisella* heeft een specifieke smaak en wordt vaak opgediend met rijpe tomaten, olijfolie, zout en basilicum. Het was ooit een geliefd hapje van boeren, maar wordt tegenwoordig door iedereen gegeten.

FROLLINO

KOEKJE VAN BOTERDEEG

Koekjes van boterdeeg (zie Pasta Frolla) bestaan in allerlei vormen en maten en worden in heel Italië gemaakt en verkocht. Vaak worden ze bij het ontbijt (*prima colazione*) in melk en koffie gedoopt.

GALLETTA

SCHEEPSBESCHUIT

Dit harde, dubbelgebakken brood wordt speciaal gemaakt om zijn lange houdbaarheid. Het placht voor het leger en de marine te worden gebakken en was alleen eetbaar als het in water was gedoopt.

GRISSINO

BROODSTENGEL

Grissini zijn knapperige, dunne broodstengels gemaakt van 0-bloem, water, gist en soms een beetje olijfolie. Ze komen oorspronkelijk uit Turijn, maar worden nu overal ter wereld gegeten. Ze kunnen tot 70 cm lang zijn en worden nog steeds met de hand gemaakt door een stuk deeg uit te rekken tot een lange, dunne sliert, die dan in de oven droog en knapperig wordt. Toevoeging van olie of boter aan het deeg maakt ze nog kruimeliger. *Grissini* komen ook uit de fabriek en zijn, mits in cellofaan verpakt, maandenlang houdbaar. Ze worden meestal bij *antipasti* gegeven of dienen als vervanging van brood tijdens de maaltijd. Omwikkeld met een dun plakje Parmaham zijn ze een heerlijk hapje.

GUASTEDDE

SOORT SICILIAANS BROOD

Dit speciale broodje wordt met tal van vullingen verkocht, maar het beroemdst is de vulling van gebakken milt, die op de Vucceria-markt van Palermo te koop is. Het broodje wordt gemaakt van een deeg van harde en gewone bloem, gist en water, en het wordt met sesamzaad bestrooid. *Guastedde* worden doormidden gesneden en belegd met milt, die eerst is gekookt, daarna in plakjes is gesneden en dan in reuzel met *ciccioli* (kaantjes, zie blz. 73) en specerijen is gebakken. Het geheel wordt met *pecorino* bestrooid en is een even heerlijk als ongewoon hapje.

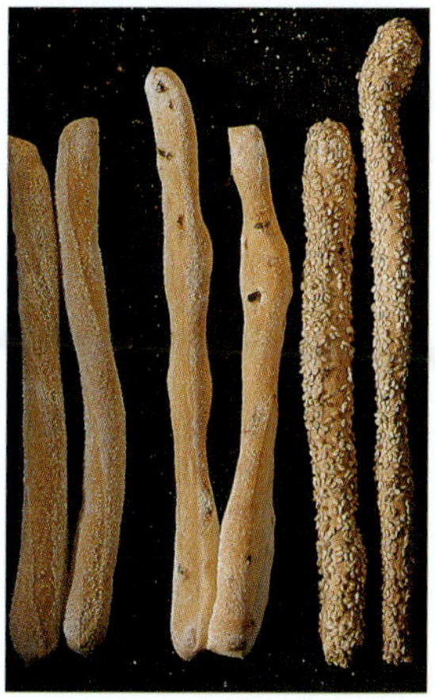

RECHTS: GRISSINI

KRAPFEN

Zoals al blijkt uit de naam, is deze gefrituurde zoetigheid van Duitse herkomst. Een Italiaanse versie (*bomboloni*) is in Emilia-Romagna populair. Ze worden gemaakt van ballen gistdeeg die goudbruin gefrituurd worden. *Bombolini* worden meestal met poedersuiker bestrooid, maar kunnen ook met b.v. abrikozen- of kersenjam, of met custard gevuld worden.

LIEVITO

GIST

Er zijn twee soorten gist: natuurlijke en synthetische. Gist zorgt door fermentatie dat in de combinatie van bloem en water of andere ingrediënten luchtbellen ontstaan. Daardoor rijst het mengsel en wordt het luchtiger, en zo krijgen bakproducten hun zachtheid. Brood zonder gist zou plat, hard en oneetbaar zijn. De beste gist is een bijproduct van de bierbrouwerij. Die roze-bruine massa wordt, verdund met water, met deeg gemengd. Laat fermentatie altijd op een warme plek plaatsvinden, voordat het deeg de oven in gaat. Synthetische gist heeft zo'n eerste fermentatie niet nodig.

MARITOZZO

ZOET ROMEINS BROOD

Dit zoete, brioche-achtige brood werd in Lazio en Umbrië vroeger alleen tijdens de Vasten gegeten, maar is nu het hele jaar verkrijgbaar. Het wordt gemaakt van een zuurdeeg dat lang moet rijzen voordat ingrediënten als eieren, suiker, olijfolie en zout worden toegevoegd. Het deeg rijst dan opnieuw ca. 4 uur en wordt weer gekneed, met toevoeging van ingrediënten als bloem, rozijnen, sinaasappelschilletjes, extra eieren en een beetje melk. Daarna wordt het in stukjes verdeeld en in de oven gebakken.

MARTURANA, MARZAPANE, ZIE PASTA REALE

MOLLICA DI PANE

BROODDEEG, VERS BROODKRUIM

Het zachte binnenste van een brood (*mollica*) wordt in Italië verwerkt in vullingen voor groente (zie Peperoni Ripieni, blz. 126) en vlees. Zie ook Pane Grattugiato.

MOSTACCIOLO, MUSTAZZOLO

MOSTKOEKJE

Mostaccioli (in het Siciliaans: *mustazzoli*) zijn een van de bekendste Italiaanse koekjes. Ze worden in veel streken gemaakt en gegeten, zij het met kleine variaties op het basisrecept.

Deze droge, harde koekjes die al door de Romeinen werden gemaakt, bestaan uit bloem, verhit druivensap (most uit de wijnmakerij) of honing, en specerijen als kaneel, kruidnagels en nootmuskaat; gist of eieren worden dus niet gebruikt. Het mengsel wordt tot een stevig deeg gekneed, tot een dikte van 1 cm uitgerold, in ruiten gesneden en ca. 25 minuten in een middelhete oven gebakken. Daarna worden ze met een glazuur van 2 delen suiker en 1 deel water bestreken.

Mustazzoli zijn een specialiteit uit Erice op Sicilië; men doopt ze daar na de maaltijd in zoete dessertwijn, b.v. moscato, passito di Pantelleria of marsala. Waarschijnlijk zijn ze via de Arabieren in Italië terechtgekomen; ze hebben zich vanuit Sicilië en het zuiden over heel Italië verspreid.

PAN BISCOTTO, ZIE FRISELLA

Links: Mostaccioli met Marsala uit Erice (Sicilië)

Pan de Mei, Pan Meino

Zoet Lombardisch brood

Pan de mei, een klein, zoet brood van een mengsel van maïsmeel en tarwebloem, is typisch voor de Lombardische keuken. Het eenvoudige recept luidt als volgt: kneed een deeg van 200 g suiker, 200 g zachte boter, 200 g maïsmeel, 200 g tarwebloem, 3 eieren en 35 g in een beetje melk opgeloste biergist. Laat dit rijzen tot het volume verdubbeld is. Verdeel het in kleine stukken en maak er rondjes van. Leg die op een beboterde bakplaat, bestrijk ze met losgeklopt ei en zet ze 20-25 minuten in een op 200 °C (stand 6) voorverwarmde oven.

Pan di Ramerino

Rozemarijnbrood

Dit is een zoet, Toscaans paasbrood. Het bevat rozemarijnolie en de gebruikelijke zoete ingrediënten als suiker, rozijnen en boter. Het deeg wordt in kleine broden of broodjes verdeeld, en op een bakplaat 25 minuten in de oven gebakken (200 °C - stand 6).

Pan di San Giuseppe

Decoratief brood

Met dit brood, dat in allerlei kunstzinnige vormen voorkomt, worden altaren versierd voordat het aan de Heilige Familie wordt geofferd. Op de feestdag van Sint Jozef wordt het als geluksbrenger aan vrienden gegeven. Het brood herinnert aan een legende rond deze heilige, aan wie in het dorpje Salemi, hoog op een heuvel bij Trapani op Sicilië, elk jaar een speciale maaltijd (*la cena di San Giuseppe*) wordt gewijd.

De legende gaat over een visser en zijn vrouw, die in dat dorp woonden. Toen de man op een dag uit vissen ging, beloofde zijn vrouw dat ze het hele dorp op het avondeten zou uitnodigen als de man de tocht zou overleven. Ze waren echter heel arm, en toen de man plotseling thuiskwam, kon ze haar gasten alleen bloem en water voorzetten. Daarvan maakte ze broden in de vorm van christelijke symbolen, en van het voedsel dat ze hun graag had voorgezet.

Pan di Spagna, Pasta Margherita, Pasta Maddalena, Pasta Viennese

Biscuitgebak

Dit zachte, zoete biscuitgebak wordt gemaakt door 6 eierdooiers en 250 g fijne kristalsuiker tot een schuimige massa te kloppen, en daar 6 stijfgeklopte eiwitten en een mespunt zout doorheen te spatelen. Met een houten lepel spatelt u hier vervolgens voorzichtig 150 g 00(*doppio zero*)-bloem en 150 g aardappelmeel door. Voeg een paar druppels vanille-essence, of de zaadjes van 1 vanillestokje, en de fijngeraspte schil van ½ citroen toe. Giet het beslag in een hoog, beboterd en met bloem bestoven bakblik. Zet het 30 minuten in een op 180 °C (stand 4) voorverwarmde oven. Laat het afkoelen, snijd het horizontaal doormidden en vul het met crème, jam, custard of chocolade.

Links: Pan di San Giuseppe

Pandolce

Genuees zoet brood

Wat *panettone* is in Milaan, is *pandolce* in Genua: het pronkstuk van Kerstmis.

Door de grote hoeveelheid gekonfijt fruit, rozijnen en noten, en speciale smaakgevers als oranjebloesem water of anijszaadjes, is het veel kleiner en zwaarder dan *panettone*. *Pandolce* heeft, vanwege de lange rijstijd, een lange bereidingstijd.

Pandoro

Veronees kerstgebak

Letterlijk vertaald betekent dit 'gouden brood' vanwege het diepgele binnenste. Dit is voor een deel te danken aan de scharreleieren die in het deeg verwerkt zijn. De andere ingrediënten zijn 00(*doppio zero*)-bloem, suiker, boter en gist. Het is een vederlicht, vochtig en sponsachtig gebak dat in Verona en Venetië met Kerstmis wordt gemaakt. De bereiding duurt dagen en omvat drie rijsperioden. De Veronezen maken het dan ook niet meer thuis, maar kopen het in de winkel. Traditioneel heeft *pandoro* de vorm van een grote, achtpuntige ster. Het wordt meestal als zodanig gegeten, maar ik leg het graag beboterd onder de grill, zodat de suiker een beetje karameliseert.

Pane

Brood

Een van de basiselementen van het Italiaanse voedsel is brood. Italianen eten dagelijks veel brood van elke vorm en soort, al naar gelang de plaatselijke graansoorten en het soort voedsel waarbij het gegeten wordt.

Het meeste Italiaanse brood wordt gemaakt van fijne, witte tarwebloem. Deze heet 00 (*doppio zero*) en wordt o.a. ook gebruikt voor verse pasta. Iets minder ver uitgemalen bloem is kwaliteit 0; dit gaat zo door tot aan volkorenmeel (*integrale*), dat ook de zemel bevat. Hoewel iedereen weet dat volkorenmeel gezonder is en meer vezels bevat dan bloem, zijn bloem en wittebrood in Italië nog steeds populairder. In Zuid-Italië wordt 00-bloem gemengd met harde tarwebloem om het brood een steviger structuur te geven dan het fijne

Recept voor Pandolce

Meng 55 g zuurdesem (gefermenteerd brooddeeg) met 250 g 00-bloem en wat warm water tot een zacht, glanzend deeg. Laat het onder een doek op een warme plaats 12 uur rijzen.
Maak dan een apart, zacht deeg van 650 g 00-bloem, 200 g fijne kristalsuiker, 150 g zachte boter, 1 glaasje moscato of vin santo en 2 eetlepels oranjebloesemwater. Meng de twee degen, kneed ze goed, en voeg 3 eetlepels fijngehakte sukade, 30 g sultana's en 1 theelepel anijs- of venkelzaad toe. Kneed opnieuw tot het deeg volmaakt gemengd, zacht en elastisch is.
Leg het in een hoog, goed ingevet, met bloem bestoven taartblik; zorg dat dit hoogstens tot eenderde gevuld is. Laat het opnieuw 12 uur rijzen, of tot het volume verdubbeld is.
Zet het 50-55 minuten in een tot 200°C (stand 6) voorverwarmde oven. Laat het afkoelen voordat u het uit het blik haalt.

brood dat in andere delen van Italië gegeten wordt. In de broodbakkerij worden echter ook andere meelsoorten gebruikt, die allemaal bepaalde eigenschappen aan het eindproduct geven, b.v. rogge- en maïsmeel, dat met tarwemeel wordt gemengd voor een betere smaak en grotere verteerbaarheid.

In het noorden eet men graag een zeer wit en liefst klein brood. In Ligurië is dat *focaccia*, in Emilia-Romagna *pane a pasta dura* (een soort wittebrood met een harde structuur) en een plat brood dat *piadina* heet. Toscane heeft *pane sciocco*: een ongezouten brood dat bij allerlei hartige gerechten, salami en kruidige conserven gegeten wordt. Rome is dol op *sfilatino*: een korte baguette die ook *bastone* ('stok') heet. Het hele zuiden eet veel liever een wat steviger brood, b.v. *pugliese*, dat van harde tarwe is gemaakt en langer vers blijft. De ronde broden kunnen enorm groot zijn om reusachtige gezinnen tevreden te stellen.

Ook speciale broden, met een grote variatie aan andere ingrediënten (zoals reuzel, boter, olijfolie, zongedroogde tomaten, kruiden, olijven, noten en alle soorten zaden), worden gemaakt.

Omdat brood vers moet zijn, wordt het dagelijks gekocht. Dit geldt vooral voor het noorden, omdat de aldaar geliefde witte broodjes niet langer dan een dag houdbaar zijn. Er zijn echter wel allerlei recepten om van oud brood soep, salades en andere specialiteiten te maken.

Pane a Cassetta, Pan Carré

Casinobrood

Dit wittebrood, gemaakt van 0-bloem, water en gist, wordt gebakken in een speciale vorm (*cassetta*), die de rijsmogelijkheden tijdens het bakken beperkt, het brood vierkant en compact houdt en een dunne korst geeft. Daardoor kan het na verwijdering van de korst in vierkantjes en rondjes gesneden worden om *tartine*, canapés en sandwiches van te maken, of in kleine blokjes gebakken worden als croûtons voor soep en salades.

Pane Carasau, zie Carta da Musica

Pane con l'Uva

Krentenbrood

De Milanezen maken dit brood van een zoet deeg waarin o.a. boter, suiker en veel krenten of rozijnen verwerkt zijn. Er worden kleine broodjes van gemaakt die een half uur rijzen en dan in een tot 200 °C (stand 6) voorverwarmde oven gebakken worden. Het wordt meestal als paaslekkernij gegeten.

Pane Grattugiato

Paneermeel

Resten goed (niet kunstmatig gekleurd of gekruid) brood worden in een matig warme oven gelegd om al het vocht te laten verdampen zonder dat het kleur krijgt. Het daarvan gemaakte paneermeel heet *grattugiato* ('geraspt') omdat het, vóór de uitvinding van foodprocessor, geraspt placht te worden.

Paneermeel wordt in de Italiaanse keuken veel gebruikt; Sardine Ripiene (blz. 31), Arancini (blz. 179) en Fritto Misto alla Piemontese (blz. 89) zij allemaal gerechten die gepaneerd en dan gebakken of gefrituurd worden. Paneermeel wordt ook gebruikt om vullingen en sauzen te binden.

Panetteria, Panettiere

Bakkerij, Bakker

Het woord *panetteria* sloeg vroeger op een broodwinkel waar ook gebakken werd. Om zo'n winkel te vinden, hoefde je alleen maar af te gaan op de onweerstaanbare geur van versgebakken brood. Hoewel de naam niet

Rechts: tramezzini in Caffè Malissano te Turijn

is veranderd, verkopen de meeste tegenwoordig helaas alleen afbakproducten die elders gemaakt zijn.

Ik bewaar dierbare herinneringen aan mijn ochtendwandelingen naar de bakker om vers brood te halen. Het werd per kilo verkocht, maar de ambachtelijk gemaakte broden wogen vaak iets minder. Om het verschil aan te vullen sneed de bakker gewoon een stuk van een ander brood, en die *aggiunta* was vaak al in mijn hongerige mond verdwenen voordat ik thuis was.

Panettiere zijn eist veel ervaring; eigenlijk is het een roeping, want om 's morgens vers brood te kunnen verkopen, moet een bakker al om 2 uur 's nachts opstaan en de hele nacht doorwerken. Dit hooggewaardeerde ambacht verdwijnt echter helaas langzaam door de opmars van enorme broodfabrieken.

Panettone

Milanees kerstgebak

Het meest gemaakte en gegeten regionale kerstgebak van Italië is *panettone* ('groot brood'). Het is ook het grootste en bewerkelijkste: het eist een langdurige bereidingstijd, die veel rijsperioden omvat. Het gebak is thuis moeilijk te maken, omdat twee verschillende degen gemengd moeten worden: het ene van bloem, gist, boter en suiker met een rijstijd van 10 uur, het andere van bloem, boter, eieren, suiker, zout, stukjes sukade, sinaasappelschil en rozijnen. Na menging moet het geheel opnieuw 4-5 uur rijzen. Het wordt gebakken in ovens met een nauwkeurige temperatuurbeheersing, waarin het gebak kan zwellen en langzaam gaar en donkerbruin wordt, zonder te verbranden, terwijl het binnenste heerlijk luchtig en vochtig blijft. Net als de andere soorten kerstgebak worden *panettoni* alleen in oktober en november gemaakt.

Let bij de aankoop van *panettone* op de datum; vers is het het lekkerst. Onder druk van consumenten wordt veel gebak tegenwoordig bestreken of gevuld met chocolade of *zabaglione*. Maar het simpele, klassieke gebak is nog steeds het lekkerste.

Panforte

Gebak met vruchten en specerijen

Dit typisch Toscaanse gebak dateert al uit de Middeleeuwen, toen de eerste specerijen uit het Midden-Oosten geïmporteerd werden. Siena beweert de grondlegger te zijn van dit 'sterke brood', dat tegenwoordig over de hele wereld beroemd is. Zie blz. 281.

Panpepato, zie blz. 218 en 230

Panzanella, Pan Bagnato

Geweekt brood

Een brood als *frisella* (zie hiervoor) wordt met opzet droog gemaakt; *pan bagnato* is daarentegen gewoon droog of oud brood dat in melk wordt gedoopt, in soep wordt gegeten of zachtgemaakt met verse stukjes tomaat gegeten wordt. In Toscane wordt gezouten brood geweekt en belegd met fijngehakte tomaat, zoete ui, bladselderij, basilicum en een scheutje olijfolie.

Mijn moeders *panzanella* bestond uit oud brood dat ze in stukjes brak en met heel rijpe, sappige tomaten in een kom deed. Ze liet alles een tijdje weken en mengde het dan met haar handen tot alles in stukjes uiteenviel. Daarna deed ze er extra vergine olijfolie, zout, fijngehakte zoete ui, kappertjes, en soms, als de Napolitanen en Sicilianen, wat fijngehakte knoflook en een beetje basilicum of oregano bij. Het zag eruit als kippen voer, maar smaakte heerlijk; ik maak het nog steeds zo.

Parrozzo

Amandelgebak

Dit eenvoudige gebak uit Pescara in de Marche wordt van bloem, eieren, suiker, gist en amandelpoeder gemaakt en met chocolade geglaceerd.

Links: panettone tradizionale

Passatelli

Broodknoedels

In Emilia-Romagna verwerkt men broodkruim niet alleen op de normale manier; men maakt er met losgeklopt ei, Parmezaanse kaas, zout en peper ook een zacht deeg van. Dit wordt boven een pan kokend water of soep door een speciaal apparaat met gaatjes (u kunt er een vergiet voor nemen) gedrukt. Zo ontstaan *pasatelli*. In water gekookt kunt u ze met een eenvoudige saus net zo opdienen als pasta.

Signor Garello, de bakker in de Via Maddalena te Turijn

Pasta di Mandorle, Pasta Reale, Marzapane, Marturana

Marsepein

Van dit zoete mengsel van amandelen en suiker maken banketbakkers gebak en petitfours. Het is vooral populair in het zuiden en op Sicilië, waar een overvloed aan amandelen groeit. Een andere amandelpasta (*marturana*) werd oorspronkelijk gemaakt door nonnen in een klooster bij Marturana (Palermo). Daar worden allerlei figuurtjes van gevormd, b.v. vruchten en dieren, die dan – in realistische kleuren geschilderd – als garnering van gebak en nagerechten dienen.

Pasta di mandorle is veel lekkerder als u het zelf maakt. Dit is heel simpel (zie recept op blz. 279). Zelfgemalen, verse amandelen geven het beste resultaat; kant-en-klaar amandelpoeder droogt snel uit en verliest zijn smaak.

Pasta Frolla

Zoet boterdeeg

Boterdeeg is het makkelijkste deeg om te maken; het wordt in veel verschillende gerechten gebruikt. Meng voorzichtig maar snel 500 g 00(*doppio zero*)-bloem, 5 eieren, 250 g zachte boter, 250 g fijne kristalsuiker, een mespunt zout en de geraspte schil van 1 citroen. Laat het deeg minstens 1 uur op een koele plaats rusten en maak er dan koekjes of andere zoetigheden van. U kunt boterdeeg een paar dagen in de koelkast bewaren, maar laat het dan vóór gebruik weer op kamertemperatuur komen. Boterdeeg is meestal binnen een half uur, in een middelhete tot hete oven gaar en licht goudbruin.

Pasta sable (zanddeeg) is een zwaarder deeg uit de Franse traditie en bevat meer boter. Het is kruimeliger dan *pasta frolla*, maar kan op dezelfde manier verwerkt worden. Het is vooral lekker in fruittaarten.

Pasta Margherita, Pasta Maddalena, zie Pan di Spagna

Pasta Reale, zie Pasta di Mandorle

Pasta Sfoglia

Bladerdeeg

Bladerdeeg is het enige deeg dat u een keer gemaakt moet zien worden om de kunst onder de knie te krijgen. Als dat niet kan, kunt u het beter kant-en-klaar kopen; het is tegenwoordig heel goed van kwaliteit.

Bladerdeeg wordt gemaakt door boter of ander vet, b.v. reuzel, tussen lagen deeg te leggen, het uit te rollen en te vouwen ('toeren') tot het deeg uit vele, door vet gescheiden laagjes bestaat. Het moeilijkste is het deeg met het harde vet eronder uit te rollen, zonder dat het scheurt. Bovendien is een nogal tijdrovende bezigheid, omdat het deeg tussen elke twee toeren moet afkoelen. Het eindresultaat is een deeg dat bij het bakken opzwelt. Het wordt voor zowel hartige als zoete taarten, pasteien en gebaksoorten gebruikt, en in combinatie met kaas kunt u er smakelijke hapjes van maken.

Pasta Viennese, zie Pan di Spagna

Pasticceria, Pasticcini

Banketbakkerij, Gebakjes

Italianen zijn verzot op *pasticcini*: klein gebakjes als *bignole* en *bigne* en allerlei taarten. Ze eten ze bij koffie of thee, bij hete chocolade of zelfs bij een glaasje moscato spumante.

Een *pasticceria* is de plek waar zulke *pasticcini* worden gemaakt; heel vaak is zo'n winkel tevens koffiehuis en kunt u er aan een tafeltje koffie met *pasticcini* nuttigen. Rond lunchtijd zijn daar soms ook *salatini* te koop. Dat zijn hartige hapjes als minipizza's, broodjes met truffelboter, ansjovisbroodjes, kleine canapés met gerookte zalm enz.

Pastiera di Grano

Tarwetaart

Dit paasgebak, gemaakt van hele graankorrels en *ricotta*, geldt als symbool van rijkdom. Er worden daarom vaak twee stuks tegelijk gemaakt, zodat er één aan een dierbare kan worden gegeven. De voorbereiding begint al ruim voor Pasen, want de tarwe moet minstens een week in water weken (hoewel soms voorgeweekte tarwe te koop is). Zie het recept op blz. 177.

Rechts: typische marsepeinkoekjes in de winkel van Maria Grammatico in Erice (Sicilië)

Piadina, Piada

Brood uit Romagna

Dit ongedesemde brood uit Emilia-Romagna lijkt op het Arabische pittabrood, maar is smakelijker. Het wordt meestal gegeten met de plaatselijke Parmaham, *stracchino*kaas of zelfs met gebakken spinazie, maar het wordt ook als bijgerecht geserveerd. Er bestaan evenveel recepten als er gezinnen zijn die het maken, maar het basisrecept is als volgt. Meng 500 g 0-bloem, 55 g reuzel, een mespunt zout en net genoeg water voor een zacht en elastisch deeg (sommige mensen voegen gist toe). Kneed het deeg kort, laat het 1 uur rusten en rol het tot een dikte van 3-4 mm uit. Snijd het in schijven van ca. 15 cm doorsnee.

In Emilia-Romagna bestaat een speciaal apparaat om het brood te bakken, maar het kan ook in een gietijzeren pan met dikke bodem op het fornuis. Doe het brood zonder vet in de pan en bak het 2 minuten aan elke kant. De kleine verbrande plekjes maken het extra smakelijk. Beleg het met alles wat u wilt, vouw het dubbel en dien het direct op.

Pissaladeira

Soort pizza

Deze *focaccia*, belegd met ansjovis en ui, komt volgens de Genuezen van de *pizza all'Andrea*, naar Andrea Doria, de beroemde Ligurische condottiere. Het lijkt echter veel op de *pissaladière*: de hartige taart uit de aangrenzende Provence. Zie Focaccia.

Pizza

Een authentieke pizza is niet moeilijk te maken, mits u de juiste ingrediënten, de kennis en een goede oven hebt. Deze *focaccia*soort is door de Napolitanen ontwikkeld en daarbij maakten ze creatief gebruik van de beste ingrediënten die ze hadden: goede bloem, goed water, goede tomaten, goede basilicum, goede *mozzarella* en goede olijfolie.

De geschiedenis van de pizza valt in twee perioden uiteen: de AP (Ante Pizza), waarin de pizza gewoon brood was en net als de Indiase *naan* bij allerlei gerechten werd gegeven; en de PP (Post Pizza), toen beleg werd toegevoegd en het idee ontstond dat een pizza een broodbasis was voor elke ingrediëntencombinatie.

De beste weg naar een goed Napolitaans pizzadeeg leidt via een zelfgemaakt zuurdeeg. Meng wat bloem en water tot een zacht deeg en laat het een dag op een warme plaats liggen. De natuurlijke gisten zorgen dat het fermenteert en rijst; zo ontstaat een volmaakt startdeeg. Neem anders biergist en ga als volgt te werk.

Anders dan de *focaccia* wordt pizza gemaakt van brooddeeg van 00(*doppio zero*)-bloem. Meng 400 g 00-bloem en 35 g verse biergist (opgelost in een kopje lauw water) grondig met zoveel water dat een zacht deeg ontstaat. Laat het een tijdje rusten. Verdeel het in vier ballen, allemaal groot genoeg om in een pizzapan van 20 cm doorsnee te passen. Bedek de deegballen met een schone doek en laat ze op een warme plek minstens 1 uur rijzen; het volume moet verdubbeld zijn. Sla het deeg door, kneed elke deegbal en rol ze uit tot een dikte van 5 mm met opstaande randen van 1 cm. Leg ze op ingeoliede pizzablikken en zet ze op een bakplaat. Voeg het beleg toe en zet ze in een voorverwarmde, heel hete oven tot de vulling is gesmolten en de randen knapperig zijn. Eet de pizza in vieren gesneden met uw handen.

Pizza Napolitana, die is gebaseerd op de Margherita, wordt belegd met tomatenpuree (zongerijpt of uit blik), 2 grote schijven buffel*mozzarella* in kleine stukjes, zout en een scheutje extra vergine olijfolie. Leg er vlak voor het opdienen een paar blaadjes basilicum op. De naam 'Margherita' is, naar het schijnt, bedacht om de Italiaanse koningin Margherita een plezier te doen. De Marinara is belegd met extra vergine olijfolie, ansjovisfilets, knoflook, tomaten, zout, peper en een beetje oregano. De Romana heeft *mozzarella*, tomaten, zout, peper, oregano en extra vergine olijfolie.

Een *pizza fritta* of *pizzetta* is een kleine pizza voor consumptie in bars. De nog kleinere *stuzzichini* worden op een feestje bij de borrel gegeven.

PUGLIESE

Deze term slaat op allerlei dingen uit Puglia (Apulië), maar tegenwoordig vooral op brood. *Pane Pugliese* is een heel groot, rond brood van ca. 40 cm doorsnee en 12-14 cm dik, met een dikke, harde korst. Het wordt gemaakt van gewone tarwebloem met toevoeging van wat harde bloem; dat geeft een heel compact, gezond en bijzonder lekker brood dat een paar dagen houdbaar is.

RICCIARELLO

TOSCAANS AMANDELKOEKJE

Dit royaal met poedersuiker bestrooide amandelkoekje is een specialiteit uit Siena. *Riccarelli* zijn kant-en-klaar te koop, maar zelfgemaakt veel lekkerder.

Meng 300 g versgemalen zoete amandelen grondig met 350 g suiker. Voeg dan de geraspte schil van 1 citroen, 1 theelepel vanillesuiker of een paar druppels vanille-essence, 2 losgeklopte eiwitten en 1 eetlepel honing toe. Meng alles opnieuw grondig en rol het deeg op een met poedersuiker bestoven werkvlak tot een dikte van 2 cm uit. Haal er met een steker of mes ovalen van 4-5 cm lang uit. Bekleed een bakplaat met rijstpapier en bedek dat met 3 mm poedersuiker. Leg er de ovalen op en zet ze 20 minuten in een tot 190 °C (stand 5) voorverwarmde oven, maar laat ze niet bruin worden.

LINKS: PIZZA MARINARA

SALATINI

HARTIGE HAPJES

Alle kleine, hartige hapjes van deeg die bij een drankje worden opgediend, heten *salatini*. Ze zijn meestal van blader- of boterdeeg en belegd met kaas, ansjovis, kappertjes, olijven of b.v. maan- of venkelzaad, of alleen met gemalen peper of zout. U kunt ze van diepvriesbladerdeeg zelf maken en naar keuze beleggen, maar ze zijn in een Italiaanse *pasticceria* ook kant-en-klaar te koop.

SAVOIARDO

LANGE VINGER

Deze suikerkoekjes vormen het hoofdbestanddeel van het tegenwoordig hoogst populaire Italiaanse nagerecht *tiramisù*, dat uit lagen *mascarpone* en in likeur of koffie gedoopte lange vingers bestaat. *Savoiardi* worden vanwege hun lichte en absoberende eigenschappen ook voor nagerechten als *zuppa inglese* gebruikt.

U kunt ze zelf maken. Klop 5 eierdooiers wit en romig, voeg 100 g fijne kristalsuiker toe en spatel er voorzichtig, maar grondig 115 g 00-bloem en 1 theelepel vanillesuiker of een paar druppels vanille-essence door. Spatel er vervolgens voorzichtig de stijfgeklopte witten van de eieren en 55 g poedersuiker door. Beboter een bakplaat en bestuif deze met bloem. Spuit het mengsel tot 10-12 cm lange beslagworstjes; houd een flinke tussenruimte aan. Strooi er een beetje suiker over en zet ze 20-25 minuten in een tot 190 °C (stand 5) voorverwarmde oven. Laat ze afkoelen en bewaar ze luchtdicht verpakt.

BROOD UIT DE BUURT VAN BARI (PUGLIA)

SFOGLIATELLA

GEVULD BLADERDEEG

In Campanië en Napels worden deze heerlijke hapjes in bars verkocht. Meestal worden *sfogliatella* warm opgediend, maar ze zijn ook koud lekker. Er zijn twee soorten. De ene is gewoon een zakje van boterdeeg; de ander iets veel ingewikkelders van een bijzonder bladerdeeg waarin de boter vervangen is door reuzel. De vulling bestaat meestal uit gaar griesmeel met *ricotta*, suiker, eieren, fijngehakte sukade en een paar druppels vanille-essence.

STRUFFOLI, ZIE HET RECEPT OP BLZ. 306

TARALLO, TARALLUCCIO, TARALLINO

ROND, HARTIG KOEKJE

Dit ronde, hartige koekje komt

LINKS: NAPOLITAANSE STRAATVERPAKKING VOOR PIZZA'S

RECHTS: RICCIARELLI

eigenlijk uit Campanië, maar heeft zich ook over Puglia, Calabrië en ten slotte Sicilië verspreid. Het is populair vanwege zijn smaak en knapperigheid, maar ook omdat het zo gemakkelijk te maken en lang te bewaren is (mits luchtdicht verpakt). Het kan zowel zo, of bij *antipasti* gegten worden.

U kunt de koekjes zelf maken. Meng 500 g 0-bloem met 125 g reuzel, 55 g biergist en specerijen naar keuze (peper, zout, venkelzaad, chilipeper enz.). Voeg zoveel water toe dat een hanteerbaar deeg ontstaat en kneed tot alles goed gemengd is. Neem kleine stukjes deeg en rol er worstjes van. Verbind ze die met elkaar tot cirkeltjes. Bedruppel ze met olie, leg ze op een bakplaat en laat ze ca. 1 uur rijzen. Zet ze 1 uur in een tot 150 °C (stand 2) voorverwarmde oven. Laat de koekjes afkoelen en kruimelig en droog worden.

TARTELETTA

TARTELETTE

Deze deegbakjes komen uit Frankrijk, maar de Italianen hebben ze met geestdrift omhelsd. Ze worden, gevuld met jams, fruit, noten, sauzen enz., als nagerecht, tijdens de *meranda* laat in de middag, of als hapje in een bar gegeten. Ze zijn meestal van boterdeeg en kunnen alle mogelijke vormen hebben: rechthoekig, rond of vierkant.

TARTINA

SOORT HARTIG HAPJE

Tartine zijn kleine, hartige hapjes op basis van *pan carré* of *pane a cassetta* (blz. 295) besmeerd met b.v. boter en ansjovis, kappertjes, gerookte zalm, paté of kaas, of combinaties daarvan. Ze worden gewoonlijk bij de borrel gegeten, vaak in bars.

ZEPPOLA

GEFRITUURDE RING

Deze zuidelijke specialiteit, meestal gemaakt ter viering van de feestdag van San Giuseppe, bestaat uit eieren, gist, 00-bloem (*doppio zero*) en reuzel. Het beslag wordt meestal uit een speciale spuit in een ringvorm (vergelijkbaar met die van de *ciambella*) gespoten en gefrituurd. De *zeppole* worden dan met poedersuiker bestoven of met room gevuld, of in met water verdunde honing gedoopt om ze sappig en absorberend te maken. Mijn moeder maakte een hartige variant met een stukje ansjovis in het midden van de lepel beslag, en dat was erg lekker.

TARALLI UIT PUGLIA

FOCACCIA

VOOR 6-8 PERSONEN

30 G VERSE GIST
CA. 1¾ DL LAUW WATER
500 G 00-BLOEM (DOPPIO ZERO)
2 EETLEPELS OLIJFOLIE, PLUS IETS EXTRA
MESPUNT ZOUT
25 G GROF ZOUT

Deze klassieker uit de Italiaanse keuken heeft oeroude, Romeinse wortels. De Liguriërs namen het als eerste over, en nu is het in heel Italië populair. Het is een kruising tussen pizza en brood, met de toevoeging van olijfolie en grof zout. U kunt er ook kaas, olijven, uien en zelfs zoete ingrediënten bij doen.

Los de gist in het water op. Doe de bloem in een kom en kneed er de olie, opgeloste gist en een mespunt zout door. Voeg zo nodig meer water toe om een heel zacht en glad deeg te maken. Kneed het in ca. 10 minuten elastisch, doe het in een kom en laat het afgedekt op een warme plek ca. 1 uur rijzen of totdat het volume verdubbeld is.

Verwarm de oven voor tot 200 °C (stand 6). Bestrijk een grote bakplaat licht met olie. Sla het deeg door, steek uw vingertoppen in olijfolie en druk het deeg daarmee uit tot de hele bakplaat bedekt is; het moet ca. 2 cm dik zijn. Bestrijk het met olijfolie en maak hier en daar met uw vingers holtes in het deeg. Bestrooi het met grof zout en zet het 25-30 minuten in de oven tot een goudbruine korst is ontstaan. Druppel er nog wat olijfolie over, zodra het uit de oven komt.

Laat het afkoelen en snijd het in vierkanten. U kunt het zo eten of, zoals ze in Genua doen, er met wat *mortadella* een – nog warme – sandwich van maken.

TORTA PASQUALINA

PAASTAART

VOOR 8 PERSONEN

675 G BOTERDEEG
4 EETLEPELS OLIJFOLIE, PLUS IETS EXTRA VOOR DE BAKVORM
2 UIEN, IN DUNNE RINGEN
8 VERSE, ZEER JONGE ARTISJOKHARTEN
6 EIEREN
100 G PARMEZAANSE KAAS
800 G SPINAZIE, GEBLANCHEERD EN GROF GEHAKT
ZOUT EN PEPER

Er zijn waarschijnlijk evenveel versies van deze hartige Ligurische taart, als er Ligurische families zijn. Hij wordt vooral op Tweede Paasdag (Pasquetta) *gegeten, als bijna alle Italianen gaan picknicken.*

Verhit de olie in een pan met dikke bodem en bak de uien tot ze zacht zijn. Voeg de artisjokharten en een glas water toe, doe het deksel op de pan en laat alles zacht smoren.

Verwarm de oven voor tot 180 °C (stand 4) en vet een taartvorm van 25 cm doorsnee in met olie. Rol het deeg uit en bekleed de vorm hiermee.

Klop de eieren lichtjes in een kom, voeg de Parmezaanse kaas, en zout en peper naar smaak toe. Voeg vervolgens de spinazie, de artisjokken en uien toe. Meng alles goed. Vul de taartvorm met dit mengsel en bak de taart 40 minuten in de oven.

FOCCACIA MET VERSCHILLENDE SOORTEN BELEG, WAARONDER OLIJVEN, KAAS EN COURGETTES

CALZONE CON CICORIA E CARCIOFI

CALZONE MET PAARDEBLOEMBLAD EN ARTISJOKKEN

VOOR 4 STUKS

400 G WILD PAARDEBLOEMBLAD, GROF GEHAKT
4-6 KLEINE, JONGE ARTISJOKKEN
4 EETLEPELS OLIJFOLIE
1 UI, FIJNGEHAKT
2 TENEN KNOFLOOK, FIJNGEHAKT
2 RODE CHILIPEPERS, FIJNGEHAKT
3 DL WATER
85 G ONTPITTE GROENE OLIJVEN, FIJNGEHAKT
2 THEELEPELS GEZOUTEN KAPPERTJES, 10 MINUTEN IN WATER GEWEEKT EN UITGELEKT
60 G PECORINO, VERSGERASPT
2 EIEREN
VERSGEMALEN ZWARTE PEPER
OLIJFOLIE

VOOR HET DEEG:
1 THEELEPEL OLIJFOLIE
MESPUNT ZEEZOUT
15 G VERSE GIST
1½ DL LAUW WATER
300 G BLOEM

Deze 'flapjes' zijn een verrukkelijk en voedzaam hapje. Neem er jonge, malse blaadjes van paardebloemen voor die nog niet in bloei staan. Als u niet van de bittere smaak van paardebloemblad houdt, kunt u die door brandnetels of spinazie vervangen. Maar de echte plattelandssmaak krijgt u alleen met paardebloemblad, vind ik.

Doe olie, zout en gist voor het deeg in een kom, voeg lauw water toe en laat de gist al roerend oplossen. Leg de bloem in een hoop op een schoon werkvlak en maak een kuiltje in het midden. Giet beetje bij beetje het gistmengsel in het kuiltje en kneed tot alle vloeistof door de bloem is opgenomen. Kneed er in 8-10 minuten een glad, veerkrachtig deeg van, leg dit in een grote kom en dek het met een doek af. Laat het minstens 1 uur op een warme plek staan, tot het tot driemaal zijn oorspronkelijke omvang is gerezen.

Maak intussen de vulling. Kook de paardebloemblaadjes 5 minuten in water (daarmee verdwijnt iets van de bittere smaak), giet ze af en knijp er het overtollige water uit. Haal de stelen en buitenste blaadjes van de artisjokken (blz. 105) en snijd ze in vieren.

Verhit de olie in een grote pan en fruit ui, knoflook en chilipeper een paar minuten al roerend tot de ui gaar is. Voeg al roerend paardebloemblaadjes, artisjokken en water toe. Doe dan de olijven en kappertjes erbij, roer goed en bak ze 15 minuten mee. De meeste vloeistof moet nu verdampt zijn; alleen de gare groenten zijn vochtig gebleven. Haal de pan van het vuur en laat de inhoud afkoelen. Voeg kaas en peper toe en roer er grondig 1 ei door.

Sla het gerezen deeg door en maak er vier ballen van. Rol die uit tot ovalen van 3 mm dik. Leg aan één kant van elke ovaal een kwart van de vulling. Klop het resterende ei los en bestrijk daarmee de deegranden. Klap het deeg dubbel en druk de randen met een vork aan om ze luchtdicht af te sluiten.

Verhit de olijfolie in een grote, diepe pan en frituur de *calzone* in 3-4 minuten goudbruin. Haal ze eruit, laat ze op keukenpapier uitlekken en dien ze warm of koud op.

CALZONE CON CICORIA E CARCIOFI (ONDER), PASTA CON LE SARDE (LINKSBOVEN, ZIE BLZ. 166) EN ASPARAGI SELVATICI (RECHTSBOVEN, ZIE BLZ. 249)

PIZZETTE MARGHERITA

VOOR 12-16 STUKS

500 G TOMATENPULP (BLZ. 117)
400 G MOZZARELLA, IN DUNNE PLAKJES
1¼ DL OLIJFOLIE (EXTRA VERGINE)
20 BLAADJES BASILICUM
ZOUT EN PEPER

VOOR HET DEEG:

25 G VERSE GIST
2 DL LAUW WATER
500 G 00-BLOEM (DOPPIO ZERO)
3 EETLEPELS OLIJFOLIE (EXTRA VERGINE)
1 THEELEPEL ZOUT
½ THEELEPEL SUIKER

Naar men zegt is deze pizza in 1889 genoemd naar de Italiaanse koningin Margherita; hij werd toen door een Napolitaanse pizzaiolo *voor haar gemaakt. Hoe het ook zij, dit is de allereenvoudigste pizza, en volgens mij de lekkerste.*

Los de gist op in het water. Leg de bloem in een hoop op een werkvlak, maak een kuiltje in het midden en doe daar olie, zout en suiker in. Voeg beetje bij beetje het gistmengsel toe en kneed het deeg met de vingers en de palm van uw hand tot het zacht en zijdeglad is. Doe het in een kom, bestuif het met bloem, dek het af en laat het 1 uur rijzen tot het volume verdubbeld is.

Sla het deeg door, verdeel het in 12 tot 16 stukken, kneed elk stuk nog even en maak er een bal van. Laat ze 15 minuten afgedekt rijzen. Verwarm de oven voor tot 220 °C (stand 7).

Plet elke deegbal een beetje met een deegroller en trek het met uw vingertoppen uit tot een schijf van 10-12½ cm doorsnee. Het deeg moet aan de randen iets dikker zijn. Leg ze op 2-4 ingeoliede bakplaten. Strijk de tomatenpulp over de deegbodems en verdeel er de *mozzarella* over. Bestrooi ze met zout en druppel er de olie over. Zet ze 8-10 minuten in de oven, strooi er de basilicum en wat grofgemalen zwarte peper over en dien ze direct op.

PIZETTE MARGHERITA, RUSTICI (AARDAPPEL-, HAM- EN KAASKROKETJES) EN ARANCINI DI RISO PALERMITANA (ZIE BLZ. 179)

CASATIELLO (LINKS); TORTA RUSTICA DI RICOTTA (RECHTS, ZIE RECEPT OP BLZ. 250)

CASATIELLO

NAPOLITAANS PAASBROOD

VOOR 8 PERSONEN

225 G REUZEL (U KUNT OOK BOTER NEMEN, MAAR REUZEL SMAAKT AUTHENTIEKER)
100 G HARDE PECORINO, GERASPT
100 G PARMEZAANSE KAAS, GERASPT
100 G PROVOLONE, HEEL FIJN GERASPT
100 G NAPOLITAANSE WORST, IN HEEL KLEINE BLOKJES
1 EETLEPEL VERSGEMALEN ZWARTE PEPER, NIET TE FIJN
1 THEELEPEL ZOUT
8 EIEREN

VOOR HET DEEG:
600 G 00-BLOEM (DOPPIO ZERO)
60 G REUZEL
55 G VERSE GIST
2 DL LAUW WATER

Samen met de Pastiera di Grano *(blz. 177) is dit brood onontbeerlijk bij het Napolitaanse paasfeest. Elke familie heeft zijn eigen recept, maar de decoratie is altijd dezelfde: eieren als symbool van Pasen, die voor het bakken in het deeg worden gedrukt. De eieren worden na het bakken gepeld en samen met het meestal ringvormige brood opgegeten.*

Doe de bloem in een kom en wrijf er de reuzel door. Los de gist in het water op, doe het bij de bloem en meng alles goed. Kneed het in 10-15 minuten tot een zacht, zijdeachtig deeg. Leg dit in een kom en laat het onder een doek 2 uur rijzen tot het volume verdubbeld is.

Sla het deeg door en kneed het nog even om luchtbellen kwijt te raken. Plet het tot een rechthoek van ca. 3 cm dik, verdeel er de helft van de reuzel, kaas en worst over en bestrooi dit met de helft van de peper en het zout. Vouw het onderste derde gedeelte naar het midden, vouw er het bovenste derde gedeelte overheen en kneed om de ingrediënten goed te verdelen en er de reuzel doorheen te werken. Maak er weer een platte rechthoek van en herhaal het hele proces. Leg het deeg in een ingevette ringvorm van 25 cm, of leg het in een ring op een ingevette bakplaat. Laat het afgedekt nog eens 2 uur rijzen.

Verwarm de oven voor tot 190 °C (stand 5). Was de eieren en duw ze tot halverwege in het deeg. Zet het brood 1 uur in de oven, haal het eruit en laat het afkoelen. U kunt het een paar dagen bewaren.

Cenci

GEFRITUURDE STRIKKEN

Voor 8-10 personen

- 350 g 00-bloem (doppio zero)
- 45 g zachte boter
- 45 g kristalsuiker
- 1 zakje vanillesuiker
- 2 eieren
- mespunt zout
- 3 eetlepels moscato passito of vin santo
- 200 g poedersuiker
- olijfolie

Dit naar meer smakende gebak is typisch voor de vasten en hoort bij het carnaval, dat 40 dagen voor Pasen gevierd wordt. Cenci *betekent letterlijk 'lompen', en onder deze naam zijn ze in Toscane bekend. Maar met een paar variaties en onder andere namen komt het gebak in alle Italiaanse streken voor. In het zuiden worden ze niet in olijfolie, maar in reuzel gebakken.*

Zeef de bloem in een kom, voeg boter, kristalsuiker, vanillesuiker, eieren, zout en wijn toe, en meng alles tot een tamelijk glad deeg. Laat het afgedekt 1 uur rusten.

Rol het deeg met een deegroller of pastamachine uit tot een dikte van 3 mm. Snijd het met een gekarteld deegwieltje in repen van 15-18 cm lang en 3-4 cm breed en knoop ze allemaal geduldig tot een losse strik. Frituur ze in olijfolie goudbruin (doe dat met een paar tegelijk, zodat ze goed 'zwemmen') en laat ze op keukenpapier uitlekken. Laat ze afkoelen, stapel ze op een schaal en bestrooi ze royaal met poedersuiker. Ze zijn onweerstaanbaar lekker!

Savoiardi

LANGE VINGERS

Voor ca. 400 g

- 6 eieren, geplitst
- 125 g fijne kristalsuiker
- 150 g 00-bloem (doppio zero), gezeefd
- 30 g poedersuiker
- 1½ zakje vanillesuiker
- 25 g gewone kristalsuiker

Voor deze superlichte koekjes kunt u speciale vormpjes kopen, waardoor ze dikker en symmetrischer worden. Maar u kunt ze ook rechtstreeks op de bakplaat spuiten. Ze zijn ideaal voor tiramisu, zuppa inglese *en andere desserts die absorberend gebak vereisen.*

Verwarm de oven voor tot 180 °C (stand 4). Klop de dooiers met de fijne kristalsuiker tot een dikke en schuimige massa. Spatel er beetje bij beetje de bloem door. Klop in een andere kom de eiwitten stijf, zeef er de poedersuiker over en spatel die er voorzichtig maar grondig doorheen. Spatel deze massa samen met de vanillesuiker door het dooiermengsel, maar zorg dat u de lucht daarbij niet uit het mengsel klopt.

Doe het in een spuitzak en spuit het op een beboterde bakplaat tot kleine worstjes van ca. 12 cm lang en 3 cm breed; houd een flinke tussenruimte aan. Bestrooi ze met gewone kristalsuiker en zet ze ca. 18 minuten in de oven. Ze moeten droog en prachtig goudgeel zijn.

Laat ze op een rooster afkoelen en bewaar ze luchtdicht.

STRUFFOLI NAPOLETANI

NAPOLITAANS GEBAK

VOOR 10 STUKS

- 5 EIEREN
- 3 EETLEPELS KRISTALSUIKER
- 500 G BLOEM
- GERASPTE SCHIL VAN 1 CITROEN EN 1 SINAASAPPEL
- MESPUNT ZOUT
- 1 EETLEPEL PURE ALCOHOL (STERKE WODKA KAN OOK)
- 50 G SUKADE (ZIE CEDRO, BLZ. 264), GEHAKT
- OLIE
- 25 G EETBARE ZILVEREN BALLETJES TER VERSIERING

VOOR DE CARAMEL:

- 100 G SUIKER
- 250 G HONING

Klop de eieren met de suiker in een grote kom, en voeg dan beetje bij beetje de bloem toe tot een glad deeg ontstaat. Voeg de citrusrasp, het zout en de alcohol toe. Kneed 3 tot 4 minuten stevig en vorm een bal. Bedek deze met een schone doek en laat het deeg 2 uur op een koele plaats rusten.

Neem kleine stukjes van het deeg en rol deze met uw handen tot worstjes van 1 cm doorsnee. Snijd die in stukjes van ongeveer 1 cm lang. Dit is een nogal moeizaam, en daardoor tijdrovend karwei.

Doe olie tot een hoogte van 2-3 cm in een kleine pan en verwarm dit op middelhoog vuur. Frituur de deegstukjes groepsgewijs tot ze lichtbruin zijn. Laat ze op keukenpapier uitlekken.

Voor de caramel verhit u de suiker en honing, vermengd met 2 eetlepels water, in een pan met dikke bodem, tot de vloeistof helder wordt. Voeg de *struffoli* en de gehakte sukade toe. Roer zorgvuldig tot alle *struffoli* met caramel bedekt zijn. Leg ze in de vorm van een kroon op een schaal, versier ze met (niet te veel) zilveren balletjes en laat ze afkoelen.

BUDINO DI ROSA

ROSA'S PUDDING

VOOR 6 PERSONEN

- 1 LITER MELK
- 300 G SUIKER
- 100 G 00-BLOEM (DOPPIO ZERO)
- 100 G GEMALEN BITTERE CHOCOLADE
- GERASPTE SCHIL VAN 1 CITROEN
- 3 EIERDOOIERS
- 16 SAVOIARDI-KOEKJES (LANGE VINGERS, ZIE VORIGE BLZ.)
- 5 EETLEPELS AMARETTO-LIKEUR

Dit is geen rozenpudding, zoals de naam misschien suggereert, maar een prachtige creatie van Rosa, de pastakoningin van Ristorante Ardenga in Diolo (Emilia-Romagna). Het is een simpel, maar verrukkelijk gerecht.

Doe de melk en 100 g suiker in een pan, en roer er de chocolade en de bloem door. Klop het mengsel glad en breng het al roerend aan de kook. Haal de pan van het vuur, roer er citroenrasp en dooiers door en meng alles grondig.

Meng de likeur in een kommetje met evenveel water. Doop er kort de koekjes in en bekleed daarmee een puddingvorm. Giet er het melkmengsel in en laat het in de koelkast 2-3 uur koud worden en opstijven.

Keer de pudding en stort hem op een schaal (dat gaat makkelijker als u de vorm eerst heel even in heet water houdt).

Los de rest van de suiker in 4 eetlepels water op, en kook het mengsel tot een lichtbruine karamel ontstaat. Giet die over de pudding en laat hem voor het opdienen hard worden.

Budino di Rosa

PRUSSIANI

ZOETE BLADERDEEGKOEKJES

VOOR 24-30 STUKS

500 G BLOEM
MESPUNT ZOUT
KLOMP HARDE BOTER (175 G)
10 GENEREUZE HANDJES SUIKER

Dit is een van die gerechten die zo moeilijk te maken zijn, dat dit zelden thuis gebeurt; het is meer iets als de ultieme bak-uitdaging!

Doe de bloem en het zout met 2½ dl water in een grote kom, en meng dit tot een deeg. Rol dit op een met bloem bestoven werkvlak uit tot een vierkant, dat tweemaal zo groot is als de boterklomp.

Zet de boter midden op één helft van het deeg, vouw de andere helft er overheen en druk de randen aan met een deegroller, zodat de boter luchtdicht verpakt zit. Draai het pakket een kwartslag en rol het uit tot een rechthoek waarvan de lengte drie keer de breedte is. Vouw het onderste derde deel om, en leg hier het bovenste derde deel overheen. Druk de randen opnieuw met de deegroller dicht. Verpak alles losjes in folie en laat het ten minste 1 uur koelen. Herhaal dit draai-, rol-, vouw- en koelproces 4 of 5 keer.

Verwarm de oven voor tot 200 °C (stand 6).

Bestrooi het werkoppervlak met een handjevol suiker, leg er het gekoelde deeg op, en bestrooi dit ook met suiker. Rol het uit tot een vierkant, terwijl u ondertussen met suiker blijft strooien. Vouw het deeg twee keer dubbel. Rol het, al suiker strooiend, opnieuw uit tot een lange rechthoekige lap. Vouw dan deze lap weer dubbel en herhaal het rol- en vouwproces nog een keer. Rol het dan nog een keer tot een rechthoek en vouw deze in de lengte tot een worstvorm. Snijd deze in 1 cm dikke plakken.

Leg de plakken ruim uit elkaar op een bakplaat en zet die 12 minuten in de oven. Draai dan de plakken om en bak ze nog 5 minuten.

SFOGLIATELLE (ZIE RECEPT OP BLZ. 298), PIEPKLEINE BABA'S EN PRUSSIANS

BABA VESUVIO

RUM BABA

VOOR 10-12 PERSONEN

25 G VERSE BIERGIST (OF HET EQUIVALENT IN DROGE VORM)
1 DL LAUWE MELK
300 G 00-BLOEM (DOPPIO ZERO), EN IETS EXTRA VOOR HET BESTUIVEN
MESPUNT ZOUT
85 G SUIKER
100 G GESMOLTEN BOTER, PLUS IETS EXTRA VOOR HET INVETTEN
1 EETLEPEL CITROENSCHIL, GERASPT
5 EIEREN
5 EETLEPELS ABRIKOZENJAM, VERWARMD

VOOR DE SIROOP:
250 G KRISTALSUIKER
1 SINAASAPPELSCHIL, GERASPT
3 DL DONKERE RUM

Dit dessert dateert nog uit de Franse bezettingstijd. Het vinden van een bakvorm voor een grote baba in de vorm van de Vesuvius (als hierboven) was nogal moeilijk, maar u kunt dit symbool van Napels natuurlijk in elk (kegelvormig) ovenblik maken. Babas worden meestal in een ringvorm gebakken en gevuld met fruit en siroop opgediend.

Los in een grote kom de gist op in de melk, en voeg beetje bij beetje bloem, zout en suiker toe. Meng alles goed. Voeg de boter en de citroenschil toe. Meng nogmaals goed. Voeg één voor één de eieren toe en kneed alles tot een glad deeg. Bedek dit met een doek en laat het op een warme plek 2 uur rijzen tot het is verdubbelt in omvang.

Sla de lucht uit het gerezen deeg. Beboter de vorm en bestuif die met bloem. Leg het deeg erin; de vorm mag voor driekwart gevuld zijn. Laat het deeg vervolgens tot de bovenkant van de vorm verder rijzen.

Verwarm de oven voor tot 200 °C (stand 6) en bak de baba 40 minuten. Maak ondertussen de siroop: doe de suiker met 6 dl water en de sinaasappelschil in een pan. Breng dit aan de kook, haal de pan van het vuur en roer er de rum door.

Haal de baba uit de oven en giet er meteen de helft van de siroop over. Laat dit goed intrekken en giet dan de rest van de siroop over de baba.

Zet de baba op een schaal en bestrijk hem met de abrikozenjam. Laat hem voor het opdienen even koud worden.

WIJNEN & LIKEUREN

VINI, LIQUORI E BEVANDE

ALCOL / PURE ALCOHOL In Italië is voor culinaire doeleinden (vooral voor het maken van likeur en het conserveren van fruit) zuivere alcohol verkrijgbaar. De alcohol komt meestal van druiven, maar soms ook van ander fruit en is tot de hoogst haalbare zuiverheidsgraad (95%) gedistilleerd. De vloeistof is doorzichtig en smaakloos en vanwege zijn hoge brandgevaar nogal gevaarlijk.

AMARETTO Dit is een typisch Italiaanse likeur. Vooral dames nemen er na de maaltijd graag een glaasje van. Evenals de gelijknamige koekjes, is deze drank gebaseerd op bittere amandelen, maar hij bevat ook andere vruchtenessences en geurige kruiden. De bittere smaak maakt de likeur bruikbaar voor toevoeging aan nagerechten, vruchtensalades, pudding en cocktails.

AMARO / BITTER
Een amaro (letterlijk 'bitter') is een bijzonder populair *digestivo* in Italië. *Amari* worden gemaakt van aftreksels van kruiden met toevoeging van alcohol en suiker. Ze worden in kleine hoeveelheden na de maaltijd gedronken om de spijsvertering te bevorderen, maar sommige soorten worden ook als aperitief (zie Aperitivo) gedronken of, gemengd met heet water, als kalmerende drank gebruikt. De bekendste *amari* zijn Fernet, Amaro Lucano, Amaro Averna, Amaro Varvelli en Centerbe ('honderd kruiden').

AMARONE DOC Deze donkere, robijnrode wijn komt uit het Valpantena in de Veneto. Er zijn twee heel bekende soorten, allebei op basis van Recioto della Valpolicella (zie Valpolicella) van Corvina Veronese-, Rondinella- en Molinara-druiven. De eerste, het meest bekend als Reciota della Valpolicella Amabile, is een fluweelzachte, halfzoete rode wijn met een hoog alcoholpercentage, omdat hij van gedroogde druiven is gemaakt. De andere, droge wijn smaakt goed bij gebraden vlees en pittige kaas.

ANISETTA Deze likeur, met dezelfde herkomst als de ouzo van tegenwoordig, komt waarschijnlijk oorspronkelijk uit Griekenland. Hij wordt vooral in Zuid-Italie gedronken en dan, met name in Napels, aangelengd met water. Op Sicilië gaat vaak een scheutje in de espresso. De drank, gemaakt van een aftreksel van steranijs met alcohol en suiker, wordt ook als smaakstof in gebak gebruikt.

APERITIVA / APERITIEF
Het woord komt van het Latijnse *aperire* (openen) en slaat meestal op een alcoholische drank die vóór de maaltijd wordt gedronken om de eetlust op te wekken. Tegenwoordig is een aperitief meestal het begin van een feestmaaltijd of een simpel etentje met vrienden.

Rond het middaguur worden *aperitivi* in de vele Italiaanse bars gedronken. 's Zomers worden ze vaak met (spuit)water verdund om er een verfrissende drank van te maken. Een apertief is meestal gebaseerd op stimulerende kruiden en heeft vaak een opvallend kleur, zoals Campari. Andere bekende aperitieven zijn Americano, Cordiale en Cynar (gebaseerd op artisjokken). Een bepaalde groep aperitieven is gebaseerd op wijn, met toevoeging van wat alcohol en kruidenaftreksels. Vermout is een van de bekendste, met Cinzano en Martini als beroemdste merken. Deze wijnen, die droog maar ook zoet kunnen zijn (zowel wit als rood), worden opgediend met ijs of met spuitwater verdund, maar ze worden ook gebruikt voor cocktails als negroni's of martini's.
Voorts bestaat er een hele reeks aperitieven zonder alcohol (*aperitivi analcolici*). Deze kruidenaftreksels met een kleurstof worden met spuitwater verdund. Als u er een in een bar wilt bestellen, vraag dan gewoon: '*Un analcolico per favore.*'

AQUA VITE, ZIE GRAPPA

ARNEIS DOC Deze droge witte wijn uit Piemonte wordt in de streek van Roero bij Alba gemaakt van de Arneis-druif. Hij heeft een heel intens bouquet en wordt vaak als aperitief gedronken, maar is ook lekker bij *antipasti*.

BARBARESCO DOCG Dit is een van de populairste rode wijnen uit Piemonte. Maar weinig Italiaanse wijnen hebben een DOCG; in dit geval betekent het dat de wijn afkomstig moet zijn uit een klein gebied in Zuid-Piemonte, namelijk de steden Barbaresco, Neive en Treiso in de buurt van Alba. De wijn heeft een minimaal alcoholpercentage van 12%, een granaatrode kleur, oranje toetsen en een diepe, aangename geur. De smaak is evenwichtig, droog en fluweelzacht. Barbaresco past goed bij wild en alle soorten gebraden en gegrilleerd rood vlees. Een *riserva* moet minstens 4 jaar gerijpt hebben.

BARBERA DOC Dit is een andere klassieke wijn uit Piemonte, die alleen daar gemaakt mag worden. De gelijknamige druif brengt een robijnrode wijn voort, die als een goede tafelwijn wordt beschouwd en door iedereen in Piemonte wordt gedronken. Drie streken strijden om de eer van de beste Barbera: Asti, Alba en Monferrato. De Barbera d'Asti bevat uitsluitend Barbera-druiven, de Barbera d'Alba kan een klein percentage Nebbiolo-druiven bevatten en in de Barbera del Monferrato zitten o.a. Freisa-, Grignolino- en Dolcetto-druiven. Er zijn diverse kwaliteiten Barbera; van de normale, die soms heel grof kan zijn, tot de beste die minstens 2 jaar gerijpt heeft. Hij wordt gedronken bij alle Piemontese gerechten; vooral bij Bagna Caôda en gerechten met polenta. Er bestaat ook een droge, mousserende versie, die 's zomers licht gekoeld verrukkelijk is.

BARDOLINO DOC Deze wijn komt uit de buurt van het Gardameer, rond Bardolino in de Veneto. Het is een lichte, robijnrode wijn, die op jonge leeftijd nogal roze is. Hij bevat maximaal 12% alcohol en is samen met de Valpolicella de meest geëxporteerde Italiaanse wijn. Bardolino, Valpolicella en Chianti waren zelfs de drie eerste Italiaanse wijnen die succesvol geëxporteerd zijn.

BAROLO DOCG Dit wordt vaak de 'koning van de Italiaanse wijnen' genoemd. Barolo wordt vooral gemaakt van Nebbiolo-druiven uit de Piemontese streken Barolo, Castiglione Falletto, Serralunga d'Alba, Cherasco, Diano d'Alba, Grinzane Cavour, La Morra, Monforte d'Alba, Novello, Roddi en Verduno. De wijn wordt serieus geanalyseerd en beoordeeld voordat hij op de markt komt, ter bescherming van zijn grote reputatie in binnen- en buitenland als een van de beste Italiaanse wijnen. Het is een heel zware, droge, fluweelzachte en evenwichtige wijn met een dieprode kleur en een bouquet van rozen en viooltjes, die bij speciale gelegenheden gedronken wordt.

Een *riserva* moet minstens 5 jaar oud zijn; de normale versie eist minimaal 3 jaar rijping, gerekend vanaf de januari na de oogst. Barolo Chinato is een aperitief met een beetje kinine (zie Vino Chinato). Een goede Barolo past bij alle traditionele vleesgerechten, zoals wild (hert en fazant), rood vlees, haas e.d. In de keuken wordt de wijn vooral gebruikt voor Brasato al Barolo: rundvlees dat lang in deze wijn gestoofd wordt.

BRUNELLO DI MONTALCINO DOCG Op een hoogte van 600-700 meter beheerst de Toscaanse stad Montalcino een wijnstreek die volledig lijkt bloot te staan aan de zon. Brunello is een van de grote Italiaanse wijnen en de *Cooperativa dei Coltivatori di Brunello* zorgt dat alle wijnen hun naam eer aandoen. Elk jaar presenteren de producenten de nieuwe oogst aan de nationale pers; het is opmerkelijk hoe elke Brunello-producent bereid is om de reputatie van de wijn tot op de barricaden te verdedigen. De Sangiovese Grosso-druif brengt een heel aristocratische wijn voort die wel vijftig jaar houdbaar is.

Vanwege de zorg die eraan besteed wordt en de hoge (en waardevolle) reputatie wordt de wijn alleen in de beste jaren gemaakt; als de kwaliteit niet goed genoeg is, wordt het jaar overgeslagen. De wijn is pas na minstens 4 jaar verkoopbaar; daarvan heeft hij 3 jaar op houten vaten gerijpt. Een 5 jaar gerijpte Brunello mag het etiket *riserva* dragen. De wijn is ideaal en uitmuntend bij alle soorten gebraden en gegrilleerd vlees, met name bij de in de streek veel voorkomende wilde zwijnen.

CABERNET DI PRAMAGGIORE DOC Deze schitterende, diep-robijnrode wijn komt uit Venetië, Treviso en Pordenone. Met een alcoholpercentage van minimaal 11% past deze zachte droge wijn voortreffelijk bij lichte vleesgerechten. De Franse druivenrassen Cabernet Sauvignon en Franc zijn pas sinds kort in Italië geïntroduceerd, maar vormen nu al de ruggengraat van veel uitstekende, moderne Italiaanse wijnen.

CAMPARI Dit wereldberoemde aperitief wordt gemaakt van kruidenaftreksels, alcohol (18%), suiker, water en een kenmerkende rode kleurstof. Drink het koud, vermengd met spuitwater of sinaasappelsap. Er worden ook sorbets van gemaakt, bijvoorbeeld met passievruchten.

CANARINO Deze 'kanarie' is de simpelst mogelijke drank: heet water met citroenschil. Canarino is heel rustgevend en uitstekend voor de spijsvertering. Het wordt veel gedronken door mensen die geen koffie of thee mogen hebben.

CANNONAU DOC
Deze bekende, volle, robijnrode wijn uit Sardinië bestaat in twee versies: droog of halfzoet. De Cannonau-druif kan laat worden geoogst, of zelfs op matten gedroogd, in welk geval het alcoholpercentage kan stijgen en een droge of halfzoete (*amabile*) dessertwijn ontstaat. Gewone Cannonau is heerlijk bij gegrilleerd vlees.

CAREMA DOC
Vaak geeft een dorp of stad waar bepaalde druiven groeien, zijn naam aan de wijn daarvan. Carema is een bijzonder schilderachtig dorpje omringd door indrukwekkende wijngaarden in de heuvelachtige streek van het Piemontese Aostadal. Het gebied ligt een groot deel van de dag in de zon en daarvan profiteert de Nebbiolo-druif op de steile terrassen volop. De wijn is al sinds de 16de eeuw bekend en men zegt dat Napoleon op zijn doortocht door Piemonte bijzonder van deze voortreffelijke, droge, granaatrode wijn genoten heeft. Met een minimum alcoholpercentage van 12% en een fluweelzacht bouquet smaakt deze wijn heel goed bij de plaatselijke gerechten gebaseerd op rundvlees, kalfsvlees en wild.

CARTIZZE, PROSECCO DOC
Deze bijzonder modieuze witte wijn uit de Veneto komt van de Prosecco-druif die rond Conegliano in de buurt van Treviso groeit. Van deze druif worden twee soorten witte wijn gemaakt. De licht mousserende *frizzante* ontstaat door natuurlijke fermentatie en kan droog of halfzoet zijn. De strogele *spumante* (vooral de Superiore di Cartizze) is eveneens droog of *amabile* (halfzoet), maar tevens aangenaam fruitig. Cartizze wordt meestal in een hoge glazen kruik gedecanteerd om hem minder te laten bruisen! Een van de populairste zomerse dranken die met deze wijn gemaakt worden, is de Bellini-cocktail: een Venetiaanse specialiteit waarvoor de wijn gemengd wordt met vers perzikensap.

CENTERBE, ZIE AMARO

CHIANTI DOCG Dit is na de Barolo waarschijnlijk de bekendste Italiaanse wijn. Toscane maakt deze wijn al vele eeuwen; de bedrijven Frescobaldi en Antinori kunnen allebei op een productietraditie van meer dan 600 jaar bogen. Al die tijd is de wijn gemaakt van Sangiovese- en Canaiolo Nero-druiven. In de afgelopen eeuw heeft de Chianti-streek, gesteund door wetgeving, een ingewikkeld proces doorgemaakt om de kwaliteit en goede naam te handhaven. De tijd dat u een vreemde rode vloeistof in een traditionele, met raffia omwikkelde *fiasco* kocht, is allang voorbij, hoewel sommige bedrijven hun sterk verbeterde wijnen nog steeds in deze kenmerkende flessen, die over de hele wereld de wanden van Italiaanse restaurants sieren, bottelen. De betere Chianti gaat tegenwoordig in normale flessen en mag alleen de DOCG-status voeren als hij aan strenge en ingewikkelde voorschriften voldoet.

CINQUE TERRE DOC
Pas sinds kort bestaan er wegen naar de stadjes Monterosso, Vernazza en Rio Maggiore, waar de beroemde Cinque Terre en Cinque Terre Sciacchetra worden gemaakt. Sommige van de wijngaarden, die in dit hoekje van Ligurië prachtig in de zon liggen en zich uitstrekken tot aan La Spezia, zijn nog steeds alleen per boot bereikbaar. Omdat de terrassen met de wijnstokken heel steil zijn, moet het meeste werk met de hand en klimmend gedaan worden. Het resultaat is een verfijnde witte wijn van Bosco-, Albarola- en Vermentino-druiven. Cinque Terre bevat 11% alcohol, heeft een strogele kleur en smaakt droog, prettig en verfijnd. De wijn past uitstekend bij de visspecialiteiten van de Ligurische kust. Cinque Terre Sciacchetra is een ideale, amberkleurige dessertwijn van dezelfde druiven; deze zijn echter kort op matten gedroogd, zodat een hoger alcoholpercentage ontstaat maar de wijn toch zoet blijft.

CINZANO, ZIE MARTINI

DOC & DOCG De Italiaanse equivalent van de Franse *AC* (*Appellation Controlé*) is de *Denominazione di Origine Controllata*; de extra G staat voor *Garantita*. Pas in 1966 vaardigde de Italiaanse regering wetten uit om de voorheen chaotische productie en classificatie van Italiaanse wijnen te regelen. Italië is kwantitatief de grootste wijnproducent ter wereld, maar kwalitatief is het land heel lang als de producent van simpele wijnen beschouwd (met enkele uitzonderingen). Toch heeft Italië misschien wel de grootste variatie aan grondsoorten, klimaten en druivenrassen van alle wijnproducerende landen. Slechts weinig producenten met een vooruitziende blik keken mee over de schouders van hun Franse neven, die veel ervaring hadden met de productie van uitzonderlijke wijnen. Dankzij hen is de laatste dertig jaar zo veel verbeterd, dat de Italianen nu kunnen bogen op volmaakt geproduceerde wijnen die de beste ter wereld naar de kroon steken. De combinatie van nieuwe wetten en privé-initiatief heeft gezorgd voor een hele nieuwe generatie wijnen, zoals die van Tignanello, Sassicaia en Solaia.

De aanduiding DOCG is bestemd voor wijnen die uitsluitend gemaakt worden van druiven uit een heel klein, afgebakend gebied. Van de meer dan 300 DOC-wijnen hebben er slechts veertien de DOCG-status bereikt. Opvallend is echter dat een paar Italiaanse topwijnen als Tignanello, Sassicaia en Solaia geen DOC-classificatie hebben, maar de simpele aanduiding *vino da tavola* (tafelwijn).

ERBALUCE DOC Deze verfijnde witte wijn, waarvan allerlei versies bestaan, komt uit Canavese, in de buurt van Turijn, en uit Vercilli in het Piemontese Aostadal. Erbaluce Caluso is droog en strogeel. Met zijn fijne geur is deze wijn heel geschikt bij vis en andere verfijnde gerechten. Ook de Caluso Passito wordt van Erbaluce-druiven gemaakt, maar die worden na de oogst gedroogd om het natuurlijke suikergehalte te verhogen. Dan ontstaat een mooie aperitiefwijn met een donkere amberkleur en 13%-14% alcohol. De derde soort (Caluso Passito Liquoroso) wordt met alcohol versterkt en is een ideale dessertwijn.

FERNET, ZIE AMARO

FIANO DI AVELLINO DOC
Uit de omgeving van Avellino in het hart van Campanië komt deze opmerkelijke witte wijn, die al bij de oude Romeinen bekend was. De Fiano-druiven geven een droge, strogele wijn met een kenmerkend diep bouquet. Hij past uitstekend bij alle mogelijke gerechten, verfijnde en minder verfijnde. Het is een robuuste witte wijn met een uitgesproken smaak van een heel vruchtbare, vulkanische grond.

FRANCIACORTA DOC Deze naam wordt gegeven aan vier wijnen uit Brescia in Lombardije. De Bianco (wit) en Spumante (mousserend) worden gemaakt van een mengsel van Pinot Bianco-, Grigio-, Nero- en Chardonnay-druiven. Voor deze zachte, delicate wijnen met een intens bouquet is een minimum aclcoholpercentage van 11% vereist. De Rosato Spumante (mousserende rosé) bevat ook enkele Pinot Bianco-, Chardonnay- en Pinot Nero-druiven, die er een heel geurige, zomerse wijn van maken. De Rosso (rood) wordt gemaakt van Cabernet Franc- en Nebbiolo- of Barbera-druiven. Deze droge en prachtig rode wijn, die mettertijd meer granaatrood wordt, is licht (minimaal 11% alcohol) en lekker bij de plaatselijke vlees- en kaasgerechten.

FRASCATI DOC Uit de streek ten zuidoosten van Rome, rond de stad Frascati, komt deze zeer bekende witte wijn, die vroeger graag door de Romeinse clerus en adel gedronken werd. De wijn uit de heuvels bij Rome (Castelli Romani) is een mengsel van Malvasia Bianca- en Trebbiano Toscano-druiven. De soorten *amabile* (halfzoet) en *dolce* (zoet), waar de Romeinen zo van houden, worden gemaakt door toevoeging van geconcentreerde most om het suikergehalte te verhogen. De *secco* (droog) bevat minimaal 11% alcohol en past volgens velen het best bij Romeinse gerechten als Porchetta (blz. 80). Voor zo'n zwaar gerecht is een Frascati Superiore (minimaal 12% alcohol) echter misschien geschikter.

GATTINARA DOC De streek rond Vercilli in Piemonte is het bekendst om zijn rijstbouw, maar waar de zonnige heuvels van het noorden langzaam overgaan in de eerste Alpenhellingen vindt u de Gattinara, een voortreffelijke, granaatrode wijn van de Nebbiolo-druif, dezelfde waarvan de Barolo wordt gemaakt. Het is een droge, haast bittere wijn die voortreffelijk past bij wildgerechten, vooral haas en wild zwijn.

GAVI (CORTESE DI GAVI) DOC Deze mooie, strogele Piemontese wijn wordt bijna op de grens met Ligurië gemaakt. In de zonnige, vruchtbare heuvels rond de stad Gavi groeit de Cortese-druif. Deze brengt een frisse, aangename witte wijn voort, die ook geschikt is om er een mousserende versie van te maken. Gavi is een zeer populaire wijn, vooral bij *antipasti* en voorgerechten.

GENEPY Deze likeur uit het Aosta-dal wordt gemaakt door plaatselijke kruiden, vooral *gentiaan*, in alcohol te laten trekken en met suiker en water te mengen. Er is doorzichtige en een groene Genepy, die allebei minstens 40% alcohol bevatten. Het is een heerlijke *digestivo* en verwarmend winterdrankje, vooral na het skiën.

GRAPPA, AQUA VITE
Acqua Vite Grappa is voor de Italianen, vooral die in het noorden, wat whisky is voor de Schotten. Het wordt zowel thuis als in fabrieken gemaakt. De beste grappa is een distillaat van de resten die na het persen van druiven overblijven: de pitjes, steeltjes en schilletjes; deze is heel geurig. Er zijn grappa's van geselecteerde druivenrassen die bijvoorbeeld naar Muscaat, Barolo of Chianti smaken. Grappa wordt op kamertemperatuur als *digestivo* gedronken. Sommige mensen doen een paar druppels grappa in hun espresso; dat heet een *corretto* (gecorrigeerd).

GRECO DI TUFO DOC
Deze wijn van Greco-druiven komt uit de buurt van Avellino, waar ook de Fiano vandaan komt. Het is een van de populairste wijnen uit Campanië. De wijn is goudgeel, zacht en droog, en lekker bij verfijnde gerechten met vis en wit vlees.

GUTTURNIO COLLI PIACENTINI DOC Uit de zeer vruchtbare en zonnige heuvels rond Piacenza in Emilia-Romagna komt deze voortreffelijke droge rode wijn, die wordt gemaakt van Barbera- en Bonarda-druiven. Als niet alle suikers in alcohol zijn omgezet, kan de wijn halfzoet zijn.

LACRYMA CHRISTI DEL VESUVIO DOC Het gebied rond de Vesuvius heeft vruchtbare, vulkanische grond waarop de Coda di Volpe- en Verdeca-druiven, die de Vesuvio Bianco-wijn voortbrengen, het goed doen. Als die wijn op een natuurlijke manier minimaal 12% alcohol bevat, mag hij Lacryma Christi ('traan van Christus') heten. Deze voortreffelijke droge, lichtgele Napolitaanse wijn met een niet te lage zuurgraad is ideaal bij de lichte streekgerechten. De Vesuvio Rosso (dieprood) en Rosato (rosé) komen van de plaatselijke Piedi Rosso- en Sciascinoso-druiven. Ook zij mogen bij een minimum alcoholgehalte van 12% Lacryma Christi heten.

LAMBRUSCO DI SORBARA
Voor de bewoners van Emilia-Romagna is lambrusco zo compact, dat deze wijn tegelijk gegeten en gedronken moet worden. Dat geldt voor de echte lambrusco, die in deze streek gemaakt wordt van de Lambrusco di Sorbara- en de Lambrusco Salomino-druiven, die groeien in de buurt van Modena. Hoewel de wijn maar 11% alcohol bevat, smaakt hij zeer intens en compact. Lambrusco bruist van nature een beetje, heeft een bijzonder donkerrode, bijna paarse kleur en een heel aangenaam bouquet. De wijn, die naar fruit smaakt, is verrukkelijk bij allerlei varkensvlees- en eendgerechten uit de streek, maar ook bij andere, niet te lichte streekgerechten. Andere soorten lambrusco worden van iets andere druivenrassen gemaakt, maar hebben dezelfde eigenschappen; de Lambrusco Grasparossa, Lambrusco Reggiano en Lambrusco Salamino di Santa Croce zijn het bekendst. De wijn is slecht vervoerbaar en u kunt hem dus het beste ter plaatse drinken.

LOCOROTONDO DOC
Deze vriendelijke witte wijn, afkomstig uit de buurt van Alberobello (Puglia), heeft een aangenaam bouquet en smaakt verfijnd droog. De typisch Pugliese wijn wordt gemaakt van de Verdeca- en Bianco d'Alessano-druiven. Het is een echte zomerwijn, die goed past bij de plaatselijke visgerechten.

MALVASIA DOC Diverse wijnen heten 'malvasia', meestal gevolgd door de naam van de streek waaruit ze afkomstig zijn. Die uit Piemonte zijn rood, niet erg alcoholrijk en licht mousserend dankzij het gebruik van druivenrassen als Freisa en Barbera of Grignolino. Malvasia di Casoro en Malvasia di Castelnuovo don Bosco zijn de beste vertegenwoordigers van deze wijn. De andere komen van Sicilië en Sardinië en zijn heel anders van aard. De Malvasia delle Lipari, van het gelijknamige eiland, wordt gemaakt van goudgele, geurige druiven. Na droging krijgen die een amberkleur; de wijn die daarvan gemaakt wordt, Passito, heeft een hoog alcoholpercentage en is nog steeds zoet. De Sardijnse wijn uit Cagliari is vergelijkbaar, maar heeft een stro- tot goudgele kleur. Weer een andere soort, *liquoroso*, wordt met alcohol tot 17% versterkt, maar bevat veel restsuiker zodat een verfijnde maar pittige dessertwijn ontstaat waarbij droge koekjes en gebak worden opgediend.

MARASCHINO Deze likeur van Marasca-kersen (morellen) komt oorspronkelijk uit Dalmatië. De Italianen hebben hem vooral overgenomen als ingrediënt van fruitsalades, cocktails en gebak. De likeur is zoet, smaakt licht naar amandelen en wordt vooral gemaakt in de Veneto, waar de kersen een langdurig procédé van uitpersen, fermentatie en distillatie ondergaan.

MARSALA DOC Marsala is genoemd naar de stad waar de meeste kelders te vinden zijn; het is misschien wel de beroemdste Siciliaanse wijn. Hij wordt in de buurt van Trapani gemaakt van Catarrato-, Pignatello-, Nerello-, Calabrese- en Grillo-druiven. Afhankelijk van het alcohol- en suikergehalte zijn er drie soorten. Ook de rijping heeft invloed op de soort, evenals de wettelijk toegestane toevoeging van gekookte most vóór de vergisting. De Marsala Fino bevat minimaal 17% alcohol en moet 1 jaar rijpen. De Marasala Superiore bevat minimaal 18% alcohol; de ondersoort Ambra bevat daarnaast 1% most, terwijl de ondersoorten Oro en Rubino minstens 2 jaar moeten rijpen en geen most mogen bevatten. De Marsala Vergine bevat 18% alcohol en heeft 4 jaar gerijpt. De kwaliteit ervan wordt alleen overtroffen door de Marsala Vergine Stravecchio of Riserva, die 5 jaar oud is. De zoetheid varieert met het toegestane gehalte aan extra most of alcohol. De wijn wordt in de keuken veel gebruikt, bijvoorbeeld in de beroemde *zabaglione*. *Scaloppine al marsala* is een ander klassiek-Italiaans gerecht.

Droge, oude marsala raakt tegenwoordig weer in de mode als aperitief, of als wijn voor na de maaltijd.

MARTINI Dit is de naam van een Piemontese familie die in 1863 vermout begon te maken. Het bedrijf bleef groeien, fuseerde met dat van Rossi en is tegenwoordig de bekendste vermout-producent; niet alleen van de bekende rode, witte en droge, maar ook van onder andere droge en zoete mousserende wijnen en apertiefwijnen als China Martini. Martini-vermout wordt over de hele wereld in allerlei drankjes en cocktails gemixt, maar is ook een veelgebruikt ingrediënt voor gerechten, bijvoorbeeld in het paddestoelengerecht Finferli al Liquore (blz. 201). De andere, iets minder bekende producent van vermout op de wereldmarkt is Cinzano.

MERLOT DI PRAMAGGIORE DOC Deze verrukkelijke, rood-tot-granaatkleurige wijn wordt gemaakt van bijna uitsluitend Merlot-druiven. Pramaggiore, in de buurt van Venetië, is de belangrijkste streek van herkomst. De wijn is droog met een diep bouquet en een evenwichtige smaak. Dankzij het alcoholpercentage van 11,5% is hij makkelijk drinkbaar, vooral bij gebraden vlees en lichte wildgerechten.

MONICA DI CAGLIARI DOC Deze dieprode, Sardijnse wijn van het gelijknamige druivenras, is een zeldzame dessertwijn die uitmuntend past bij het plaatselijke zoete amandelgebak. Hij moet minstens 1 jaar rijpen, voordat hij gedronken kan worden.

MONTEPULCIANO D'ABRUZZO DOC Deze voortreffelijke, droge rode wijn, afkomstig uit de streken rond Chieti Aquila, Pescara en Teramo, is heel representatief voor de Abruzzen. Hij komt van de Montepulciano-druif, is kersenrood van kleur en heeft en aangenaam bouquet. Drink deze hoogst interessante wijn jong bij *antipasti*.

MOSCADELLO DI MONTALCINO DOC Deze zeer gewaardeerde dessertwijn wordt gemaakt van Moscato-druiven, die op de zonnige heuvels rond Montalcino groeien. De strogele wijn is er in twee versies: de zoete met maar 10.5% alcohol, die heerlijk verfijnd en geurig is, en de *liquoroso*, die tot een alcoholpercentage van 19% versterkt wordt. Het is een ideale dessertwijn bij *Cantucci* (blz. 290) en ander gebak uit de streek.

MOSCATO DOC Ik kan wel zeggen dat ik met deze wijn ben opgegroeid; als kind dronk ik vaak de versgeperste most – met 'dramatische' gevolgen! Vooral in Piemonte, waar ik ben opgegroeid, bestaan minstens tien soorten, al naargelang de streek waar de wijn vandaan komt. De belangrijkste is Asti, gevolgd door Cuneo en Alessandria. De Moscato-druif brengt een heel smakelijke wijn voort die als Moscato d'Asti op de markt komt. De beroemde mousserende versie heet Asti Spumante. De Moscato Naturale d'Asti is niet mousserend, maar heeft een heel geliefde, natuurlijke muskaatsmaak. Het is bij uitstek een dessertwijn; omdat hij erg licht is, smaakt hij heerlijk na een lange maaltijd.

NEBBIOLO D'ALBA DOC De Nebbiolo-druif ontleent zijn naam aan de mist (*nebbia*) die in de herfst de heuvels van Piemonte bedekt. De druif groeit op de heuvels van Alba en Langhe, in de buurt van Cuneo, dat beroemd is om zijn witte truffels. Alhoewel de Nebbiolo-druif de vader is van beroemde wijnen als Barolo, Barbaresco en Carema, zorgt hij ook op zichzelf voor een goede wijn.

NOCINO Deze likeur, een specialiteit uit Modena, is gebaseerd op onrijpe walnoten die traditioneel rond 24 juni worden geplukt. De noten worden in vieren gesneden en 40 dagen in een mengsel van alcohol, suiker, kaneel en kruidnagels gelegd, totdat de vloeistof donkerbruin is geworden: een volmaakte *digestivo*. Nocino wordt tegenwoordig bijna overal in Italië gemaakt; vanwege de eenvoudige bereidingswijze ook veel thuis.

NURAGUS DO CAGLIARI DOC Deze plezierige droge, witte Sardijnse wijn wordt rond Cagliari gemaakt van de gelijknamige druif. Met zijn licht-strogele kleur en aangename bouquet is de wijn vooral geschikt voor bij visgerechten.

ORVIETO DOC Deze wijn was eeuwenlang de vaste gast op de tafels van pausen. Hij wordt rond Orvieto in Zuid-Umbrië gemaakt van Trebbiano-, Verdello-, Grechetto- en Malvasiadruiven en kan, afhankelijk van de samenstelling, droog (*secco*) of halfzoet (*abboccato*) zijn. Orvieto is strogeel van kleur en heeft een verfijnde smaak. Serveer de wijn als aperitief, bij *antipasti* of een licht voorgerecht.

PASSITO Deze term slaat op een wijn die gemaakt is van druiven die eerst gedroogd zijn: aan de plant, in droog- kamers of op stromatten. De natuurlijk suikers worden daardoor geconcentreerd, waardoor zware, meestal zoete dessertwijnen ontstaan.

PROSECCO, ZIE CARTIZZE

ROSOLIO Deze ouderwetse 'dameslikeur', gebaseerd op aangezoete alcohol met smaakstoffen uit rozenblaadjes, aardbeien en dergelijke, is een heel aangename drank die tegenwoordig weer in de mode komt. Het is een mild besluit van de maaltijd.

SABA, SAPA, VINO COTTO *Saba* is de vloeistof die ontstaat als de versgeperste most van Sangiovese di Romagna-druiven tot een kwart van zijn volume wordt ingekookt. Deze dikke, donkere vloeistof wordt vooral gebruikt voor de productie van de beroemde balsamico-azijn. Soms wordt hij ook aangelengd met water als drank opgediend, of in bepaalde gebaksoorten verwerkt. Iets dergelijks bestaat in Puglia, waar het *vino cotto* (gekookte wijn) heet; de Sapa van Sardinië komt van een wit druivenras. Als jongen goot ik het wel eens op een sneeuwbal voor een snelle sorbet.

SALICE SALENTINO DOC Uit de buurt van Lecce, diep in Puglia, komt deze opgewekte wijn, die in twee versies bestaat: de rode en de zeldzame rosé. Zoals van een echte Pugliese rode wijn verwacht mag worden, gaat de droogte ervan gepaard met een alcoholgehalte van 12,5%. De rosé is milder en heeft een lang talmend, verfijnd bouquet; heerlijk om op een zomerdag bij gebraden of gegrilleerd vlees, of bij gebakken groenten uit de streek te drinken.

SAMBUCA Deze typisch Midden-Italiaanse likeur is op steranijs gebaseerd. In Italiaanse restaurants is deze likeur geliefd vanwege het koffieboontje dat er in hoort, en omdat sambuca er vaak wordt aangestoken. Dat laatste is meer een geintje; het heeft geen effect op de smaak.

Sangiovese di Romagna DOC Deze wijn wordt gemaakt van de Sangiovese-druif, die in een heel groot deel van Emilia-Romagna (rond Forli, Ravenna en Bologna) groeit. De robijnrode wijn is pittig, droog en evenwichtig en lekker bij lasagne. Na 2 jaar rijping mag de wijn *riserva* worden genoemd.

Sassicaia, Solaia, Tignanello (Vini da Tavola) Deze wijnen komen, samen met enkele andere bijzondere soorten, uit precies hetzelfde gebied: Tenuta San Cristina in het Toscaanse Val di Pesa. Ze ontstonden toen enkele decennia geleden in Italië de allermodernste wijntechnologie geïntroduceerd werd. Door Cabernet Sauvignon-, Sangiovese- en Cabernet Franc-druiven voor elke wijn in een andere samenstelling te gebruiken, de wijnstokken een uitmuntende verzorging te geven, de beste vinificatiemethoden te gebruiken en de wijn net als in Frankrijk op *barriques* (kleine houten vaten) te laten rijpen, ontstonden drie Italiaanse topwijnen. Ze doen niet mee aan het gebruikelijke DOC-systeem – heten zelfs gewoon 'Toscaanse tafelwijn' –, maar zijn de duurste en gewaardeerdste Italiaanse wijnen. [Na herziening van de DOC-regels is echter ook voor deze wijnen ruimte geschapen; Sassicaia is sinds 1994 DOC; vert.] De wijnen, met een hoog alcoholpercentage (12,8 tot 13%) zijn heerlijk soepel en ideaal voor bij rood vlees en wild.

Sciachetra Cinque Terre DOC, zie Cinque Terre

Slivovitsj Een *schnapps* of eau-de-vie van Joegoslavische herkomst. Dit pruimendistillaat is in de grensstreek van Triëst overgenomen en wordt als sterke drank gebruikt.

Solaia Toscana, zie Sassicaia

Strega Deze beroemde gele kruidenlikeur uit Benevento in Campanië wordt als *digestivo* gedronken, maar geeft ook smaak aan puddingen en veel zuidelijk gebak.

Taurasi DOC Deze volle, droge rode wijn is een trotse vertegenwoordiger van rode wijnen uit Campanië. Hij wordt rond Avellino en Benevento gemaakt van Piedirosso-, Aglianico- en wat Barbera-druiven. De wijn heeft een aangenaam diep bouquet en smaakt voortreffelijk bij vlees of heel kruidige gerechten.

Tignanello Toscana, zie Sassicaia

Torcolato DOC Hoewel deze wijn geen DOC-classificatie heeft, staat hij bij dessertwijnliefhebbers in hoog aanzien. Torcolato, gemaakt van Tocai-, Vespaiolo- en Garganega-druiven, is zoet en fruitig en smaakt goed bij een zachte, romige *gorgonzola* of *dolcelatte*-kaas.

Torgiano DOC Deze Umbrische wijn met karakter uit de gelijknamige gemeente in de buurt van Perugia, kan rood of wit zijn. De dieprode versie komt van Sangiovese-, Canaiolo- en Trebbiano Toscano-druiven, heeft een verfijnd bouquet en een evenwichtige smaak, waardoor hij uitstekend bij wild, varkens- en lamsvlees past. De witte Torgiano is strogeel en komt van Trebbiano Toscano-, Grechetto- en Malvasia Toscana-druiven. Deze heeft een fruitige, droge, aangename smaak die het goed doet bij voorgerechten, of gerechten met vis of wit vlees.

Traminer Aromatico DOC Deze wijn van de Traminer-druif, die vooral in Duitsland en de Elzas veel is aangeplant, is geliefd om zijn bijzonder fruitige geur en smaak. De wijn wordt verbouwd in Alto Adige, in het uiterste noorden van Trentino en Friuli, en valt met zijn groengele kleur en bijzondere bouquet op tussen de andere witte wijnen uit die streek. Hij wordt als aperitief gedronken, maar ook bij een licht voorgerecht.

Trebbiano di Romagna DOC De Trebbiano-druif is aangeplant in de streek rond Forli, Bologna en Ravenna. Romeinse legioensoldaten introduceerden dit ras in deze streek. De druif wordt in andere streken veel met andere rassen gemengd. De bekende droge Trebbiano di Romagna is strogeel, heeft een aangenaam bouquet en smaakt evenwichtig. Er is ook een mousserende versie.

Valpolicella DOC Deze wijn heeft een lange geschiedenis; hij stond al bij de oude Romeinen in aanzien en is tegenwoordig nog steeds over de hele wereld in trek. Valpolicella is samen met de Chianti door *trattorie* en andere Italiaanse restaurants in binnen- en buitenland populair gemaakt en werd al vroeg geëxporteerd. Valpolicella wordt gemaakt van Corvina Veronese-, Rondinella- en Molinara-druiven uit 19 gemeenten in de streek rond Verona. De robijnrode wijn heeft een verfijnde, aangename geur, smaakt naar amandelen en is makkelijk drinkbaar. Recioto della Valpolicella wordt van halfgedroogde druiven gemaakt en heeft dus een hoger alcohol- en suikergehalte. Zie Amarone.

Verdicchio dei Castelli di Jesi DOC Deze bijzonder populaire droge, witte wijn, die erg lekker is bij vis en schaal- en schelpdieren, komt uit Ancona, de hoofdstad van de Marche. Hij wordt gemaakt van Verdicchio-, Trebbiano Toscano- en Malvasia-druiven, is licht-strogeel, heeft een verfijnd bouquet en een uitgebalanceerde smaak. Verdicchio wordt gebotteld in een karakteristieke, amfora-achtige fles waarvoor veel reclame wordt gemaakt. Drink hem heel jong, want mettertijd gaat hij oxideren. Een andere, soortgelijke wijn (de Verdicchio di Matelica) komt uit Macerata in dezelfde provincie.

Vermentino di Gallura DOC De Gallura ligt in het noordelijkste puntje van Sardinië, in de streek rond Sassari en Nuoro. De witte, beendroge, strogele wijn van Vermentino-druiven geurt diep en verfijnd, heeft een lichtbittere nasmaak en is een ideale partner van vis, en vooral van schaaldieren.

Vermout, zie Martini

Vernaccia di San Gimignano, V. di Oristano DOC De lievelingswijn van paus Paulus III komt uit de schitterende Etruskische stad San Gimignano in Toscane. Hij wordt gemaakt van de oorspronkelijk Griekse San Gimignano-druiven, is goudgeel en heeft een diep, verfijnd bouquet. De wijn is beendroog, bijna bitter, maar smaakt tegelijkertijd fris waardoor hij ideaal is als aperitief, bij *antipasti* of bij visgerechten. Een andere, even populaire Vernaccia komt uit Cagliari (Sardinië). Deze heeft een ambergele kleur, een verfijnd bouquet en een lichte nasmaak van bittere amandelen. Vernaccia is een ideale aperitiefwijn. Er is ook een *liquoroso*-versie die als dessertwijn wordt gedronken.

Vin Santo DOC Sommigen schrijven het woord *santo* (heilig) toe aan het feit dat deze wijn soms als miswijn wordt gebruikt, anderen denken dat de wijn oorspronkelijk uit het Griekse Xantos komt. Hoe dan ook, deze volle, geurige Toscaanse wijn is heerlijk na de maaltijd. Traditioneel worden er dan cantucci-koekjes in gedoopt. Vin Santo wordt gemaakt van Malvasia- en Trebbiano-druiven die na de oogst op stromatten te drogen worden gelegd om het suikergehalte te verhogen. Afhankelijk van de fermentatie duurt het rijpingsproces op houten vaten minstens 3 jaar. Dan ontstaat een zoete, halfzoete of droge wijn. Vin Santo wordt ook in gebak en crèmes verwerkt.

Vin Nobile di Montepulciano DOCG Deze inderdaad nobele wijn staat bij kenners hoog in aanzien. De naam komt, naar men zegt, van het feit dat enkele adellijke families uit Montepulciano de wijn voor eigen gebruik plachten te maken. Deze DOCG-wijn wordt gemaakt van Prugnolo Gentile-, Canaiolo-, Malvasia del Chianti- en Trebbiano Toscano-druiven, die op een hoogte van 300-650 meter in de streek rond Montepulciano groeien. De wijn heeft een diepe granaatkleur die mettertijd oranje wordt en een verfijnde geur met een vleug viooltjes. Hij is droog en tanninerijk, zodat hij lang houdbaar is. Deze schitterende wijn is ideaal bij wild en stevige gerechten van rood vlees.

Vino Chinato Dit traditioneel-Piemontese aperitief wordt gemaakt van Barolo met toevoeging van kinabast, afkomstig van een oosterse, altijdgroene plant (*Cinchona succirubra*) en vele andere kruiden en specerijen. Het wordt als smaakstof in andere wijnen en likeuren gebruikt. Vino Chinato is roodbruin en wordt met ijs, of als punch gedronken.

Vino Cotto, zie Saba

Register

(exclusief wijnen en likeuren; zie blz. 310-314)

De familie Tortia; eigenaars van het mooie restaurant Cannon d'Oro in Cocconato: Paolo en Franca, Maria Grazia en Guido

DANKBETUIGING

Zonder de enorme gulheid van onze vrienden in Italië, die ons hun huizen, keukens, familieleden, producten en tijd leenden, zou dit boek nooit gemaakt zijn. WELBEDANKT.

Eva Agnesi, *Imperia*
Al onze vrienden in *Altesino*, Montalcino, Toscane
Adelvio en Bedullia en hun tuin in Umbrië
Ristorante Ardenga, Diolo, Emilia-Romagna
Baratti e Milano, Turijn
Famiglia Bartolini (vooral Ulderico), Umbrië
Famiglia Battista, Lago Maggiore
Famiglia Bava, Cocconato
Valtusciano Battipaglia
Sig. Bottera, *La Bottera*, Cuneo
Noé Bovo, Piemonte
British Airways, Londen
Rosalba Carluccio, Ivrea
Famiglia Carluccio, Ivrea
Cappelli Sergio e Patrizia Ranzo *Arch.*, Napels
Dai Fratelli, Orvieto
Riccardo Dalisi, *Arch.*, Napels
Da Marco Norcia
Dr. Silvano Dametto, Rome
Gianni e Anna Daneri (basilicumkwekers), Ligurië
Giuseppe D'Urso, Positano
Bitten Eriksen
Sig. Eustachio, *Nettis Impianti*, Puglia
G. Sig. Ferraris, G. Pfatisch, Turijn
Guido Ferrero, *Salumificio*, Cocconato
Conca in Fiorella, Camogli
De Fillipi Pasta, Turijn
Franco Fasano (aardewerk), Grottaglie
Ceramiche Fedolfi, Montalcino
Fiat Roma (voor het lenen van hun Ulisse)
Antonio Fiordelisi, Puglia
Luciana Florio uit Napels
Giuseppe Garello Panificio, Turijn
Antonucci Gianfranco, Foggia
Signore en Signora Giacobazzi, Modena
Lella Giorgiu, Pistoni, Ivrea
Maria Grammatico, *La Pasticceria*, Erice, Sicilië
Conte de La Gatinais, Rapitalá, Sicilië
Istituto ICE, Rome
Trattoria Italia, Castelletto Stura
Il Pane di San Giuseppe, Salemi (Giuseppe Lo Castro), Sicilië
Signore Antonio Marella, Puglia
Bar Marotta, Palermo, Sicilië
Masseria San Domenico, Puglia
Molisano Caffè, Turijn
Carlo Montani, Umbrië
Palace Hotel, Palermo
Paola Navone, Milaan
Pinuccia Novara Ristorante San Giovanni, Casarza, Ligurië
Signore Pazienza, PAP, Puglia
Pesce Azzuro, Sicilië
Sig. e Sig.ra Bruno Peyrano, Turijn
Pasticceria Revello, Camogli, Ligurië
Rino, wijnboer, Altesino, Montalcino
Dr. Bruno Roncarati
Louisetto Marco, Settimo Vittone, Piemonte
Giovanetto Alberto, Settimo Vittone, Piemonte
Urbani Tartufi, Umbrië
Hotel Verbano, Isola dei Pescatori
Collezione di Vetro Antico, *Museo del Vetro*, Villa Banfi, Montalcino, Toscane
Associazione di Categoria Regionali
Quinto & Famiglia Tagliavini, Caseificio Motta, Polesine, Emilia-Romagna

En verder dank ik André Martin voor zijn prachtige foto's, Jan Martin en Jean-Christophe Moreau die hem assisteerden, Fabrice Moireau voor zijn prachtige illustraties, Paul Welti voor het ontwerp, Lewis Esson en Jane Middleton voor het redigeren van de tekst, Liz Przybylski voor het typen van de alle kladjes, en als laatste - maar zeker niet als minste - Gennaro Contaldo voor zijn hulp bij het proberen van de recepten.